〖明文 中國正史大系〗

原文 註釋 國譯

漢 書(十二)

律曆志・禮樂志・刑法志・食貨志

後漢 班　固 著

清　王先謙 補注

陳起煥 譯註

明文堂

머리말

　後漢(東漢) 班固(반고, 字 孟堅. 서기 32 – 92)의 《漢書》는 紀傳體(기전체) 斷代史의 典範이다. 《漢書》는 〈12紀〉와 〈8表〉, 그리고 〈10志〉와 〈70傳〉으로, 총 100권, 80만 자의 대작으로 前漢 高祖 원년(前206)부터 王莽(왕망) 新朝의 멸망(서기 23)과 光武帝 즉위(서기 25) 이전까지 230년의 역사를 서술하였다.

　《漢書 十志》는 《史記 八書》의 기초 위에 발전 성립하였는데, 《漢書》 이름에 '書' 가 쓰였기에 《漢書》에서는 志로 명칭을 바꿨다.
　《史記》 외 중국 正史의 體制는 모두 斷代史이고 그 단대사의 시작과 모범은 《漢書》이다. 거기에 '《漢書》의 精華(정화)는 十志이다.' 라는 말을 많은 사람들이 수긍하고 있다.
　陳壽(진수)의 正史 《三國志》처럼 紀傳 체제만 있고 表나 書가 없는 正史가 있다. 正史에 따라 志의 명칭이나 내용이 약간의 차이가 있지만, 전체적으로 《漢書 十志》의 범위를 벗어나지는 않는다고 한다. 그만큼 《漢書 十志》는 중요한 비중과 명성을 누리고 있다.

　《한서 십지》는 국가 政事에 관한 종합기록이다. 政治에 禮樂이 중요하고, 律曆은 단순한 음악과 역법이 아닌 통치이념의 기본으로 상당히 중요한 의의가 있다. 刑法이나 食貨(經濟), 郊祀, 天文, 五行,

地理와 水利事業은 백성의 생활과 직결된다. 그리고 나라를 운영하는 여러 圖書와 典籍의 관리 – 이 또한 매우 중요하였기에 十志는 治國과 濟民의 핵심 분야였으며 正史 서술의 중요 내용이 되었다. 따라서 이와 관련하여 관리나 학자는 목숨을 걸고 논쟁하였다.

〈十志〉의 각 영역은 漢代에 가장 중요한 학문 영역이었고 科學이었으니 당시 최고의 專門書였다. 이는 政論文이나 역사, 문학, 思想의 전문서와는 다른 특별한 지식 분야이다.

譯者는 明文堂 中國正史大系의 일환으로《漢書》紀傳 부분의 원문을 수록하고 주석, 국역하여 全 10권을 2016~2017년에 걸쳐 출간하였다. 이후 南朝 劉宋 范曄(범엽)의《後漢書》(全 10권), 西晉 陳壽(진수)의 正史《三國志》(全 6권)을 완역 출간하였다. 이러한 中國 正史의 완역은 文史哲을 공부하고 연구하는 후학을 위한 필수 과업이라고 생각했다.

明文堂의 中國正史大系가 간행되는 기간에 전국에서《漢書 十志》의 완역을 바라는 많은 요청이 있었다. 그러나 역자는 이 부분의 공부가 부족하여 선뜻 응할 수가 없었다. 단순히 문자를 해독할 수 있다 하여 번역에 나설 수는 없었다. 이 각 분야에 해박한 지식을 가진 분의 완역을 역자도 기다렸다.

그러나 八表도 그러하지만 十志의 번역은 시간과 체력과 끈기의 싸움이다. 우선 원문 입력부터 난관에 부딪친다. 僻字(벽자)와 古字

를 옥편이나 사전에서 찾아 확인하더라도, 植字(식자)와 달리 컴퓨터 입력이라는 난관에 봉착한다. 古字 하나 해득과 입력에 1, 20분은 우습게 지나가니, 이 과정 자체가 시간과 체력의 소모 과정이었다. 원고지 1만 장에 해당하는 이 방대하고 험난한 완역을 누가 감당해야 하는가?

역자는 明文堂 金東求 社長의 열성과 사명감을 외면할 수 없었다. '中國正史大系'의 3종 26권의 출간 자체가 이미 경영에서 분명한 손실이었다. 그런 出血을 감당하고서도 《漢書 八表》와 《漢書 十志》를 출간해야 한다며 필자에게 요청했다. 이는 그분의 숭고한 召命(소명)이며 직업 의식이라 생각했다.

역자는 능력을 완비했기에 수락하고 착수하지는 않았다. 다만 다른 사람이 나서지 않기에, 後學을 위해서라면 나의 신념과 정력을 모두 쏟을만한 필생의 과업이라 생각했다.

착수하면서 한편으로는 크게 걱정하였지만, 그러면서 도전하고 싶었다. 끝까지 나의 最善을 다할 뿐! 그야말로 精神一到하고, 專心全力해야 한다. 물론 내 번역이 완전하지는 않을 것이다. 그러나 내 번역이 맨 아래 첫 계단의 돌이 된다면 다음 두 번째, 세 번째 계단은 아마 쉽게 만들어질 것이다.

江湖 諸賢과 關聯 分野 여러분의 叱責과 輔導를 기다릴 뿐이다.

2021년 3월

陶硯 陳起煥

일러두기

1. 明文堂 中國正史大系로 이미 《漢書》의 紀傳 부분 全 10권과 南朝 劉宋 范曄(범엽)의 《後漢書》全 10권과 西晉 陳壽의 正史 《三國志》全 6권은 역자의 完譯으로 이미 출간되었다. 그간 미루었던 《漢書 八表》와 《漢書 十志》는 이번에 《漢書》 11권~15권으로 출간된다.

2. 《漢書》 11권에는 《漢書 八表》의 각 서문을 역주하였고 각각의 表 원문을 입력하였다. 특히 〈百官公卿表 上〉은 漢代의 관직은 물론 중국 史書의 관직 이해를 위한 매우 중요한 자료이다. 전문을 완역했다.
   《漢書》 12권에는 《漢書 十志》 중, 〈律曆志 上,下〉와 〈禮樂志〉, 〈刑法志〉와 〈食貨志 上,下〉의 원문을 수록하고 역주하였다.
   《漢書》 13권에는 〈郊祀志 上,下〉, 〈天文志〉와 〈五行志 上,中,下〉 5권 중 上과 中(3권)까지 원문을 수록하고 역주하였다.
   《漢書》 14권에는 〈五行志 下〉(4, 5권)과 〈地理志 上,下〉, 그리고 〈溝洫志(구혁지)〉의 원문을 수록 역주하였다.
   《漢書》 15권에는 〈藝文志〉를 수록 완역하였다. 〈藝文志〉는 도서 목록이기에 그 본문의 분량은 많지 않으나, 저자와 저서 내용에 대한 이해를 돕기 위하여 상세한 주석을 달았다.

3. 본서의 기본 텍스트는 淸 王先謙(왕선겸)이 주석한 《漢書補注》(全 12卷)이다. 이는 上海師範大學古籍整理研究所에서 교정을 보아 2008년 上海古籍出版社에서 간행했다.

4. 《漢書 十志》는 전문 분야에 관한 그 당시 학문 수준을 증명하는 중요

한 史料이다. 물론 그 용어나 내용에 관한 이해 또한 쉽지 않다.

〈八表〉나 〈十志〉의 번역에서 필자는 중국에서 나온 각종 사료를 종합하여 우리 독자가 번역 내용을 읽으면서 '무슨 뜻인지 모르겠다'는 말을 하지 않도록, 곧 文理가 통하도록 번역하며, 이해를 돕기 위한 상세한 주석을 달았다.

그러다 보니 쉬운 한자는 音訓없이 그대로 기록했다. 인명, 지명, 書名, 황제 묘호나 연호는 한자로 표기하였고, 전문 용어 또한 한자를 그대로 표기하였고 음훈을 보충했다. 이런 전문서에서 한글전용은 내용 이해에 아무런 도움이 되지 않을 것이다.

5. 班固는 〈十志〉의 서술에서 내용의 분량에 따라 上, 下卷의 구분은 있지만, 그 내용에 따라 제목을 붙인 것은 〈律曆志〉의 일부분과 〈藝文志〉의 큰 분류가 있을 뿐이다. 사실 서술 내용이 달라지면 그에 따른 명확한 구분이나 소제목이 있어야 주제 파악이 용이하다.

6. 이 외의 일러두기 내용은 明文堂 中國正史大系《漢書》(一)과 같다.

참고도서

《漢書補注》全 12卷: 漢 班固 撰, 淸 王先謙 補注. 上海師範大學古籍整
    理硏究所 整理. 上海古籍出版社. 2008.

《漢書今注》: 漢 班固 撰. 王繼如 主編. 鳳凰出版社. 2013.

《漢書辭典》: 倉修良 主編, 山東敎育出版社. 1996.

《漢書》全 12卷: 漢 班固 撰, 唐 顏師古 註, 中華書局. 1992.

《中國歷史地圖集》2册(秦,西漢,後漢): 中國社會科學院, 譚其讓 主編,
    中國地圖出版社. 1982.

《史記 漢書 比較硏究》: 朴宰雨 著, 中國文學出版社. 1994. (저자, 한국
    외국어대학교 교수).

《漢書 硏究》: 陳其泰, 張愛芳 分卷 主編, 中國大百科全書出版社.

《漢書地理志匯釋》: 譚其驤 著. 安徽敎育出版社. 2006.

《漢書藝文志注釋彙編》: 陳國慶 編. 中華書局. 1983(2011 3刷).

《漢書 藝文志 註解》: 오만종 외, 전남대학교. 2005.

《漢書地理志 / 溝洫志》: 李容遠 解譯. 자유문고. 2007.

차례

禮樂志

刑法志

食貨志

《漢書》十志 槪觀

1. 十志 槪觀

班固는 大題《漢書》에 이미 '書' 字가 사용되었기에 혼동을 피하기 위하여《史記 八書》의 書를 志로 명칭 변경을 하지 않을 수 없었다. 志는《史記》에서 시작하여《漢書》를 통해 大成 되었는데, 후세 모든 正史의 志는《漢書 十志》의 범주를 넘어서지 못했다.

《漢書》의 志는 모두 10편인데, 국가의 운영과 관련된 典章 제도의 유래와 興廢(흥폐), 관련된 학문 분야의 연혁, 이론과 議論, 그리고 통치 관련 업무의 내용을 소개한 전문 기록이다.《史記 八書》와《漢書 十志》의 내용을 아래와 같이 요약 비교할 수 있다.

史記 八書	漢書 十志		
	명 칭	분 권	비 고
禮書	禮樂志		
樂書			
律書	律曆志	上, 下卷	
曆書			
天官書	天文志		馬續 完成
封禪書	郊祀志	上, 下卷	
河渠書	溝洫志		
平準書	食貨志	上, 下卷	水利 灌漑, 經濟 全般
	刑法志		
	五行志	全 5卷	班固 新作
	地理志	上, 下卷	
	藝文志		

《漢書 十志》는 규모가 방대하고 내용도 풍부하며 政治, 經濟 및 思想과 文化 전반에 걸쳐 그 기록이 아주 상세하다.

역사 기록의 주요한 내용은 시간과 인물과 사건이다. 시간에 초점을 맞춘다면 紀傳體 史書의 〈本紀〉와 편년체 史書가 이에 해당할 것이다. 本紀는 글자 그대로 큰 줄기의 기록이니, 그물에(網) 비유하자면 그물 전체를 끌어당기는 큰 밧줄(大綱, 대강)이다.

역사의 초점을 인물에 맞춘 것은 기전체의 列傳(傳)이고, 이는 그물에 비유하자면 그물의 코(方眼)이다. 수많은 그물코가 모여 그물이 되듯, 많은 인물이 모여 한 시대를 함께 이끌어 간다.

그런데 역사 기록의 핵심인 시간과 인물, 그리고 사건을 종합한 하나의 서술이 바로 志이다. 志에는 사건의 주체인 인물과 시간, 그리고 그들이 엮어낸 사건(업적)이 한 곳에 서술된다.

禮樂의 본질과 현황을 설명하려면 상고 시대의 예악에서부터 서술을 시작하여 누가 어떻게, 그리고 지금의 상황을 서술해야 된다. 곧 志의 서술은 古今을 관통해야 한다. 여기서 '通古今'의 중요성을 인식해야 한다.

반고는 《漢書》가 갖는 서술범위의 제한 – 곧 역사서의 중요한 의미인 '通古今'의 부족 – 을 이 〈十志〉로 보완하였다. 〈十志〉의 서술은 상고시대부터 漢 當代까지 서술함으로써 史書에 꼭 필요한 '通古今'을 대신하였다.

《漢書 十志》는 이후 발전을 거듭했고, 그래서 역사 서술 형식에서 紀傳體, 編年體(편년체), 紀事本末體(기사본말체) 外에 '典志體'가 나오게 된다.

이 典志體에 해당하는 역사서로 唐 杜佑(두우, 735 – 812)의 《通典》

과[1]《通志》,[2]《文獻通考》등을[3] 들 수 있다.[4]

그렇다면《漢書 十志》의 중요성과 후세의 영향력을 인정할 수 있을 것이다.[5]

일반적으로《漢書 十志》의 槪略을 설명하자면, 〈禮樂〉, 〈郊祀〉, 〈刑法志〉는 정치와 법률, 경제 분야의 典章制度를 설명하고 있으며, 〈律曆〉, 〈天文〉, 〈五行〉의 三志는 古代 自然科學과 관련한 귀한 자료를 제공하고 있다. 그리고 〈食貨志〉와 〈地理志〉, 적은 분량이지만 〈溝洫志(구혁지), 溝는 물도랑 구. 洫은 붓도랑 혁〉는 국가의 경제와 유관한 행정과 지리와 토목공사의 치적을 설명하고 있다. 그리고《藝文志》는 고대부터 漢代에 이르는 동안 중국 학술과 문화의 연원및 현황에 대한 종합으로 매우 중요한 의미의 저술로 높은 평가를 받고 있다.

1《通典》-《通志》,《文獻通考》와 함께「三通」으로 불린다.

2 南宋 鄭樵(정초, 1104 - 1162)가 高宗 紹興 31년(1161) 완성.

3 元朝 馬端臨(마단림, 1254 - 323) 撰. 全書 438卷.

4 三通을 포함한 十通이 있는데, 十通은《通典》.《通志》,《文獻通考》, (이상 三通) /《續通典》,《續通志》,《續文獻通考》, (이상 續三通) /《清朝通典》,《清朝通志》,《清朝文獻通考》, (이상 清三通), 그리고《清朝續文獻通考》의 10部 政書를 總稱이다.

5 '通古今' 의 또 다른 예로는 唐 劉知幾(유지기, 661 - 721)의《史通》도 언급할 수 있다.《史通》은 역사 이론서이다. 고대부터 唐代까지 史書에 관한 이론서이기에 제도, 문물에 관한 기록은 아니다. 그러나 역사가에 의한 소위 '通古今' 의 事例로 꼽을 수 있다.

1) 〈律曆志〉는 樂律과 曆法에 관한 篇章이다. 고대에는 12音律과 曆象은 상응한다고 생각했기에 대개의 正史에 〈律曆志〉가 있고, 樂律과 曆法에 관한 제도를 一篇으로 수록하였다.

《史記 律書》에서는 「律曆은 하늘이 五行과 八正의 氣를 相通케 하는 것」이라 하여, 〈律書〉와 〈曆書〉를 분할 서술했지만, 《漢書》에서는 통합하여 〈律曆志〉가 되었다. 〈律曆志〉에는 漢代의 音律(五聲, 六律, 六呂), 度量衡(도량형) 및 曆法에 관하여 상술하고 있다. 상권에는 주로 음률과 도량형을, 하권에는 〈三統曆〉 등 역법의 종류와 日月星의 운행과 상관 관계, 그리고 관찰과 정확한 계산 방법으로 여러 수치를 제공하거나 설명하였다.

또한 중국 상고시대 이후 漢代까지 王朝의 교체와 제왕의 승계를 역법을 기준으로 설명하였다.

〈律曆志〉에는 5대 行星의 궤도 운행에서 順行, 留(류, 속도가 줄어 거의 정지 상태와 같은 운행), 逆行, 이어 다시 留, 그리고 빠른 속도로 운행하는 疾行(질행)을 설명하며, 그 所要 日數를 제시하고 있다. 또 목성은 태양에 근접하게 되면 33일간 보이지 않는다는 관측 성과도 기록되었는데, 천문을 전공하지 않은 현대인이 미처 생각할 수도 없는 과학적 탐구와 관측 성과를 수록하였다.

일식과 월식의 예측과 실제 관측은 기본이고 여기에 태양의 黑點(黑子)을 관측했고, 彗星(혜성)의 출현도 관측 기록하였다.

正史書 중 《後漢書》, 《魏書》, 《晉書》, 《隋書》, 《宋史》에는 모두 〈律曆志〉가 있다. 그러나 《舊唐書》, 《新唐書》, 《舊五代史》, 《元史》, 《明史》에는 〈曆志〉, 《新五代史》에는 〈司天考〉, 《遼史》에는 〈曆象志〉라 하여 曆志만 있고 음률에 관한 律志는 없다.

2) 〈禮樂志〉는 禮儀(儀禮) 제도에 관한 기록으로 音樂의 典章
제도 및 宮廷 음악에 관한 상황을 서술하고 있다.

班固는 司馬遷《史記》의 〈禮書〉와 〈樂書〉를 〈禮樂志〉로 통합 서
술하였다. 〈예악지〉에는 漢初 叔孫通(숙손통)의 예법 제정과 制禮와
관련된 인물들의 주요 주장을 수록했다.

《漢書》〈禮樂志〉는 예악을 왕도정치에서 百姓 教化의 중요한 방
편이라 생각했고, 상고시대 이후 예악의 변천 과정을 서술하며 漢
개국 이후 음악과 종묘 제례악과 郊祀樂을 설명하였다. 漢初 郊廟(교
묘) 詩歌인 〈安世房中歌〉 17首와 武帝 시 樂府의 가곡인 〈郊祀歌〉
19首를 수록했는데, 여기에는 古語가 많아 난해한 시가이다.

또 漢末에 이르러 鄭과 衛(위)의 俗樂이 크게 유행하자, 그에 따른
正樂(雅樂)의 침체를 서술하였는데, 이를 통하여 당시 음악의 일반
적 경향을 유추할 수 있다. 또 哀帝의 樂府 폐지 조서에 따른 상주를
통해 음악 관련 부서와 관원을 짐작할 수 있다.

3) 〈刑法志〉는 古代 이후 漢代에 이르는 刑事 관련 立法이나
司法 제도의 개괄적 서술이다. 〈형법지〉의 전반부에 兵制의 연원과
운영 등 다양한 내용을 상술하였는데, 이는 儒家의 '大刑用甲兵(반
란은 군사를 동원하여 징벌한다.)'의 개념을 구체화한 것이다.

〈刑法志〉에는 禮와 刑에 관련한 여러 사상의 기원과 주장, 漢代
律令의 시행, 法과 刑의 기원, 목적, 작용, 중요 罪名, 刑種과 刑罰,
裁判, 監獄(감옥) 관련 자료를 수록하였고, 漢 文帝 景帝시대의 酷刑
(혹형)과 武帝 시대 酷吏(혹리)의 등용에 따른 폐단도 서술하였다. 二
十四史의 대부분에 〈刑法志〉가 있다.

4) 〈食貨志〉는 正史書의 편명인데, 食貨는 식량과 물자이다.
이는《尙書 / 書經 周書 洪範》의「八政, 一曰食, 二曰貨, 三曰祀, ～」
에서 따왔다.

나라의 식량자급을 위해선 농업을 장려해야 하고, 필요한 물자를
얻으려면 物貨가 잘 유통되어야 한다. '食足하고 貨通한 연후에 國
實하고 民富하면 敎化가 이뤄진다.' 하였으니, 그만큼 경제가 治國
에서 중요하다는 것을 인식하였다.

司馬遷의《史記》에는 〈平準書〉가 물자 유통을 다루고 있지만, 엄
밀하게 따지면 〈食貨志〉와는 성격이 다르다.

班固의 〈식화지〉 본문의 시작에서 「〈洪範〉의 八政에서 첫째는
食, 둘째는 貨이다. 食은 농사를 지어 얻는 곡식과 식용할 물자이고,
貨는 입을 수 있는 布帛(포백)과 쇠붙이(金), 칼(刀), 어류(魚), 조개
(貝) 등으로 재물을 유통하고 有無를 相通할 수 있는 물자이다. 食과
貨는 生民의 근본으로 神農氏 시대부터 시작되었다.」라 하였다.[6]

〈食貨志〉는 經濟制度와 각종 산물의 生產 상황을 알 수 있는 풍
부한 자료를 제공하고 있다.

5) 〈郊祀志〉는《史記 封禪書》이후 帝王의 祭天하는 禮俗의
기록이며, 天地의 여러 神明에 대한 행사를 수록하였다. 郊祀(교사)
는 郊外에서 행하는 天地에 대한 제사의식으로 '郊祭'라고도 한다.

6《漢書》卷二十四上 食貨志 第四.「洪範八政, 一曰食, 二曰貨. 食謂農殖嘉
　穀可食之物, 貨謂布帛可衣, 及金刀龜貝, 所以分財布利通有無者也. 二者,
　生民之本, 興自神農之世.」

秦始皇은 秦 文公의 교제를 이어받아 雍縣(옹현, 今 陝西省 서남부 寶雞市 관할 鳳翔縣 남쪽)에서 사계절에 맞춰 교사를 지냈다. 前漢의 황제 또한 秦代의 제도를 답습했다. 漢 文帝는 '雍縣 교외 五畤(오치)에 나가 제사하면서 적색 의복을 착용했다.'고 하였다. 武帝도 즉위 이후 교제에 매우 열심이었다.

이 〈郊祀志〉에 중요한 인물은 秦 始皇帝와 漢 武帝이다. 두 황제의 시대는 다르지만, 治國의 행적을 보면 놀라울 정도로 서로 닮았다. 지금 우리의 시각으로 보면 郊祀의 여러 제사와 求仙은 정말 비합리적이지만 그 시대에는 아주 중요한 가치이고 또 치적이었다. 그러나 그러한 政事가 너무 지나치다면 그것이 바로 문제가 된다. 역자가 느끼는 감정보다 훨씬 더 많은 부분을 저자인 班固는 느꼈을 것이다. 班固도 가슴이 많이 아팠을 것이라는 感傷(감상)을 떨쳐버릴 수 없었다.

6) 〈天文志〉는 天文 관한 여러 현상의 기록으로, 이는 고대 天象 관측의 총결이며 과학기술사의 귀중한 자료이다. 《史記》에서는 〈天官書〉이다.

《漢書》의 〈天文志〉는 班固가 완성치 못하고 馬續(마속)이[7] 편찬하였다. 《宋書》, 《晉書》, 《隋書》에도 〈天文志〉가 있는데 《隋書》의 〈天

---

7 馬續(마속, 70 – 141년) – 후한의 武臣. 馬援(마원)의 侄孫(질손), 훈고학자 馬融(마융)의 兄, 護羌都尉(호강도위) 역임. 和帝 永元 5년(서기 93), 班固가 《漢書》를 완성하지 못하고 옥중에서 죽자, 화제는 반고의 여동생 班昭(반소, 曹大家)에게 〈八表〉를 완성케 했고, 馬續에게 〈天文志〉를 완성케 하였다. 이로써 《漢書》가 완성되었다.

文志〉가 가장 우수하다고 알려졌다.

7) 〈五行志〉는 金, 木, 水, 火, 土의 五行과 음양에 관련한 이론이나 적용에 관한 기록이다. 여기에는 自然에서 발생하는 재해와 변이 또는 人禍나 福瑞(복서), 讖應(참응)의 현상, 그리고 日蝕(일식)이나 월식, 星體의 變異 등이 주로 수록되었다.

〈五行志〉는 五行과 관련한 자연 재해와 이변에 관한 여러 주장과 현상을 모아 편술하였는데, 미신적이라는 선입관을 제외하고 읽는다면, 이는 自然史 자료집이라 할 수 있다.

《漢書》에 처음 시작된 〈五行志〉는 이후 모든 正史에 기록되었다. 〈오행지〉에 많이 기록된 符瑞(부서)나 災異 현상은 天命論을 헌양하는데 이용되었다. 또 여기에는 地震(지진)과 彗星(혜성)에 관한 기록도 있다. 이외에도 大風, 雷電(뇌전), 冰雹(빙박, 우박), 홍수나 가뭄, 이상 暖冬(난동), 늦거나 이른 서리나 降雪(강설) 등의 특이 현상과 큰 화재의 발생도 기록 대상이었다.

《漢書 五行志》에는 재해나 변이에 관한 기록 뒤에는 이런 재해의 유발 원인이라고 생각할만한 인간의 행위를 기록하였다. 그러나 唐宋 이후에는 儒敎 理論의 轉變에 따라 재해와 변이만을 기록하고 이에 상응할 것이라는 人事의 기록은 없어졌다.

8) 〈地理志〉는 戰國 시대와 秦, 漢나라의 疆域(강역, 영토)과 지방 행정조직의 建置와 沿革(연혁), 그리고 封建國 世系와 地形과 産物, 자연환경에 따른 풍속은 물론 관련된 귀족이나 제왕의 사치 그리고 역사 유적까지 소개한 종합적인 人文地理書로 명성이 높다.

곧 山川과 地理에 관한 과거와 현재의 모든 상황을 체계적으로 설명하고 있어 후대 正史書 地理志의 선구가 되었으며, 지리학 연구를 開創했다.

《漢書 地理志》는《史記 河渠書(하거서)》와는 달리 班固가 獨創한 體例인데, 地方 행정조직의 沿革(역혁)과 州, 國, 郡縣의 山川과 지세 및 時俗의 차이, 經星의 분할, 기후의 차이, 지역의 廣狹(광협), 戶口(호구)에 관한 기록 뿐만 아니라 神祠와 지역 특산물 등도 기록했다.

또 〈地理志〉에는 王莽(왕망)이 고의적으로 바꾼 郡縣의 명칭을 많이 수록했는데, 그 뜻을 생각해보면 군현의 특성을 알 수 있는 내용이 들어있다. 正史書의 경우 〈地理志〉, 〈州郡志〉, 〈郡縣志〉, 〈職方考〉 등 약간의 명칭 차이가 있다.

9) 〈溝洫志(구혁지)〉는[8]《史記 河渠書(하거서)》를 이은 水利에 관한 秦, 漢代의 通史이다.《한서 구혁지》는 후한 章帝 建初 8년(서기 83) 이전에 쓰여졌고 본문은 5,300字로, 다른 志에 비하여 많은 분량은 아니나 여러 주석이 많아 취사선택하여 번역하였다. 전반부는《史記 河渠書》내용을 인용하였고, 후반부는 무제 元鼎 6년(前111)에서 平帝 元始 4년(서기 4)에 이르는 기간의 水利 관련 史實을 기록하였는데, 특히 黃河의 제방 공사와 축조에 관련한 기술적 내용도 많이 수록하였다. 이후《宋史》,《金史》,《元史》,《明史》에도 〈河渠志〉가 있다.

---

8 〈溝洫志〉 - 溝는 물도랑 구. 洫은 물도랑 혁. 자연 수로가 아닌 人工 水路를 의미.

10)《漢書》의 〈藝文志〉는 儒家의 經典(藝, 六藝)과 諸子百家의 글(文)에 관한 기록인데, 상고시대에서 漢代에 이르는 모든 사상의 개요이면서 도서 분류 겸 도서 목록인데 후세에 끼친 영향은 十志 중 가장 크다고 말할 수 있다.

〈藝文志〉는 劉歆(유흠)의 《七略》을[9] 요약하여 이루어진 기록이다. 이는 후대 正史書 〈藝文志〉의 始祖라 할 수 있다. 일반적으로 역사적으로 전승되는 서적을 총칭할 때, '九流十家'라는[10] 말을 쓰는데, 이는 〈藝文志〉 略序에 나오는 말이다.

〈藝文志〉는 古代 學術 思想의 源流와 유파, 주요 쟁점에 대한 是非와 得失에 관련한 古代文化史의 진귀한 자료를 제공하고 있다.

〈예문지〉에서는 고대의 학술 著作을 6略(大類)에 38小類로 나눠 각 학술 유파의 발전 과정과 특이 상황을 명확하게 설명하고 있어,

---

9 《七略》 - 7卷, 漢朝 宗室인 劉向, 劉歆(유흠) 父子가 20년에 걸쳐 편찬하여 서기 前 5년에 완성되었는데, 유흠은 이를 다시 요약하여 《七錄》이라 하였다. 이 二書는 後世 史學 및 目錄學에 큰 영향을 끼쳤다. 《七略》은 다음과 같다. 六藝略(易, 書, 詩, 禮, 樂, 春秋, 論語, 孝經, 小學). / 諸子略(儒, 道, 陰陽, 法, 名, 墨, 縱橫, 雜, 農, 小說). / 詩賦略(屈原賦之屬, 陸賈賦之屬, 孫卿(荀卿)賦之屬, 雜賦, 歌詩). / 兵書略(兵權謀, 兵形勢, 兵陰陽, 兵技巧). / 術數略(天文, 曆譜, 五行, 蓍龜, 雜占, 形法). / 方技略(醫經, 經方, 房中, 神仙). 이상 총 38部門.

10 九流十家 - 班固는 儒家의 觀點에서 各家의 사상을 논하면서 '諸子 十家 중 그래도 볼만한 것은 九家뿐이다.' 라 말했다. 九流十家는 司馬談(司馬遷의 父)의 〈論六家要旨〉의 六家(儒家, 道家, 墨家, 法家, 名家, 陰陽家)에 縱橫家, 雜家, 農家, 小說家를 보탠 것이나 小說家를 제외하고 九流라 하였다.

중국에서 현존하는 가장 이른 시기의 圖書目錄 및 學術文化史라 할
수 있다. 여기에는 38小類에 596家, 13,269권을 수록하였다.

　유흠이 생존할 때 존재한 서적이지만 저작 연대 기록이 하나도
없고 저자에 관한 설명이 거의 없다. 지금 현존하는 서적은 그 목록
의 10분의 1밖에 되지 않는다고 한다.

　《漢書 藝文志》이후 대부분의 正史書에 〈藝文志〉 또는 〈經籍志〉
가 있으나《新元史》에는 없다.《隋書 經籍志》總序에서는 도서를 처
음으로 經, 史, 子, 集의 四部 40類로 나누었다.

　후대에는《漢書 藝文志 考證》등 많은 책에서 〈예문지〉의 기록에
대한 고증이 있다. 그리고《漢書 藝文志》에 대하여 "漢書 藝文志에
통하지 않고서는 천하의 서적을 읽을 수 없다. 藝文志는 學問의 요
점이며, 著述의 門戶이다.' 라는 말을 기억해야 한다.[11]

---

11 이는《十七史商榷(십칠사상각)》이라는 명저를 남긴 淸代 王鳴盛(왕명성,
　1722 – 1797년)이《漢書 藝文志》를 평가한 말이다. "不通漢書藝文志. 不
　可以讀天下書. 藝文志者, 學問之眉目, 著述之門戶也."

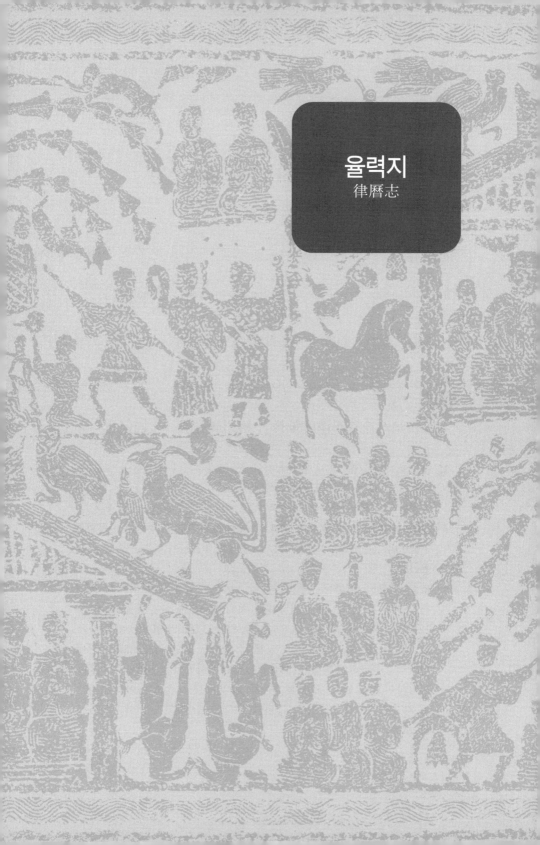

율력지
律曆志

卷二十一 律曆志 第一 上
〔21권 〈율력지〉 제1 상[12]〕

一. 序

原文

〈虞書〉曰,「乃同律度量衡」, 所以齊遠近, 立民信也. 自

---

12 반고의《漢書》에는 10개 분야에 걸친 志(十志)가 있다. 司馬遷의《史記》는 〈禮書〉등 8書가 있는데, 반고는 〈書〉를 〈志〉라 하였다. 〈志〉는 記錄이니 '업무나 학문 영역에 대한 누적된 기록(續記其事也)' 이란 뜻이다. 《漢書 十志》는 전문 분야에 관한 그 당시 학문 수준을 증명하는 중요한 史料이다. 〈律曆志〉의 律은 음률로 歲時를 推算하는 방법이고, 曆은 역법이다.

班固는《漢書 序傳》에서 〈律曆志〉의 大義를 다음과 같이 말했다. 「曆法의 근본은 初九의 一에서 시작하고, 천지의 기운을 낳는 黃鐘의 소리를 12律의 기본으로 삼는다. 八音(金, 石, 絲, 竹, 匏, 土, 革, 木)과 七始(天, 地, 人, 春, 夏, 秋, 冬)의 소리, 五聲(宮, 商, 角, 徵, 羽)과 六律과 六呂를 헤아리고 측량하여 曆算이 이뤄진다. 담당 관서에서 잘못하고 그 학문이 미약하여 六家(黃帝, 顓頊, 夏, 殷, 周, 魯의 曆法)가 서로 차이가 났지만, 그 역법의 차이가 무엇이고, 그 幾微(기미)를 연찬하였다. 이에 〈律曆志〉 第一을 서술하였다.」

伏羲畫八卦, 由數起, 至黃帝,堯,舜而大備. 三代稽古, 法度章焉. 周衰官失, 孔子陳後王之法, 曰, "謹權量, 審法度, 修廢官, 舉逸民, 四方之政行矣."

漢興, 北平侯張蒼首律曆事, 孝武帝時樂官考正. 至元始中, 王莽秉政, 欲燿名譽, 徵天下通知鍾律者百餘人, 使羲和劉歆等典領條奏, 言之最詳. 故刪其僞辭, 取正義著於篇.

〖국역〗

《書經 虞書 舜典》에는 「이에 樂律(악율)과 度, 量, 衡(형)을 동일하게 하였다(統一).」라고 기록하였는데,[13] 이는 遠近(제도의 相異)을 일치시키고 백성의 신뢰를 얻으려는 뜻이었다. 伏羲氏(복희씨)가 八卦(8괘)를[14] 만든 이후에 숫자(數)를 사용했고,[15] 黃帝(황제), 堯(요), 舜(순)에 이르러 (문물이) 모두 갖춰졌다(大備). 三代(夏, 殷, 周)에 이르러 옛 제도를 준수하자 법도는 더욱 명확해졌다.[16] 周朝가 쇠퇴

---

13 《書經 虞書 舜典》구절 - 원문은 「~. 望秩於山川, 肆覲東后. 協時月正日, 同律度量衡. ~」. 度, 量, 衡(형)은 길이(면적), 부피(용적), 무게(중량) 계산의 단위.

14 복희씨 八卦(單卦, 先天八卦) - ☷(坤, 곤, 地), ☶(艮, 간, 山), ☵(坎, 감, 水) ☴(巽, 손, 風), ☳(震, 진, 雷), ☲(離, 리, 火), ☱(兌, 태, 澤), ☰(乾, 건, 天). 이 팔괘를 서로 겹치면 64괘가 만들어진다. 周文王의 後天八卦와는 八卦의 次序가 다르다.

15 원문 由數起 - 由는 使用. 數는 계산, 起는 시작하다.

16 원문 三代稽古~ - 三代는 夏, 殷, 周. 稽古(계고)는 古事를 考察하다. 稽는 査考. 法度章焉의 章은 彰(밝을 창)과 同.

하며 나라의 기강을 잃자, 이에 孔子가 후대 제왕의 법도를 설명하였다.

"무게의 저울(權)과 容量에 신중을 기하고(謹權量), 尺度(척도)의 法을 잘 살피며(審法度), 폐지된 관직을 복구하고(修廢官), 숨은 인재를 천거하면(舉逸民), 천하 사방이 잘 다스려질 것이다."[17]

漢이 건국된 뒤에, (孝文帝 때) 北平侯인 張蒼(장창)은 처음으로 律曆(율력)을 제정했고,[18] 孝武帝 재위 중에는 禮樂 제도를 바로잡았다.

(平帝) 元始 연간(서기 1 – 5년)에 王莽(왕망)이 정사를 專橫(전횡)하면서 자신의 명예를 빛내려고, 천하에 음률에 정통한 자 1백여 명을 모은 뒤에, 義和(희화, 관직명)인[19] 劉歆(유흠)[20] 등에게 조목별로

---

17 《論語 堯曰》「～, 謹權量, 審法度, 脩廢官, 四方之政行焉. 興滅國, 繼絶世, 舉逸, 天下之歸心焉.～.」

18 張蒼(장창, 前 253 – 152) – 秦漢 시기의 儒學者, 陰陽家의 대표적 인물. 뒷날 賈誼(가의)에게 영향. 文帝 때 승상 역임. 《史記》 96권, 〈張丞相列傳〉 참고. 《漢書 張周趙任申屠傳》에 입전.

19 義和(희화) – 平帝 때 왕망이 설치한 관직. 太史에 해당. 천문 관측, 四時의 절기를 백성에게 알려주는 임무를 수행.

20 劉向(유향, 前 77 – 前 6) – 原名은 更生(경생). 漢의 宗室, 漢 高祖의 弟인 楚 元王 劉交의 후손. 成帝 때 向으로 改名. 저서로는 《別錄》, 《新序》, 《說苑》, 《列女傳》이 있고 《戰國策》, 《楚辭》를 편찬했다. 유향의 아들이 經學家 劉歆(유흠)이다.
　劉歆〔유흠, 前 50 – 서기 23. 字는 子駿(자준)〕 – 학자로서 고대 전적을 정리 분류하는데 큰 업적을 남겼다. 그러나 왕망을 섬기며 지조를 잃었고 나중에 왕망을 암살하려던 어설픈 계획이 탄로나 자살하였다. 曆法 방면에 劉歆은 前漢 前期의 太初曆을 개편하여 三統曆을 만들었는데, 이는 本 《漢書 律曆志》에 수록되었다. 音律方面에 劉歆은 《鐘律書》를 저술하여 前漢 말 음률 이론을 집대성 하였는데 이 내용 또한 本 《漢書 律曆志》에

상주케 하였는데, (내용이) 아주 상세하였다. 그러나 그중에 부정확한 내용을 제거하고[21] 바른 내용만을 취하여 본 편에 서술하였다.[22]

수록되었다.

21 원문 刪其僞辭 – 刪은 깎을 산. 깎아 없애다. 僞辭(위사)는 人爲的인 내용. 왕망을 칭송하려는 목적의 글.

22 이하는 劉歆의 《鍾律書》의 내용을 반고가 요약한 것이다. 남의 글의 요약 정리라도 쉬운 일은 결코 아니다.

二. 音律

1. 備數

原文

一曰備數, 二曰和聲, 三曰審度, 四曰嘉量, 五曰權衡. 參五以變, 錯綜其數, 稽之於古今, 效之於氣物, 和之於心耳, 考之於經傳, 咸得其實, 靡不協同.

〖국역〗

(音律의 요체는) 첫째 數를 갖추기,[23] 둘째 樂音의 調和(協和), 셋째는 장단의 표준을 정하기(審度),[24] 넷째 音量의 조화(嘉量), 다섯째 輕重의 균형이다. 참여에 따라 그 수가 三 또는 五로 달라지며, 音律의 고금을 고찰하고, 사물의 실질을 證驗(증험)하며, 마음으로 듣고 조화를 이루며, 여러 경전 내용을 고찰하여 그 실질을 파악한다면 일치하지 않는 것이 없을 것이다.[25]

---

23 원문 備數 – 십진법에 의한 계산. 漢代에 사용된 최대의 수는 萬萬, 곧 憶 (100,000,000)이었다.

24 원문 審度 – 審 미세한 단위를 상세히 살피다. 漢代 최소단위 分은 m법으로 0.23mm이었다.

25 원문 靡不協同 – 靡는 없을 미. 협동하지 않는 것이 없었다. 협동했다.

數者, 一,十,百,千,萬也, 所以算數事物, 順性命之理也.
《書》曰, "先其算命." 本起於黃鐘之數, 始於一而三之, 三三
積之, 曆十二辰之數, 十有七萬七千一百四十七, 而五數備
矣.

其算法用竹, 逕一分, 長六寸, 二百七十一枚而成六觚, 爲
一握. 徑象乾律黃鐘之一, 而長像坤呂林鐘之長. 其數以
《易》大衍之數五十, 其用四十九, 成陽六爻, 得周流六虛之
象也.

夫推曆生律制器, 規圜矩方, 權重衡平, 準繩嘉量, 探賾索
隱, 鉤深至遠, 莫不用焉. 度長短者不失豪氂, 量多少者不
失圭撮, 權輕重者不失黍絫. 紀於一, 協於十, 長於百, 大於
千, 衍千萬, 其法在算術. 宣於天下, 小學是則. 職在太史,
羲和掌之.

(備數의) 數(수)란 一, 十, 百, 千, 萬으로 사물을 세는 것이고(算數
事物), 인간 性命의 이치에(性命之理) 순응하는 것이다. 《書經》에서
는[26] "먼저 數로 만물을 命名한다."고[27] 하였다. 이는 본래 黃鐘(황
종)의[28] 數에서 나왔는데,[29] 一에서 시작하여(1×1 = 1), 一이 三이

---

26 逸書의 내용 – 현존 《서경》에 없는 구절.

27 원문 先其算命 – '數로 命名百事하다.' 사물의 자연적 規律을 추산하다.

되고,[30] 三을 3배 하고(9)[31] 다시 3배 하여 … 12번째 곱한(相乘) 數 177,147을 얻는데[32] 이로써 5개의 數가[33] 갖춰진다.

　그 계산에 대나무 쪽을 사용하는데(用竹), (대나무 쪽은) 직경이 1분(一分)이고 길이가 6치(六寸)인데, 271枚(매)로 6각(六觚, 6고, 觚 는 술잔 고)을 만들어, 이를 一握(일악)이라 한다. 그 直徑(직경)은 乾 律(건율)인 黃鐘의 十分의 一이고, 길이는(長) 坤呂(곤여, 六呂)의 하 나인 林鐘(임종, 函鍾)의 길이(6寸)와 같다. 그 數는《易經》중 大衍(대 연)의[34] 數인 五十이며 그 用數는 四十九이고, 陰陽의 六爻(6효)가 이 루어져서, 六虛(육허)에 流轉하는 형상이 된다.[35]

---

28 黃鐘(황종) − 音律의 이름. 12律(六律六呂)의 기본음(표준음). 律은 길이 가 다른 12개의 竹管을 불어 12개의 音高를 내어, 이를 12律이라 했다. 낮은 음에서 높은 음으로의 순차는 黃鐘 − 大呂 − 太簇(태주) − 夾鐘(협종) − 姑洗(고선) − 仲呂(중려) − 蕤賓(유빈) − 林鐘(임종) − 夷則(이칙) − 南呂(남 여) − 無射(무역) − 應鐘(응종)이다. 이를 음양으로 나누면 위에 밑줄을 그 은 것이 陽律이고 밑줄이 없는 음이 六呂이다. 일반적으로 六律이라면 六呂를 포함한 12律을 의미한다.

29 黃鐘(황종)은 子의 律이고, 숫자는 一이다. 太極의 元氣는 三을 포함하여 一이 되기에 一이 변하여 三이 된다.

30 원문 始於一而三之 − 一에서 시작하고 一을 三배 하다(1 × 3 = 3).

31 원문 三三積之 − 3의 3배. 積은 累乘하다.

32 曆十二辰之數 − 12地支(지지)만큼 곱한 수. 1×3×3×3×3×3×3×3×3×3 ×3×3×3 하여 얻은 수.

33 원문 五備數 − 一, 十, 百, 千, 萬의 數가 다 포함된다.

34 大衍(대연) −《易經》에서 天地의 수를 연역하는데 50을 기본으로 한다.

35 六虛 − 六虛(육허) − 주역 64괘는 陽爻(━)와 陰爻(--) 6개의 집합으로 이 루어지는데, 이를 六爻라고 한다. 6효는 일정한 자리가 없고 괘에 따라

曆術을 推演(추연)하여 律呂(율려)를 생산하고 器物을 제작하는
데,[36] 規(규, 그림쇠)로 圓(원, 동그라미)을, 矩(구, 직각 자)로 사각형을
그리고, 물체 무게를 헤아리며(權重衡平), 먹줄로 분량의 다소를 알
고(準繩嘉量), 보이지 않는 것도 헤아릴 수 있으며(探賾索隱), 먼 곳
의 사물도 그려내는데(鉤深至遠), 數가 쓰이지 않는 곳이 없다. 數로
장단을 재면(度, 헤아릴 탁) 아주 미세한 것도(豪氂, 호리) 잃지 않으
며,[37] 多少를 측량한다면 적은 분량의(圭撮)[38] 차이도 없고, 輕重을
비교한다면 기장의 작은 무게(黍絫, 서류)[39] 만큼도 차이가 없을 것
이다. 一에서 시작하여 十으로 묶고, 百으로 늘리고 千으로 확대하
며, 一萬이 넘어도 演算할 수 있는 방법이 數에 들어있다.[40] 이를 천
하에 널리 보급하면 小學이라도 이를 법칙으로 삼게 된다.[41] 이런
직분은 太史에 있고, 義和(희화, 劉歆 自身)가 관장한다.

어느 자리서든 그 역할과 의미가 있다. 그래서 어디서든 통한다는 의미
로 六虛(육허)라 한다.

36 원문 夫推曆生律制器 - 生律은 音律이 派生하다. 制器는 도량형 기구를
제조하다.

37 원문 度長短者不失豪氂 - 度는 헤아리다(音은 탁). 계산하다. 豪氂(호리)
는 아주 미세한 것.

38 圭撮(규촬) - 매우 적은 분량. 圭는 기장 알갱이 64개의 부피. 撮(손가락으
로 집을 촬)은 圭의 4배.

39 黍絫(서류) - 黍는 기장 서. 絫는 포갤 류. 黍絫(서류)는 아주 적은 중량 단
위, 10黍가 1絫.

40 원문 紀於一, 協於十, 長於百, 大於千, 衍千萬, 其法在算術 - 紀는 頭緖,
端始. 協은 합병하다. 長은 增長, 늘리다. 大는 擴大(확대)하다. 衍은 늘리
다(衍生). 衍은 넘칠 연.

41 원문 小學是則 - 小學은 初學者. 是則은 則是. 이를 본받다.

2. 和聲

聲者, 宮, 商, 角, 徵, 羽也. 所以作樂者, 諧八音, 蕩滌人之
邪意, 全其正性, 移風易俗也. 八音, 土曰塤, 匏曰笙, 皮曰
鼓, 竹曰管, 絲曰絃, 石曰磬, 金曰鐘, 木曰柷. 五聲和, 八音
諧, 而樂成.

商之爲言章也, 物成孰可章度也. 角, 觸也, 物觸地而出,
戴芒角也. 宮, 中也, 居中央, 暢四方, 唱始施生, 爲四聲綱
也. 徵, 祉也, 物盛大而繁祉也. 羽, 宇也, 物聚臧, 宇覆之地.

夫聲者, 中於宮, 觸於角, 祉於徵, 章於商, 宇於羽, 故四聲
爲宮紀也. 協之五行, 則角爲木, 五常爲仁, 五事爲貌. 商爲
金, 爲義, 爲言. 徵爲火, 爲禮, 爲視. 羽爲水, 爲智, 爲聽. 宮
爲土, 爲信, 爲思. 以君, 臣, 民, 事, 物言之, 則宮爲君, 商爲臣,
角爲民, 徵爲事, 羽爲物. 唱和有象, 故言君臣位事之體也.

〔국역〕

(和聲의) 聲은 宮, 商, 角, 徵(치), 羽의 五聲이다.[42] 이 5성으로 作
樂하는 것은 八音의 조화를 이뤄 인간의 邪意(사의)를 깨끗이 씻어

---

42 五聲, 五音 – 고대 음악의 5개 音階. 宮, 商, 角, 徵, 羽(궁, 상, 각, 치, 우)는
현대 음악의 do, re, mi, sol, la에 해당한다는 주석도 있다. 徵는 음률 이
름 치. 부를 징.

내고 바른 심성을 보존케 하고 풍속을 변화시키려는 뜻이다.[43] 八音
이란[44] 흙으로 만든 나팔인 塤(훈),[45] 바가지(匏, 박 포)로 만든 笙(생,
생황), 가죽(皮革)으로 만든 북(鼓, 북 고), 대나무로 만든 퉁소(管, 피리
관),[46] 실(絲)로 만든 현(絃, 현악기), 돌로 만든 경(磬, 경쇠 경), 쇠로 만
든 종(鐘), 나무로 만든 축(柷)의[47] 소리를 말한다. 五聲과 八音이 어
울리면(和諧, 화해) 樂(악)이 된다.

商은 가장 으뜸이 되는 소리이니, 사물이 성숙한 뒤에 그 빛이 나
는 것이다.[48] 角은 촉각이니,[49] 사물이 땅에 접촉하여 생기는 소리이
며, 어린 싹이 껍질을 벗는 것과 같다. 宮은 가운데이니, 중앙에 처
하여 사방으로 퍼져나가는데 唱(창)을 처음 시작할 때 나는 소리이
며 다른 四聲을 이끌어 준다. 徵(치)는 복이니,[50] 만물이 성대하고 복
이 넘치는 형상이다. 羽는 집(宇, 덮개)이니, 만물이 모여서 땅을 덮

---

43 원문 移風易俗 – 교화를 행하여 풍속을 변화시킨다. 風은 교화. 易은 바
꿀 역, 俗은 習俗.

44 八音 – 8가지 재료로 만든 악기. 악기의 총칭.

45 塤은 흙 나팔 훈. 6孔. 입으로 불어 소리를 낸다.

46 管(피리 관)은 漆竹(칠죽)이며 長 1尺, 6孔.

47 축(柷)은 俶(시작할 숙)과 同. 樂을 시작할 때 맨 먼저 연주한다. 옻을 칠한
나무통 안에 방망이가 있어 통 좌우를 쳐서 소리를 낸다.

48 원문 物成孰可章度也 – 成孰(성숙)은 成熟(성숙). 章은 빛나다(彰과 同).
현저하다. 度는 측량하다.

49 角은 躍(뛸 약)이니 陽氣의 躍動이라는 주석도 있다.

50 徵(치)는 祉(복 지, 하늘이 내리는 복)와 음이 相近하여 이런 풀이가 나왔을
것이다.

는 형상이다.[51]

대체로 宮聲을 중간으로 잡아 角으로 천천히 열어나가고, 徵(치)에 점차 강해지며, 商으로 현저히 드러내고, 羽로 전체를 감싸기에 宮聲은 四聲의 紀綱(기강)이 된다. 聲을 五行에 맞춘다면 角은 木이며, 五常에는 仁, 五事에서는[52] 貌(모)라 할 수 있다. 商은 오행에는 金, 五常에 義, 五事에는 言이다. 徵(치)는 火, 禮, 그리고 視에 해당한다. 羽는 水, 智이며 聽(들을 청)이다. 宮은 土, 信이며 思라 할 수 있다. 君, 臣, 民, 事, 物로 말하자면, 宮은 人君, 商은 人臣, 角은 人民, 徵(치)는 萬事이고 羽는 萬物과 같다. 성음의 唱和(창화)에 서로 호응하는 形象이 있기에 君臣의 地位는 만사의 근본이라 할 수 있다.[53]

原文

五聲之本, 生於黃鐘之律. 九寸爲宮, 或損或益, 以定商, 角, 徵, 羽. 九六相生, 陰陽之應也. 律十有二, 陽六爲律, 陰六爲呂.

---

51 羽는 紆(우, 두르다, 감싸다). 陰氣가 在上하고 陽氣가 아래에 있는 형상이다.

52 五常 – 仁, 義, 禮, 智, 信. 五事. 사람이 타고난 바탕이 되는 다섯 가지(敬用五事) – 貌(恭敬 表現嚴肅), 言(正當 辦事順利), 視(淸楚 明辨一切), 聽(聰敏 謀事成功), 思(思慮 通達聖人) –《書經 洪範》에 있다.

53 이를 五音을 五行에 맞춰 재분류하면 다음과 같다. ○宮 – 土, 信, 思, 君. ○商 – 金, 義, 言, 信. ○角 – 木, 仁, 貌, 民. ○徵 – 火, 禮, 視, 事. ○羽 – 水, 智, 聽, 物.

律以統氣類物, 一曰黃鐘, 二曰太族, 三曰姑洗, 四曰蕤賓, 五曰夷則, 六曰亡射.

呂以旅陽宣氣, 一曰林鐘, 二曰南呂, 三曰應鐘, 四曰大呂, 五曰夾鐘, 六曰中呂.

有三統之義焉. 其傳曰, 黃帝之所作也. 黃帝使泠綸自大夏之西, 崑崙之陰, 取竹之解谷, 生其竅厚均者, 斷兩節間而吹之, 以爲黃鐘之宮. 制十二筒以聽鳳之鳴, 其雄鳴爲六, 雌鳴亦六, 比黃鐘之宮, 而皆可以生之, 是爲律本. 至治之世, 天地之氣合以生風, 天地之風氣正, 十二律定.

【국역】

五聲의 근본은 黃鍾의 音律에서 나온다. 九寸으로 宮調를 삼은 뒤, 그것을 늘이거나 줄여서 商, 角, 徵, 羽調의 음률이 정해진다. 九와 六이 서로 상생하니,[54] 이는 陰陽의 相應과 같다. 12音律 중에 陽의 六音은 律, 陰의 六音은 呂(여)이다.[55]

律로서 기운과 만물을 統轄(통할)하니,[56] 첫째는 黃鐘, 둘째는 太族(태주),[57] 셋째는 姑洗(고선), 넷째는 蕤賓(유빈),[58] 다섯째는 夷則(이

---

54 원문 九六相生 - 九는 陽, 六은 陰. 곧 음양이 相生하다.

55 律은 법 율. 가락. 呂는 음률 여, 법칙 여.

56 원문 律以統氣類物 - 統氣는 기운을 統轄(통할)하다. 類物은 族類萬物, 곧 모든 생명.

57 太族(태주) - 族는 정월의 음률 주.

58 蕤賓(유빈) - 蕤는 드리워질 유.

칙),[59] 여섯째는 亡射(무역)이라[60] 한다.

呂로써 天陽의 기운을 따르면서 기운을 풀어내줄 수 있으니,[61] 첫째는 林鐘, 둘째는 南呂, 셋째는 應鐘, 넷째는 大呂, 다섯째는 夾鐘(협종), 여섯째는 中呂라 한다.

음률에 三統의 含義(함의)가 있다. 음률은 黃帝가 만든 것이라 전해온다. 黃帝는 泠綸(영윤)을[62] 시켜 大夏의[63] 서쪽에서 崑崙山(곤륜산)의 북쪽까지 오면서, 解谷(해곡)에서 자라는 대나무를 잘라 만들었다.[64] 대나무 빈 곳(竹孔) 內外의 두께가 균일한 것을 골라[65] 두 마디 사이를 잘라 불어보게 하여 黃鐘의 宮調를 정하였다. 그리고 竹筒(죽통) 12개를 만들어 봉황의 울음을 정하였는데, 수컷 울음소리를 6개, 암컷의 울음소리 6개로 하여 黃鐘의 宮調와 합하여(대비시켜) 상하 모두가 같은 음을 내자(相生),[66] 이를 음률의 기본으로 삼

---

59 夷則(이칙) - 7월에 해당하는 음률의 이름. 夷는 傷하다. 만물이 쇠퇴하다. 則은 법칙.

60 亡射(무역, 無射) - 끝이 없다. 만물이 쇠퇴하는 陽을 따라 죽고, 성장하는 陰을 따라 다시 살아나다. 亡는 없을 무. 射은 싫어할 역. 죽다. 음률 이름 역. 6개의 陽律 중에서는 가장 높은 음. 五行에서는 9月을 無射(무역)이라 한다.

61 원문 呂以旅陽宣氣 - 旅는 돕다(助). 여기서는 陽律을 따르다. 宣氣(선기)는 기운을 풀어주다. 위의 문장 律以統氣類物의 統氣의 상대적인 말, 표현.

62 泠綸(영윤) - 人名. 泠의 音은 零. 綸은 굵은 실 윤.

63 大夏 - 지금 甘肅省 내의 地名.

64 解谷(해곡) - 解는 벗어나다(脫也). 解谷은 곤륜산 북쪽의 계곡 이름.

65 원문 生其竅厚均者 - 生은 治也. 고르다. 매만지다. 竅는 구멍 규(孔也).

66 원문 比黃鐘之宮, 而皆可以生之 - 比는 합하다. 可以生之는 上下가 相生하다.

았다. 천하가 태평한 시대에는 天地의 기운이 합해지며 바람이 일어나고(生風), 천지의 바람 기운이 바르게 되기에(風氣正) 12律을 확정할 수 있다.

原文

黃鐘, 黃者, 中之色, 君之服也. 鐘者, 種也. 天之中數五, 五爲聲, 聲上宮, 五聲莫大焉. 地之中數六, 六爲律, 律有形有色, 色上黃, 五色莫盛焉. 故陽氣施種於黃泉, 孳萌萬物, 爲六氣元也. 以黃色名元氣律者, 著宮聲也. 宮以九唱六, 變動不居, 周流六虛. 始於子, 在十一月.

大呂, 呂, 旅也, 言陰大, 旅助黃鐘宣氣而牙物也. 位於丑, 在十二月.

太族, 族, 奏也, 言陽氣大, 奏地而達物也. 位於寅, 在正月.

夾鐘, 言陰夾助太族宣四方之氣 而出種物也. 位於卯, 在二月.

姑洗, 洗, 絜也, 言陽氣洗物辜絜之也. 位於辰, 在三月.

中呂, 言微陰始起未成, 著於其中旅助姑洗宣氣齊物也. 位於巳, 在四月.

〔국역〕

黃鐘(황종)의 黃色은 중앙의 색(中之色)이며, 군주의 服色이다. 鐘

이란 種子(종자, 씨앗)이다.[67] 하늘 중앙의 숫자는 五이니,[68] 五聲을
말할 때, 5성의 으뜸은 宮聲이며 5성보다 더 중대한 것은 없다. 地의
중앙의 數는 六이며[69] 六律(6율)에는 形과 色이 있는데, 6律의 色도
黃色을 높이니(上) 五色에 이보다 더 성대한 색은 없다. 그러하기에
陽氣는 黃泉에서 씨앗이 뿌려져 만물을 번식하고 싹트게 하는데(孶
萌, 자맹),[70] 六氣를[71] 바탕으로 한다(元). 黃色으로 元氣와 六律을
이름 지은 것은 宮聲에 거처하기(著也) 때문이다. 宮聲은 九로 六을
불러내며(以九唱六),[72] (만물을) 변화시키지만 차지하지 않으며(變
動不居), 六虛(육허, 六爻)의 자리 어디든 채울 수 있다. 그리고 (12支
의) 子에서 시작하니, 11월에 해당한다.

大呂(대여)의 呂(여, 음률)는 旅(갈 여)이고,[73] 陰의 盛大를 뜻하면서
黃鐘 기운의 유포와 만물의 發芽(牙物)를 두루 도와준다. 大呂는 丑
方(축방)에 있으며, 12월에 해당한다.

太族(태주)의 族(주, 음률 주)는 奏(주, 아뢸 주)이니, 陽氣의 盛大를
의미하며, 지상의 만물에 파급할 수 있다(達物也).[74] 그 자리는 寅方

---

67 원문 鐘者, 種也 – 鐘은 動也(움직임). 뒤를 따름(踵, 발꿈치 종)으로 풀이
한 주석도 있다.

68 一, 三은 在上하고 五는 중앙, 七, 九는 在下한다.

69 二, 四는 在上하고, 六은 중앙, 八, 十은 在下한다.

70 원문 孶萌萬物 – 孶는 滋(번식할 자), 益也. 萌은 싹 맹, 움트다(始生也).

71 六氣 – 陰, 陽, 風, 雨, 晦, 明 등 기후 변화의 要因.

72 원문 宮以九唱六 – 황종은 陽九이고, 林鍾은 陰六變이기에 陽唱하고 陰
和한다.

73 大呂(대여) – 呂는 旅(갈 여)의 뜻.

74 원문 奏地而達物也 – 奏는 나아가다(進也).

(인방)이며, 正月에 해당한다.

夾鐘(협종)은[75] 陰이 太族(태주)를 도와 사방의 기운을 널리 펴는 것을(宣) 의미하며, 만물의 種子를 싹트게 한다(牙物). 자리는 卯方 (묘방)이며, 2월에 해당한다.

姑洗(고선)의[76] 洗(씻을 선, 씻을 세)은 絜(결, 맑을 결)이니, 陽氣가 만물을 씻어(洗物) 꼭 깨끗이 하는 것이다(牽絜은 고결, 牽는 必也). 자리는 辰方(진방)이며, 3월에 해당한다.

中呂(중려)는 미약한 음기가 일어나기 시작하나 아직 형체를 갖추지 않은 것이니, 그 가운데 있으면서 姑洗(고선)을 도와 만물을 고르게 하는 기운을 돕는다.[77] 자리는 巳方(사방)이며, 4월에 해당한다.

原文

蕤賓, 蕤, 繼也. 賓, 導也, 言陽始導陰氣使繼養物也. 位 於午, 在五月.

林鐘, 林, 君也, 言陰氣受任, 助蕤賓君主種物使長大茂盛 也. 位於未, 在六月.

夷則, 則, 法也, 言陽氣正法度, 而使陰氣夷當傷之物也. 位於申, 在七月.

---

75 夾鐘(협종)의 夾은 곁에서 부축하다(助也). 鐘은 種也.

76 姑洗(고선) – 姑는 固. 확실히. 洗은 씻을 선, 음률 이름 선. 씻을 세.

77 원문 著於其中旅助姑洗宣氣齊物也 – 著於其中의 著는 居也, 그 중간에 있으면서.

南呂, 南, 任也, 言陰氣旅助夷則任成萬物也. 位於酉, 在
八月.

亡射, 射, 厭也, 言陽氣究物, 而使陰氣畢剝落之, 終而復
始, 亡厭已也. 位於戌, 在九月.

應鐘, 言陰氣應亡射, 該臧萬物而雜陽閡種也. 位於亥,
在十月.

〖국역〗

蕤賓(유빈)의[78] 蕤(드리울 유, 늘어트리다)는 이어짐(繼)이다. 賓(빈,
손님 빈)은 이끄는 것이니(導也), 陽이 陰을 이끌기 시작하고 음기는
계속 만물을 배양하는 것이다. 자리는 午方(오방)이며, 5월에 해당한
다.

林鐘(임종)의[79] 林은 主君이니, 陰氣가 임무를 받은 것이니 蕤賓
(유빈)을 도와 君主가 만물을 뿌리고 심어 만물을 長大, 茂盛(무성)케
하나니, 자리는 未方(미방)이고, 6월에 해당한다.

夷則(이칙)의 則(칙)은 法이니, 陽氣가 法度에 正合하나 陰氣가 뻗
쳐 사물을 손상케 하는 것이다.[80] 자리는 申方(신방)이고, 7월에 해당
한다.

---

78 蕤賓(유빈) – 蕤는 下也, 賓은 敬也로 풀이한 주석도 있다.

79 林鐘(임종) – 林은 君也.

80 원문 而使陰氣夷當傷之物也 – 夷는 傷也. 夷則은 음기가 만물을 해친다
는 뜻.

南呂(남여)의[81] 南은 할 일(任)이니, 陰氣가 夷則(이칙)을 도와 만물을 육성케 하는 것을 말한다. 자리는 酉方(유방)이며, 8月에 해당한다.

亡射(무역)의[82] 射(역)은 싫어하는 것이니(厭, 물림), 陽氣가 사물의 極(극)에 달하고, 음기로 하여금 탈락케 하지만 결국엔(終) 다시 시작하게 되니 끝에 厭(염, 싫을 염)이 없는 것이다(亡는 없을 무. 無와 同). 자리는 戌方(술방)이고, 9月에 해당한다.

應鐘(응종)은[83] 陰氣가 亡射(무역)에 호응하여 응당 만물을 저장케 하며 음기가 양기에 섞이며 만물의 씨앗을 뿌리는 것이다.[84] 자리는 亥(해)에 있고, 10월에 해당한다.

三統者, 天施, 地化, 人事之紀也.

十一月, 乾之初九, 陽氣伏於地下, 始著爲一, 萬物萌動, 鐘於太陰, 故黃鐘爲天統, 律長九寸. 九者, 所以究極中和, 爲萬物元也. 《易》曰, 「立天之道, 曰陰與陽.」

六月, 坤之初六, 陰氣受任於太陽, 繼養化柔, 萬物生長,

---

81 南呂(남여) - 南은 任也. 음기가 아직 할 일이 있다는 뜻으로 풀이.

82 亡射(무역) - '음기가 성대하여 힘을 쓰고, 양기는 남은 것이 없다' 는 뜻으로 풀이한 주석도 있다. 亡는 없을 무(無). 射(싫어할 역, 맞힐 석)은 終也.

83 應鐘(응종)의 鐘은 動也. 만물이 陽에 호응하여 움직인다는 뜻.

84 원문 該臧萬物而雜陽閡種也 - 閡는 문 잠글 애. 밖에서 잠그다. 감춰진다. 9월에 만물이 성숙하고, 10월에 그 종자가 땅에 떨어져, 땅에 감춰져서 다음의 성장을 준비한다는 뜻.

㮡之於未, 令種剛彊大, 故林鐘爲地統, 律長六寸. 六者, 所以含陽之施, 㮡之於六合之內, 令剛柔有體也.「立地之道, 曰柔與剛.」「乾知太始, 坤作成物.」

正月, 乾之九三, 萬物棟通, 族出於寅, 人奉而成之, 仁以養之, 義以行之, 令事物各得其理. 寅, 木也, 爲仁, 其聲, 商也, 爲義. 故太族爲人統, 律長八寸, 像八卦, 宓戲氏之所以順天地, 通神明, 類萬物之情也.

「立人之道, 曰仁與義.」「在天成象, 在地成形.」「后以裁成天地之道, 輔相天地之宜, 以左右民.」此三律之謂矣, 是爲三統.

〔국역〕

三統(삼통)이란 上天의 施行(시행), 大地의 造化, 인간의 事實에 대한 紀綱이다.[85]

十一月은 乾卦(건괘)의 初九인데,[86] 陽氣가 땅 아래에 엎드린 것으로, 시작에(출발점) 머물면서 만물이 싹터 움직이는 것이다. 이는 음이 극성한 곳에(太陰) 심어진 것이기에(鐘은 種) 黃鐘을 天統으로 삼은 것이니, 그 律長은 九寸이다. 九란 숫자는 究極과 中和로 만물의 제일(元)이기 때문이다. 《易經》에[87]「上天의 대도를 세우는 것은

---

85 三統 – 統은 緖(서, 실마리. 시작). 頭緖(두서), 紀綱의 뜻. 음률로는 黃鐘, 林鐘, 太族(태주)를 지칭한다.

86 乾卦(건괘)의 初九 – 乾爲天(☰)의 맨 아래 ━. 九는 陽爻. 아래로부터 初, 二, 三, 四, 五, 上으로 불린다. 곧 효의 위치를 말한다.

陰과 陽이다.」라 하였다.

六月은 坤卦(곤괘)의 初六에 해당하는데,[88] 陰氣가 양기가 극성한 곳에서(太陽) 임무를 받아 배양을 계속하고, 柔弱(유약)으로 변화를 이루며(繼養化柔), 萬物을 生長하게 하여 그 결실이 무성하며[89] 종자를 강대하게 하므로(令種剛彊大), 林鐘(임종)은 地統이며 그 律長은 六寸이다.[90] 六이란 陽氣의 散發을 포함하여 六合의 안에서 무성케 하며, 剛(강, 强者)과 柔弱(유약)의 합체이다. 그래서「大地를 이루는 大道는 柔(유)와 剛(강)이다.」[91] 또「乾卦로 太始를 알고, 坤卦로 만물을 성장케 한다.」고 하였다.[92]

正月은 乾卦의 九三 爻이니, 萬物이 상통하며[93] 모여서 寅時(인시)에 방출되며 사람이 그 기운을 모아 형성케 하여 仁으로 배양하고 義로 실행하여 사물로 하여금 자신 발전의 이치를 얻게 한다. 따라서 寅은 木이며 (오행의) 仁이 되고, 그 聲律은 商調이며, 大義이다. 그래서 太族(태주)는 人統이며, 律長은 八寸이고, 八卦의 상징이며, 宓戲氏(복희씨, 伏羲氏)는 이를 써서 天地에 순응하고 神明과 상통하나니 이로써 만물의 性情을 유추할 수 있다. 그래서「立人의 大道는

---

87 이는《易經 說卦傳》의 구절이다.

88 坤卦(곤괘) 初六 – 坤爲地(☷)의 맨 아래 – –. 六은 陰爻.

89 원문 楙之於未 – 楙(무성할 무)는 茂와 同.

90 원문 律長六寸 – 黃鐘의 所生(9)에서 3분의 1(3)을 除去하여 律長이 6寸이다.

91 원문은《易經 說卦傳》의 구절이다.

92 원문은《易經 繫辭 下》의 구절이다.

93 원문 萬物棣通 – 棣는 산 앵두나무 체. 通하다.

仁과 義이다.」[94] 「하늘에서는 天象을 형성하고, 땅에서는 형체를 이룩한다.」[95] 「君后는 이를 天地의 法道로 삼으며, 천지에 적응케 하여 백성을 돕는다.」고 하였다.[96] 이는 三律을 설명한 것이며, 이것이 바로 三統이다.

※참고 - 이상의 여러 설명을 도표로 요약하면 아래와 같다.

乾(陽)				坤(陰)			
亡射 (무역)	戊	上九	9月	仲呂 (중여)	巳	上六	4月
夷則	申	九五	7月	夾鐘 (협종)	卯	六五	2月
蕤賓 (유빈)	午	九四	5月	大呂	丑	六四	12月
姑洗 (고선)	辰	九三	3月	應鐘 (응종)	亥	六三	10月
太族 (태주)	寅	九二	正月	南呂	酉	六二	8月
黃鐘	子	初九	11月	林鐘 (임종)	未	初六	6月

原文

其於三正也, 黃鐘子爲天正, 林鐘未之衝丑爲地正, 太族寅爲人正. 三正正始, 是以地正適其始, 紐於陽東北丑位.《易》曰「東北喪朋, 乃終有慶.」, 答應之道也. 及黃鐘爲宮, 則太族,姑洗,林鐘,南呂皆以正聲應, 無有忽微, 不復與它律爲役

---

94 원문은《易經 說卦傳》의 구절이다.
95 원문은《易經 繫辭 上》의 구절이다.
96 后는 君后. 左右는 助也. 이는 地天泰 泰卦의 象辭이다.

者, 同心一統之義也. 非黃鐘而它律, 雖當其月自宮者, 則其和應之律有空積忽微, 不得其正. 此黃鐘至尊, 亡與並也.

[국역]

(五聲의) 三正이라면[97] 黃鐘은 子位에서 天正이 되고, 林鐘은 未位의 상대적 위치인 丑位(축위)에서 地正이 되고,[98] 太族(태주)는 寅方에서 人正이 된다. 三正의 바른 시작으로 地正도 그 시작이 적합하고 陽氣를 동북방 丑位에서 묶는다.《易》에서는「東北이 同類(朋)를 잃지만 결국은 慶事(福)가 있다.」[99] 하였으니, 이는 응답과 和應(화응)의 법도이다.

黃鐘이 宮聲이 되기에 太族(태주), 姑洗(고선), 林鐘(임종), 南呂(남여)가 모두 正聲으로 和應하게 되어 殘分(잔분)이 없으며,[100] 다른 聲音에 의해 이용되지 않나니, 이는 同心으로 一統되는 大義라 할 수 있다. 黃鐘을 택하지 않고 다른 음률이나 비록 그 해당하는 음률을 宮聲으로 정한다면 和應의 음률이 공허하거나 유무에 차이가 있고 正을 얻을 수가 없다. 이는 黃鐘이 至尊(지존)이기에 다른 음률과 나란히 할 수 없기 때문이다.

---

97 三正은 三始, 3개 起始點.

98 원문 林鐘未之衝丑爲地正 - 衝(충)은 서로 대응하다. 丑은 동북방, 未는 서남방이라 서로 대응한다는 뜻.

99 이는 坤卦(곤괘) 彖辭(단사)의 구절이다. 未位는 西南에 있어 陽이니, 陰이 陽에 入하면 그 동류를 상실한다.

100 無有忽微 - 忽微(홀미)는 있는 듯 없는 듯하다. 머리카락보다 더 가늘다는 뜻. 곧 正聲에 殘分(잔분)이 없다는 주석이 있다.

《易》曰,「參天兩地而倚數.」天之數始於一, 終於二十有五. 其義紀之以三, 故置一得三又二十五分之六, 凡二十五置, 終天之數, 得八十一, 以天地五位之合終於十者乘之, 爲八百一十分, 應曆一統千五百三十九歲之章數, 黃鐘之實也. 繇此之義, 起十二律之周徑.

地之數始於二, 終於三十. 其義紀之以兩, 故置一得二, 凡三十置, 終地之數, 得六十, 以地中數六乘之, 爲三百六十分, 當期之日, 林鐘之實.

人者, 繼天順地, 序氣成物, 統八卦, 調八風, 理八政, 正八節, 諧八音, 舞八佾, 監八方, 被八荒, 以終天地之功, 故八八六十四. 其義極天地之變, 以天地五位之合終於十者乘之, 爲六百四十分, 以應六十四卦, 大族之實也.

《書》曰,「天功人其代之.」天兼地, 人則天, 故以五位之合乘焉,「唯天爲大, 唯堯則之」之象也. 地以中數乘者, 陰道理內, 在中饋之象也. 三統相通, 故黃鐘,林鐘,太族律長皆全寸而亡餘分也.

〖국역〗

《易經》에「天數를 參(三), 地數 兩(二)을 기초로 숫자를 組合하였다(倚數).」고 하였다.[101]

---

101 倚數의 倚(믿을 의, 설 의)는 立. 이는《易經 說卦傳》시작 부분의 구절이다.

天의 數는 1에서 시작하여 모두 더하면 25이다.[102] 天數 基數(3)에 天數의 합 25를 곱하고 6을 더하여 天數의 합 81이 나온다.[103] 이에 하늘과 땅의 5方位(天의 5方位 + 地의 5방위) 10을 곱하면 810分이 된다. 여기서 역법 一統 81章의 年數 1,539를 얻는데,[104] 이것이 黃鐘의 내부 면적이다.[105] 이런 방식으로 12율의 直徑(직경, 周徑)을 구할 수 있다.[106]

地의 數는 2에서 시작하여 30으로 끝난다.[107] 地義 2를 30번 더하면 60을 얻고, 여기에 地中數 6을 곱하면 360분이 된다. 이는 1년의 日數이며 林鐘의 면적(實)이다.

사람은 天意를 이어받고 地意에 順從하며 절기에 맞춰 사물을 이뤄내는데, 八卦의 통솔에 따르고, 八風에 조정되며,[108] 八政으로 다스리고,[109] 八節을 바르게 지키며, 八音에 기뻐하고, 八佾(팔일)의 춤

───────

奇數(기수)의 대표적 수는 參(3), 偶數(우수)의 대표적 수는 兩(2)이다.

102 원문 終於二十有五奇數 – 終은 완결. 모두 더한 결과. 1, 3, 5, 7, 9의 합은 25이다.

103 계산식은 3×25+(6/25×25) = 81.

104 19년이 1章이고, 1統은 81章이다. 그래서 19×81 = 1,539년.

105 원문 黃鐘之實 – 黃鐘 管의 내부(實) 面績.

106 황종 내부 면적 810. 길이 90分. 직경은 9分이다. 중국에서는 '周三徑一(주삼경일, 직경 1이면 둘레(周)는 3)'이라 했다. 곧 圓周率(원주율, 3.14)을 3으로 계산했다.

107 偶數 2, 4, 6, 8, 10의 합은 30이다.

108 원문 調八風 – 팔풍은 8節(입춘, 춘분, 입하, 하지, 입추, 추분, 입동, 동지)의 바람.

109 八政은 一曰食, 二曰貨, 三曰祀(사, 제사), 四曰司空(사공, 백성 안정),

을 추며,[110] 八方을 둘러보고, 八荒(팔황)에 둘러싸였는데, 천지의 공덕에 따라 생을 마감하는 고로 8×8＝64이다. 이 대의는 천지의 변화를 모두 포함한 것으로 天地 5方位의 合(十)으로 곱하면 640분이 되고, 이는 64卦에 호응하며 大族(태주, 大의 音은 태)의 積數이다.

《書經》에[111] 「天의 功業(造化)을 인간이 대신 이룬다.」고 하였는데, 天은 地를 兼有(겸유)하고 인간은 하늘을 본받으니, 이에 5方位의 合으로 곱하면(乘), 「오직 하늘만이 위대하니 堯가 하늘을 본받는다.」는[112] 형상이 된다. 地의 中數로 곱한다면 陰道(陰의 規則)로 내부를 이끄는 것으로 中饋(중궤)의 형상이다.[113] 三統은 相通하기에 黃鐘, 林鐘, 太族(태주)의 律長은 모두 완전하며 거기에 나머지가 없다.[114]

五曰司徒(사도, 백성 교화), 六曰司寇(사구, 司法), 七曰賓(빈, 손님접대, 외교), 八曰師(軍事)를 말한다.

110 八佾(팔일)은 天子의 舞樂(무악)이다. 周 천자만이 시연할 수 있는 무악을 周公의 공적을 생각하여 魯國에서는 허용되었다. 佾은 춤 일. 춤추는 줄이다. 곧 舞人이 1行 8人×8行이니, 64명이 춤을 추었다. 제후는 6佾, 곧 8人×6行이니 48명, 大夫는 4行이니 32명이었다.

111 《書經 虞書 皐陶謨(고요모)》의 구절이다.

112 이는 《論語 泰伯》子曰, "大哉 堯之爲君也! 巍巍乎! 唯天爲大, 唯堯則之. ~"의 뜻을 인용한 것이다.

113 中饋(중궤)는 《易經》〈風火家人 ☲☴〉에 나오는 말인데, 부녀자가 집안에서 음식을 만든다. 또는 婦人之道의 뜻으로 쓰인다.

114 원문 律長皆全寸而亡餘分也 – 黃鐘의 길이 9寸. 林鐘 6寸, 太族(태주)의 8寸. 나머지(餘數)가 없는 3律인데, 이는 天地人 三統을 대표한다.

天之中數五, 地之中數六, 而二者爲合. 六爲虛, 五爲聲, 周流於六虛. 虛者, 爻律夫陰陽, 登降運行, 列爲十二, 而律呂和矣.

太極元氣, 函三爲一. 極, 中也. 元, 始也. 行於十二辰, 始動於子. 參之於丑, 得三. 又參之於寅, 得九. 又參之於卯, 得二十七. 又參之於辰, 得八十一. 又參之於巳, 得二百四十三. 又參之於午, 得七百二十九. 又參之於未, 得二千一百八十七. 又參之於申, 得六千五百六十一. 又參之於酉, 得萬九千六百八十三. 又參之於戌, 得五萬九千四十九. 又參之於亥, 得十七萬七千一百四十七.

此陰陽合德, 氣鐘於子, 化生萬物者也. 故孳萌於子, 紐牙於丑, 引達於寅, 冒茆於卯, 振美於辰, 已盛於巳, 咢佈於午, 昧薆於未, 申堅於申, 留孰於酉, 畢入於戌, 該閡於亥.

出甲於甲, 奮軋於乙, 明炳於丙, 大盛於丁, 豐茂於戊, 理紀於己, 斂更於庚, 悉新於辛, 懷任於壬, 陳揆於癸.

故陰陽之施化, 萬物之終始, 旣類旅於律呂, 又經曆於日辰, 而變化之情可見矣.

天數의 중간은 五이고, 地數의 중간은 六인데, 이는 음양으로 서로 대조된다.[115] 六은 (易의) 爻位(효위, 虛)이고, 五는 聲位인데, 天地

와 四方(六虛)의 어디에든 있을 수 있다(周流). 虛란 爻律로 陰陽에
따라[116] 올라가거나 내려오며(登降) 運行하고 12律에 따라 자리하
니, 이는 6律 6呂의 合이다.[117]

太極의 元氣는 天地人 三者를 혼합하여 하나가(一) 된다.[118] 太極
은 中正이다. 元은 始源이다. 원기는 12時의 子時부터 운행한다. 丑
(축)에서는 (子時의) 3배로 三이 된다(得三). 또(又) 寅(인)에서는 丑
의 3배로 9가 된다(得九). 또 卯(묘)에서도 3배로 27이 된다. 또 辰
(진)에서는 그 3배로 81이 된다. 또 巳(사)에서는 3배로 243이 된다.
또 午(오)에서는 3배로 729가 된다. 또 未(미)에서는 3배 하여 2,187
이 된다. 또 申(신)에서는 그 3배로 6,561이 된다. 또 酉(유)에서는 3
배하여 19,683을 얻는다. 또 戌(술)에서는 3배로 59,049가 된다. 또
亥(해)에서는 177,147이 된다.

이런 陰陽의 相和(合德)는 子時에서[119] 氣를 발산하여(氣鐘於子),
만물의 化生으로 시작한다. 그러하기에 子時에서 번식의 기운이 생

---

115 원문 而二者爲合 – 二者는 음양. 合은 對應. 여기서는 相互 對照.

116 원문 爻律夫陰陽 – 夫는 扶. 依附하다.

117 원문 爻律夫陰陽, 登降運行, 列爲十二, 而律呂和矣. –《易 繫辭(계사)》에
'爻也者, 效天下之動者也'라 하였으니, 爻는 본래 변동의 뜻이 있다. 律
은 陰陽十二律의 總名이다. 虛는 陰陽의 氣를 모두 갖고 있기에 陰陽之
律의 변화를 의미한다. 律呂는 六律(陽)과 六呂(陰)의 총칭.

118 太極元氣는 原始混沌의 氣이다. 원문 函三爲一의 函(상자 함)은 含(함)
과 同. 포함하다. 元氣는 天地人 三者를 혼합하여 하나이다.

119 여기 子時는 1日의 子時가 아니라 음력 11월이다. 11월 冬至부터 陽의
기운이 태동하고 성장한다. 子는 滋(불어날 자)의 뜻. 孶(새끼 많이 낳을
자)와 同.

기고(孳萌, 孳는 새끼 칠 자, 萌은 싹틀 맹), 丑時(축시)에서 싹이 묶여 있다가[120] 寅時에 천천히 성장하여(引達)[121] 卯時(묘시)에 처음으로 싹이 트며,[122] 辰時에 크게 자라[123] 巳時(사시)에는 강성해지고,[124] 午時에는 전체에 다 퍼지고,[125] 未時에 크게 번성하며,[126] 申時에 자신의 형상을 堅持(견지)하고,[127] 酉時(유시)에 완전 성숙하며,[128] 戌時

---

120 원문 紐牙於丑 – 丑은 紐. 紐는 끈 뉴(유). 묶다. 묶여있다. 牙는 싹(芽). 陽氣가 발생하여 陰의 위에 올랐지만 아직 내려오지 않은 것과 같다는 주석이 있다.

121 원문 引達於寅 – 引은 寅(인). 만물이 시생하여 서서히 움직이다. 寅은 演(스며들다). 정월에는 양기가 발동하여 지상으로 분출하려 하나 아직 음기가 강하여 아래에서 준동하는 시기이다.

122 원문 冒茆於卯 – 冒는 무릅쓸 모. 씌우다. 무성하다. 茆는 순채 묘, 풀 숲 모. 叢生(총생)하다. 卯는 茂와 通. 만물이 무성하다. 卯時는 二月이 만물이 흙을 뚫고 나오는 시기이다. 때문에 이를 天門이라고도 한다.

123 원문 振美於辰 – 美는 羡(부러워할 선)의 誤字라는 주석이 있다, 羡은 뻗어나가다(延也)의 뜻이다. 또 羡은 延과 同이라는 주석도 있다. 三月은 陽氣가 方盛하여 만물이 떨쳐 일어나며(振起) 크게 뻗어나간다(延長).

124 원문 已盛於巳 – 만물에 盛에 이르다. 巳(뱀 사)는 已(이미 이)이다. 4월이면 陽氣가 방성하며 음기는 숨어버려 만물이 한창 강성해지나, 已는 양기가 완전히 다 퍼졌다는 뜻.

125 원문 咢佈於午 – 咢(놀랄 악)은 迕(만날 오, 遇也)의 뜻. 佈(펼 포)는 퍼지다. 음양이 교차하다. 음기가 下에서 올라와 陽과 뒤섞이다. 午는 仵(짝 오, 거스르다)의 뜻.

126 원문 昧薆於未 – 昧는 어두컴컴할 매. 새벽. 해가 한낮을 지나며 점차 기울기 시작한다는 뜻. 薆는 숨길 애. 초목이 우거진 모양. 未는 만물이 모든 형체가 완전하게 다 갖춰진다고 하였다.

127 원문 申堅於申 – 申은 神也. 7월에는 陰氣가 成體하며 뜻을 갖게 된다. 또 申은 身이니, 자신의 고유의 형체를 갖춘다는 뜻으로 풀이한 주석

에 수확을 마치고(畢),[129] 亥時(十月)에 문을 잠근다.[130]

(十干의) 甲에 껍질을 벗고 나오고,[131] 乙에 줄줄이 떨쳐 나오며,[132] 丙에서 환하게 빛을 내고, 丁에서 大盛하며,[133] 戊(무)에서 풍성하고, 己(기)에서 기강을 바로잡으며,[134] 庚(경)에서 만물이 뒤바뀌고 辛(신)에서 모두가 새로워지며,[135] 壬(임)에서 새로이 孕胎(잉태, 孕

도 있다.

128 원문 留孰於酉 - 酉는 만물이 늙다(老). 익다. 酉는 就也. 秀也. 열매 맺다. 卯는 春門이고, 酉는 秋門이니, 八月에는 만물이 이미 완전 성숙하여 열매를 맺고 숨게 된다.

129 원문 畢入於戌 - 戌은 마름질하다. 收斂(수렴)하다. 만물이 죽다. 滅也. 九月에는 양기가 미약해지고 만물이 일생을 마치고, 陽氣는 지하에 숨어든다. 畢은 마칠 필.

130 원문 該閡於亥 - 該는 갖춰지다. 核(씨 핵). 씨앗에는 모든 것이 다 들어 있다. 閡는 문 잠글 애. 10월에는 생동하던 만물이 모두 멈추거나 죽어 땅속에 숨는다.

131 원문 出甲於甲 - 甲은 양기가 발생하여 孚甲(부갑, 껍질)을 뚫고 나오는 형상.

132 원문 奮軋於乙 - 奮은 떨칠 분. 軋은 삐걱거릴 알. 음기가 아직 강하여 봄의 초목이 옥신각신하며 나오다.

133 원문 明炳於丙, 大盛於丁 - 炳은 빛날 병. 丙은 남녘 병. 陽道가 뚜렷하다. 丁은 만물이 丁盛(정성)하다. 丁은 여름에 만물이 알차게 자라는 모양.

134 원문 豊茂於戊, 理紀於己 - 戊(무)는 中宮. 豊茂(풍무)는 豊盛, 茂盛하다. 己도 中宮. 紀也. 定型하여 뚜렷하게 드러나다. 理紀는 기강을 세우다. 정체성을 확립하다.

135 원문 斂更於庚, 悉新於辛 - 斂은 改의 錯誤라는 주석이 있다. 庚은 更(경)이니, 음기가 만물을 변화한다. 庚位는 서방. 가을에 만물의 형상이 바뀌다. 辛은 가을에 만물이 성숙하는 모양. 辛은 新也. 만물을 거두어 바뀐다는 뜻.

身)하고, 癸(계)에서 모든 것을 헤아린다.[136]

그러하여 음양이 施行(시행)하고 변화하며 萬物에 終始(종시)가 있고, 모든 종류의 일도 律呂(율여)에 따라 이뤄지며 日辰에 따라 경과하니 그 변화의 실정을 예견할 수 있다.

原文

玉衡杓建, 天之綱也. 日月初躔, 星之紀也. 綱紀之交, 以原始造設, 合樂用焉. 律呂唱和, 以育生成化, 歌奏用焉.

指顧取象, 然後陰陽萬物靡不條鬯該成. 故以成之數忖該之積, 如法爲一寸, 則黃鐘之長也. 參分損一, 下生林鐘. 參分林鐘益一, 上生太族. 參分太族損一, 下生南呂. 參分南呂益一, 上生姑洗. 參分姑洗損一, 下生應鐘. 參分應鐘益一, 上生蕤賓. 參分蕤賓損一, 下生大呂. 參分大呂益一, 上生夷則. 參分夷則損一, 下生夾鐘. 參分夾鐘益一, 上生亡射. 參分亡射損一, 下生中呂.

陰陽相生, 自黃鐘始而左旋, 八八爲伍. 其法皆用銅. 職在大樂, 太常掌之.

---

136 원문 懷任於壬, 陳揆於癸 - 壬은 任也(맡다). 壬位는 북방. 陰이 極에 이르고, 陽은 처음 생겨난다. 陰陽이 交物하여 懷妊하다. 懷任(회임)은 아이를 배다. 陳揆(진규)는 헤아리다. 癸(계)는 헤아릴 계. 여러 가지 度를 헤아리다.

〔국역〕

北斗의 玉衡(옥형)과 杓建(표건)은[137] 天道의 紀綱(기강)이다. 日月
이 운행을 개시하는 위치는 각 星의 次序(차서, 星紀)이다.[138] 綱(강)과
紀(기)의 相互 配合은 元始에 이뤄진 것이며, 그 배합에 의해 樂音이
이뤄진다. 律呂가 一唱一和하여 (만물이) 養育, 生成, 변화하고, 歌
唱과 節奏(절주)가 이뤄진다.

(北斗가) 星象을 이끌듯이 음양만물의 모든 것이 暢達(창달)하고
완비된다.[139] 그래서 이미 이뤄진 數(곧 黃鐘의 法數)로, 그 積數(적
수)를 除(제)하면[140] 계산법에 의거 1이 되니(실제는 九寸), 곧 黃鐘
의 길이이다.[141] (황종의 길이를) 3분하여 그 몫 1을 빼면 林鐘의 길
이가 나온다.[142] 임종의 길이를 三分하여 그 몫의 하나를 더하면(益

---

137 원문 玉衡杓建 – 玉衡(옥형)은 북두의 다섯 번째 별(자루 끝에서 3번째).
杓建(표건)은 北斗七星의 북쪽 맨 끝에 있는 별(斗端星). 杓는 자루 표.
북두가 하늘에서 사방을 周制하는 것은 宮聲이 중앙에서 四聲의 기강
이 되는 것과 같다는 뜻.

138 원문 日月初躔, 星之紀也 – 躔은 궤도 전. 돌다. 밟다(踐也). 五星과 日
月의 운행이 바로 星紀이다.

139 원문 然後陰陽萬物靡不條鬯該成 – 靡는 아닐 미. 없다. 부정하는 말. 條
鬯(조창)은 느긋하고 安穩(안온)하다. 條는 미치다. 이르다(達也). 鬯은
울창주 창. 자라다. 펴다(暢과 同). 和樂하다.

140 원문 故以成之數忖該之積 – 成之數는 黃鐘의 法數(除數). 忖은 헤아릴
촌. 쪼개다. 除하다. 該之積은 衆律의 積數.

141 원문 如法爲一寸, 則黃鐘之長也 – 得一寸은 所謂得九寸이다. 여기서 一
이라 한 것은 그 계산법을 설명한 뜻이라는 주석이 있는데, 그 설명이
장황하여 여기서는 생략한다.

142 원문 參分損一, 下生林鐘 – 黃鐘長 九寸을 3分하면 3이고(9 ÷ 3 = 3), 황

一) 위로 太族(태주)의 길이가 나온다.[143] 태주의 길이를 參分하여 몫을 빼면 아래로 南呂(남여)의 길이가 나온다.[144] 南呂의 길이를 삼분하여 몫 하나를 더하면 위에 있는 姑洗(고선)의 길이를 얻는다. 姑洗의 길이를 삼분하여 損一하면 아래로 應鐘(응종)의 길이를 얻는다. 應鐘의 長度를 삼분하여 하나를 더하면 위로 蕤賓(유빈)의 길이가 나온다. 蕤賓(유빈)의 길이를 삼분하여 한몫을 제하면 아래 大呂(대려)의 길이를 얻는다. 大呂를 삼분하여 益一하면 위 夷則(이칙)의 길이가 나온다. 夷則을 삼분하고 損一하면 아래로 夾鐘(협종)의 길이를 얻는다. 夾鐘을 삼분하고 益一하면 上의 亡射(무역)의 길이가 나온다. 亡射을 삼분하고 損一하면 아래 中呂(중려)의 길이가 나온다.

陰陽이 相生하니, 黃鐘에서 시작하여 좌로 돌아(左旋) 八八은 한 짝이 된다(爲伍는 一對).[145] 이런 악기는 모두 구리를 써서(用銅) 제작한다. 그런 직분은 大樂令에게 있고, 太常이[146] 그 업무를 감독한다(掌之).

종의 길이(9촌)에서 3을 빼면 (9-3=6). 곧 林鐘의 길이는 六寸이다.

143 林鐘 6촌÷3 = 2. 6+2 = 8. 곧 太族의 길이는 8寸이다.

144 太族 길이 8寸÷3 = 2.667. 8-2.667 = 5.333. 南呂(남려)의 길이는 5.333 寸이다.

145 원문 八八爲伍 - 八八은 아래위로 양쪽(耦), 伍(대오 오)는 耦(우).

146 太常 - 주요 업무는 종묘의 제사 주관. 常은 주관한다(典)는 뜻. 질록 中二千石. 太樂令, 太祝, 太宰, 太史, 太卜(태복), 太醫 등 6令(질록 6백석) 및 均官長(山陵에 관련 업무 담당), 都水長(도성의 치수 관련 업무)의 속관을 거느렸다. 교육을 담당하는 博士의 선발과 관리도 태상의 주요 업무의 하나였다. 皇陵이 있는 陵縣은 모두 太常이 관할하였다.

3. 審度

度者, 分, 寸, 尺, 丈, 引也, 所以度長短也. 本起黃鐘之
長. 以子穀秬黍中者, 一黍之廣, 度之九十分, 黃鐘之長. 一
爲一分, 十分爲寸, 十寸爲尺, 十尺爲丈, 十丈爲引, 而五度
審矣. 其法用銅, 高一寸, 廣二寸, 長一丈, 而分寸尺丈存焉.
用竹爲引, 高一分, 廣六分, 長十丈. 其方法矩, 高廣之數,
陰陽之象也.

分者, 自三微而成著, 可分別也. 寸者, 忖也. 尺者, 蒦也.
丈者, 張也. 引者, 信也.

夫度者, 別於分, 忖於寸, 蒦尺, 張於丈, 信於引. 引者, 信
天下也. 職在內官, 廷尉掌之.

[국역]

길이(度, 음은 도)는 分, 寸, 尺, 丈(장), 引(인)으로 長短(장단)을 잰
것이다(度, 헤아릴 탁).[147] 이는 黃鐘의 길이를 기본으로 하였다. 곡
식 찰기장(穀秬黍)의[148] 중간 크기를 골라 알맹이 하나 폭의[149] 90배

---

147 度는 정도 도. 길이. 법 도. 헤아릴 탁.

148 원문 穀秬黍 – 찰기장(穀은 곡식 곡. 秬는 찰기장 거, 黍는 기장 서.) 끈기
〔黏(점), 찰기〕가 있는 기장. 지금 우리나라에서는 재배하지 않는 밭곡식.

149 원문 一爲一分 – 一黍一爲分. 원문에 黍 字가 빠졌다는 주석에 따른다.

가 황종의 길이이다. 그 하나를 一分이라 하고, 十分을 一寸, 十寸을
一尺, 十尺을 一丈(1장), 十丈을 一引(1인)이라 하는데,[150] 이 5가지
단위로 정확하게 헤아릴 수 있다.

그 제작법은 구리를(銅) 쓰고, 높이는(高, 두께) 1寸, 폭은(廣) 2
寸, 길이는(長) 1丈(장)인데, (거기에는) 分, 寸, 尺, 丈이 들어있다.
대나무를 써서 一引을 만드는데, 두께는(高) 1分, 폭은(廣) 6分, 길이
는(長) 10丈이다. 그 제작 방법은 직각 자(矩, 곱자 거)를 사용하며
두께와 폭의(高廣) 數는 陰陽의 수를 의미한다.[151]

分이란 三微(삼미, 天, 地, 人 三正의 시작)를 드러낸 것으로 分別이라
고 말할 수 있다. 寸은 忖(헤아릴 촌)이다. 尺은 蒦(자 확)이다. 丈(장)
은 늘인 것(張也)이란 뜻이다. 引(인)이란 信(믿음)을 뜻한다.[152]

헤아린다는 것은(度者) 分으로 구별하고 寸으로 헤아리며(忖), 자
(尺)로 재고(蒦, 잴 확), 丈으로 늘려서(張), 引으로 믿게 한다. 引(인)
이란 세상에 대한(天下) 믿음이다. 이런 업무는 內官長이[153] 담당하
고, 廷尉(정위)가[154] 管掌(관장, 감독)한다.

---

150 지금 통용되는 漢代 길이 단위를 m法으로 환산하면 1分 = 0.231cm. 1
寸 = 2.31cm, 1尺 = 23.1cm, 1丈 = 231cm, 1引 = 2310cm이다.

151 '高는 一分, 廣은 六分'의 一은 陽, 六은 陰의 數이다.

152 각 단위 이름이 갖고 있는 뜻을 설명했다.

153 환관을 관리하는 內官長은 少府에 속했다가, 중간에 主爵都尉에 속했
고, 나중에 宗正 소속이 되었다.

154 廷尉(정위) - 漢代 관리의 범죄에 대한 조사와 재판과 집행을 담당. 9경
의 하나. 질록 中二千石. 景帝 때 大理로 개칭, 武帝 때 다시 정위로 환
원. 속관 廷尉正과 左, 右廷尉監은 질록 1천석. 宣帝 地節 3년에 左, 右
廷尉平 설치(질록 6백석).

4. 嘉量

原文

量者, 龠, 合, 升, 斗, 斛也, 所以量多少也. 本起於黃鐘之龠, 用度數審其容, 以子穀秬黍中者千有二百實其龠, 以井水準其概. 合龠爲合, 十合爲升, 十升爲斗, 十斗爲斛, 而五量嘉矣.

其法用銅, 方尺而圜其外, 旁有庣焉. 其上爲斛, 其下爲斗. 左耳爲升, 右耳爲合龠. 其狀似爵, 以麋爵祿. 上三下二, 參天兩地, 圜而函方, 左一右二, 陰陽之象也. 其圜象規, 其重二鈞, 備氣物之數, 合萬有一千五百二十.

聲中黃鐘, 始於黃鐘而反覆焉, 君制器之象也. 龠者, 黃鐘律之實也, 躍微動氣而生物也. 合者, 合龠之量也. 升者, 登合之量也. 斗者, 聚升之量也. 斛者, 角斗平多少之量也.

夫量者, 躍於龠, 合於合, 登於升, 聚於斗, 角於斛也. 職在太倉, 大司農掌之.

[국역]

量(양)의 단위는 龠(약),[155] 合, 升(승), 斗, 斛(곡, 휘 곡)으로 많고 적음을 잴 수 있다. 그 근원은 黃鐘의 龠(약, 竹管)인데, 이를 써서 그 용

---

155 용량 단위 龠(약)은 한 홉의 10분의 1. 龠(약, 籥은 피리 약)은 악기 이름. 三孔을 籥(약, 龠). 6공, 7공은 笛(적)이라 한다.

량을 헤아릴 수 있으니, 찰기장의 중간 크기 낱알 1,200개로 채우면 1龠(약)인데, 우물물처럼 그 용기를 수평으로 채운 것이다. 十龠(10약)이 一合, 十合이 一升(승), 十升이 一斗, 十斗가 1斛(곡)인데,[156] 이 5가지 단위로 용량을 정확하게 잴 수 있다.[157]

　그 법에 구리를 써서 만들고(其法用銅), 4각 1자 높이에(方尺) 외부는 원형이고(圜其外), 용기의 겉에는 庣(조)가 있다.[158] 위에는 斛(곡), 아래에는 斗(두)이다. 왼쪽 손잡이가(左耳) 升(승)이고, 오른쪽 손잡이(右耳)는 合과 龠(약)이다. 그 모양은 술잔과 비슷하여(似爵), 작위에 따른 질록을 분배할 수 있다. 위에는 容器가 3이고 아래는 2인데(上三下二), 이는 하늘의 수 3(參天)과 땅의 수 2(兩地)이며, 외형은 둥글지만, 안은 사각형이며(圜而函方), 왼쪽에 하나 오른쪽에는 2개이니, 이는 음양을 형상화한 것이다. 그 둥근 모양은 規(규, 그림 쇠, 컴퍼스)와 같고, 그 무게는 2鈞(균, 1균은 7,440g)이며, 여러 기물의 숫자를 포함하는데 1균은 11,520銖(수, 1銖 = 0.65g)이다.

　聲音은 黃鐘에 부합시키고, 황종에서 시작하여 반복하며, 主君의 容器 제작을 본뜬 것이다. 龠(약)은 黃鐘律의 積數이고, 미세하게 움직이는 기운에서 만물이 생장한다는 뜻이다. 合이란 龠(약)의 분량을 합쳤다는 뜻이다. 升이란 合의 양을 올려 합한 것이다. 斗는 升의

---

156 漢代 용량 단위를 현대 m법으로 환산하면, 1龠(약) = 2cc, 1合 = 20cc, 1升 = 200cc, 1斗 = 2,000cc, 1斛(곡) = 20,000cc이다. 1약보다 적은 단위로는 1圭 = 0.1cc. 1撮(촬, 4圭) = 0.4cc가 있고, 5撮(촬)이 1龠(약)이다.

157 원문 五量嘉矣 – 嘉(아름다울 가)는 善의 뜻.

158 원문 旁有庣焉 – 旁은 곁 방. 용기의 표면. 庣(조)는 오목한 그릇 조. 차지 않았다(不滿)는 뜻.

量을 모은 것이다. 斛(곡)은 角(뿔 각) 모양 그릇에 斗의 양을 평평하게 하여 분량의 다소를 헤아린 것이다.

量이란 龠(약)에서 시작하여 合(합, 홉)으로 합치고, 升으로 재고, 斗로 모으며, 斛으로 헤아린 것이다. 이런 일은 太倉令의 직무이며 大司農이[159] 관장한다.

5. 權衡

衡權者, 衡, 平也, 權, 重也. 衡所以任權而均物平輕重也. 其道如底, 以見準之正, 繩之直, 左旋見規. 右折見矩. 其在天也, 佐助旋機, 斟酌建指, 以齊七政, 故曰玉衡.《論語》云, 「立則見其參於前也, 在車則見其倚於衡也.」又曰,「齊之以禮.」此衡在前居南方之義也.

〖국역〗

衡權(형권, 저울)의 衡(저울대 형)은 平衡(평형, 평균)이고, 權(저울추 권)은 중량이다. 衡(형)은 저울추에 의거 사물의 輕重(경중)을 똑같게 한다. 그 방법은 (저울대를) 평평하게 하여 그 平準(평준)을 바르게

---

159 大司農(대사농) – 국가의 穀物과 재화, 국가 재정 담당. 질록 中二千石.

하는 것이니, 먹줄의 직선과(繩之直)[160] 왼쪽으로 돌려 그림쇠에 맞추고(左旋見規), 우측으로 꺾어 직각을 그리는 것과(右折見矩) 같다. 이는 천문에서 旋機(선기)를 이용하여[161] 북두가 가리키는 방향을 짐작하고,[162] 七政을 고르게 하기에[163] 이를 玉衡(옥형)이라[164] 한다.

그래서 《論語》에서는 「서서는 전면에 보이는 것을 헤아리고, 수레를 타면 衡木(형목)에 의지한다.」고 하였다.[165] 또 「禮로 바로잡아 준다.」 하였으니,[166] 衡은 앞에(前方) 또 남방에 머문다는 뜻이다.

原文

權者, 銖,兩,斤,鈞,石也, 所以稱物平施, 知輕重也. 本起於黃鐘之重, 一龠容千二百黍, 重十二銖, 兩之爲兩. 二十四銖爲兩. 十六兩爲斤. 三十斤爲鈞. 四鈞爲石. 忖爲十八,

---

160 원문 繩之直 – 繩은 줄 승. 먹 줄. 목수의 도구. 直은 직선.

161 원문 佐助旋機 – 佐助(좌조)는 돕다. 이용하다. 旋機(선기)는 北斗의 魁星(괴성).

162 원문 斟酌建指 – 斟酌(짐작)은 미루어 헤아리다. 建指는 北斗의 방향.

163 원문 以齊七政 – 七政은 日月과 五星.

164 玉衡(옥형) – 北斗의 자루(杓)에 해당하는 다섯 번째 星. 북두칠성은 第一 天樞, 第二 天璇(천선), 第三 天璣, 第四 天權, 第五 玉衡, 第六 開陽, 第七 瑤光(요광, 자루에 해당하는 맨 끝 별)이라 한다. 第一에서 第四星을 魁(괴), 第五에서 第七星을 杓(표), 합하여 斗라 부른다.

165 見其參於前也의 參은 權, 衡, 量을 의미. 《論語 衛靈公》子張問行 子曰, "言忠信, 行篤敬, 雖蠻貊之邦, 行矣. ~立則見其參於前也, 在興則見其倚於衡也, 夫然後行." 子張書諸紳.

166 《論語 爲政》子曰, "道之以政, 齊之以刑, 民免而無恥, 道之以德, 齊之以禮, 有恥且格."

《易》十有八變之象也.

　五權之制, 以義立之, 以物鈞之, 其餘小大之差, 以輕重爲宜. 圜而環之, 令之肉倍好者, 周旋無端, 終而復始, 無窮已也.

　銖者, 物繇忽微始, 至於成著, 可殊異也. 兩者, 兩黃鐘律之重也. 二十四銖而成兩者, 二十四氣之象也. 斤者, 明也, 三百八十四銖, 《易》二篇之爻, 陰陽變動之象也. 十六兩成斤者, 四時乘四方之象也. 鈞者, 均也, 陽施其氣, 陰化其物, 皆得其成就平均也.

　權與物均, 重萬一千五百二十銖, 當萬物之象也. 四百八十兩者, 六旬行八節之象也. 三十斤成鈞者, 一月之象也. 石者, 大也, 權之大者也. 始於銖, 兩於兩, 明於斤, 均於鈞, 終於石, 物終石大也. 四鈞爲石者, 四時之象也. 重百二十斤者, 十二月之象也.

　終於十二辰而復於子, 黃鐘之象也. 千九百二十兩者, 陰陽之數也. 三百八十四爻, 五行之象也. 四萬六千八十銖者, 萬一千五百二十物曆四時之象也. 而歲功成就, 五權謹矣.

〖 국역 〗
저울 무게의 단위로 銖(수), 兩(량), 斤(근), 鈞(균), 石인데,[167] 이로

---

167 銖(수), 兩(량), 斤(근), 鈞(균), 石을 5權이라 한다.

써 사물 무게를 달아 공평하게 나눌 수 있고 그 輕重(경중)을 알 수 있다. 이는 黃鐘의 무게를 기준으로 하는데, 一龠(1약)은 기장 낱알 1,200개의 용량이며 무게는 12銖(수)이고, 12수의 2배가 兩이니, 24수가 1兩이다. 16兩이 一斤이다. 三十斤은 一鈞(일균)이다. 4鈞은 一石이다. 18번을 헤아린다는 뜻은 《易經》의 十八變(18변)을 상징한다.[168]

五權의 대의를 정립하여 사물 경중을 헤아리면서 (단위의) 대소 차이가 있는 것은 경중의 適宜(적의)한 차이를 알아야 하기 때문이다. 저울추(權) 모양이 원형인 것은 그 형체에 작은 구멍이 많아[169] 그 변화가 일정하지 않고 변화의 끝에서 또다시 시작하여 끝없이 순환하기 때문이다.

銖(수)란[170] 만물이 갑작스레 미세한 것에서 시작하여 형체가 드러나는 것인데 그 모양이 다르다는(殊異) 뜻이다. 兩(량)이란 황종 율관 무게의 2배란 뜻이다(兩黃鐘律之重也). 1량은 24銖(수)인데, 이는 24절기를 상징한다. 斤(근)이란 명백하다는 뜻인데,[171] 1斤은

---

168 원문 忖爲十八,《易》十有八變之象也. ─ 4鈞은 46,800銖인데, 이는 18로 나눌 수 있다. 3번 하면 1爻(효)가 되고, 6효가 모여 1卦(괘)가 되니, 18번 하면 卦가 되는 것과 같다는 뜻.

169 원문 令之肉倍好者 ─ 肉은 저울추의 본체, 好는 孔이라는 주석이 있다.

170 漢代 一銖(1수)는 0.65g에 해당하나 漢代의 엽전 모양 화폐로 武帝 元狩 5년(前 118년)에 처음으로 五銖錢(오수전, 명칭과 실제 무게 일치, 3.25g) 을 발행 통용하였다. 오수전 표면에 ‘五銖’ 二字가 양각되었다. 오수전 은 이후 隋代까지 여전히 사용되다가 唐 高祖 때 공식적으로 폐지되었 다.

171 《詩經 周頌 執競》 ~ 斤斤其明~ ─ 斤斤은 밝게 살피는 모양.

384銖로《易經》2篇의 爻(효) 숫자인데[172] 음양의 변동을 상징한다. 16량이 1근이 되는 것은 四時에 四方을 곱한(4×4) 형상이다. 鈞(균)은 고르다는 뜻으로 陽氣의 작동과 음기의 영향이 각각 고르게 작동한다는 뜻이다.

저울과 물체가 균등하다는 뜻의 一鈞의 무게는 11,520銖인데, 이는 萬物의 형상이다. 480량은 6旬(6甲)에 8節氣가 운행한다는 뜻이다.[173] 30斤이 一鈞인 것은 한 달 30일을 뜻한다. 石(석)은 大也이니, 단위가 가장 크다는 뜻이다.

銖(수)에서 시작하여 (銖의) 2배가 兩(량)이고 斤으로 명확해지며, 鈞(균)으로 균등하고 石으로 끝나니, 石은 단위가 크다는 뜻이다. 四鈞이 一石이 되는 것은 四時의 형상이며, 1석이 120근인 것은 1년 12달을 상징한다.

12時辰(시진)이 끝나고 다시 子時로 시작하는 것은 黃鐘을 상징한다. 1,920량은 음양의 숫자이고,[174] 384爻(64괘×6爻)는 五行의 상징이다. 46,080銖는 11,520개 사물의 4계절을 상징한다. 1년이 지나야만 그 공덕이 성취되나니, 5權의 적용은 이처럼 謹嚴(근엄)한 뜻이 있다.

---

172 《易經》본문은 상, 하편 총 64괘를 설명하고 있는데 1괘가 6爻로 구성되니 64×6 = 384이다.

173 원문 四百八十兩者, 六旬行八節之象也 - 6旬은 六甲, 곧 60년. 1년에 8節氣(立春, 春分, 立夏. 夏至, 立秋, 秋分, 立冬, 冬至)가 운행하니 60년 ×8절기 = 480.

174 원문 千九百二十兩者, 陰陽之數也 - 황종이 무게 1,920의 2배 3,840량은 384효에 부합한다. 또 384爻×5(음양의 수, 곧 2+3) = 1,920兩이라는 주석도 있다.

權與物鈞而生衡, 衡運生規, 規圜生矩, 矩方生繩, 繩直生準, 準正則平衡而鈞權矣. 是爲五則.

規者, 所以規圜器械, 令得其類也. 矩者, 矩方器械, 令不失其形也. 規矩相須, 陰陽位序, 圜方乃成. 準者, 所以揆平取正也. 繩者, 上下端直, 經緯四通也. 準繩連體, 衡權合德, 百工絲焉, 以定法式, 輔弼執玉, 以冀天子.

《詩》云,「尹氏大師, 秉國之鈞, 四方是維, 天子是毗, 俾民不迷.」咸有五象, 其義一也.

[국역]

저울추와 물체의 무게가 서로 같으면 平衡(평형)이 이뤄지고, 평형상태가 지속되면 圓規(원규, 원을 그림)가 이뤄지고, 원에서 直角(직각)이 그려지며, 직각(사각형)에서 직선 줄이 그려지고, 직선이 平準(평준)을 이뤄 그 평준이 바르다면, 평준한 저울대와 저울추(權)가 균형을 이룬다. 이것이 五則(5칙)이다.[175]

規(규)란, 원(圜, 둥글 원, 圓과 通, 두를 환)을 그리는 기계인데 크고 작은 원을 그릴 수 있다.[176] 矩(구, 곱자 구)는 직각사각형을 그리는 기계인데 못 그려내는 사각형이 없다. 規(규)와 矩(구)가 서로 배합되면 陰陽의 자리와 순서(位序)가 정해지고 圓形과 方形이 이뤄진다.

---

175 五則 – 5종의 표준. 곧 衡, 規, 矩, 繩, 權.

176 원문 令得其類也 – 類는 여러 종류의 圓形.

準(준, 수평, 수준기)은 平正을 바로잡아준다. 繩(승)이란 上下로 바른 직선이며[177] 經緯(경위, 날줄과 씨줄)로 사방에 통한다. 準과 繩(승)이 하나가 되고, 衡과 權이 하나로 일치하면(合德), 모든 일이(百工) 이로써 이뤄지고, 法式(법식)이 정해지며,[178] 이는 玉笏(옥홀)을 잡고 보필하는 관리가 천자를 돕는 것과 같다.[179]

《詩經》에[180] 「尹氏인 大師는, ~, 나라를 고르게 다스리면, 천하사방의 綱維(강유)가 되고, 천자를 돕고, 백성은 미혹되지 않았으리라.」[181] 하였다. 이처럼 공유하는 五象(五則)의 大義는 하나이다.[182]

原文

以陰陽言之, 大陰者, 北方. 北, 伏也, 陽氣伏於下, 於時爲冬. 冬, 終也, 物終臧, 乃可稱. 水潤下. 知者謀, 謀者重, 故爲權也.

大陽者, 南方. 南, 任也, 陽氣任養物, 於時爲夏. 夏, 假也, 物假大, 乃宣平. 火炎上. 禮者齊, 齊者平, 故爲衡也.

---

177 원문 繩者上下端直 – 굽은 것(彎曲, 만곡)이 없다는 뜻.

178 원문 法式繇焉 – 繇는 부릴 요. 徭役(요역).

179 원문 輔弼執玉, 以冀天子 – 輔弼(보필)을 돕다. 관리가 상관을 돕다. 執玉의 玉은 玉笏(옥홀). 冀는 날개 익. 돕다(助也).

180 《詩經 小雅 節彼南山》의 詩句

181 원문 天子是毘, 俾民不迷. – 毘는 도울 비. 俾民(비민)은 백성으로 하여금. 俾는 시킬 비(使也).

182 원문 其義一也 – 一은 相同하다.

少陰者, 西方. 西, 遷也, 陰氣遷落物, 於時爲秋. 秋鞪也,
物鞪斂, 乃成孰. 金從革, 改更也. 義者成, 成者方, 故爲矩
也.

少陽者, 東方. 東, 動也, 陽氣動物, 於時爲春. 春, 蠢也,
物蠢生, 乃動運. 木曲直. 仁者生, 生者圓, 故爲規也.

中央者, 陰陽之內, 四方之中, 經緯通達, 乃能端直, 於時
爲四季. 土稼嗇蕃息. 信者誠, 誠者直, 故爲繩也. 五則揆
物, 有輕重,圜方,平直,陰陽之義, 四方,四時之體, 五常,五行
之象. 厥法有品, 各順其方而應其行. 職在大行, 鴻臚掌之.

〖국역〗

陰陽으로 비유하자면, 大陰(太陰 ▆▆)은 北方이다. 北은 伏(엎드릴
복)이니, 陽氣가 아래에 엎드려 있기에 시기로는 겨울(冬)이다. 겨울
은 終(끝 종)이니, 만물이 끝을 보아 숨은 것이라 말할 수 있다. 물은
(水) 아래로 스며든다(潤下). 知者는 일을 꾸미고(謀) 그런 지모는
무거운 것이기에(重), 이는 權(권)과 같다.

大陽(太陽 ▆▆)은 南方이다. 南은 任(임, 잉태와 양육, 任養, 懷妊)이
니, 陽氣가 만물을 낳고 기르며, 계절로는 여름(夏)이다. 여름은 假
(멀 하, 거짓 가)이니,[183] 만물이 아주 커지며 넓고 평평하다. 불꽃은
위로 타오른다. 禮者란 가지런한 것이고(齊), 齊(제)는 평형이니 衡
(형)과 같다.

---

183 원문 夏, 假也 – 假는 寬大(관대).

少陰(소음 ☵)은 西方이다. 西는 옮겨가는 것이다(遷은 옮길 천). 陰氣가 만물을 떨어지게 하는데(遷落), 계절로는 가을(秋)이다. 秋는 揫(모을 추, 거두어 묶을 추)이고, 사물을 거둬들이니, 곧 成孰(성숙, 成熟)이다. 金은 變革(변혁)을 잘하니, 곧 새롭게 시작하는 것이다(改更也). 義者는 成功이니, 成功者는 方正하기에 矩(구)와 같다.

少陽(소양 ☳)은 東方이다. 東은 움직임이며(動也), 陽氣는 만물을 움직이게 하니, 계절로는 봄(春)이다. 春은 蠢(꿈틀거릴 준)이고 만물은 살아야 움직이니, 곧 운동(運動, 動運)이다. 木은 굽은 것도 바른 것도(曲直) 있다. 仁者는 生存하고 생존하려면 圓滿(원만)하나니 그래서 規(규)와 같다.

中央(중앙)은 陰陽의 안에서, 四方의 가운데이며, 씨줄과 날줄(經緯)로 통하니(通達), 곧 端正이고 직선이며, 계절로는 四季 모두와 같다. 흙은(土) 농사를 짓게 하고 번식케 한다.[184] 信이란 誠實(성실)이며 誠者는 곧기에(直), 繩(승)과 같다.

이처럼 五則(5칙)은 만물을 헤아리는 방법이니, 輕重(경중), 圓方(원방, 원과 사각형), 平直(평직), 陰陽(음양)의 뜻이 있고, 四方과 四時의 體現(체현)이며, 五常과 五行의 상징이다. 그 법도에 일정한 종류(品, 品類)가 있으며[185] 각자 그 방법에 따라 운행이 이뤄진다. 이와 관련된 업무는 大行令이 담당하고, 大鴻臚(대홍려)가 관장한다.[186]

---

184 원문 稼穡蕃息 – 稼穡(가색)은 稼穡(가색, 농사짓다). 蕃息(번식)은 많이(蕃, 多也) 낳다(息, 生也)

185 원문 厥法有品 – 厥은 그 궐(其也), 다할 궐. 品은 類別. 종류.

186 大鴻臚(대홍려)는 중국에 귀의하는 蠻夷(만이)에 관한 업무를 관장하는데, (副職인) 丞을 두었다. 大鴻臚(대홍려)의 鴻(큰 기러기 홍)은 大의 뜻.

《書》曰,「予欲聞六律,五聲,八音,七始詠, 以出內五言, 女
聽.」予者, 帝舜也. 言以律呂和五聲, 施之八音, 合之成樂.
七者, 天地四時人之始也. 順以歌詠五常之言, 聽之則順乎
天地, 序乎四時, 應人倫, 本陰陽, 原情性, 風之以德, 感之
以樂, 莫不同乎一. 唯聖人爲能同天下之意, 故帝舜欲聞之
也.

今廣延群儒, 博謀講道, 修明舊典, 同律, 審度, 嘉量, 平
衡, 均權, 正準, 直繩, 立於五則. 備數和聲, 以利兆民, 貞天
下於一, 同海內之歸. 凡律,度,量,衡用銅者, 各自名也, 所以
同天下, 齊風俗也. 銅爲物之至精, 不爲燥濕,寒暑變其節,
不爲風雨,暴露改其形, 介然有常, 有似於士君子之行, 是以
用銅也. 用竹爲引者, 事之宜也.

[국역]

《書經》에서는[187] 「내가(予) 六律과 五聲, 八音과 七始의 歌詠(가
영)을 듣고,[188] 다섯 가지 덕에 맞는 말을(五言)[189] 내리고자 하니, 너

膚(살갖 려)는 순서대로 늘어놓다(陳設). 곧 손님에게 음식을 접대하다.
9卿의 하나. 질록 中二千石. 屬官으로는 行人令(행인령), 譯官令(역관
령), 別火令(별화령)의 3令과 丞을 두었다. 武帝 太初 원년에 行人令을
大行令으로 명칭 변경했다.

187 《書經 虞書 益稷》의 구절. 舜이 禹에게 훈계한 말.

188 七始歌詠 – 七始는 十二律 중, 黃鐘(天), 林鐘(地), 太族(人), 姑洗(春),

는 들어라(女聽. 女는 汝).」고 하였다. 나(予)라고 한 사람은 帝舜이다.[190]

이 말은 律呂로 五聲(宮, 商, 角, 徵(치), 羽)을 協和하고, 8종의 악기를 연주하면[191] 음악이 된다(合之成樂). 七始란 天, 地, 四時와 人의 시작이다. 그것으로 五常의 뜻을 노래하게 하고, 그것을 들어 天地에 순응하며, 四時의 차례에 따르고, 人倫에 맞추며, 음양에 근거를 두고, 인간의 情性을 따지되,[192] 德으로 風化하고 樂으로 감화시킨다면 모두가 하나의 도리에 통할 것이다. 오직 聖人만이 천하 모든 사람의 心意를 따를 수 있기에 帝舜은 이를 들으려 했다.

지금 많은 儒生을 널리 招致(초치)하여 상세히 正道를 토론케 하고(博謀講道), 옛 제도를 정비하고 밝히며(修明舊典), 음률을 통일하고(同律), 度를 잘 헤아리며(審度), 부피를 잘 측량하고(嘉量), 균형을 이루며(平衡), 무게를 균등히 달고(均權), 평준을 바르게 하며(正準), 줄로 곧게 한다면(直繩), 이는 五則을 확립하는 것이다. 이런 바탕 위에 모든 수치를 정비하고(備數), 五聲의 조화를 이루어(和

蕤賓(夏), 南呂(秋), 應鐘(冬)으로 시작하는 곡조.

189 五言 - 仁, 義, 禮, 智, 信 五常의 말.

190 舜 - 五帝의 한 사람. 號 有虞氏. 성은 姚(요). 名은 重華. 史書에서는 虞舜(우순)으로 通稱.

191 施之八音 - 八音이란 흙으로 만든 악기인 塤(훈), 바가지(匏, 박 포)로 만든 笙(생, 생황), 가죽(皮革)으로 만든 북(鼓, 북 고), 대나무로 만든 퉁소(管 피리 관), 실(絲)로 만든 현(絃, 현악기), 돌로 만든 경(磬, 경쇠 경), 쇠로 만든 종(鐘), 나무로 만든 축(柷)의 소리를 말한다. 五聲과 八音이 어울리면(和諧, 화해) 樂(악)이 된다.

192 원문 原情性 - 原은 追究하다.

聲) 백성을 이롭게 하여(以利兆民), 천하 백성으로 하여금 하나의 정도를 걷게 한다면 온 세상이 모두 귀의할 것이다.[193]

　모든 音律, 度, 量, 衡의 器機(기기)에 구리를 사용하는 제조하는 것은(用銅者) 각각 그 명분이 있으며(銅은 同) 천하를 하나로 또 풍속을 같게 하려는(齊風俗也) 뜻이다. 구리는 기기를 정밀하게 제작할 수 있고 또 건조한 기운이나 습기, 寒暑(한서)에 따른 성질의 변화가 없으며, 또 風雨나 햇볕, 야간 이슬에도 형태가 변하지 않고 항상 똑같은 것이 土君子의 행실과 특별히 비슷하기에[194] 구리를 써서 제작한다. 다만 대나무로 引(인, 1引은 十丈. 2,310cm)을 만드는 것은 편의성에 따른 것이다.[195]

---

193 원문 貞天下於一, 同海內之歸 - 貞은 正也, 바로잡다. 歸는 趣向(추향, 대세를 따름).

194 원문 介然有常 - 介然(개연)은 特立. 有常은 堅持(견지)하며 불변하다.

195 여기까지가 劉歆의 《鍾律書》의 내용이며, 이로써 音律에 대한 이론을 대신했다.

三. 曆法

1. 古代의 曆法

原文

曆數之起上矣. 傳述顓頊命南正重司天, 火正黎司地, 其後三苗亂德, 二官咸廢, 而閏餘乖次, 孟陬殄滅, 攝提失方.

堯復育重, 黎之後, 使纂其業, 故《書》曰,「乃命羲,和, 欽若昊天, 曆象日月星辰, 敬授民時.」「歲三百有六旬有六日, 以閏月定四時成歲, 允釐百官, 衆功皆美.」

其後以授舜曰,「咨, 爾舜, 天之曆數在爾躬.」「舜亦以命禹.」

至周武王訪箕子, 箕子言大法九章, 而五紀明曆法. 故自殷,周, 皆創業改制, 咸正曆紀, 服色從之, 順其時氣, 以應天道.

三代旣沒, 五伯之末, 史官喪紀, 疇人子弟分散, 或在夷狄, 故其所記, 有〈黃帝〉,〈顓頊〉,〈夏〉,〈殷〉,〈周〉及〈魯曆〉. 戰國擾攘, 秦兼天下, 未皇暇也, 亦頗推五勝, 而自以獲水德, 乃以十月爲正, 色上黑.

曆數(역수)의 기원은 오래되었다.[196] 전하는 바에 의하면(傳述), 顓頊(전욱)은[197] 南正인 重(중)을 시켜 天文(司天)을, 火正인 黎(여, 검을 여)에게 地理를 관장케 하였는데,[198] 그 이후 三苗(삼묘)에[199] 의해 나라가 혼란해지자 二官(南正, 火正)은 모두 폐지되었으며, (이에 따라) 閏餘(윤여)가 틀려지고[200] 孟陬(맹추)가 殄滅(진멸)하였는데,[201] 그렇게 되면 攝提星(섭제성, 木星)이 있어야 할 자리가 틀려진다.[202]

堯(요)는 重(중)과 黎(여)의 後任(후임)을 복원하고, 그 업무를 撰述(찬술)케 하였기에, 《書經》에서는[203] 「이에 羲氏(희씨)와 和氏(화씨)에 명하여 昊天(호천)을 삼가 본받고, 日月星辰(일월성신)의 운행을 관찰하여(曆象), 백성들에게 계절을 알려주었다.」[204]

---

196 원문 曆數之起上矣 − 上은 尙. 오래 되다.

197 顓頊(전욱, 顓은 마음대로 할 전. 頊은 삼갈 욱)은 전설적 인물로 五帝의 한 사람. 黃帝의 손자. 高陽氏로 호칭. 黃帝 死後 聖德이 있다 하여 20세에 제위에 올랐다. 古 六曆의 하나인 顓頊曆(전욱력)을 만들었고, 전욱력은 秦에서 사용되었다.

198 원문 南正重司天, 火正黎司地 − 南正과 火正은 관직명. 重과 黎는 氏名.

199 三苗(삼묘)는 전설 속에 黃帝에서 堯, 舜, 禹 時代에 걸쳤던 古國名. 대체적으로 長江 하류에 거주했던 종족으로 알려졌다.

200 원문 閏餘乖次 − 閏餘(윤여)는 1년의 남은 여분(歲之餘). 乖는 어긋날 괴. 次는 십이지의 순차.

201 원문 孟陬殄滅 − 孟陬(맹추)는 正月. 孟은 맏이 맹. 陬는 모퉁이 추. 殄滅(진멸)은 모조리 없어지다. 殄은 다할 진. 모조리. 滅은 사라질 멸.

202 원문 攝提失方 − 攝提(섭제)는 星名. 木星.

203 《書經 虞書 堯典》의 구절.

204 원문 乃命羲,和,欽若昊天,曆象日月星辰,敬授民時 − 羲는 羲仲과 羲叔,

「一歲는 三百하고 六旬(육순)에 六日이니, 閏月로 四時를 조절하여 1년의 歲時를 정하고, (이로써) 百官을 잘 다스렸으니, 모든 공적이 훌륭하였다.」고 하였다.[205]

그 이후에 堯가 舜(순)에게 帝位를 물려주며 말했다.

「아! 너 舜이여, 하늘의 曆數가 너에게 있도다.」

「舜도 禹(우)에게 같은 말을 하였다.」[206]

周의 武王이 箕子(기자)를 방문했을 때,[207] 箕子는 大法 九章(洪範九條)을 말했는데,[208] 그중 五紀는 曆法을 밝혔다.[209] 그리하여 殷과

和는 和仲과 和叔으로 天地와 四時를 관찰하고 관련 업무를 수행한 인물. 欽若(흠약)은 삼가 따르다. 若은 따르다. 順의 뜻. 昊는 넓고 클 호. 昊天은 天氣가 廣大하다. 曆은 자주. 象은 관찰하다. 敬授는 정성으로 알려주다. 民時는 계절에 맞춰 백성이 일을 해야 할 시기.

205 원문 歲三百有六旬有六日 – 한 달을 30일씩 12달이면 360이고 6일이 남는다. 작은 달(29일)에서 또 6일이 남으니 총 12일이다. 그래서 3년이 안 되어 다시 1달이 모자라므로 윤달을 정하고 윤달을 계산에 넣어야 1년이 이루어진다. 允은 진실로 윤, 信也. 釐는 다스릴 리.

206 이는《論語 堯曰》의 구절이다. 咨는 물을 자. 탄식하다. 감탄사. 爾는 너이. 曆數는 帝王이 相繼하는 次第. 세시의 절기의 순서와 같이 차례가 있다. 躬은 몸 궁.

207 武王이 殷을 멸망시킨 뒤의 일이다. 箕子(기자)는 子姓, 名은 胥餘(서여), 商朝의 宗室, 帝文丁의 아들, 帝乙의 동생, 紂王(주왕)의 叔父, 관직은 太師. 箕(기)에 봉해졌다(今 山西省에 해당). 周 武王이 克殷한 뒤에 기자에게 治國之道를 물었고, 이는《書經 周書 洪範》에 기록되었다.《論語 微子》에는 微子(미자), 比干(비간)과 함께 '殷有三仁'이라 하였다. 司馬遷《史記》에는 기자가 만년에 朝鮮을 통치했다고 기록했다.

208〈洪範(홍범)〉의 九疇(구주)는 一曰 五行, 二曰 敬用五事, 三曰 農用八政, 四曰 協用五紀, 五曰 建用皇極, 六曰 乂用三德, 七曰 明用稽疑(계의, 점

周의 開始에 따라 제위가 바뀌면 제도를 바꿔 새로운 역법의 계산과 복색을 개정하였는데, 이는 時氣에 맞추면서 天道에 따른 것이었다.

三代(夏, 殷, 周)가 몰락 이후 춘추시대 말기에,[210] 史官이 기록을 喪失(상실)하고, 曆法을 아는 후손들이 分散하여,[211] 혹은 夷狄(이적)의 땅에 살았는데 그 기록에 따라 〈黃帝曆〉, 〈顓頊曆(전욱력)〉, 〈夏曆〉, 〈殷曆〉, 〈周曆〉 및 〈魯曆〉이 있었다. 戰國시대에 천하 大亂(대란, 擾攘 요양) 이후에 秦(진)이 천하를 다 차지했지만(兼倂), (역법을 새로 제정할) 겨를이 없었으며, 다만 五行 相勝(상승)의 이론에 따라 스스로 水德을 받았다 하여[212] 十月을 歲首인 正月로 정하고[213] 黑色(흑색)을 숭상하였다.

치는 일), 八日 念用庶徵(서징, 자연과 인간의 기본관계), 九日 向用五福과 威用六極(6가지 불행)을 말한다.

209 其四日 協用五紀也 - 一日歲, 二日月, 三日日, 四日星辰, 五日曆數. 歲는 歲星(목성), 星辰(성신)은 金, 土, 水, 火星.

210 원문 五伯之末 - 五伯(오패)는 春秋 五霸(오패). 伯(音은 패, 우두머리 패)는 霸.

211 원문 疇人子弟分散 - 疇人(주인)은 역법을 이해하는 同僚(동료). 疇는 類. 匹也.

212 원문 亦頗推五勝, 而自以獲水德 - 五勝은 五行의 克勝(극승)의 이론. 周는 火德으로 건국 통치했다. 水克火의 논리로 秦은 水德을 표방했다.

213 十月은 亥(해, 돼지 해)에 해당하고, 亥는 만물을 모두 포용하고 入地하여 接水한다. 그래서 秦은 水德을 표방했고 북방의 색인 흑색을 숭상했다.

2. 漢代의 曆法

原文

漢興, 方綱紀大基, 庶事草創, 襲秦正朔. 以北平侯張蒼
言, 用〈顓頊曆〉, 比於六曆, 疏闊中最爲微近. 然正朔服色,
未覩其眞, 而朔晦月見, 弦望滿虧, 多非是.

[국역]

漢이 건국되고(前 206년. 前 202 高祖 帝位), 가까스로 나라 기강
을 크게 다지고(綱紀大基) 庶事(서사, 國事)를 草創(초창)하면서[214] 秦
의 曆法(正朔, 정삭)을 그대로 답습하였다.[215] 北平侯 張蒼(장창)의[216]
건의를 채용하여 〈顓頊曆(전욱력)〉을[217] 채택하였는데, 다른 六曆
(五曆)에 비하여[218] 疏闊(소활)하지만 그래도 차이가 가장 적었다. 그

---

214 원문 方綱紀大基, 庶事草創 – 方은 마침. 大基의 基는 시작하다. 庶事의
庶는 많다. 衆事. 草創은 새로 만들다.

215 원문 襲秦正朔 – 十月을 正月로 삼았고 9月 다음에 閏月을 두었다.

216 張蒼(장창, 前 253 – 152) – 秦漢 시기의 儒學者, 陰陽家의 대표적 인물.
燕王 臧荼(장도)가 반란을 일으키자, 장창은 代의 相으로 고조를 따라
장도 토벌에 공을 세워 北平侯에 봉해졌고 食邑은 1,200호였다. 장창은
秦나라 때부터 柱下御史로 천하의 도서와 計籍 업무에 밝고, 또 算學과
律曆을 잘 알아 장창은 列侯이지만 승상부에 근무하면서 郡國에서 올라
오는 보고를 처리하게 하였다. 뒷날 賈誼(가의)에게 영향. 文帝 때 승상
역임.《史記》96권,〈張丞相列傳〉참고.《漢書 張周趙任申屠傳》에 입전.

217 〈顓頊曆(전욱력)〉– 1년을 365와 1/4日. 1월은 29와 499/940日. 19년에
7閏. 寅月로 正月.

러나 正朔(정삭)과 복색에 있어 그 사실을 인지하지 못했고,[219] 초하루와 그믐에 달이 뜨거나[220] 上, 下弦(하현)에 滿月이거나, 보름에 달이 이지러져서(虧는 이지러질 휴), 是非(시비)가 많았다.

至武帝元封七年, 漢興百二歲矣, 大中大夫公孫卿, 壺遂, 太史令司馬遷等言"曆紀壞廢, 宜改正朔."

是時御史大夫兒寬明經術, 上乃詔寬曰,「與博士共議, 今宜何以爲正朔? 服色何上?」

寬與博士賜等議, 皆曰,「帝王必改正朔, 易服色, 所以明受命於天也. 創業變改, 制不相復, 推傳序文, 則今夏時也. 臣等聞學褊陋, 不能明. 陛下躬聖發憤, 昭配天地, 臣愚以爲三統之制, 後聖復前聖者, 二代在前也. 今二代之統絶而不序矣, 唯陛下發聖德, 宣考天地四時之極, 則順陰陽以定大明之制, 爲萬世則.」

於是乃詔御史曰,「乃者有司言曆未定, 廣延宣問, 以考星度, 未能讎也. 蓋聞古者黃帝合而不死, 名察發斂, 定清濁,

---

218 六曆-〈黃帝曆〉, 〈顓頊曆(전욱력)〉, 〈夏曆〉, 〈殷曆〉, 〈周曆〉 및 〈魯曆〉.

219 원문 未覩其眞 - 覩는 볼 도.

220 晦는 그믐. 朔은 초하루. 달을 볼 수 없다. 上弦(상현, 陰 初 7, 8日) 下弦 (22, 23日)에 보름달이 되거나, 보름(望)에 달리 이지러졌다면 책력이 틀린 것이다.

起五部, 建氣物分數. 然則上矣. 書缺樂弛, 朕甚難之. 依違
以惟, 未能修明. 其以七年爲元年.」

(漢) 武帝 元封 7年, 漢興 102년이었는데,[221] 大中大夫인 公孫卿
(공손경), 壺遂(호수)와 太史令인 司馬遷(사마천) 등이[222] "종래의 曆紀
(曆法)를 쓸 수 없으니 응당 역법을 개정해야 합니다(宜改正朔)."라
고 건의하였다.

이때 御史大夫인 兒寬(예관)은[223] 경학에 밝았는데, 무제가 예관
에게 「지금 어떻게 역법을 개정하고 복색은 어떤 색을 숭상해야 하

---

221 武帝元封七年 - 前 104년. 漢興 102년은 고조가 제위에 오른 前 202년
부터 起算하였다. 前 104년에 새 역법 〈太初曆〉을 시행하면서 개원하
여 太初 원년이 되었다.

222 大中大夫(太中大夫)는 光祿勳의 속관. 일정한 직무가 없고 정사에 대한
의론을 담당. 無 定員, 散職. 질록 比一千石. 公孫卿(공손경)은 前漢 方
士. 齊國(治所 今 山東省 淄博市 臨淄區)人, 무제의 신임이 두터웠다.
壺遂(호수)는 太史令 司馬遷 등과 함께 漢의 律曆(율력, 太初曆)을 제정하
였고, 관직은 詹事(첨사)에 이르렀으며 사람됨이 사려가 깊고 독실한 행
동을 하는 군자였다. 무제도 기대하면서 재상의 재목이라 생각했는데
일찍 病死했다. 司馬遷의 廉正忠厚한 友人으로 함께 經義를 논하고 律
曆 제정에 협력하였다.

223 兒寬(예관, ? - 前 103) - 兒는 아이 아. 연약할 예, 성씨 예. 千乘郡 사람
이다. 《尙書》를 전공하며 歐陽生을 스승으로 모셨다. 郡에서 뽑혀 博士
에 보내져 孔安國에게 배웠다. 집이 가난하여 學資가 모자라서 다른 제
자들과 함께 일하며 취사도 하였다. 때로는 농사 품팔이를 나가 경전을
갖고 다니며 김을 매다가 쉴 때 읽고 외웠으니 그 정성이 이와 같았다.
《尙書》전공. 농업 중시. 수리 사업 수행. 司馬遷과 함께 '太初曆'을 제

는가를 博士들과 함께 논의하라.」고 조서를 내렸다.

예관과 박사인 賜(사) 등이 의논하여 함께 건의하였다.

「帝王이 必히 正朔(정삭, 曆法)을 개정하고 服色을 바꾸는 것은 천명을 받은 사실을 명확히 하려는 뜻입니다. 나라의 개창으로 역법을 바꾸고 제도를 그대로 답습하지 않는 것은 여러 전적에서 볼 수 있으며, 지금 사용되는 역법은 夏의 역법입니다. 臣 등은 식견과 학문이 좁고 비루하여[224] 명확히 밝힐 수는 없습니다. 陛下(폐하)께서 聖明하시고, 이를 念慮發憤(염려발분)하시며 天地와 훌륭하게 짝이 되시나 臣은 어리석어 三統(夏, 殷, 周)의 제도에서 後聖이 前聖을 답습하는 것은 二代의 문물이 앞서 이뤄졌기 때문이라 생각합니다. 지금 二代의 제도마저 단절되었고 기록조차 없으니 오직 폐하만이 성덕을 발휘하시고 천지와 四時의 極限까지 광범위하게 고찰하시면서 陰陽에 순응하며 大明한 제도를 제정하신다면 만세의 법칙이 될 것입니다.」

이에 어사대부에게 조서를 내렸다.

「얼마 전에 담당자가 '역법이 정해지지 않았고, 대책 마련에 많은 의견을 들어야 하며, 星度를 고찰해야 하나 아직 상응할만한 것이 없다.'고 하였다.[225] 들은 바에 의하면, 예전에 黃帝는 자연에 相合하여 죽지 않았으며, 命名에 근거하여 진퇴를 고찰할 수 있고, (聲

정했다. 《漢書》 58권, 〈公孫弘卜式兒寬傳〉에 입전.

224 원문 聞學褊陋 – 聞學은 견문과 학업. 聞은 問의 誤字라는 주석이 있다. 褊은 좁을 편. 陋는 좁을 누(루).

225 원문 未能讎也 – 讎는 짝 수. 비교하다. 상응하다.

律의) 淸濁을 결정하였으며, 五行을 확장하여 절기와 역법을 건립할 수 있다고 하였다. 그러나 그런 일은 아주 尙古의 일이다. 典籍도 사라졌고 樂律도 없어졌으니[226] 짐으로서는 매우 난감한 일이다. 이리저리 생각하더라도[227] 명백한 근거가 없도다. 元封 7년을, 太初 원년으로[228] 정하라.」

原文

逡詔卿, 遂, 遷與侍郞尊, 大典星射姓等議造〈漢曆〉. 乃定東西, 立晷儀, 下漏刻, 以追二十八宿相距於四方, 擧終以定朔晦分至, 躔離弦望. 乃以前曆上元泰初四千六百一十七歲, 至於元封七年, 復得閼逢攝提格之歲, 中冬十一月甲子朔旦冬至, 日月在建星, 太歲在子, 已得太初本星度新正. 姓等奏不能爲算, 願募治曆者, 更造密度, 各自增減, 以造〈漢太初曆〉.

乃選治曆鄧平及長樂司馬可, 酒泉候宜君, 侍郞尊及與民間治曆者, 凡二十餘人, 方士唐都, 巴郡落下閎與焉. 都分天部, 而閎運算轉曆.

其法以律起曆, 曰,「律容一龠, 積八十一寸, 則一日之分

---

226 書缺樂弛 - 書는 典籍. 缺은 缺損(결손). 樂弛의 弛는 없어지다(廢也).

227 원문 依違以惟 - 依違(의위)는 결정하지 못하는 모양. 반복하다.

228 太初 원년 - 前 104년. 太初曆을 시행한 해. 太初曆은 1년을 365와 385/1539일, 1달을 29와 43/81일로 계산하였다.

也. 與長相終. 律長九寸, 百七十一分而終復. 三復而得甲
子. 夫律陰陽九六, 爻象所從出也. 故黃鐘紀元氣之謂律.
律, 法也, 莫不取法焉.」

與鄧平所治同. 於是皆觀新星度, 日月行, 更以算推, 如閎,
平法. 法, 一月之日二十九日八十一分日之四十三. 先藉半
日, 名曰陽曆. 不藉, 名曰陰曆. 所謂陽曆者, 先朔月生. 陰曆
者, 朔而後月乃生. 平曰, "陽曆朔皆先旦月生, 以朝諸侯王
群臣便." 乃詔遷用鄧平所造八十一分律曆, 罷廢尤疏遠者
十七家, 復使校曆律昏明. 宦者淳于陵渠復覆〈太初曆〉, 晦,
朔, 弦, 望, 皆最密, 日月如合璧, 五星如連珠. 陵渠奏狀, 遂用
鄧平曆, 以平爲太史丞.

〔국역〕

이에 公孫卿, 壺遂(호수), 司馬遷(사마천)과 侍郎인 尊(존), 大典星
인 射姓(사성)[229] 등에게 의논하여 〈漢曆〉을 만들라는 조서를 내렸
다. 이에 東西의 방향을 정하고 晷儀(구의)를 장치하고,[230] 아래에는
漏刻(누각, 물시계)를 만들었으며, 二十八宿(28수)의[231] 상호 거리와
사방의 위치를 계산하고, 초하루와 그믐, 春, 秋分과 冬, 夏至의 曆

---

229 大典星 射姓(사성) - 大典星은 관직명. 太史令의 속관. 射姓(사성)은 射
가 姓氏. 姓이 名이라는 주석이 있다.

230 晷儀(구의) - 해시계. 태양, 달, 별 등 天象의 운행을 관측할 수 있는 모
형. 晷는 그림자, 햇빛 구(궤). 儀는 거동 의. 儀器. 장치란 뜻.

231 二十八宿(수, xiù) - 宿은 여러 별자리 수(列星之位). 天球上의 黃道와 하

數를 계산하여 정했으며, 日月이 운행하는 궤도와 上, 下弦(하현) 및 보름(望)을 확정하였다.[232] 이에 前曆의 上元 泰初 4,617년에서[233] 元封 7년까지 거듭 출현하는 閼逢(알봉)과 攝提格(섭제격)인 해의(곧 甲寅年)[234] 中冬인 11月 甲子 초하루의 해 뜨는 시각을 冬至로 정하고, 日月이 建星(건성)에[235] 있고, 太歲星(木星)이 子의 위치에 있는 해를 기준으로[236] 太初 星度의 정확한 수치를 구했다. 射姓(사성, 人名) 등이 상주하면서 계산 과정을 잘 설명하지 못하여, 역법을 계산할 수 있는 자들을 모집하기를 원했고, 이에 더 세밀하게 계산하고 증감하여 漢朝의 〈太初曆〉을 제작하였다.

늘의 赤道 부근에 둘러있는 28개 星座(或稱 星官). 28수의 이름은 東宮 — 角, 亢(항), 氐(저), 房, 心, 尾, 箕(기). 北宮 — 斗, 牛, 女, 虛, 危, 室, 壁(벽). 西宮 — 奎, 婁(루), 胃(위), 昴(묘), 畢(필), 觜(자), 參(삼). 南宮 — 井, 鬼, 柳, 星, 張, 翼(익), 軫(진)이다. 이 28수는 각 1개의 항성을 기준으로 정한 천문좌표이며 태양과 달, 5대 행성, 彗星(혜성) 등의 운행 위치 및 항성을 관측하는 기초가 된다. 二十八舍, 二十八星, 二十八次 등으로도 표기.

232 躔離弦望 – 躔은 궤도 전. 徑也. 離는 떨어질 이. 거리. 遠也. 거쳐온 길. 弦은 활시위 현. 반달. 望은 보름.

233 이를 元法이라 하는데, 統法(1,539. 閏法 19 × 日法 81)을 3배 한 數.

234 閼逢(알봉)과 攝提格(섭제격) – 甲寅年을 의미. 閼逢(알봉)은 紀年의 명칭. 歲陽의 첫 번째, 곧 甲에 해당. 甲年의 歲名. 攝提格(섭제격)은 紀年의 명칭, 歲陰의 3번째 명칭으로 12支 중 寅에 해당.

235 建星(건성) – 二十八宿(28수) 중 북방에 斗宿(두수, 南斗)가 있고, 斗宿의 북쪽에 있는 星座名. 今人이 보통 人馬座(半人半馬)라 통칭. 〈天文志〉에 「南斗爲廟, 其北建星. 建星者, 旗也.」라 하였다. 建星은 6星으로 구성.

236 太歲가 子가 아니라 寅이어야 한다는 주석이 있다.

이에 역법을 연구한 鄧平(등평, 人名)과 長樂宮의 司馬인 可(가, 人名)와 酒泉郡 출신 候(후)인(관직명) 宜君(의군, 人名), 侍郎인 尊(존)과 백성 중에서 책력을 계산할 줄 아는 자 등 총 20여 명과 方士인 唐都(당도), 巴郡의 落下閎(낙하굉, 인명)이 참여했는데[237] 당도는 天部를 관장하고,[238] 낙하굉은 曆數 계산을 담당하였다.

그 계산법은 律數로 曆算하였는데,「律의 容量은 一龠(1약)이고 그 積數는 81寸이니, 곧 一日의 分數(몫)이다. 이는 律의 길이와 始終을 같이 한다. 律長 9寸은 171分으로 끝나고 다시 반복한다. 3번 반복하여 甲子가 된다. 律의 陰陽인 九와 六은 爻(효)의 象에서 얻어진 것이다. 그래서 黃鐘으로 元氣를 통제하기에 律(율)이라고 한다. 律은 법이니, 법에 따르지 않는 것이 없다.」

이는 (낙하굉과) 鄧平(등평)의 연구(계산) 결과와 같았다. 이에 모두 함께 새로운 星度와 日月의 운행을 관찰하고 더 추산하니 낙하굉과 등평의 법이 같았다. 그 법에 1달(1개월)의 日數는 29에 43/81일이었다. 이에 먼저 半日을 빌려(藉, 계산에 넣었다는 뜻) 陽曆(양력)이라 하였고, 빌리지 않은(不藉) 몫을 陰曆(음력)이라 하였다. 소위 陽曆이란 초하루에 앞서 (하늘에 뜬) 달을 본 것이다. 陰曆이란 초하루에 달이 나타난 것이다. 이에 등평이 말했다.

"陽曆을 사용하면 초하루 새벽에 달이 뜨니 제후 왕과 여러 신하

---

237 唐都(당도)는 천문학자. 특히 태초력 제작에 천문 분야를 담당, 司馬談도 당도한테서 천문을 배웠다는 기록이 있다. 巴郡의 落下閎(낙하굉, 洛下閎, 洛下는 지명, 閎이 이름)은 역법 계산에 능했고, 渾天儀(혼천의)도 제작하였다.

238 원문 都分天部 – 天部는 二十八宿의 상호 거리.

들이 入朝할 때 편리할 것이다."

이에 무제는 司馬遷에게 명하여 鄧平(등평)이 만든 81분의 율력을 사용케 하고, 차이가 많이 나는(尤疎遠者) 17전문분야(17家)의 계산을 폐지하였으며, 태초력의 불확실한 부분을(曆律昏明) 계속하여 검토케 하였다. 宦者(환자, 宦官)인 淳于陵渠(순우능거)가 다시 〈太初曆〉의 그믐과 초하루, 상, 하현과 보름을 계산해 내었는데 가장 정밀하였고, 日月의 운행이 璧玉(벽옥)을 합친듯 딱 일치했으며, 五星은 구슬을 꿴 것 같았다. 순우능거가 상주하여 마침내 등평의 역법을 채택하였고, 등평은 太史丞(태사승, 太史令의 副職)이 되었다.

原文 ▌

後二十七年, 元鳳三年, 太史令張壽王上書言, 「曆者天地之大紀, 上帝所爲. 傳黃帝〈調律曆〉, 漢元年以來用之. 今陰陽不調, 宜更曆之過也.」

詔下主曆使者鮮于妄人詰問, 壽王不服. 妄人請與治曆大司農中丞麻光等二十餘人雜候日,月,晦,朔,弦,望,八節,二十四氣, 鈞校諸曆用狀. 奏可. 詔與丞相,御史,大將軍,右將軍史各一人雜候上林淸臺, 課諸曆疏密, 凡十一家.

以元鳳三年十一月朔旦冬至, 盡五年十二月, 各有第. 壽王課疏遠. 案漢元年不用黃帝〈調曆〉, 壽王非漢曆, 逆天道, 非所宜言, 大不敬. 有詔勿劾. 復候, 盡六年.〈太初曆〉第一. 卽墨徐萬且,長安徐禹治〈太初曆〉亦第一. 壽王及待詔

李信治黃帝〈調曆〉, 課皆疏闊, 又言黃帝至元鳳三年六千餘歲. 丞相屬寶,長安單安國,安陵杯育治《終始》, 言黃帝以來三千六百二十九歲, 不與壽王合.

壽王又移《帝王錄》, 舜,禹年歲不合人年. 壽王言化益爲天子代禹, 驪山女亦爲天子, 在殷,周間, 皆不合經術. 壽王曆乃太史官〈殷曆〉也. 壽王猥曰安得五家曆, 又妄盲〈太初曆〉虧四分日之三, 去小餘七百五分, 以故陰陽不調, 謂之亂世. 劾壽王吏八百石, 古之大夫, 服儒衣, 誦不詳之辭, 作祅言欲亂制度, 不道. 奏可. 壽王候課, 比三年下, 終不服. 再劾死, 更赦勿劾, 遂不更言, 誹謗益甚, 竟以下吏.

故曆本之驗在於天, 自漢曆初起, 盡元鳳六年, 三十六歲, 而是非堅定.

[국역]

그 27년 뒤인 (昭帝) 元鳳 3년(前 78), 太史令인 張壽王(장수왕)이 상서하였다.

「曆法은 天地의 大紀(大事)이니, 上帝(上天)가 할 수 있습니다. 전하는 바와 같이 黃帝의 〈調律曆 / 調曆〉은[239] 漢 건국 이래 사용되었습니다. 지금 음양이 순조롭지 못하니 응당 역법의 착오를 바로잡아야 합니다.」

이에 조서를 내려 역법 시행을 담당하는 使者인 鮮于妄人(선우망

---

239 〈調律曆〉의 律은 필요 없는 글자(衍字)가 들어갔다는 주석이 있다.

인)을 시켜 질문케 하였는데 장수왕은 주장을 굽히지 않았다. 선우
망인은 역법을 전공한 大司農의 中丞(중승)인 麻光(마광) 등 20여 명
을 초청하여 함께[240] 日, 月과 晦(회)와 朔(삭), 弦(현, 上弦, 下弦)과 望
(보름) 및 八節과 24절기를 관찰하면서 각 역법의 내용과 정확성을
모두 비교하였다.[241] 그리고 상서하자 받아들여졌다.

이에 조서를 내려 丞相, 御史, 大將軍, 右將軍의 속관 각 1명과 함
께 상림원의 淸臺(청대)에서 天象을 관찰하고 각종 역법의 疏略(소
략)함과 정밀함을 비교하였는데 모두 전문가 11명의 주장이 있었다.

(검증은) (昭帝) 元鳳 3년 11월 초하루 아침 冬至에 시작하여 5년
(前 76) 12월에 끝이 났는데, 각각 조목별 등급을(第) 보고하였다.
장수왕의 역법 주장이 착오가 많다는 것을 검증하였다.

이에 의하면, 漢이 건국되면서(元年) 黃帝의 〈調曆〉을 채용하지
않았으며, 張壽王이 漢曆을 비난하며 천도에 어긋난다는 주장은 옳
은 주장이 아니었으며 크게 不敬한 일이었다. 그러나 조서를 내려
그 죄를 탄핵하지 말라고 하였다.

또 다시 五鳳 6년 한 해 동안 검증하였는데 〈太初曆〉이 제일이었
다. 卽墨(즉묵) 출신의 徐萬且(서만차),[242] 長安의 徐禹(서우)는 〈太初
曆〉을 전문했는데 역시 제일이라고 했다. 張壽王 및 待詔(대조)인[243]

---

240 원문 二十餘人雜候日~ - 雜(섞일 잡)은 集, 모이다. 함께. 候는 물을 후.
　　기다리다. 관찰하다.
241 원문 鈞校諸曆用狀 - 鈞校(균교)는 균등한 조건에서 비교하다. 用狀은
　　적용 상황.
242 卽墨 徐萬且(서만차, 人名) - 卽墨(즉묵)은 琅邪郡(낭야군)의 현명, 今 山
　　東省 靑島市 관할의 卽墨市.

李信(이신)은 黃帝의 〈調曆〉을 전공했지만 그 검증 결과 너무 소략하고 착오가 많았으며, 또 黃帝로부터 (昭帝) 元鳳 3년까지는 6천여 년이라고 하였다. 丞相의 속관인 寶(보), 長安의 單安國(선안국), 安陵의 杯育(배육, 姓은 杯, 名은 育)은 〈終始曆〉을 전공하였는데, 黃帝로부터 3,629년이라 하여 張壽王과 일치하지 않았다.

張壽王은 또 《帝王錄》을 보내어 舜(순)과 禹(우)의 나이가 보통 사람의 수명과 비슷하지도 않다고 말했다. 張壽王은 化益(화익)이 禹王의 후임으로 천자가 되었으며, 驪山(여산)의 여인 역시 천자가 되었다 하였는데,[244] (張壽王의) 殷과 周代 사이 여러 주장이 경전과 일치하지 않았다. 張壽王의 역법은, 곧 太史官에 있던 〈殷曆〉이었다. 張壽王은 五家의 曆法을 어디서 얻을 수 있겠느냐고 거짓말을 했고, 또 근거도 없이 〈太初曆〉은 1일의 4분의 3이 차이가 나며 小餘 705分을 멋대로 버려 음양이 조화를 이루지 못하여 亂世가 되었다고 말했다. 어떤 사람이 張壽王을 탄핵하여 八百石으로 폄직케 하였으며(질록 삭감), (張壽王은) 古代의 大夫는 유생의 의복을 착용해야 한다는 등 상서롭지 못한 언사가 많았고, 祆言(요언)을 지어 퍼

---

243 待詔(대조) – 徵士(징사)의 한 종류이며 漢代의 특수 관직명. 詔는 황제의 명령을 기록한 문서. 명망이 있는 人才를 重用하기 전에 우선 待詔(조서는 기다린다는 뜻)라는 직명을 부여한다. 황제의 부름을 받아 대기하다가 조서를 받고 그에 따른 임무를 수행 또는 자문에 응하는 관직. 待詔의 종류로 待詔金馬, 待詔殿中, 待詔保宮, 待詔公車, 待詔黃門, 待詔丞相府 등이 있다. 특수한 분야의 전문가인 경우, 예를 들어 太史, 治曆, 音律, 本草의 경우에는 ○○待詔라고 불렸다.

244 驪山(여산)의 여인(驪山老母)이 천자가 되었다는 말은 망언이라는 주석이 있다.

트리며 제도를 문란케 하여 大逆不道의 죄를 범했다. 상주는 받아들여졌다.

張壽王의 근무 평정은(候課) 연속 3년간 下等이었어도 장수왕은 인정하지 않았는데 다시 사형에 해당하는 탄핵을 받았다. 다시 사면을 받고 더 이상 (張壽王을) 탄핵하지 말라고 하자, 다시는 말이 없었지만 장수왕을 비방하는 여론은 더욱 심해져서 결국 獄吏에게 넘겨졌다.

옛 曆本의 검증은 天象을 거치는 것이니, 漢 太初曆의 채택에서 (前 104) (昭帝) 元鳳 6년(前 75)까지 36년의 세월을[245] 거친 뒤 是非는 확실하게 결정되었다.

原文

至孝成世, 劉向總六曆, 列是非, 作〈五紀論〉. 向子歆究其微眇, 作〈三統曆〉及《譜》以說《春秋》, 推法密要, 故述焉.

〔국역〕

孝成帝 재위 연간에(前 32 - 前 7), 劉向(유향)은[246] 六曆을 총괄하고 이와 관련한 是非를 열거하여 〈五紀論〉을 지었다. 유향의 아들

---

245 三十六歲 – 前 104년에서 前 75년까지 30년이다. 36년은 착오.

246 劉向(유향, 前 77 - 前 6) – 原名은 更生(경생). 漢의 宗室, 漢 高祖 弟, 楚 元王 劉交의 후손. 成帝 때 向으로 改名. 저서로는 《別錄》, 《新序》, 《說苑》, 《列女傳》이 있고 《戰國策》, 《楚辭》를 편찬했다. 유향의 아들이 經學家 劉歆(유흠, 前 50~서기 23, 字는 子駿)이다.

劉歆(유흠)은 그 미묘한 내용까지 탐구하여 〈三統曆〉을[247] 만들었고, 《譜》를[248] 저술하여 《春秋》를 설명하였는데, 그 요체 설명이 엄정하여 여기에 수록하였다.[249]

3. 三統曆

原文

　夫曆《春秋》者, 天時也, 列人事而因以天時. 傳曰,「民受天地之中以生, 所謂命也. 是故有禮誼動作威儀之則以定命也, 能者養以之福, 不能者敗以取禍.」

---

247 〈三統曆〉- 中國 古代 曆法의 하나. 前漢 劉歆(유흠)이 〈太初曆〉을 수정하여 만들었는데 陰陽曆 계열이다. 後漢 章帝 元和 2년(서기 85년)에 〈四分曆〉으로 대체되었다. 〈三統曆〉은 三統說을 근거로 하였다. 곧 天統은 夏朝, 地統은 商朝, 人統은 周朝를 뜻한다. 이는 三正說이라고도 하는데, 이 또한 前漢 董仲舒(동중서)의 역사 순환 이론의 연장이다. 三正이란 '三代의 正朔'이란 뜻인데 '正'은 1년의 바른 시작, 곧 曆法의 正月이다. 朔(삭)은 한 달의 시작, 곧 초하루이다. 이 正朔은 黑,白,赤의 三統이 있는데 夏朝는 以黑爲統하여 建寅之月이 正月인데, 해가 뜨는 시각이 朔(삭)이다. 이렇듯 순환하니 한 朝代의 시작에는 '改正朔하고 易服色' 하여 天意에 순응하고, 王者가 천명을 받았다는 사실을 널리 알리며 정도로 통솔해야 한다는 이론이다.
248 《譜》-《年譜》. 《春秋》의 紀事를 역법에 따라 안배했다.
249 아래부터 〈律曆志 上〉 끝까지는 劉歆의 저술 요점을 班固가 수록한 것이다.

故列十二公二百四十二年之事, 以陰陽之中制其禮. 故春
爲陽中, 萬物以生. 秋爲陰中, 萬物以成. 是以事擧其中, 禮
取其和, 曆數以閏正天地之中, 以作事厚生, 皆所以定命也.
《易》金, 火相革之卦曰,「湯, 武革命, 順乎天而應乎人」, 又曰
「治曆明時」, 所以和人道也.

〖국역〗

《春秋》의 編年은 天時에 따른 편년이고,[250] 여기에 天時 운행에
따른 人事를 열거하였다. 《左氏傳》에서 말했다.[251]

「백성은 天地 中和의 기운을 받아 태어나니, 이를 命이라 한다.
이에 禮, 誼(의, 義), 動作 및 용모와 행실의 법도에 따라 그 命이 결정
되는데, 유능자는 수양으로 복을 받고,[252] 수양을 못하는 자는 패망
하며 화를 당한다.」

이에 (《春秋》에는 魯나라) 12公 242년간의 사건을 기록하였는
데,[253] 陰陽 中和의 氣를 바탕으로 (계절에 따른) 禮法과 人事를 評
定하였다. 그래서 春은 陽氣의 中和이며 만물이 生成한다. 秋는 陰
氣의 중화로 만물이 성숙한다. 이로서 춘추 중에 사물을 다 열거할

---

250 《春秋》의 뜻 - 春은 夏에 앞서고 春으로 夏를 알 수 있으며, 秋는 冬보다
앞에 있고, 秋를 통해 冬을 알 수 있다. 곧 춘추 二字는, 四季(一年)를 뜻
한다.

251 《左傳》 - 魯 成公 13년(前 578)의 기록.

252 원문 能者養以之福 - 養은 修養. 之는 갈 지(往也). 동사로 쓰였다.

253 12公 242년 - 魯 隱公 원년(前 723) ~ 哀公 14년(前 482)까지 12公 242
년간.

수 있으며, 禮는 그 중화를 모아 이뤄지고, 曆數는 윤달을 정하여 天地의 중앙을 바로잡으며, 만물을 생성, 화육하여 인간의 생활을 도우니(作事厚生), 이 모두가 定命이다. 《易經》의 金과 火가 서로 변혁을 이루는 卦(革卦, 혁괘)에서는 「湯王과 武王은 革命으로 천명에 인간에 순응하였다.」고 하였다.[254] 또 「역법을 연구하여 시대 변화를 명확히 한다.」고 했는데, 이는 人道에 상응한다는 뜻이다.[255]

原文

　周道旣衰, 幽王旣喪, 天子不能班朔, 魯曆不正, 以閏餘一之歲爲蔀首. 故《春秋》刺 '十一月乙亥朔, 日有食之.' 於是辰在申, 而司曆以爲在建戌, 史書建亥. 哀十二年, 亦以建申流火之月爲建亥, 而怪蟄蟲之不伏也. 自文公閏月不告朔, 至此百有餘年, 莫能正曆數. 故子貢欲去其餼羊, 孔子愛其禮, 而著其法於《春秋》.《經》曰, 「冬十月朔, 日有食之.」《傳》曰, 「不書日, 官失之也. 天子有日官, 諸侯有日御, 日官居卿以底日, 禮也. 日御不失日以授百官於朝.」言告朔也.

　元典曆始曰元.《傳》曰, 「元, 善之長也.」共養三德爲善.

<hr/>

254 《周易》 64卦 중 49번째 卦. 澤火革(택화혁, ☱ ☲) – 上卦(外卦) 兌(태, ☱), 下卦(內卦) 離(리, ☲). 改革, 革新, 革命의 형상. 이는 革卦 彖辭(단사) 구절이다.

255 이는 革卦 象辭(상사) 구절이다.

又曰,「元,體之長也.」合三體而爲之原, 故曰元.

於春三月, 每月書王, 元之三統也. 三統合於一元, 故因元一而九三之以爲法, 十一三之以爲實. 實如法得一. 黃鐘初九, 律之首, 陽之變也.

因而六之, 以九爲法, 得林鐘初六, 呂之首, 陰之變也. 皆參天兩地之法也. 上生六而倍之, 下生六而損之, 皆以九爲法. 九六, 陰陽,夫婦,子母之道也. 律娶妻而呂生子, 天地之情也. 六律六呂, 而十二辰立矣. 五聲淸濁, 而十日行矣.

〖국역〗

周朝의 王道가 쇠약해지고, 幽王(유왕)이 죽은 이후로,[256] 天子는 正朔(정삭, 曆法)을 반포하지 못했으며,[257] 魯曆은 정확하지 않았고, 일 년의 남은 부분을 蔀首(부수)라 하였다.[258] 그래서 《春秋》에서는 '十一月 乙亥日 초하루, 日食이 있었다.'고[259] 비판하였다. 그때 斗柄(두병)은 申(신)의 방향에 있었는데,[260] 역법을 관장하는 관리는 북

---

256 幽王(유왕)이 犬戎(견융)의 침입으로 戰死하고(前 770), 平王의 東遷(洛邑 천도) 이후는 보통 春秋時代(前 770 - 403)라 한다.

257 원문 天子不能班朔 – 매년 秋冬 무렵에 周王은 曆書를 頒布(반포, 원문의 班)하여 다음 해 윤달의 유무와 매월 초하루(朔)의 간지를 제후국과 백성에게 알렸다.

258 蔀首(부수) – 蔀는 차양, 덮개. 방석의 뜻. 윤달을 삽입하고도 계산에 포함되지 않고 남은 날. 4章(19년×4)을 1蔀라 한다는 설명도 있다.

259 이는 魯 襄公 27년의 기록이다.

260 원문 於是辰在申 – 辰은 斗柄, 북두의 자루 부분이 申의 방향에 있었다는 뜻.

두의 끝이(建) 戌位(술위)에 있다고 생각했으며, 史書에는 建이 亥位(해위)에 있다고 기록하였다.

魯 哀公 12년(前 483),[261] 建申의 火星이 해질녘 서쪽하늘에 있었는데,[262] 괴이하게도 冬眠(동면)할 벌레들이 동면에 들지 않았다.[263] 魯 文公(재위 前 626 – 609년)이 閏月(윤월)에 초하루를 반포하지 않은(不告朔)[264] 이후, 이때까지 1백여 년이 지났기에[265] 역법을 바로 시행할 수가 없었다. 그래서 子貢(자공)이[266] 그 희생양(餼羊, 義羊. 餼

---

261 魯 哀公 12년(前 483) – (參考) 孔子는 魯 哀公 13년(前 482) 70세에 '七十而從心所欲不踰矩'라 말했다. 공자는 魯 哀公 14년(前 481) 西狩獲麟(서수획린)하자 '吾道窮矣'라며《春秋》를 絕筆했다.

262 원문 亦以建申流火之月爲建亥 – 建은 北斗, 북두의 방향에 대한 기록이 착오라는 설명이 있다.

263 당시 季孫氏가 이런 현상의 까닭을 공자에게 물었고, 공자는 역법을 관장하는 관리의 잘못이라고 말했다. 이에 관하여 주석에 長文의 보충 설명이 있지만, 譯者의 공부가 부족하여 그 내용을 소개하지 못한다.

264 원문 不告朔 – 告朔(고삭)은 周 天子가 매년 섣달에 다음 해 책력을 제후에게 나눠주고, 제후는 역법을 종묘에 보관하다가 매월 초하루에 백성들에게 알려주는 일.

265 원문 至此百有餘年 – 魯 文公 원년(前626)에서 孔子 생졸년(전 551 – 479)까지 약 1백여 년.

266 子貢(자공) – 본명 端木賜(단목사). 賜(사)로도 표기. 子貢(子贛)은 자(字), 孔門十哲 중 言語에 뛰어났다. 공자의 제자로서 다방면에 유능했는데, 특히 구변이 뛰어나 외교 분야에도 활약하였다. 공자는 顔回와 子貢을 자주 비교하였는데 안회는 극도로 가난했으나, 자공은 처음에 가난했으나 나중에는 큰 부자가 되었고 공자의 재정적 후원자 역할을 다했다. 공자를 지성으로 섬기었고, 공자 사후에 6년간이나 복상했다. 자공의 스승에 대한 존경은 끝까지 변함이 없었다.

는 보낼 희. 희생물) 바치는 의식을 없애려 하자, 孔子는 그 禮를 아껴야 한다고 말했고[267] 그 법도를 《春秋》에 기록하였다.

《經》에[268] 「겨울인 十月 초하루, 日食이 있었다.」 하였고, 《左傳》에는 「日字를 不書한 것은 관원이 할 일을 하지 않았기 때문이다. 天子에게는 日官이 있고, 諸侯에게는 日御(일어)가 있는데, 日官은 卿位에 있으면서 태양에 제사하는 것이(底日)[269] 禮이다. 日御가 초하루를 놓치지 않고 조정에서 백관에게 알려주어야 한다.」고 하였으니, 이는 告朔(고삭)을 말한 것이다.

본래 曆數의 시작을 元(원)이라고 한다. 《左傳》에서는 「元은 善의 첫째이다.」라고[270] 하였으며, 三德을 함께 함양하는 것을 善이라 하였다.[271] 또 「元은 體制의 가장 좋은 것이라.」 하였으며,[272] 三體의 통합이 곧 바탕이기에(原, 본원)[273] 元이라 하였다.

(《春秋》에서) 春 三月을 서술하며, 每月에 '王'을 기록한 것은[274]

---

267 《論語 八佾》子貢欲去告朔之餼羊. 子曰, "賜也! 爾愛其羊, 我愛其禮."

268 여기서《經》은《春秋》.

269 원문 底日(지일) – 태양에 제사하다. 致日也. 底는 숫돌 지.

270 이는《좌전》昭公 12년의 기록.「元, 善之長也.」長은 첫째란 뜻.

271 원문 共養三德爲善 – 三德은 正直, 剛克(강극), 柔克(유극). 이때 克은 다스린다(理). 元은 三德 양성의 시작이라는 뜻. 이는《좌전》昭公 12년의 기록.

272 원문 體之長也 –《좌전》襄公 9년의 기록. 元은 衆善의 長이며, 善이 元 자체이고, 知도 善의 長이다.

273 원문 三體而爲之原 – 三體는 天, 地, 人. 原은 本源.

274 원문 每月書王 – 周 天子의 역법에 의한 계산이란 뜻.《春秋》經文에 '春王正月', '春王二月', '春王三月' 이라 기록.

元의 三統이다. 三統이 합하여 이를 一元이라 하니, 그래서 元一에 三을 곱하고, 여기에 陽九의 9번을 곱하여 法(除數)으로 하며,[275] 3을 11번 곱한 것이 實數(被除數)이다.[276] 實數와 法數가 相同하면 1이다(得一).[277] 黃鐘의 初九는 律의 첫째이며, 陽의 변수이다.[278]

이처럼 六으로 곱하면서, 九를 除數로 하면, 林鐘의 初六이 나오는데, 呂의 最大(首, 6)이며, 陰의 변화이다.[279] 이에 모든 天數는 參(3×3), 地數는 兩(2×3)을 除數(法)로 한다.[280] 上生에서는 六을 더하고, 下生에서 六으로 빼면서(損之), 모두를 九로 除한다.[281]

九六의 數는 陰陽과 夫婦와 子母의 법도이다.[282] 律은 娶妻와 같고,[283] 呂는 生子와 같으니,[284] 이는 天地의 常情이다. 六律과 六呂는

---

275 원문 故因元一而九三之以爲法 – 九三은 3의 9제곱(方). 法은 除數. 3의 9제곱(方)은 19,683.

276 원문 十一三之以爲實 – 3의 11제곱. 곧 177,147. 實은 被除數. 177,147 ÷19,683＝9

277 원문 實如法得一 – 實(피제수)가 法(除數)과 같으면(如) 1이다(得一).

278 원문 陽之變也 – 9는 陽數의 最大이다. 이를 老陽이라 한다. 物極하면 必反하니, 즉 轉化(전화)가 이뤄진다. 이를 陽의 變化라 한다.

279 원문 因而六之, 以九爲法, 得林鐘初六, 呂之首, 陰之變也 – 六之는 6으로 곱하다. 以九爲法은 9로 나누다. 陰之變也 – 6은 老陰이라 변화한다.

280 원문 皆參天兩地之法也 – 陽數는 3×3＝9. 陰數는 2×3＝6을 除數(法)로 한다.

281 원문 皆以九爲法 – 法은 除數. 이상의 여러 사항과 관련한 계산 근거나 계산 방법의 설명은 《漢書補注》의 주석을 참고하기 바람.

282 원문 九六, 陰陽夫婦子母之道也 – 黃鐘은 陽이고 林鐘은 陰이며, 陽初는 九이고, 陰初는 六이니, 이것이 夫婦의 바른 도리라는 뜻.

283 원문 律娶妻 – 黃鐘生林鐘이라는 설명이 있다.

十二辰으로 성립한다. 五聲의 淸濁은 十日 단위로 형성된다.[285]

原文

《傳》曰, ‘天六地五’, 數之常也. 天有六氣, 降生五味. 夫五六者, 天地之中合, 而民所受以生也. 故日有六甲, 辰有五子, 十一而天地之道畢, 言終而復始.

　太極中央元氣, 故爲黃鐘, 其實一龠, 以其長自乘, 故八十一爲日法, 所以生權衡, 度量, 禮樂之所繇出也.

　經元, 一以統始, 《易》太極之首也. 春秋二以目歲, 《易》兩儀之中也. 於春每月書王, 《易》三極之統也. 於四時雖亡事必書時月, 《易》四象之節也. 時月以建分, 至, 啓, 閉之分, 《易》八卦之位也. 像事成敗, 《易》吉凶之效也. 朝聘會盟, 《易》大業之本也. 故《易》與《春秋》, 天人之道也. 《傳》曰, 「龜, 像也. 筮, 數也, 物生而後有象, 像而後有滋, 滋而後有數.」

[국역]

　《外傳》에[286] ‘天六이고 地五’라 하였는데, 이는 數 중에서 常數이

---

284 원문 呂生子 – 林鐘에서 太族(태주)의 율이 나온다.

285 원문 五聲淸濁, 而十日行矣 – 聲의 一淸一濁은 合而二×五聲은 모두 10(2×5), 그래서 甲에서 癸(계)까지 10일에 걸쳐 이뤄진다.

286 이는 《國語 周語 夏》의 기록이다. 《國語》는 《春秋》外傳이라고도 부른다. 그래서 원문에 《傳》이라 했다.

다. 하늘에는 六氣가 있고, 하강하면 五味가 형성된다.[287] (常數) 五六은 天地의 중간이고 그 화합인데,[288] 백성은 이를 받아 살아간다. 그래서 日字에 六甲이 있고, 日辰에 五子가 있으며,[289] 十一에[290] 천지의 모든 道가 들어 있으며 끝나면 다시 시작한다.

太極의 중앙은 元氣이므로 黃鐘이 되고, 그 용량은 1侖(약)이며 그 길이를 제곱하여[291] 81을 日法으로[292] 하고, 權, 衡, 度, 量과 禮와 樂이 여기에서 算出된다.[293]

만물 유일의 본원을 경과하여 통일을 개시하면《易》의 시작인 太極이다. 春秋의 두 계절로 1년을 표시하는데(二以目歲), 이는《易》의 兩儀(양의)의 중앙이다.[294] (《春秋》에서) 春의 每月에 王이라 쓴(書) 것은《易》이 三極의 統合이기 때문이다.[295] (《春秋》에서) 四時

---

287 원문 天有六氣, 降生五味 – 六氣는 陰, 陽, 風, 雨, 晦, 明. 天地에 流動하며 만물을 育成하는 氣이다. 五味는 五方의 味. 또는 五行之味. 酸(산, 신맛), 鹹(함, 짠맛), 辛(신, 매운맛), 苦(고, 쓴맛), 甘(감, 단맛).

288 원문 夫五六者, 天地之中合 – 陽數(奇數) 1, 3, 5, 7, 9의 중간 수는 5이다. 陰數(偶數) 2, 4, 6, 8, 10의 중간은 6이다. 中合의 合은 天地 中氣의 相和를 뜻한다.

289 원문 日有六甲, 辰有五子 – 六甲은 甲子, 甲戌, 甲申, 甲午, 甲辰 甲寅. 辰有五子 – 甲子, 丙子, 戊子, 庚子, 壬子.

290 음양의 중앙수(5와 6)를 합한 數.

291 원문 其長自乘 – 長인 9×9 = 81.

292 日法 – 日分을 계산하는 원칙.

293 黃鐘의 무게에서 權衡(권형, 무게)이, 황종의 길이에서 度가, 황종의 구멍에서 量의 수를 산출할 수 있다는 주석이 있다.

294 원문《易》兩儀之中也 –《易 繫辭傳》에「易有太極하고 是生兩儀라.」는 말이 있다. 兩儀는 乾(건, 하늘)과 坤(곤, 땅)이다.

律曆志 99

에 아무 사건이 없는데도 계절(時)과 月을 기록한 것은 《易》이 四象의 品節이기 때문이다.[296] 계절과 매월에 分과 至, 그리고 啓와 閉의 구분이 있는 것은[297] 《易》에서 八卦의 위치와 같다.[298] (《春秋》에서) 사건의 성패를 기록한 것은 《易》이 吉凶의 결과 기록이기 때문이다.[299] (《春秋》에서) 朝聘(조빙)과 會盟을 기록한 것은[300] 《易》이 (國家) 大業의 根本이 되기 때문이다. 그래서 《易》과 《春秋》는 天과 人의 正道(規律)이다.

《左傳》에[301] 「龜(귀, 卜辭)는 (吉凶의) 形像이고, 筮(서, 점패)는 數이니, 만물이 생성한 뒤에 형상이 있고, 형상 이후에 滋益(자익, 번영)이 있으며, 번영 이후에 그 數가 있다.」고 하였다.[302]

---

295 원문 《易》三極之統也 – 三極은 天, 地, 人. 《易 繫辭傳》에 '六爻之動은 三極之道라.' 는 말이 있다.

296 원문 《易》四象之節也 – 여기 四象은 四季. 《易經》의 四象은 太陽, 太陰, 少陽, 少陰.

297 원문 時月以建分,至,啓,閉之分 – 分은 春分과 秋分. 至는 夏至와 冬至, 啓(열 계)는 立春과 立夏. 閉(닫을 폐)는 立秋와 立冬.

298 天地의 道가 자리를 잡으면서, 雷, 風, 水, 火, 山, 澤의 형상이 정해진다.

299 원문 《易》吉凶之效也 – 效는 引證. 증거. 實例.

300 원문 朝聘會盟 – 朝는 입조하여 천자를 알현하다. 聘(찾아갈 빙)은 제후 상호간 遣使하여 通問하다. 會盟은 제후들의 맹서.

301 《左傳》 – 魯 僖公(희공, 재위 前 659~627年) 15년(前 645년)의 기록.

302 龜는 거북점 – 吉凶의 예고. 筮(점대 서)는 禍福의 數를 알려준다는 뜻이다.

是故元始有像一也, 春秋二也, 三統三也, 四時四也, 合而
爲十, 成五體. 以五乘十, 大衍之數也, 而道據其一, 其餘四
十九, 所當用也, 故著以爲數. 以像兩兩之, 又以像三三之,
又以象四四之, 又歸奇象閏十九, 及所據一加之, 因以再扐
兩之, 是爲月法之實. 如日法得一, 則一月之日數也. 而三
辰之會交矣, 是以能生吉凶.

故《易》曰,「天一地二, 天三地四, 天五地六, 天七地八, 天
九地十. 天數五, 地數五, 五位相得而各有合. 天數二十有
五, 地數三十, 凡天地之數五十有五, 此所以成變化而行鬼
神也.」

並終數爲十九,《易》窮則變, 故爲閏法. 參天九, 兩地十,
是爲會數. 參天數二十五, 兩地數三十, 是爲朔,望之會. 以
會數乘之, 則周於朔旦冬至, 是爲會月. 九會而復元, 黃鐘
初九之數也.

이런고로 元始가[303] 상징하는 것은 一이다. 春秋는 二이고, 三統
은 三, 四時는 4인데 모두 합하면 十이 되어 五體가 이루어진다.[304]

---

303 元始 – 原始 混沌(혼돈).

304 五體 – 머리와 사지. 인체는 天地之氣의 총화로 이루어졌다는 뜻.

五의 十배는 大衍(대연)의 數인데,[305] 그 道는 一을 바탕으로 하며[306] 그 나머지 49를 활용할 수 있으니 점을 칠 때의 數이다.[307]

그 像이 2개이므로[308] (大衍 數 50 중 활용수인 49에) 2배를 하고 (49×2 = 98), 또 像이 3이므로 3을 곱하며(98×3 = 294) 또 像이 4이므로 4을 곱하여(294×4 = 1176) 다시 奇象閏 19와 그리고 본래 바탕인 1을 보탠 뒤에(1176＋19＋1 = 1196), 묶은 수를 2배 하면 (1196×2 = 2392)[309] 月法(매월의 分數)이 된다.

이를 日法(하루의 분수, 三統曆의 경우 81)으로 나누면(2392÷81), 곧 1개월의 날이(日數) 29와 43/81) 된다.(2392÷81).

三辰(日, 月, 北斗星)의 궤도가 서로 교체하기에(會交, 음양이 달라지기에) 여기서 吉凶(길흉)이 나온다.

그래서 《易經》에서는 「天一에 地二, 天三에 地四, 天五에 地六, 天七에 地八, 天九에 地十이다.[310] 天數는 5개이고, 地數도 5개인데, (天 그리고 地) 5개 숫자를 서로 합하면 天數는 25이고, 地數는 30이며, 천지의 수를 모두 합하면 55가 되는데, 이 숫자가 爻(효)의 변화를 이루고 귀신처럼 영험한 효과를 낸다.」고 하였다.[311]

---

305 大衍(대연) - (5×10) 50을 지칭. 衍은 넘칠 연. 펴다.

306 원문 而道據其一 - 여기서 一은 《易》의 太極이다.

307 원문 故著以爲數 - 著는 시초 시. 점치는 막대. 모두 50개이나 49개만 을 쓴다.

308 象兩兩之 - 象이 2개(春과 秋) 2배 한다.

309 원문 因以再扐兩之 - 扐은 남은 수 륵(늑). 손가락 사이에 끼다. 묶다. 兩之는 2배 하다.

310 이는 《易經 繫辭 上》의 구절이다.

311 이는 《易經 繫辭 上》의 구절이다.

땅과 하늘의 끝수를 이어 쓰면 19이고,[312] 《易》은 窮(궁, 끝)이면 변화가 이뤄지니 그래서 (19분의 7이) 閏法(윤법)이 된다.[313] 天數 九를 3배 하고, 地數 十을 2배 하면(3×9+10×2 = 47) 이것 會數(회수, 47)가 된다. 天數 25를 3배 하고, 地數의 합 30을 2배 하면(25×3+30×2 = 135) 이것이 朔과 望의 만나는 數이다.[314]

여기에 會數를 곱하면(135×47 = 6,345), 이것이 27章(一章 19년, 513년)의 개월 수로, 곧 이것이 會月이다. 會月이 9번 돈은 다음에 (513×9 = 4,617년) 다시 처음으로 돌아가는데(元月), 곧 黃鐘 初九의 數이다.

原文

經於四時, 雖亡事必書時月. 時所以記啓閉也, 月所以紀分至也. 啓閉者, 節也. 分至者, 中也. 節不必在其月, 故時中必在正數之月. 故《傳》曰,「先王之正時也, 履端於始, 舉正於中, 歸餘於終. 履端於始, 序則不愆. 舉正於中, 民則不惑. 歸餘於終, 事則不誖.」此聖王之重閏也. 以五位乘會數, 而朔旦冬至, 是爲章月. 四分月法, 以其一乘章月, 是爲中法. 參閏法爲周至, 以乘月法, 以減中法而約之, 則七扐之

---

312 원문 並終數爲十九 – 陰(十) 陽(九)을 이어 쓰면 十九.

313 閏法(윤법) – 19분의 7. 天地의 終數를 합한 수인 19년에 윤달이 7번 들어간다.

314 원문 是爲朔,望之會 – 日月이 相交하는 周期. 一章 19년에 235회(19×12+7)이다.

數, 爲一月之閏法, 其餘七分. 此中朔相求之術也.

〖국역〗

4時(4季) 경과에 사건이 없어도 (《春秋》에서는) 계절(時)과 달
(月)을 꼭 기록하였다. 時란 열림(啓 ; 立春, 立夏)과 닫힘(閉 ; 立秋,
立冬)이고, 月은 分(春分, 秋分)과 至(夏至, 冬至)의 기록이다. 열림
과 닫힘(啓閉)은 절기이다. 分과 至는 그 계절의 中氣이다. 節氣는
어느 달에 꼭 들어 있는 것이 아니나, 時中(곧 分과 至)은 반드시 정
해진 수의 달(正數之月)에 있어야 한다.

그래서 《左傳》에서는[315] 「先王이 時令을 바로잡으며 年歷의 추산
을 동지부터 시작하였고(履端於始), 춘, 추분, 하, 동지의 달을 중간
에(擧正於中), 나머지 달은 뒤에 두었다(歸餘於終). 연력의 추산을
동지에서 시작해야 그 次序가 어긋나지 않는다(序則不愆).[316] 춘, 추
분, 하, 동지가 있는 달을 중간에 넣으면 백성들이 혼동하지 않는다
(民則不惑). 남은 달을 모두 뒤에 둔다면 착오가 없을 것이다(事則
不誖).」라고[317] 하였다.

위 글은 聖王이 閏月(윤월)을 중시했다는 뜻이다. 이는 會數(47)
에 5를 곱하고 초하루 해 뜨는 시각을 冬至로 정하는데, 이를 章月
(장월)이라 하였다.[318] 月法을 4분하여 그 몫에 章月을 곱하여, 이를

---

315 이는 《좌전》 文公 원년(前 626)의 기록이다.
316 원문 序則不愆 – 愆은 허물 건. 어그러지다.
317 원문 事則不誖 – 誖는 어지러울 패.
318 章月(장월)은 三統曆 法數의 하나. 1章 19년의 月數(19×12) ＋ 閏月 數
　　7 = 235. 곧 1章은 235개월이다. 會數(47)×5位 = 235.

中法(중법)이라[319] 한다. 閏法(윤달을 계산하는 法數(除數, 十九)를 3배 하여, 이를 周至(주지)로[320] 하고, 여기에 月法(2,392)를 곱한 다음에 中法(140,530)을 감하고 通法(598)으로 나누면 곧 몫 7이 되는데, 이것이 一月의 閏法의 實數(被除數) 7이다.[321] 이것이 中朔(중삭)을 구하는 방법이다.

原文

朔不得中, 是謂閏月, 言陰陽雖交, 不得中不生. 故日法乘閏法, 是爲統歲. 三統, 是爲元歲. 元歲之閏, 陰陽災, 三弦閏法.

《易》九戹曰, 初入元, 百六, 陽九. 次三百七十四, 陽九. 次四百八十, 陽九. 次七百二十, 陰七. 次七百二十, 陽七. 次六百, 陰五. 次六百, 陽五. 次四百八十, 陰三. 次四百八十, 陽三. 凡四千六百一十七歲, 與一元終. 經歲四千五百六十, 災歲五十七. 是以《春秋》曰,「擧正於中.」又曰,「閏月不告朔, 非禮也. 閏以正時, 時以作事, 事以厚生, 生民之

---

319 中法(중법) − 月法(2392)을 4로 나눠(2392÷4 = 598/通法) 이에 章月(235)를 곱하여(598×235 = 140,530), 이를 中法이라 한다.

320 周至(주지) − 윤법(19)×3 = 57.

321 周至(주지 57)에 月法(2,392)를 곱하고(57×2,392 = 136,344) 여기에 中法(140,530)으로 감한 다음(140530 − 136344 = 4186), 이를 다시 通法(통법, 598)로 나누면(4186÷598) 7이다. 이것이 1년 치 윤달의 몫이다. 곧 7/19. 19년 중 윤년이 7번 들어간다는 뜻이다.

道於是乎在矣. 不告閏朔, 棄時正也, 何以爲民?」

故善僖「五年春王正月辛亥朔, 日南至, 公旣視朔, 遂登觀臺以望, 而書, 禮也. 凡分,至,啓,閉, 必書雲物, 爲備故也.」

至昭二十年二月己丑, 日南至, 失閏, 至在非其月. 梓愼望氛氣而弗正, 不履端於始也. 故傳不曰冬至, 而曰日南至. 極於牽牛之初, 日中之時景最長, 以此知其南至也. 斗綱之端連貫營室, 織女之紀指牽牛之初, 以紀日月, 故曰星紀. 五星起其初, 日月起其中, 凡十二次. 日至其初爲節, 至其中斗建下爲十二辰. 視其建而知其次. 故曰,「制禮上物, 不過十二, 天之大數也.」《經》曰「春, 王正月」,《傳》曰, 周正月「火出, 於夏爲三月, 商爲四月, 周爲五月. 夏數得天.」得四時之正也.

〔국역〕

中氣가 없는 달(朔)을 閏月(윤월)이라 하는데[322] 음양이 相交하더라도 中氣가 없기 때문에 生長하지 않는다. 그래서 日法에 閏法을 곱하여, 이를 統歲(통세)라 한다. 통세 수를 3배 하면 이것이 元歲이다.[323] 元歲의 윤달에는 음양의 災害가 있고, 閏法(19)을 3배 하면

---

322 分(春分, 秋分)과 至(夏至, 冬至)를 中氣라 한다. 閏月은 中氣가 들어 있지 않은 달. 중기가 그믐(晦, 회)에 있으면 그 다음 달이 윤달이 되고, 중기가 朔(삭, 초하루)에 들었으면 그 前 달이 윤달이 된다. 그래서 윤달에는 節氣는 있어도 中氣는 없다.

(一元歲 중 閏年에 재해의 횟수가) 57회(次, 弦)가 된다.

《易》에서 九戹(구액, 九厄)에 대하여 말했다. 처음 元年에 진입하여 106년간에 旱災(한재, 가뭄)가 9차례(陽九) 있었다. 그 다음 374년에 水災가 9차례(陰九), 다음 480년에 旱災가 9차례. 다음 720년에 수재가 7차례(陰七), 또 다음 720년에 旱災가 7차례. 다음 6백 년에 수해가 5차례. 다음 6백 년에 旱災가 5차례 일어난다. 다음 480년에 수해가 3차례. 다음 480년에 旱害가 3번. 총 4,617년에 一元이 끝난다. 4617년 중 재해가 있는 57년을 빼면 4,560년이 지나간다.

이에 《春秋》에서는 「中氣가 정월에 든다(舉正於中).」고 하였다. 또 「閏月에 告朔(고삭)을 하지 않는 것은 非禮이다. 閏月로 계절을 바로잡고 계절에 맞춰 일을 한다. 일을 해야 잘 살 수 있나니 백성을 잘 살게 하는 방법이 여기에 있다. 윤달에 告朔하지 않는다면 계절 바로잡기를 포기하는 것이니 백성을 어찌 이롭게 하겠는가?」라고 하였다.[324]

그래서 魯 僖公(희공, 재위 前 659 - 627)을 칭송하였다.

「五年(前 655) 春王正月 辛亥 朔(삭, 冬至)에 태양이 정남에 이르렀다고(南至) 보고하자, 희공은 이미 告朔했기에, 觀臺에 올라 태양을 관찰하고 사실을 기록케 했는데, 이는 예법이었다. 모든 春, 秋分, 夏, 冬至와 立春, 立夏와 立秋, 立冬에 雲物을[325] 필히 기록케 하였으니, 이는 변고에 대비하려는 뜻이다.」

---

323 統歲(통세) = 日法(81)×閏法(19) = 1,539. 元歲 = 統歲(1539)×3 = 4,617.

324 여기까지가 《左傳》의 글. 爲民은 治民.

325 雲物(운물) - 氣色이나 災變(재변).

昭公(재위 前 541 - 510) 20년(前 522) 二月 己丑日, 해가 南至했으나 윤달을 算入(산입)하지 않았기에(失) 冬至에 해당하는 달이 맞지 않았다. 梓愼(재신)이란 관리가 雲氣의 發現을 보고서도 바로잡지 않았으니, 이는 冬至의 開端(개단)을 따르지 않았기 때문이다. 그래서 《左傳》에서는 冬至라 말하지 않고 '日이 南至'라 하였다.

(태양의 고도는) 牽牛宿(견우수, 견우성)가 처음 도래하는 日中의 시각에 그 그림자가 가장 길기에,[326] 이를 통해서 태양이 南至했음을 알 수 있다. 북두성의 자루 끝 부분과 織女(직녀)의 天樞(천추)가 牽牛(견우)를 향하고 있을 때 日月을 기록하기에, 이를 星紀(성기)라고 한다. 五星은 최초의 운행 개시부터 시작하고, 日月은 그 중도에 운행을 개시하는데 모두 12次이다. 태양 운행의 개시 초가 바로 절기의 개시이며, 그 중간에 북두에 이르렀을 때 中氣가 시작되며 12辰이 이뤄진다. 그 북두의 회전을 보면 그 次序를 알 수 있다.

그래서 「禮制에 따라 貢物을 올리나 12가지를 넘지 않는 것은 하늘의 大數에 따른 것이다.」라 하였고,[327] 《春秋》에서는 「春, 王正月이라.」 했으며, 《左傳》에서는 이를 해석하여 周朝 正月에 「大火星이 출현하니, 夏曆으로는 三月이고, 商(殷)으로는 四月, 周는 五月이다. 夏曆과 천문이 잘 맞는다.」 하였으니,[328] 이는 4계절의 안배가 정확했다는 뜻이다.

---

326 원문 日中之時景最長 - 景은 그림자 영. 별 경.
327 이는 《左傳》哀公 7년의 기록이다.
328 이는 《左傳》隱公 元年의 기록이다.

三代各據一統, 明三統常合, 而迭爲首, 登降三統之首, 周還五行之道也. 故三五相包而生. 天統之正, 始施於子半, 日萌色赤. 地統受之於丑初, 日肇化而黃, 至丑半, 日牙化而白. 人統受之於寅初, 日孳成而黑, 至寅半, 日生成而靑. 天施復於子, 地化自丑畢於辰, 人生自寅成於申.

故曆數三統, 天以甲子, 地以甲辰, 人以甲申. 孟,仲,季迭用事爲統首. 三微之統旣著, 而五行自靑始, 其序亦如之. 五行與三統相錯. 傳曰「天有三辰, 地有五行.」, 然則三統五星可知也.

《易》曰,「參五以變, 錯綜其數. 通其變, 遂成天下之文. 極其數, 遂定天下之象.」太極運三辰五星於上, 而元氣轉三統五行於下. 其於人, 皇極統三德五事. 故三辰之合於三統也, 日合於天統, 月合於地統, 斗合於人統.

〖국역〗

(夏, 殷, 周) 三代는 각각 (天, 地, 人의) 一統으로 다스렸는데, 三統이 서로 통합하기에 歲首의 교체를 잘 알았고, 三統의 歲首가 바뀌고, 五行의 道가 순환하며[329] 三五의 數가 서로 포용하고 生成하였다.

---

329 원문 周還五行之道也 – 周還은 周旋(주선)과 同. 還은 돌 선(旋과 同). 돌아올 환.

天統의 正朔은 子의 중간에서 시작하는데 태양이 紅色으로 떠오른다.[330] 地統은 丑(축)의 初에서 시작하고, 태양은 처음 떠오를 때 황색이나 丑의 절반을 지나면서 태양이 弱光을 내며 백색이 된다.[331] 人統은 寅(인)의 初에서 시작하는데, 태양이 처음 떠오르며 검게 보이지만 寅의 절반에 이르러 해가 또렷이 커지면서 靑光(청광)을 낸다. 天施(천시)는 子에서 다시 시작하고, 地化는 丑에서 시작하여 辰(진)에서 마치며,[332] 人生(人功)은 寅(인)에서 시작하여 申에서 성취한다.[333]

그리하여 三統曆의 역법에서 天統의 首日은 甲子, 地統은 甲辰, 人統은 甲申에서 시작한다.[334] 孟(맹, 第一), 仲(중, 第二), 季(계, 第三)가 돌아가며 統首가 된다.[335] 三微(삼미, 天, 地, 人 三正의 시작)의 正統이 또렷하게 드러나며,[336] 五行은 靑에서 시작하는데 그 차례 역시

---

330 원문 始施於子半, 日萌色赤 - '子之西 亥之東의 중간' 이라는 주석이 있다. 萌은 싹 맹. 싹트다.

331 원문 日牙化而白 - 牙는 어금니 와. 싹트다.

332 원문 地化自丑畢於辰 - 地는 十二月에 生萬物하여 삼월에 마친다(畢, 마칠 필)는 주석이 있다.

333 원문 人生自寅成於申 - 人功은 정월부터 七月까지 이뤄진다는 주석이 있다. 여기서 人生의 사람의 생활, 곧 농사를 의미.

334 원문 天以甲子, 地以甲辰, 人以甲申 - 甲子, 甲辰, 甲申日이 각각 夏, 殷, 周의 정월 초하루라는 뜻.

335 원문 孟,仲,季迭用事爲統首 - 寅, 申, 巳, 亥는 四孟, 子, 午, 卯, 酉는 四仲, 丑, 未, 辰, 戌은 四季이다. 그래서 甲申은 孟統, 甲子는 仲統, 甲辰은 季統이라는 주석이 있다.

336 원문 三微而成著 - 三微(삼미)는 天, 地, 人 三正之始, 萬物皆微.

같다. 五行과 三統은 서로 교차한다. 그래서 《左傳》에서는 「天에 三辰(日, 月, 星)이 있고 땅에는 五行이 있다.」 하였으니, 三統과 五星의 운행을 알 수 있다.

《易》에서는 「3統과 5行의 數는 변화하며 그 數는 서로 뒤섞인다. 그 변화를 잘 알면 나중에 천하의 문물을 성취할 수 있다. 그 변수를 끝까지 窮究하면 나중에 천하 萬象을 안정시킬 수 있다.」고 하였다.[337]

太極은 하늘에서 三辰과 五星을 운행케 하고, 땅에서는 元氣로 三統과 五行을 運轉한다. 인간에 대해서는 皇極(황극)이 三德과 五事를 통합한다.[338] 그래서 三統에 의거 三辰이 통합하나니, 日은 天統에 合一하고, 月은 地統에, 北斗는 人統에 合一한다.

原文

五星之合於五行, 水合於辰星, 火合於熒惑, 金合於太白, 木合於歲星, 土合於鎭星. 三辰五星而相經緯也.

天以一生水, 地以二生火, 天以三生木, 地以四生金, 天以五生土. 五勝相乘, 以生小周, 以乘〈乾〉,〈坤〉之策, 而成大周. 陰陽比類, 交錯相成, 故九六之變登隆於六體. 三微而

---

337 이는 《易 繫辭 上》에서 聖人의 道를 설명하는 내용의 일부이다.

338 三德은 正直, 剛克(강극), 柔克(유극). 이때 克은 다스린다(理). 五事는 사람이 타고난 바탕이 되는 다섯 가지(敬用五事) - 貌(모, 恭敬 表現嚴肅), 言(正當 辦事順利), 視(淸楚 明辨一切), 聽(청, 聰敏 謀事成功), 思(思慮 通達聖人) - 《書經 洪範》에 있다.

成著, 三著而成象, 二象十有八變而成卦, 四營而成易, 爲七十二, 參三統兩四時相乘之數也. 參之則得〈乾〉之策, 兩之則得〈坤〉之策. 以陽九九之, 爲六百四十八. 以陰六六之, 爲四百三十二, 凡一千八十, 陰陽各一卦之微算策也. 八之, 爲八千六百四十, 而八卦小成. 引而信之, 又八之, 爲六萬九千一百二十, 天地再之, 爲十三萬八千二百四十, 然後大成.

五星會終, 觸類而長之, 以乘章歲, 爲二百六十二萬六千五百六十, 而與日月會. 三會爲七百八十七萬九千六百八十, 而與三統會. 三統二千三百六十三萬九千四十, 而復於太極上元. 九章歲而六之爲法, 太極上元爲實, 實如法得一, 一陰一陽各萬一千五百二十, 當萬物氣體之數, 天下之能事畢矣.

〖국역〗
五星도[339] 五行에 合一하나니, 水는 辰星(진성)에 해당하고, 火는 熒惑星(형혹성), 金은 太白, 木은 歲星, 土는 鎭星에 합치한다. 三辰

---

339 五星 - 辰星(진성, 水星), 太白(金星), 熒惑(형혹, 火星), 歲星(세성, 木星), 鎭(진성, 土星). 설명은 下記 참조.
歲星者木曜, 卽五行中木之精, 東方蒼帝之子也. / 熒惑星者火曜, 卽火之精, 南方赤帝之子也. / 鎭星者土曜, 卽土之精, 中方黃帝之子也. / 太白者金曜, 卽金之精, 西方白帝之子也. / 辰星者水曜, 卽水之精, 北方黑帝之子也.

(삼진)과 五星은 서로 종횡(經緯)을 달리하여 운행한다.

天은 以一로(1) 生水하고, 地는 以二(2)로 生火하며, 天이 以三(3)으로 生木하고, 地는 以四(4)로 生金하며, 天은 以五(5)로 生土한다. 오행의 相勝相剋(상승상극)은 小周의 數를 낳고, 〈乾卦〉, 〈坤卦〉의 策數로 大周의 數를 이룬다. 陰陽도 이와 같이 교차 성립하기에 九六(陰陽)의 변화는 六體(六爻, 6효)에서 나온다. 三微(삼미, 三正之始)가 뚜렷하게 드러나며, 天, 地, 人이 형상을 갖추고,[340] 二象이 18로 변하여 괘가 이뤄지고,[341] 이를 다시 4승하여 易을 이루니 72가 되고,[342] 이는 三統을 3배 한 수에 陰陽과 四時를 곱한 수(8)이다.[343] 이를 3배 하면 〈乾〉의 策數가 되고, 2배 하면 〈坤〉의 策數가 된다.[344] 陽九의 수 九를 곱하면 648이 된다.[345] 陰六의 수 6으로 곱하면 432가 되고, 두 수를 합하면(648+432) 총 1,080이 되는데, 이 숫자는 음양 각 1卦의 미세한 方策의 수이다. 이 수를(1,080) 8배 하면 8,640이 되는데, 이것이 8괘의 小成이다. 이를 추산하여 다시 8배하면(8,640×8) 69,120이 되고, 다시 하늘과 땅의 수 2배를 하면 138,240이 되는데, 이것이 大成의 數이다.

---

340 원문 三著而成象 – 三正이 3번 드러나다. 3×3 = 9.

341 원문 二象十有八變而成卦 – 陰陽이 3正의 변화에 호응하여(2×9 = 18) 괘가 이뤄진다.

342 원문 四營而成易 – 18×4 = 72.

343 원문 參三統兩四時相乘之數也 = (3×3)×(2×4) = 72.

344 원문 參之則得〈乾〉之策, 兩之則得〈坤〉之策 – 3×72 = 216(乾). 2×72 = 146(坤).

345 원문 以陽九九之, 爲六百四十八 – 9×72 = 648.

(大成의 수는) 五星 운행 회합의 결과 수인데, 이를 늘려 추산하면 章歲(19년)에 2,626,561인데,[346] 이는 오성 1달간의 운행의 일수이다. 三會면 7,879,680인데, 이는 日分, 月分, 食分과 오성 운행의 연수 모두의 합산으로 이를 三統會라 한다. 三統會의 3배는 23,639,040년인데, 이를 元法(4617)으로 나눠 1520년 후 다시 日, 月과 5星의 운행으로 돌아간다(太極上元). 章歲(19)의 9배와 6배의 수를 法(除數, 제수)으로 삼아 日, 月 오성 회합의 년 수를 나누면 같은 수를 얻고, 一陰과 一陽에 各 11,520을 얻는데,[347] 이는 만물 氣에 형체에 따른 數이니, 이런 듯 천하 만물의 모든 일을 해낼 수 있다.

---

346 이를(2,626,560) 會歲 數 513으로 나누면 5,120인데, 이것이 일월분과 五星의 운행의 終數라는 주석이 있다.

347 章歲를 9배 하여(19×9 = 171) 또 6을 곱하면(171×6) 1026이다. 23,639,040을 1026으로 나눠 23,040. 이를 다시 양분하면 11,520을 얻는다.

卷二十一 律曆志 第一 下
〔21권 〈율력지〉 제1 하〕

四. 三統曆의 實際

1. 統母[348]

原文

日法；八十一. 元始黃鐘初九自乘, 一龠之數, 得日法.

---

348 統母(통모) - 〈三統〉의 本母. 曆法의 推算(추산)에서 日月의 운행 등 기본
수치와 그 근거를 설명하였다. 統은 起始(기시, 시작)를 뜻한다. 통모는 기
본 값. 〈律曆志〉 下는 統母, 紀母, 五步, 統術, 紀術, 歲術, 世經 등 7분야
로 나눠 기록했다. 紀母는 日月과 五星 운행의 기본 수치와 그 근거를 설
명했다. 五步는 5성 운행의 관측 수치를, 統術은 統母를 근거로 日月의
운행과 交會를 추산하여 역법에서 연월의 시작과 절기, 그리고 일식과
월식을 설명하였다. 紀術(기술)은 紀母와 統母를 근거로 五星과 日月의
交會를 추산하고 또 5성 운행의 순차와 月을 계산하는 방법을 설명하였
다. 歲術은 木星의 소재를 근거로 紀年을 밝혔고, 世經에서는 曆法에 맞

閏法;十九, 因爲章歲. 合天地終數, 得閏法.

統法;一千五百三十九. 以閏法乘日法, 得統法.

元法;四千六百一十七. 參統法, 得元法.

會數;四十七. 參天九, 兩地十, 得會數.

章月;二百三十五. 五位乘會數, 得章月.

月法;二千三百九十二. 推大衍象, 得月法.

通法;五百九十八. 四分月法, 得通法.

中法;十四萬五百三十. 以章月乘通法, 得中法.

周天;五十六萬二千一百二十. 以章月乘月法, 得周天.

[국역]

日法;81. 본래 黃鐘의 初九를 제곱한(自乘, 9×9) 數, 곧 一龠(1약)의 數를 日法으로 정했다.[349]

閏法(윤법);19. 이를 써서 一章의 연수로 사용한다. 天地의 終數(天은 九, 地는 十)을 합하여 윤법이라 한다.[350]

統法(통법);1,539. 閏法(19)에 日法(81)을 곱하면 統法이 된다.[351]

취 古事를 열거하고, 天時에 맞춰 人事를 배열하여 古事와 人事를 근거로 길흉을 논하였다.

349 日法 - 〈三通曆〉 1일의 길이를 81分으로 상정. 81의 숫자는 黃鐘의 길이 9寸을 제곱한 숫자(9×9).

350 閏法 - 일월 운행은 19년에 7개월의 차이가 있다. 곧 1년의 차이는 19분의 7이고(7÷19), 이는 19년에 7번의 윤달이 들어가야 한다는 뜻이다. 法은 除數이다.

元法 ; 4,617. 통법을 3배 하여 얻은 수.[352]

會數 ; 47. 하늘의 수(天九, 9)의 3乘(9×3 = 27)과 땅의 수(地十 10)의 2乘(10×= 20)을 합한 수(27+20).

章月 ; 235. 五位에 會數를 곱한 수(5×47 = 235).[353]

月法 ; 2,392. 大衍(대연)의 象數를 추산하여 얻은 수.[354]

通法 ; 598. 月法을 四分(2,392÷4)하여 얻은 수.

中法 ; 140,530. 章月(235)에 通法(598)을 곱한 수.

周天 ; 562,120. 章月(235)에 月法(2,392)을 곱하여 얻은 수.

原文

歲中 ; 十二. 以三統乘四時, 得歲中.

月周 ; 二百五十四. 以章月加閏法, 得月周.

朔望之會 ; 百三十五. 參天數二十五, 兩地數三十, 得朔

---

351 19×81 = 1,539. 1,539년이 지나면 日分과 月分이 冬至 子正에 딱 맞게 된다. 1,539년을 1統이라 한다.

352 元法 = 3統이 1元. 1,539×3 = 4,617年 = 57,105月 = 1,686,360日. 4,617 년 만에 冬至에 정월 초하루에(朔) 甲子日이 된다는 뜻.

353 章月(장월)은 三統曆의 法數이 하나. 1章 19년의 月數(19×12)+1章의 閏月 數 7 = 235. 곧 1章은 235개월이다.

354 月法 - 春秋의 像이 2개이므로 (大衍 數 50 중 활용수인 49에) 2배를 하고(49×2 = 98), 또 像이 3이므로 3을 곱하며(98×3 = 294), 또 像이 4이므로 4을 곱하여(294×4 = 1,176) 다시 閏法 19와 그리고 본래 바탕인 1 을 보탠 뒤에(1,176+19+1 = 1,196), 이를 2배 하면(1196×2 = 2,392) 月法이 된다.

望之會.

會月；六千三百四十五. 以會數乘朔望之會, 得會月.

統月；一萬九千三十五. 參會月, 得統月.

元月；五萬七千一百五. 參統月, 得元月.

章中；二百二十八. 以閏法乘歲中, 得章中.

統中；一萬八千四百六十八. 以日法乘章中, 得統中.

元中；五萬五千四百四. 參統中, 得元中.

策餘；八千八十. 什乘元中, 以減周天, 得策餘.

周至；五十七. 參閏法, 得周至.

〖국역〗

歲中(세중)；12. 三統에 四時를 곱한 수(3×4).[355]

月周(월주)；254. 章月(235)에 閏法(19)를 더한 수.

朔望之會(삭망지회)；135. 天數(25, 1, 3, 5, 7, 9의 合)의 3배(75)에 地數(30, 2, 4, 6, 8, 10 의 合)의 2배(60)를 더한 수.[356]

會月；6,345. 會數(47)에 朔望之會(135)를 곱한 수.

統月；19,035. 會月(6,345)을 3배 한 수.

元月；57,105. 統月(19,035)의 3배 수.

章中；228. 閏法(윤법 19)에 歲中(12)을 곱한 수.[357]

---

355 歲中 – 一歲의 中氣. 分(春分, 秋分)과 至(夏至, 冬至)를 中氣라 한다. 閏月은 中氣가 들어 있지 않은 달.

356 135개월에 23회의 日, 月蝕(월식)이 일어난다는 뜻.

357 章中은 一章의 中數.

統中 ; 18,468. 日法(81)에 章中(228)을 곱한 수.[358]

元中 ; 55,404. 統中(18,468)을 3배 하여 얻은 수.

策餘(책여) ; 8,080. 元中(55,404)을 10배 하고 周天(562,120)을 뺀 수.

周至(주지) ; 57. 閏法(19)을 3배 한 수.

2. 紀母[359]

原文

木金相乘爲十二, 是爲歲星小周. 小周乘〈巛, 坤〉策, 爲千七百二十八, 是爲歲星歲數.

見中分 ; 二萬七百三十六.

積中 ; 十三, 中餘 ; 百五十七.

見中法 ; 一千五百八十三. 見數也.

見閏分 ; 萬二千九十六.

積月 ; 十三, 月餘 ; 一萬五千七十九.

見月法 ; 三萬七十七.

見中日法 ; 七百三十萬八千七百一十一.

---

358 統中은 一統의 中數, 19년이 1章이고, 1統은 81章이다. 그래서 19×81 = 1,539년.

359 統母와 紀母는 같은 뜻.

見月日法 ; 二百四十三萬六千二百三十七.

木金의 數를 서로 곱하면 12이고,[360] 이는 歲星(木星)의 小周이다.[361] 小周(12)에 〈《, 坤〉策(144)을[362] 곱하면 1,728인데, 이는 歲星의 歲數(年數)이다.

見中分數 ; 20,736.[363]

積中數 ; 13, 中餘數 ; 157.

見中法數 ; 1,583. 이는 見數이다.

見閏分數 ; 12,096.

積月數 ; 13, 月餘數 ; 15,079.

見月法數 ; 30,077.

見中日法數 ; 7,308,711.

---

360 木金 - 天은 三生木하고 地는 四生木하니 3×4 = 12.

361 歲星의 小周 - 歲星은 木星. 小周는 木星이 天球(천구)를 한번 돌아 제자리에 오기. 天球 一周에 12년. 木星은 태양계 중 가장 큰 行星, 그 體積이 지구의 1,316배. 밝기로는 9대 행성 중 金星 다음으로 火星보다 밝다. 현란한 색채의 빛고리(光環)가 있다. 공전 주기 11.86년. 古人은 12년으로 계산했다. 이는 12支와 상응한다. 12支로 紀年할 수 있기에 '歲星紀年'이라 했다. 木星은 東方春木이다. 남방은 夏火, 서방은 秋金, 북방은 冬水, 중앙은 季夏土와 상응한다. 이 오행은 인류의 五常(仁,義,禮,智,信), 인간 행동의 五事(貌,言,視,聽,思)로 확대할 수 있다.

362 《은 坤의 古字. 川의 本字. 12×144 = 1,728.

363 원문 見中分 - 見은 現. 이는 歲星의 歲數(年數) 1,728년간 中氣의 數이다.

見月日法數；2,436,237.

金火相乘爲八，又以火乘之爲十六而小復．小復乘〈乾〉
策，爲三千四百五十六，是爲太白歲數．

見中分；四萬一千四百七十二．

積中；十九，中餘；四百一十三．

見中法；二千一百六十一．復數．

見閏分；二萬四千一百九十二．

積月；十九，月餘；三萬二千三十九．

見月法；四萬一千五十九．

晨中分；二萬三千三百二十八．

積中；七，中餘；千七百一十八．

夕中分；一萬八千一百四十四．

積中；八，中餘；八百五十六．

晨閏分；萬三千六百八．

積月；十一，月餘；五千一百九十一．

夕閏分；萬五百八十四．

積月；八，月餘；二萬六千八百四十八．

見中日法；九百九十七萬七千三百三十七．

見月日法；三百三十二萬五千七百七十九．

〚국역〛

金火의 수를 서로 곱하면 8인데,[364] 여기에 火의 數(2)를 곱하면 16이 되고, 이것이 小復(소복)이다. 小復에 〈乾〉策(216)을 곱하면 3,456인데(16×216), 이는 太白星의 歲數이다.[365]

見中分數(현중분수) ; 41,472. (3,456×12)

積中十九數 ; 19와 2161분의 413. 中餘는 413.[366]

見中法數 ; 2,161. 復數(복수)이다.[367]

見閏分數 ; 24,192. (3,456×7 = 24,192)

積月數 ; 19와 41,059分의 32,039. 月餘數 ; 32,039.

見月法數 ; 41,059. (19×2,161 = 41,059)

晨中分數(신중분수) ; 23,328. (1,944×12 = 23,328)

積中數(적중수) ; 7, 中餘數 ; 1,718.[368]

夕中分數 ; 18,144. (1,512×12 = 18,144)

積中數 ; 8, 中餘數 ; 856.[369]

晨閏分數(신윤분수) ; 13,608. (7×1,944 = 13,608)

---

364 원문 金火相乘爲八 - 火克金. 地는 四生金하고 二生火하니, 二四는 八하고 二八은 十六이다.

365 太白星 - 金星. 금성은 태양과의 거리가 지구보다 가깝다. 따라서 그 운행 속도도 빨라 공전주기가 224.7일로 약 7월이 조금 넘는다. 漢代에는 주기를 9개월, 자주 보이면 7개월이라 했다.

366 中餘 413은 〈律曆志〉 자체의 주석이라는 해설이 있다.

367 見中法數 - 2,161이 2번 겹친 수(復數).

368 積中數(적중수) - 7이 아닌 10이라는 주석이 있다.

369 18,144÷2,161 = 8과 2161分의 856.

積月數 ; 11, 月餘數 ; 5,191. (11과 41,059分의 5,191)

夕閏分數 ; 10,584. (7×1,512 = 10,584) 中餘數 ; 856.

積月數 ; 8. 月餘數 ; 26,848. (8과 41,059分의 26,848)

見中日法數 ; 9,977,337. 〔2,161×(19×81×3) = 9,977,337〕

見月日法數 ; 3,325,779. 〔(2,161×19)×81 = 3,325,779〕

原文

　土木相乘而合經緯爲三十, 是爲鎭星小周. 小周乘〈《 坤〉策, 爲四千三百二十, 是爲鎭星歲數.

　見中分 ; 五萬一千八百四十.

　積中 ; 十二, 中餘 ; 一千七百四十.

　見中法 ; 四千一百七十五. 見數也.

　見閏分 ; 三萬二百四十.

　積月 ; 十二, 月餘 ; 六萬三千三百.

　見月法 ; 七萬九千三百二十五.

　見中日法 ; 一千九百二十七萬五千九百七十五.

　見月日法 ; 六百四十二萬五千三百二十五.

〔국역〕

　土木의 數를 서로 곱하고[370] 經緯(경위)의[371] 수를 합하면 30이 되

---

370 土木相乘 – 天이 五生土하고 三生木하니, 3×5 = 15하고 이를 2배(經緯, 경위)하면 30이다.

는데, 이것이 鎭星(진성, 土星)의 小周이다. 小周에[372] 〈坤〉策(144)을 곱하면 4,320이 되고, 이것이 歲數이다.

見中分數 ; 51,840. (4,320×12 = 51,840)

積中數 ; 12, 中餘數 ; 1,740. (12와 4,175분의 1,740)

見中法數 ; 4,175. 見數이다.[373]

見閏分數 ; 30,240. (4×4,320 = 30,240)

積月數 ; 12, 月餘數 ; 63,300. (12와 79,325分의 63,300)

見月法數 ; 79,325. (19×4,175 = 79,325)

見中日法數 ; 19,275,975. 〔4,175×(19×81×3) = 19,275,975〕

見月日法數 ; 6,425,325. 〔(4,175×19) × 81 = 6,425,325〕

原文

火經特成, 故二歲而過初, 三十二過初爲六十四歲而小周. 小周乘〈乾〉策, 則太陽大周, 爲一萬三千八百二十四歲, 是爲熒惑歲數.

見中分 ; 十六萬五千八百八十八.

積中 ; 二十五, 中餘 ; 四千一百六十三.

見中法 ; 六千四百六十九. 見數也.

---

371 經緯(경위) - 本初子午線이 經度 0°로 東西의 위치를 표시하고 赤道가 緯度 0°로 南, 北緯를 표시한다.

372 小周 - 公轉주기. 토성의 경우 약 29.5년

373 토성과 태양이 교차할 때 토성은 안 보인다. 토성은 4320년 중에 4,175년을 볼 수 있다는 설명이 있다.

見閏分；九萬六千七百六十八.

積月；二十六, 月餘；五萬二千九百五十四.

見月法；一十二萬二千九百一十一.

見中日法；二千九百八十六萬七千三百七十三.

見月日法；九百九十五萬五千七百九十一.

〖국역〗

火星의 운행 경로는 특별하여[374] 2년이면 기점을 통과하고,[375] 기점을 32회 경과하면 64년이니, 이것이 小周이다.[376] 小周에 〈乾〉策를(216) 곱하면, 곧 太陽의 大周로 13,824년이고,[377] 이것이 熒惑星(형혹성)의[378] 歲數이다.

見中分數；165,888. (13,824×12 = 165,888)

積中數；25, 中餘數；4,163. (25와 6,469分의 4,163)

見中法數；6,469. 見數이다.[379]

---

374 원문 火經特性 - 여기 特은 獨의 뜻. 地는 以二生火한다.

375 원문 故二歲而過初 - 初는 起始點. 火星의 공전주기는 1.8795년이니, 2년이면 起始點을 통과한다.

376 火星의 小周 = 2×32 = 64.

377 小周 64년×216 = 13,824년.

378 熒惑星(형혹성) - 火星은 태양계 행성 중 작기로는 水星 다음이다. 그 질량도 화성이 수성보다 약간 크다고 하며 화성은 지구 반경의 절반 정도이다. 그 자전 주기가 지구와 비슷하나 태양의 공전주기는 지구의 2배이다.

379 화성과 태양이 교차하면 숨어 보이지 않는데 13,824歲에 실제 보이는 해가 6,469次이다.

見閏分數 ; 96,768. (7×13,824 = 96,768)

積月數 ; 26, 月餘數 ; 52,954. (26과 122,911分의 52,954)

見月法數 ; 122,911. (19×6,469 = 122,911)

見中日法數 ; 29,687,373. 〔6,469×(19×81×3) = 29,687,373〕

見月日法數 ; 9,955,791. 〔(6,469 × 19) × 81 = 9,955,791〕

原文 ▌

水經特成, 故一歲而及初, 六十四及初而小復. 小復乘〈巛,
坤〉策, 則太陰大周, 爲九千二百一十六歲, 是爲辰星歲數.

見中分 ; 十一萬五百九十二.

積中 ; 三, 中餘 ; 二萬三千四百六十九.

見中法 ; 二萬九千四十一. 復數也.

見閏分 ; 六萬四千五百一十二.

積月 ; 三, 月餘 ; 五十一萬四百二十三.

見月法 ; 五十五萬一千七百七十九.

晨中分 ; 六萬二千二百八.

積中 ; 二, 中餘 ; 四千一百二十六.

夕中分 ; 四萬八千三百八十四.

積中 ; 一, 中餘 ; 一萬九千三百四十三.

晨閏分 ; 三萬六千二百八十八.

積月 ; 二, 月餘 ; 十一萬四千六百八十二.

夕閏分 ; 二萬八千二百二十四.

積月；一, 月餘；三十九萬五千七百四十一.

見中日法；一億三千四百八萬二千二百九十七.

見月日法；四千四百六十九萬四千九十九.

[국역]

水星의 운행 경로는 특별하여 1년이면 起點에서 시작하고,[380] 64번을 처음 시작하는 小復(소복)이다. 小復(64)에 〈坤〉策(144)을 곱하면 太陰의 大周인데 9,216년이 辰星(진성, 水星)의 歲數이다.[381]

見中分數；110,592. (9,216×12 = 110,592)

積中數；3, 中餘數；23,469. (3과 29,041분의 23,469)

見中法數；29,041. 復數이다.[382]

見閏分數；64,512. (9,216×7 = 64,512)

積月數；3, 月餘數；510,423. (3과 551,779분에 510,423)

見月法數；551,779. (19×29,041 = 551,779)

晨中分數；62,208. (5,184×12 = 62,208)

積中數；2, 中餘數；4,126. (2와 29,041分의 4,126)

夕中分數；48,384. (4,032×12 = 48,384)

---

380 원문 一歲而及初 – '天 以一生水(水生數一)' 라는 주석이 있다,

381 水星(Mercury, 辰星) – 육안으로 보면 회색으로 보여 五行 이론에 의거 (黑) 水星으로 명명. 태양계 행성 중 크기가 가장 작고, 태양에 가장 가까우며, 自轉周期는 58.646日, 공전주기는 87.969 地球日이다. 자전주기가 공전주기의 2/3, 대기가 거의 없는 것으로 알려졌다.

382 수성은 9,216년간에 새벽에 29,041번, 저녁에 29,041번 출현한다. 이를 1復이라 하고 29,041을 법수로 한다.

積中數 ; 1, 中餘數 ; 19,343. (1과 29,041分의 19,343)

晨閏分數(신윤분수) ; 36,288. (7×5,184 = 36,288)

積月數 ; 2, 月餘數 ; 114,682. (2와 551,779分의 114,682)

夕閏分數(석윤분수) ; 28,224. (7×4,032 = 28,224)

積月數 ; 1, 月餘數 ; 395,741. (1과 551,779分의 395,741)

見中日法數 ; 134,082,297. 〔29,041×(19×81×3) = 134,082,297〕

見月日法數 ; 44,694,099. (29,041×19×81 = 44,694,099)

合太陰太陽之歲數而中分之, 各萬一千五百二十. 陽施其
氣, 陰成其物.

以星行率減歲數, 餘則見數也.

東九西七乘歲數, 並九七爲法, 得一, 金,水晨夕歲數.

以歲中乘歲數, 是爲星見中分.

星見數, 是爲見中法.

以歲閏乘歲數, 是爲星見閏分.

以章歲乘見數, 是爲見月法.

以元法乘見數, 是爲見中日法.

以統法乘見數, 是爲見月日法.

〔국역〕

太陰과 太陽의 歲數를 합하여 절반으로 나누면(中分之) 각 11,520

이다.[383] 陽은 양기를 널리 나눠주고, 陰은 만물을 성장케 한다.

歲數에서 행성의 行率數를 減(−)하여 남는 수가 見數이다.[384]

東에는 九, 西에는 七을 歲數에 곱하고, 九와 七을 더하여(16) 法數로 계산하면 1이 되는데, 이는 金星과 水星의 새벽(晨)과 저녁(夕)에 보이는 歲數이다.[385]

歲中數를 歲數에 곱하면, 그 별의 見中分數이다.[386]

星의 見數는 見中法數이다.[387]

歲閏數를 歲數에 곱하면 星의 見閏分數이다.[388]

章歲數(49)를 (五星의) 見數에 곱하면 見月法數이다.

元法數(4,617)를 見數에 곱하면 見中日法數이다.

---

383 이 단락은 5星 운행에 관련한 수치를 설명하였다. 太陰의 歲數와 辰星의 歲數는 9,216이다. 太陽의 歲數와 熒惑星(火星)의 歲數는 13,824이다. 두 수를 합하면 23,040이고, 이를 2등분하면 11,520이다.

384 歲星(木星)의 歲數(1,728)에서 行率數(145)를 減하여 남는 수 1,583이 見數이다. 鎭星(土星)의 歲數(4,320)에서 行率數(145)를 빼면 4,175인데, 이것이 見數이다.
熒惑星(형혹성, 火星)의 歲數(13,824)에서 行率數(7,325)를 감하면 6,469인데, 이것이 화성의 견수이다. 行率數는 다음의 五步(오보)에 나온다.

385 內行星(水星, 金星)의 새벽에 보이는(晨見), 저녁에 보이는 비율(夕見) ; 9+7 = 16. 16을 분모로, 9와 7을 분자로 하여 여기에 금성과 수성의 세수를 곱한다.

386 歲中數(12)를 歲數에 곱하면, 그 별의 見中分數(歲數에 들어있는 中氣數)이다.

387 五星의 見數, 곧 見中法數는 내행성의 경우 復數이고 외행성은 見數이다.

388 歲閏數(7分)를 五星의 歲數에 곱하면 五星의 見閏分數이다.

統法(1,539)을 見數에 곱하면 見月日法數이다.

3. 五步[389]

原文

木, 晨始見, 去日半次. 順, 日行十一分度二, 百二十一日. 始留, 二十五日而旋. 逆, 日行七分度一, 八十四日. 復留, 二十四日三分而旋. 復順, 日行十一分度二, 百一十一日有百八十二萬八千三百六十二分而伏.

凡見三百六十五日有百八十二萬八千三百六十五分, 除逆, 定行星三十度百六十六萬一千二百八十六分. 凡見一歲, 行一次而後伏. 日行不盈十一分度一. 伏三十三日三百三十三萬四千七百三十七分, 行星三度百六十七萬三千四百五十一分. 一見, 三百九十八日五百一十六萬三千一百二分, 行星三十三度三百三十三萬四千七百三十七分. 通其

---

389 五步 - 五星의 推步(운행의 관측). 五星의 운행에서 順(순, 西→東)과 逆(역, 東→西), 遲疾(지질, 느리기와 빠름), 伏(복, 태양에 근접하여 보이지 않음)과 留(류, 운행 속도가 느려 정지한 것 것처럼 보임) 등 운행 정황에 관한 기록이다. 28宿(수)의 度數를 계산의 표준으로 삼았고, 周天(天體가 일주하기)은 365와 4분의 1도(365.25°). 오성이 다시 나타나 보이는(復見) 日數의 계산에서는 見中日法이 分母이다.

率, 故曰日行千七百二十八分度之百四十五.

木星은 새벽(晨)에 처음 보이는데,[390] 去日은 半次이다.[391] 順行하
면 1日 11分의 2°(度) 씩 121일을 운행한다.[392] 운행이 크게 느려졌
다가(始留)[393] 25일을 지나 돌아온다(旋, 돌 선).[394] 逆行(역행)에는 1

---

390 晨始見 - 五星의 관측은 새벽에 보이면 시작된다. 지구가 태양과 行星
사이에 있으면, 이를 衝(충)이라 하는데 外行星에 적용한다. 행성이 지
구와 태양 사이에 있으면, 이를 合(합)이라 하는데 內行星에 적용한다.
지구가 목성과 태양 사이에 있을 때(목성과 태양이 相衝할 때) 목성은
보이지 않는다(伏, 복). 보이지 않는 기간을 伏日이라 한다.

391 去日半次 - 五步에는 행성이 1일 1°를 운행한다고 정했다. 행성 자체의
운행 도수가 있다. 목성의 경우 伏日(보이지 않는 날)이 약 33일이니 목
성은 이 기간에 33.3334°를 운행한다. 곧 목성이 마지막으로 관측된 이
후 33일이 지나야 다시 보인다. 그런데 목성 자체의 운행 도수가
3.1673°이기에 그 차이는 30°이고 그 절반은 15°인데, 이는 태양과 목
성의 상대적 거리이다. 이 15°가 태양과 목성 사이 각도의(去日) 절반
(半次)이다. 次란 도수를 數로 표시하는 것이다.

392 태양과 木星이 같은 방향으로 운행하는 것을 順(順行)이라 하는데, 1일
11분의 2°씩 121日을 운행한다.

393 始留 - 留(머무를 유, 류)는 천문 용어. 행성이 順行하다가 逆行으로 轉變
(전변)할 때, 또는 역행에서 순행으로 바뀔 때 轉折點(전절점)을 통과하
는 것을 留라 한다. 內行星의 경우 下合 전후에, 외행성의 경우 衝日 전
후에 해당하는데, 이때 운동이 느려져서 움직이지 않는 것처럼 보이기
에 留라 한다. 따라서 留日은 日數만 기록하고 행성의 운행 도수는 기
록하지 않는다.

394 旋은 轉向. 돌 旋, 제자리에서 방향을 바꿈. 목성은 태양의 서쪽을 돌아
동쪽으로 운행하니 태양을 역행한다.

일에 7分의 1度씩 84일을 운행한다. 다시 24日 3分을 천천히 운행하다가(復留) 旋行(선행)한다. 다시 순행하여(復順), 1日 11分의 2度로 111일 1,828,362分을 운행했다가 안 보이게 된다(伏).[395]

보이는 날은 총(凡) 365일에 1,828,365分이고, 逆行 度數(역행 도수)를 除하면 定行星은 30度 1,661,286分이다. 모두 1년 동안 보이며[396] 1차 운행 뒤에 안 보인다. 1일 운행은 11分 1度가 되지 않는다. 33일 3,334,737分 안 보였다가(伏), 行星은 3度 1,673,451分이다. 一見에[397] 398日 5,163,102分이고, 行星은 33度 3,334,737分이다. 목성의 通常 운행 비율은 日行 1,728分에 145分의 1度이다.

金, 晨始見, 去日半次. 逆, 日行二分度一, 六日, 始留, 八日而旋. 始順, 日行四十六分度三十三, 四十六日. 順, 疾, 日行一度九十二分度十五, 百八十四日而伏. 凡見二百四十四日, 除逆, 定行星二百四十四度. 伏, 日行一度九十二分度三十三有奇. 伏八十三日, 行星百一十三度四百三十六萬五千二百二十分.

---

395 伏 - 天文 現象의 하나, 隱伏(은복)하여 不見하다. 水星 金星은 內行星이라서 태양(日)에 비해 운행이 빠르고, 火, 木, 土星은 外行星이라서 운행이 日보다 느리다. 日, 地球, 行星의 상대적 위치는 순환하면서 행성의 見, 不見이 달라질 것이다.

396 원문 凡見一歲 - 출현한 일수와 1년의 일수가 대략 비슷하다.

397 一見 - 一見했다가 안 보이는(伏) 주기.

凡晨見,伏三百二十七日, 行星三百五十七度四百三十六
萬五千二百二十分. 夕始見, 去日半次. 順, 日行一度九十
二分度十五, 百八十一日百七分日四十五. 順, 遲, 日行四
十六分度四十三, 四十六日. 始留, 七日百七分日六十二分
而旋. 逆, 日行二分度一, 六日而伏. 凡見二百四十一日, 除
逆, 定行星二百四十一度. 伏, 逆, 日行八分度七有奇. 伏十
六日百二十九萬五千三百五十二分, 行星十四度三百六萬
九千八百六十八分.

一凡夕見伏, 二百五十七日百二十九萬五千三百五十一
分, 行星二百二十六度六百九十萬七千四百六十九分. 一
復, 五百八十四日百二十九萬五千三百五十二分. 行星亦如
之, 故曰日行一度.

〖국역〗

金星은 이른 새벽(晨, 새벽 신)에 보이고, 去日은 半次이다. 逆行
시에는 1日에 2分의 1度를 운행하고 6日에 속도가 줄기 시작하여
(始留), 8日에 旋廻(선회)한다. 順行을 시작하여, 1日 46分의 33度로
46日을 운행한다. 順行은 빨라서 1日 度95分의 15度로 184일을 운
행한 뒤 안 보인다. 총 244日을 출현하는데, 역행을 제외하면 定行
數는 244度이다. 伏日(복일)에서는 1일 1度 92分의 33度 남짓으로
운행한다. 83일을 안 보이는데, 113度 4,365,250分을 운행한다.

새벽에 보였다가 327일을 안 보이며 定行星은 357度 4,365,220
分이다. 저녁에 처음 보이면, 去日은 半次이다. 順行에 1日 1度와

92分의 15度로 181日과 107分의 45日을 運行한다. 順行은 느려서 (遲, 늦을 지) 1日 46分의 43度로 46일을 운행한다. 속도가 느려지기 시작하면(始留), 7과 107分의 62日에 선회한다. 逆行하면 日行 2分의 1度하여 6日은 안 보인다. 총 241일을 보였다가, 逆行을 제외하면 定行星은 241度이다. 안 보였다가(伏) 逆行하는데 1日 8分의 7度가 좀 넘는다. 16日 1,295.352分을 안 보이는데, 行星은 14度 3,069,868分이다.

저녁에 보였다가 안 보이는 날은 모두 257日 1,295,351分이며, 行星은 226度 6,907,469분이다. 一復에 584日 1,295,352分이다. 行星 또한 이와 같아 1日 1度를 운행한다고 말한다.

土, 晨始見, 去日半次. 順, 日行十五分度一, 八十七日. 始留, 三十四日而旋. 逆, 日行八十一分度五, 百一日. 復留, 三十三日八十六萬二千四百五十五分而旋. 復順, 日行十五分度一, 八十五日而伏. 凡見三百四十日八十六萬二千四百五十五分, 除逆, 定餘行星五度四百四十七萬三千九百三十分. 伏, 日行不盈十五分度三. 三十七日千七百一十七萬一百七十分, 行星七度八百七十三萬六千五百七十分. 一見, 三百七十七日千八百三萬二千六百二十五分, 行星十二度千三百二十一萬五百分. 通其率, 故日日行四千三百二十分度之百四十五.

土星은 새벽에 보이는데, 去日은 半次이다. 順行에 1日 15分의 1
度를 87일 운행한다. 운행이 느려지기 시작하여(始留) 34일에 선회
한다. 역행에 1日에 81分의 5度로 101일을 운행한다. 다시 운행이
느려져(復留), 33日 862,455分에 선회한다. 다시 순행하며 1日에 15
分 1度로 85日을 운행하고 안 보인다.

총 보이는 날 수 340日 862,455분에 역행을 제외하면 나머지 토
성의 나머지 운행은 5度 4,473,930分이다. 안 보였다가(伏), 1日 운
행은 15分의 3度가 되지 못하고, 37日 17,170,170分에 行星은 7度
8,736,517分이다. 一見에 377日 18,032,625分이며, 行星은 12度
13,210,500分이다. 토성은 보통 비율(通率)이라서 1日 4,320分과
145分의 1度를 운행한다고 말한다.

原文

火, 晨始見, 去日半次, 順, 日行九十二分度五十三, 二百
七十六日, 始留, 十日而旋. 逆, 日行六十二分度十七, 六十
二日. 復留, 十日而旋. 復順, 日行九十二分度五十三, 二百
七十六日而伏.

凡見六百三十四日, 除逆, 定行星三百一度. 伏, 日行不
盈九十二分度七十三, 伏百四十六日千五百六十八萬九千
七百分, 行星百一十四度八百二十一萬八千五分.

一見, 七百八十日千五百六十八萬九千七百分, 凡行星四
百一十五度八百二十一萬八千五分. 通其率, 故曰日行萬三

千八百二十四分度之七千三百五十五.

[국역]

火星은 새벽에 보이며, 去日은 半次이다. 순행에 1일 92分의 53度씩 276일을 운행하며, 운행 속도가 줄기 시작하여(始留) 10일에 선회한다. 逆行에는 1日 62分의 17度씩 62일을 운행한다. 다시 속도가 줄어(復留) 10일에 선회한다. 다시 순행하여 1일 92分 53度로 276일을 운행한 뒤 보이지 않는다.

총 634일간 보이고, 역행을 제외하면 定行星은 301度이다. 안 보이는 동안(伏), 1日 운행은 92分의 73度가 되지 않으며, 146日 15,689,700分을 안 보이는 동안 行星은 114度 8,218,005分이다.

一見에, 780日 15,689,700分이며, 총 行星은 415度 8,218,005分이다. 통상 운행 비율이므로 1日 13,824분의 7,355度라 말한다.

原文

水, 晨始見, 去日半次. 逆, 日行二度, 一日, 始留, 二日而旋. 順, 日行七分度六. 七日順, 疾, 日行一度三分度一, 十八日而伏. 凡見二十八日, 除逆, 定行星二十八度. 伏, 日行一度九分度七有奇, 三十七日一億二千二百二萬九千六百五分, 行星六十八度四千六百六十一萬一百二十八分.

凡晨見, 伏, 六十五日一億二千二百二萬九千六百五分, 行星九十六度四千六百六十一萬一百二十八分. 夕始見, 去日半次. 順, 疾, 日行一度三分度一, 十六日二分日一. 順,

遲, 日行七分度六, 七日. 留, 一日二分日一而旋. 逆, 日行二度, 一日而伏.

凡見二十六日, 除逆, 定行星二十六度. 伏, 逆, 日行十五分度四有奇, 二十四日, 行星六度五千八百六十六萬二千八百二十分. 凡夕見伏, 五十日, 行星十九度七千五百四十一萬九千四百七十七分. 一復, 百一十五日一億二千二百二萬九千六百五分. 行星亦如之, 故曰日行一度.

〔국역〕

水星은 새벽에 보이고, 去日은 半次이다. 逆行에 1日 2度를 운행하여 1일이면 속도가 줄었다가 2일이면 旋行(선행)한다. 順行에 1日 7分의 6度를 운행하는데 7日 順行은 빠르고(疾), 1日에 1과 3分의 1度를 운행하며, 18일간 운행하면 보이지 않는다. 보이는 날은 28일이며 역행을 제외하면 定行星은 28도이다. 안 보일 때는 1日에 一과 九分의 7度 남짓 운행하며 37일 122,029,605分이고, 行星은 68度 46,610,128分이다.

새벽에 보이면 그날은 안 보이게 되는데, 65日 122,029,605分이며 行星은 96度 46,610,128分이다. 저녁에 처음 보이면 하루의 절반이면 안 보인다. 順行에는 빠른데, 1日에 1度 3分 3度로 16과 2분의 1일을 운행한다. 順行에는 속도가 느린데, 1일에 7分의 6度로 7일을 운행한다. 속도가 크게 떨어져(留) 1과 2分의 1日이면 旋行(선행)한다. 역행에 1일 2度로 1日이면 숨어 안 보인다(伏).

보이는 날은 총 26일인데, 逆行을 제외하면 定行星은 26度이다.

안보였다가 역행하면 1일 15分의 4度 남짓으로 24일을 운행하며 行星은 6度 58,662,820分이다. 저녁에 보였다가 숨는 날은 50日에 行星은 19度 75,419,477分이다. 一復은 115日 122,029,605分이다. 行星 또한 이와 같아서 1日 1度를 운행한다고 말한다.

4. 統術[398]

原文

推日月元統 − 置太極上元以來, 外所求年, 盈元法除之, 餘不盈統者, 則天統甲子以來年數也. 盈統, 除之, 餘則地統甲辰以來年數也. 又盈統, 除之, 餘則人統甲申以來年數也. 各以其統首日爲紀.

〖국역〗

日과 月 元統의 推算(추산) − 太極의 上元을[399] 상정한 이후, 구하려는 햇수를 계산하지 않고,[400] 元法(4,617)으로 나누어(除之) 넘는 수(盈, 찰 영)는 버리고, 나머지가 統法(1,539)에 부족하면 天統 甲

---

398 統術 − 曆法에서 天文 관측과 계산 방법. 統은 理也.

399 上元 − 역법 시작에서 어느 날을 기준으로 정해야 한다. 최초의 甲子日이 上元. 冬至의 첫날. 周 武王이 殷 紂王을 정벌한 해를 上元 이래 142,111년으로 상정했다.

400 원문 外所求年 − 三統曆에서 어느 해의 위치(순차)를 구할 때, 구하려는

子 이후의 年數이다. 곧 統法에 딱 맞으면 除之하고 餘年은 (地統의 시작인) 甲辰(갑진) 이후의 年數이다. 또 統法에 맞아 버리거나 남는 年數는 (人統의 시작인) 甲申(갑신) 이후의 年數이다. 三統의 첫날을[401] 紀元으로 삼는다.

推天正 − 以章月乘入統歲數, 盈章歲得一, 名曰積月, 不盈者名曰閏餘. 閏餘十二以上, 歲有閏. 求地正, 加積月一, 求人正, 加二.

〔국역〕

天正(天統의 정월)의[402] 추산 − 연수를 章月(235, 1章 19년의 개월수)로[403] 나누고 거기에 統歲 數(1539)에 곱하여, 章歲를 초과하면(盈, 滿) 1을 산입하는데(得一), 이를 積月(적월)이라 하고, 넘지 못할 경우 閏餘(윤여)라고 한다.[404] 閏餘가 12 이상이면 그 해에 閏月(윤월)이 있다. 地統의 正月은 積月에 1을 더하고, 人統의 정월은 적월에 2를 더한다.

그 해는 제외한다(所求年 減一).

401 원문 統首日 − 三統의 기준일인 甲子, 甲辰, 甲申日을 말함.

402 天正은 천통력의 정월.

403 章月(장월)은 三統曆의 法數의 하나. 1章 19년의 月數(19×12)＋閏月 數 7 = 235. 곧 1章은 235개월이다.

404 (年數÷章歲)×장월(235) = 積月과 章歲分의 閏餘.

推正月朔 - 以月法乘積月, 盈日法得一, 名曰積日, 不盈
者名曰小餘. 小餘三十八以上, 其月大. 積日盈六十, 除之,
不盈者名曰大餘. 數從統首日起, 算外, 則朔日也. 求其次
月, 加大餘二十九, 小餘四十三. 小餘盈日法得一, 從大餘,
數除如法.

求弦, 加大餘七, 小餘三十一. 求望, 倍弦.

[국역]

正月 초하루(朔)의 추산 - 月法(2,392)을 積月數에 곱하여 日法
(81)로 나누어 남으면(盈) 得一하는데, 이를 積日(적일)이라 하고,[405]
넘지 않으면 小餘(소여)라고[406] 한다. 小餘(소여)가 38 이상이면 그
달이 큰 달이다. 적일이 60이 넘으면 없애고(除之), 차지 않은 달은
大餘(대여)라고 한다. 그 數는 統首의 1日부터 起算하고, 계산에서
제외(算外)되는 것이 朔日(삭일, 초하루)이다. 다음 달 초하루를 구하
려면, 大餘는 29를, 小餘는 43을 더한다. 小餘가 日法에 남으면 得一
하여 大餘에 算入하고, 대여가 60이 되면 앞의 방식대로 없앤다.

求弦(구현)은 大餘면 7을 더하고, 小餘는 31을 더한다. 보름(望日)
은 弦의 수를 2배 한다.[407]

---

405 帶分數에서 정수에 해당하는 수.

406 대분수에서 分子에 해당하는 수.

407 한 달은 朔日(삭일, 초하루) - 上弦(상현) - 望日 - 下弦 - 晦日(회일, 그믐)
의 4분기로 구성된다. 상현은 29와 81분의 43÷4 = 7과 81분의 31. 보

推閏餘所在 – 以十二乘閏餘, 加七得一. 盈章中數所得,
起冬至, 算外, 則中至終閏盈. 中氣在朔若二日, 則前月閏也.

윤달이 있는 해 찾기 – 閏餘(윤여 7/19. 19분의 7)에 12를 곱하고 7을
더하여 得一한다. 章中數(228)를 채워 얻는 수를 冬至부터 계산하
여 얻는 中氣 다음이 윤달이다. 中氣가 초하루 다음 달이면 그 전 달
이 윤달이 된다.

推冬至 – 以算餘乘入統歲數, 盈弦法得一, 名曰大餘. 不
盈者名曰小餘. 除數如法, 則所求冬至日也.
求八節 – 加大餘四十五, 小餘千一百. 求二十四氣, 三其
小餘, 加大餘十五, 小餘千一十.
推中部二十四氣 – 皆以元爲法.

冬至日을 추산하기 – 策餘(책여)를[408] 統歲數에 곱하여 弦法(현법)

름은 7과 81분의 31×2 = 14와 81분의 62.
408 원문 以算餘乘入統歲數 – 算餘는 策餘가 되어야 한다는 주석에 따른다.
乾坤策數는 360이다.

으로 나누어 남으면 得一하는데, 이를 大餘(대여)라 한다. 모자라면 小餘라 한다. 除數(被除數)가 法數(除數)와 같으면 구하려는 冬至日이다.

八節(8절)의 추산[409] – 大餘 45를 小餘 1,100에[410] 加算한다. 24절기를 구하여 그 小餘를 3배한 뒤 대여는 15를, 소여는 1,010을 더한다.

中部 24기의 추산 – 모두 元法數(4,617)를 法數로 한다(원법수 = 법수. 法數는 除數).

原文

推五行 – 其四行各七十三日, 統法分之七十七. 中央各十八日, 統法分之四百四. 冬至後, 中央二十七日六百六分.

〔국역〕

五行의 推算 – 四行이 각각 73日이며,[411] 統法(1,539)으로 나누면 나머지가 77이다. 중앙의 土行은 (四時에 用事하니 4로 나누면) 1季가 각 18일이고,[412] 統法으로 나누면 (그 나머지가) 404이다. 冬至

---

409 八節(8절) – 春分, 秋分, 夏至, 冬至, (以上 四中氣). 立春, 立夏, 立秋, 立冬(以上 四節氣).

410 원문 小餘千一百 – 小餘千一十이라는 주석이 있다.

411 원문 其四行各七十三日 – 四行은 春水, 夏火, 秋金, 冬水. 中土는 四時에 用事한다. 1歲는 562,120分인데, 이를 5행에 맞춰 5등분 하면 112,424인데, 이를 統法(1,539)으로 나누면 각 行이 73과 1539分의 77日이다.

이후는 27일과 1,539분의 606이다.

推合晨所在星 – 置積日, 以統法乘之, 以十九乘小餘而並
之. 盈周天, 除去之, 不盈者, 令盈統法得一度. 數起牽牛,
算外, 則合晨所入星度也.

[국역]

合朔 時에[413] 日月의 星度의 추산 – 積日(81)에, 統法(1,539)을 곱
하고, 여기에 19에 小餘(소여, 나머지. 分子)를 곱한 수를 더한다. (분
모인) 周天에 딱 떨어지면 버리고, 차지 않으면 통법을 보태어 1度
로 계산한다. 계산은 牽牛(견우)에서 시작하고 계산에서 버리는 수
(算外)가 合朔 時의 星度이다.

推其日夜半所在星 – 以章歲乘月小餘, 以減合晨度. 小餘
不足者, 破全度.

---

412 (112,424÷1539)÷4 = 18,2625

413 합 – 天文 현상의 하나. 지구에서 태양과 행성을 볼 때 黃經이 相等한
것을 합이라 한다. 日月이 相合하면 合朔(합삭)이다. 內行星(水星 金星)
은 2 종류의 합이 있는데, 地 – 日 – 行星일 경우를 上合, 日 – 行星 – 地일
경우는 下合이다. 外行星은 下合이 없다.

推其月夜半所在星 − 以月周乘月小餘, 盈統法得一度, 以
減合晨度.

推諸加時 − 以十二乘小餘爲實, 各盈分母爲法, 數起於
子, 算外, 則所加辰也.

〖국역〗

합삭일 夜半(子時) 태양의 星度를 추산하기 − 章歲(19)로 合朔月
의 小餘를 곱하고 合晨하는 각도를 감한다. 小餘가 부족할 경우 1度
를 破開한다(破全度).

합삭일 야반의 달(月)의 星度를 추산하기 − 月周(254)에 月小餘를
곱한 뒤, 통법으로 나눠 남으면 1도이고 부족하면 合晨(합신)하는 각
도를 減(감)한다.

朔望日이나 中節氣의 구체적인 시각 추산하기 − 해당일의 小餘에
12를 곱하여 實(被除數)로 하고 남는 수를 분모로 하여 나누는데
(法, 除數),[414] 계산은 子時에서 시작하며 算外의 數가 해당 시각이
다.

原文

推月食 − 置會餘歲積月, 以二十三乘之, 盈百三十五, 除
之. 不盈者, 加二十三得一月, 盈百三十五, 數所得, 起其正,

---

414 합삭월의 弦(현)과 望의 시각을 구할 때는 (日法) 81이 분모이고, 8절기
의 시각을 구할 때는 (統法) 1,539가 분모가 된다.

算外, 則食月也. 加時, 在望日衝辰.

[국역]

月食의 추산 – 會餘歲의[415] 積月에 23을 곱하여 135로 나누어 남는 수는 버린다. 모자라는 수에 23을 보태어 한 달을 채우는데, 135로 나누어 얻어지는 수로 정월에서 시작하는데 算外의 수가 월식이 있는 달이다. 日 – 地球 – 月로 상충하면 加時한다.[416]

5. 紀術[417]

原文

推五星見復 – 置太極上元以來, 盡所求年, 乘大終見復數, 盈歲數得一, 則定見復數也. 不盈者名曰見復餘. 見復餘盈其見復數, 一以上見在往年, 倍一以上, 又在前往年, 不盈者在今年也.

---

415 1會는 513歲로 6,345月이다. 上元 이후 구하는 歲까지의 수를 會歲(513)으로 나누어 남는 수가 會餘歲이다. (會餘歲×章月)÷章歲 = 積月.

416 日 – 地球 – 月로 상충하면 곧 월식이 일어나는데, 135개월에 23차의 월식이 일어난다. 그 복잡한 계산에서 1을 보탠 달에 월식이 일어난다. 1을 보태는 것을 본문에 加時라 하였다.

417 紀術(기술) – 紀母와 統母를 근거로 五星과 日月의 交會를 추산하고 또 오성 운행의 순차와 月을 계산하는 방법을 설명하였다.

〖국역〗

　推五星이 다시 보이는 날을 추산하기 - 太極 上元 이래 구하는 해
까지 연수에 大統曆에서 마지막으로 출현한 해의 復數를 곱하고,
(歲數로 나눠) 歲數가 남으면 得一하는데, 이것이 定見復數(정현복
수)이다. 남는 수가 없으면 見復餘(현복여)라 한다. 見復餘를 見復數
로 나누어, 1 이상이면 往年에 출현했고, 2보다 크면 재작년에 출현
했으며, 1보다 작으면 금년에 출현한다.[418]

〖原文〗

　推星所見中次 - 以見中分乘定見復數, 盈見中法得一則
積中也. 不盈者名曰中餘. 以元中除積中, 餘則中元餘也.
以章中除之, 餘則入章中數也. 以十二除之, 餘則星見中次
也. 中數從冬至起, 次數從星紀起, 算外, 則星所見中次也.

〖국역〗

　五星 출현하는 中次를 추산하기 - 見中分數를[419] 定見復數에 곱
하여, 見中法보다[420] 많으면 得一하는데, 이것이 積中이다. 넘지 않

---

418 이를 다시 요약하면 (上元 以來 本年에 이르는 수×大統見復數)÷歲
　　數 = 定見復數와 歲數分의 見復數. ※참고 : 歲星(木星)의 歲數는 1,728,
　　鎭星(土星)의 歲數는 4,320, 熒惑星(형혹성, 火星)의 歲數는 13,824로 제
　　각각 다르다.

419 見中分 - 五星 大周의 中氣數.

420 見中法 - 오성의 大周의 출현 수.

는 것은 中餘라 한다. 元中을[421] 積中으로 나눠 남는 수는 中元餘이다. 이를 章中으로 나눠, 남는 수는 章中數에 넣는다. 다시 12로 나눠 남는 수가 오성이 출현하는 中次이다. 中數는 冬至에서 시작하고, 次數는 오성의 星紀에서 시작하는데 算外가 오성이 출현하는 中次이다.

推星見月 - 以閏分乘定見復數, 以章歲乘中餘從之, 盈見月法得一, 並積中, 則積月也. 不盈者名曰月餘. 以元月除積月餘, 名曰月元餘. 以章月除月元餘, 則入章月數也. 以十二除之, 至有閏之歲, 除十三入章. 三歲一閏, 六歲二閏, 九歲三閏, 十一歲四閏, 十四歲五閏, 十七歲六閏, 十九歲七閏. 不盈者數起於天正, 算外, 則星所見月也.

〔국역〕

五星이 출현하는 달(월)을 추산하기 - 閏分을 定見復數에 곱하고, 또 章歲를 中餘에 곱하여, 두 수를 더하면 월법으로 나눠 得一하고 積中를 더하면 積月數이다. 모자란 경우는, 이를 月餘라 한다.[422] 月餘를 더한 수를 元月로[423] 나누어 月元餘라 한다. 章月로 月元餘를

---

421 元中 - 一元의 中氣 數.

422 계산식 積中＋(19×中餘＋見閏分×定見復數)÷(19×見中法) = 整數는 積月, 餘數는 月餘.

423 元月은 一元의 月數.

나누면 곧 入章月數이다. 이를 12로 나누면 윤달이 든 해를 알 수 있
고 13으로 나누면 入章이다. 3년에 첫 번째 윤년(一閏), 6년에 二閏,
九년에 三閏, 11년에 四閏, 14년에 五閏, 17년에 六閏, 19년에 七閏
이다. 남지 않으면 天正에서 起算하고, 버리는 수가 五星이 보이는
달이다.

原文

　推至日 - 以中法乘中元餘, 盈元法得一, 名曰積日, 不盈
者名曰小餘. 小餘盈二千五百九十七以上, 中大. 數除積日
如法, 算外, 則冬至也.

[국역]

　至日의 추산 - 中法에 中元餘에 곱하여 元法보다 많으면 得一하
고, 이를 積日이라 부르고 (元法보다) 적으면 小餘라고 부른다. 小餘
가 2,597 이상이면 中大이다. 정해진 규칙에 따라 積日을 나누고,
算外가, 곧 冬至이다.

原文

　推朔日 - 以月法乘月元餘, 盈日法得一, 名曰積日, 餘名
曰小餘. 小餘三十八以上, 月大. 數除積日如法, 算外, 則星
見月朔日也.

朔日(초하루)의 추산 – 月法을 月元餘에 곱하여 日法(81)보다 많
으면 得一하여 積日이라 부르고 남은 것은 小餘라고 한다. 小餘가
38 이상이면 큰 달(30일)이다. 규칙에 따라 積日을 나누는데, 算外
가 오성이 출현하는 달의 초하루이다.

原文

推入中次日度數 – 以中法乘中餘, 以見中法乘其小餘並
之. 盈見中日法得一, 則入中日入次度數也. 中以至日數,
次以次初數, 算外, 則星所見及日所在度數也. 求夕, 在日
後十五度.

〖국역〗

入中次日度數의 추산 – 中法을 中餘에 곱하고 見中法을 그 小餘
에 곱해서 더한다. (見中日法으로 나눠) 見中日法보다 많으면 得一
하는데, 이것이 入中日의 入次度數이다.[424] 中以至日數는 次初數를
次用하여 算外가 星所見 및 中日이 있는 度數이다. 求夕하면 日이
後 15度에 있다.

原文

推入月日數 – 以月法乘月餘, 以見月法乘其小餘並之, 盈

---

424 이를 算式으로 정리하면 (中法×中餘＋見中法×小餘)÷見中日法이다.

見月日法得一, 則入月日數也. 並之大餘, 數除如法, 則見日也.

【국역】
入月日數의 추산－月法을 月餘에 곱하여, 見月法에 小餘를 곱한 수를 더한 뒤, (見月日法으로 나눠) 見月日法보다 크면 得一하는데, 이것이 入月日數이다.[425] 大餘를 더하고 규칙대로 나누면 見日의 干支이다.

原文

推後見中－加積中於中元餘, 加後中餘於中餘, 盈其法得一, 從中元餘, 除數如法, 則後見中也.

【국역】
다음에 보일 中氣의 추산－積中을 中元餘에 가산하고, 後中餘에 中餘를 더한 뒤 나누어 除數보다 크면 得一하고, 中元餘를 보탠 뒤 규칙대로 除數하면 後見中이다.

原文

推後見月－加積月於月元餘, 加後月餘於月餘, 盈其法得一, 從月元餘, 除數如法, 則後見月也.

---

425 이를 算式으로 정리하면 (月法×中餘＋見月法×小餘)÷見月日法이다.

推後見月의 추산 - 積月에 月元餘를 더하고, 後月餘를 月餘에 가산하여, 除數(法數)보다 남으면 得一하고, 月元餘를 규칙대로 除數하면 後見月이 나온다.

推至日及入中次度數 - 如上法.

推朔日及入月數 - 如上法.

推晨見加夕, 夕見加晨 - 皆如上法.

至日 및 入中次度 日數의 추산 - 위의 방법과 같다.

朔日 및 入月 日數의 추산 - 위의 방법과 같다.

晨見에 加夕하고, 夕見에 加晨하기 - 모두 위의 방법과 같다.

推五步 - 置始見以來日數, 至所求日, 各以其行度數乘之. 其星若日有分者, 分子乘全爲實, 分母爲法. 其兩有分者, 分母分度數乘全, 分子從之, 令相乘爲實, 分母相乘爲法, 實如法得一, 名曰積度. 數起星初見所在宿度, 算外, 則星所在宿度也.

五步의[426] 추산 - 始見(시현, 始現)한 이후의 日數에서 구하려는 일수까지 각각의 行度數를 곱한다. 그 星宿이 만약 日中有分하다면, 分子에 全(整數)을 곱하여 實(被除數)로 하여 分母로 나눈다. 양편에 분수가 있다면 分母에 整數를 곱하고,[427] 分子는 그대로 따르며 서로 곱하여 被除數가 되고, 분모도 서로 곱하여 피제수가 되는데, 피제수가 除數와 같으면 得一하여, 이를 積度라고 부른다. 해당 행성이 처음 보인 곳의 度數(宿度, 수도)에서[428] 起算하고, 算外(나머지) 가 행성이 소재한 곳의 도수이다.

6. 歲術[429]

〖原文〗

推歲所在 - 置上元以來, 外所求年, 盈歲數, 除去之, 不盈者以百四十五乘之, 以百四十四爲法, 如法得一, 名曰積次,

---

426 五步 - 五星의 운행에서 順逆(순역), 遲疾(지질, 느리기와 빠름), 伏(복)과 留(류) 등 운행 정황을 기록했다.

427 원문 分母分度數乘全 - 分度數 3字는 필요 없는 글자라는 주석에 따른다.

428 宿度(수도) - 星宿(성수) 운행의 度數.

429 歲術 - 歲術은 木星의 소재를 근거로 紀年을 밝히고, 五行星의 운행을 설명하였다.

不盈者名曰次餘. 積次盈十二, 除去之, 不盈者名曰定次.
數從星紀起, 算盡之外, 則所在次也. 欲知太歲, 以六十除
積次, 餘不盈者, 數從丙子起, 算盡之外, 則太歲日也.

[국역]

歲星의[430] 所在 - 上元 이래로, 求年을 계산하지 않고, (木星의) 歲
數(1,728)보다 많으면 除之하고, 모자란 수(不盈者)에 145를 곱하고
除數(法) 144로 나누어 144와 같으면 得一하여 積次(적차)라 하고,
不盈者는 次餘(차여)라 한다. 積次가 12가 되면 버리고 不盈者는 定
次라고 한다. 歲星의 星紀에서 起算하는데, 계산 뒤 남은 수가 곧 세
성의 次數이다. 太歲를 알려면 次餘를 60으로 나눠[431] 나머지 수를
丙子부터 起算하는데, 계산에 남은 수가 太歲의 소재이다.[432]

原文

贏縮. 傳曰, 「歲棄其次而旅於明年之次, 以害鳥帑, 周, 楚
惡之.」 五星之贏縮不是過也. 過次者殃大, 過捨者災小, 不
過者亡咎. 次度. 六物者, 歲時日月星辰也. 辰者, 日月之會

---

430 木金의 數를 서로 곱하면(3×4) 12이고, 이는 歲星(木星)의 小周이다.
小周(12)에 坤策(144)을 곱하면 1,728인데, 이는 歲星의 歲數(年數)이
다.

431 원문 以六十除積次 - 積은 衍字(연자, 불필요한 글자)라는 주석에 따른다.

432 원문 則太歲日也 - 일은 誤字. 당연히 '所在'이어야 한다는 주석에 따
른다.

而建所指也.

(歲星의) 贏縮(영축).[433] 《左傳》에서는 「歲星이 그 位次를 잃고 다음 해에 운행할 궤도에 들어가 鳥帑(조노)를 해치니[434] 周와 楚가 재해를 당했다.」고 하였다.[435] 그러나 五星의 贏縮(영축)은 過誤가 아니다. 그 位次가 잘못되었다면 재앙이 크나, 하루 저녁의 착오라면 재앙이 작을 것이며, 허물이 없다면 재앙도 없을 것이다.[436] 歲星은 位次의 표준이다(次度). 六物이란 歲時와 日月과 星辰(성신)이다. 辰(신)은[437] 日月이 交會할 때 斗建(두건)이 가리키는 방향이다.

---

433 贏縮(영축) - 贏(남을 영, 이기다, 盈과 通)은 超過(초과 ; 膨脹 팽창). 縮(줄일 축, 오그라들다)은 收縮(수축).

434 鳥帑(조노)는 家人의 뜻. 28宿의 하나인 軫星(진성). 남방 朱雀(주작)의 星宿(성수).

435 《左傳》襄公 28년의 기록이다.

436 원문 不過者亡咎 - 亡는 없을 무(無也). 咎는 허물 구. 재앙.

437 辰은 地支 진(용, 동남동, 음력 3월), 별이름 진(水星). 별의 총칭. 때 신. 북극성(北辰, 북신).

7. 十二次[438]

原文

星紀, 初斗十二度, 大雪. 中牽牛初, 冬至. 於夏爲十一月, 商爲十二月, 周爲正月. 終於婺女七度.

玄枵, 初婺女八度, 小寒. 中危初, 大寒. 於夏爲十二月, 商爲正月, 周爲二月. 終於危十五度.

娵訾, 初危十六度, 立春. 中營室十四度, 驚蟄. 今日雨水, 於夏爲正月, 商爲二月, 周爲三月. 終於奎四度.

[국역]

星紀(성기)는[439] 始初에 북두 12度에서 시작하니 절기는 大雪이다. 중간엔 牽牛(견우)[440] 1도에 오는데 冬至이다. (夏朝에서는 11月, 商에서는 12月, 周에서는 正月에 해당.)[441] 끝에는 婺女(무녀) 7度에 있다.[442]

---

438 十二次는 일명 分野. 中國 古代 天文學者의 星辰 구분의 한 방법.

439 星紀(성기)는 十二次의 하나. 北斗와 牽牛星을 지칭. 모든 별 운행의 紀綱(기강)에 해당. 十二次는 일명 分野. 中國 古代 天文學者의 星辰 구분의 한 방법. 星紀, 玄枵, 娵訾, 降婁, 大梁, 實沈, 鶉首, 鶉火, 鶉尾, 壽星, 大火, 析木 이는 서양의 黃道 12宮과 비슷하다.

440 牽牛(견우, 牽은 끌 견, 당기다) - 二十八宿 中 북방 牛星. 牽牛星.

441 이는 〈律曆志〉의 自注이다.

442 婺女(무녀, 별이름 무) - 二十八宿 中 북방 女星. 織女星. 婺女.

玄枵(현효)는[443] 婺女(무녀) 8度에서 시작하니 小寒이다. 중간에는 危宿(위수)[444] 1度에 있으며 大寒에 해당한다. (夏朝에서는 12월, 商에서는 正月, 周에서는 2月에 해당). 危星 15度에서 끝난다.

娵訾(추자)는[445] 처음에는 危宿 16度에서 시작하니 立春에 해당한다. 중간에는 營室(영실) 14도에 있는데, 驚蟄(경칩)에 해당한다. (今日에는 雨水,[446] 夏에서는 正月, 商에서는 2月, 周에서는 3月.) 끝에는 奎宿(규수) 4度에 위치한다.

原文

降婁, 初奎五度, 雨水. 今日驚蟄. 中婁四度, 春分. 於夏爲二月, 商爲三月, 周爲四月. 終於胃六度.

大梁, 初胃七度, 穀雨. 今日淸明. 中昴八度, 淸明. 今日穀雨, 於夏爲三月, 商爲四月, 周爲五月. 終於畢十一度.

實沈, 初畢十二度, 立夏. 中井初, 小滿. 於夏爲四月, 商爲五月, 周爲六月. 終於井十五度.

---

443 玄枵(현효, 속빈 나무 효)는 28수 중 북방 현무에 속한 虛星. 虛는 墟(터 허).

444 危(위, 높을 위, 高也)는 북방 玄武에 속한 7성 중 하나. 높은 지붕의 형상.

445 娵訾(추자, 娵는 별이름 추, 訾는 헐뜯을 자)는 북방 玄武에 속한 星宿.

446 今日 雨水 – 漢代에 驚蟄과 雨水, 淸明과 穀雨의 절기 이름이 서로 바뀌었다는 주석이 있다.

降婁(강루)는,[447] 처음에 奎宿[448] 5度에서 시작하고 雨水에 해당한다. (지금 驚蟄(경칩)이다.) 중간에 婁宿(누수)[449] 4度에 오는데 春分이다. (夏에서는 2月, 商에서는 3月, 周에서는 4月이 된다). 胃宿(위수)[450] 6도에서 끝난다.

大梁(대량)은,[451] 胃宿(위수) 7度에서 시작하고 穀雨(곡우)에 해당한다. (지금은 淸明이다.) 중간에 昴宿(묘수)[452] 8度를 거치는데 淸明이다. (지금은 穀雨이다. 夏에서는 3月, 商에서는 4月, 周의 5月이다.) 畢宿(필수)[453] 11度에서 운행이 끝난다.

實沈(실침)은,[454] 시작은 畢宿 12도인데 立夏이다. 중간에 井宿(정수)[455] 初度를 거치는데 小滿(소만)이다.[456] (夏朝에서는 4月, 商에서는 5月, 周에서는 6月이다.) 井宿 15度에서 끝난다.

---

447 降婁(강루) – 奎婁(규루), 白羊宮에 해당.

448 奎宿(규수) – 西方 白虎에 속하는 星宿. 奎는 골반, 사타구니를 상징.

449 婁宿(누수) – 서방 白虎에 속하는 星宿. 婁는 大司馬의 상징. 婁는 많은 사람을 모아 지휘하다.

450 胃宿(위수) – 서방 白虎에 속하는 星宿. 胃는 창고를 상징.

451 大梁(대량) – 星宿 12次의 하나. 나라 이름이 아니다.

452 昴宿(묘수) – 西方 白虎에 속하는 星宿. 昴(별자리 묘)는 창과 창끝에 매달은 털 장식(纓髦)을 의미.

453 畢宿(필수) – 西方 白虎에 속하는 星宿. 畢(마칠 필)은 짐승을 포획하는 그물(捕獸的網)을 형상.

454 實沈(실침) – 星宿 12次의 하나.

455 井宿(정수) – 南方 朱雀(주작)에 속하는 星宿. 井은 우물.

456 小滿(소만) – 양력 5월 21일 전후.

鶉首, 初井十六度, 芒種. 中井三十一度, 夏至. 於夏爲五月. 商爲六月, 周爲七月. 終於柳八度.

鶉火, 初柳九度, 小暑. 中張三度, 大暑. 於夏爲六月, 商爲七月, 周爲八月. 終於張十七度.

鶉尾, 初張十八度, 立秋. 中翼十五度, 處暑. 於夏爲七月, 商爲八月, 周爲九月. 終於軫十一度.

〔국역〕

鶉首(순수)는[457] 처음에 井宿 16度에 있는데 절기상 芒種(망종)이다.[458] 중간에는 井 31度인데 夏至이다. (夏에서는 5月, 商에서는 6月, 周에서는 7月이다.) 柳宿(유수)[459] 8度가 끝이다.

鶉火(순화)는 처음에 柳宿 9度에 있고 小暑(소서)에[460] 해당한다. 중간에 張宿(장수)[461] 3도를 거치는데 大暑이다. (夏에서는 6月, 商에서는 7月, 周에서는 8月이다.) 張宿 17度가 끝이다.

鶉尾(순미)는 張 18度에서 시작하니 立秋이다.[462] 중간은 翼宿(익수) 15度이니, 處暑(처서)에[463] 해당한다. (夏에서는 7月, 商에서는 8

---

457 鶉首(순수) - 12次의 하나. 鶉은 메추라기 순.
458 芒種(망종) - 24절기의 하나로 양력 6월 6일 전후.
459 柳宿(유수) - 南宮 朱雀에 속하는 별, 형상이 늘어진 버들(垂柳)같다.
460 小暑(소서) - 양력 7월 7일 전후.
461 張宿(장수) - 남방 朱雀에 속한다. 활을 힘껏 당긴(開張) 형상.
462 立秋 - 양력 8월 8일 전후.

月, 周에서는 9月이다.) 軫宿(진수)[464] 11度에서 끝이다.

原文

壽星, 初軫十二度, 白露. 中角十度, 秋分. 於夏爲八月,
商爲九月, 周爲十月. 終於氐四度.

大火, 初氐五度, 寒露. 中房五度, 霜降. 於夏爲九月, 商
爲十月, 周爲十一月. 終於尾九度.

析木, 初尾十度, 立冬. 中箕七度, 小雪. 於夏爲十月, 商
爲十一月, 周爲十二月. 終於斗十一度.

〖국역〗

壽星(수성)은 처음에 軫宿(진수) 12度에서 시작하니, 白露(백로)이
다.[465] 중간에 角宿(각수)[466] 10度를 경유하는데, 秋分이다. (夏에서는 8
月, 商에서는 9月, 周에서는 10月이다.) 氐宿(저숙)[467] 4度에서 끝난다.

大火(대화)는 처음에 氐(저) 5度에서 시작하는데 寒露(한로)이다.
중간에 房宿(방수)[468] 5도를 지나니 霜降(상강)[469]이다. (夏朝에서는

---

463 處暑(처서) - 양력 8월 23일 전후.

464 軫宿(진수) - 남방 朱雀에 속한다. 軫은 수레 뒤 턱 나무 진. 수레의 총칭.

465 白露(백로) - 양력 9월 8일 전후.

466 角宿(각수) - 東宮 蒼龍(창룡, 靑龍)에 속한다. 용의 뿔과 비슷하다.

467 氐宿(저수) - 동방 청룡에 속함. 氐(근본 저)는 龍의 頭部와 같다 하며, 일
명 天根星이다.

468 房宿(방수) - 동방 청룡에 속함. 房(방)은 사물을 보관하며 닫아놓은 창

9月, 商에서는 10月, 周에서는 11月에 해당.) 尾宿(미수)[470] 9度에서 끝난다.

析木(석목, 析은 쪼갤 석)은 尾(미) 10도에서 시작하는데 立冬에[471] 해당한다. 중간은 箕宿(기수)[472] 7度이고, 小雪(소설)이다.[473] (夏에서는 10月, 商에서는 11月, 周에서는 12月이다.) 斗宿(두수)[474] 11度에서 끝난다.

原文 ▌

角十二. 亢九. 氐十五. 房五. 心五. 尾十八. 箕十一. 東七十五度.

斗二十六. 牛八. 女十二. 虛十. 危十七. 營室十六. 壁九. 北九十八度.

奎十六. 婁十二. 胃十四. 昴十一. 畢十六. 觜二. 參九. 西八十度.

고. 일명 天駟星.

469 霜降(상강) – 양력 10월 24일 전후.

470 尾宿(미수) – 동방 청룡에 속함. 용의 꼬리에 해당한다고 생각했다.

471 立冬(입동) – 양력 11월 8일 전후.

472 箕宿(기수) – 동방 청룡에 속함. 箕(기)는 키(먼지나 티끌을 날려 보낼 수 있는 생활 용구).《爾雅(이아)》에서는 箕가 용의 꼬리라는 주석이 있다.

473 小雪(소설) – 양력 11월 22일 전후.

474 斗宿(두수) – 28宿(수)의 하나인 斗宿(두수, 南斗 六星이라 통칭). 북방 현무에 속함. 三垣(삼원) 중 天市垣(천시원)에 속함.

井三十三. 鬼四. 柳十五. 星七. 張十八. 翼十八. 軫
十七. 南百一十二度.

〖국역〗

角宿(각수) 12度. 亢(항) 9°. 氐(저) 150°. 房(방) 5°. 心(심) 5°.
尾(미) 18°. 箕(기) 11°. 東方 75度.

斗宿(두수) 26°. 牛(우) 8°. 女(여) 12°. 虛(허) 10°. 危(위) 17°.
營室(영실) 16°. 壁(벽) 9°. 北方 98度.

奎宿(규수) 16°. 婁(누) 12°. 胃(위) 14°. 昴(묘) 11°. 畢(필) 16°.
觜(자) 2°. 參(삼) 9°. 西方 80度.

井宿(정수) 33°. 鬼(귀) 4°. 柳(유) 15°. 星(성) 7°. 張(장) 18°. 翼
(익) 18°. 軫(진) 17°. 南方 112度. [475]

※ 이상 十二次의 성좌 운행을 요약하면 다음 표와 같다.

方位	東 靑龍			北 玄武		
二十八宿	角, 亢	氐,房,心	尾, 箕	斗, 牛	女, 虛	危,室,壁
十二次	壽星	大火	析木(절목)	星紀	玄枵(현효)	娵訾(추자)
十二辰	辰	卯	寅	丑	子	亥

方位	西 白虎			南 朱雀		
二十八宿	奎, 婁	胃, 昴	畢,觜,參	井,鬼	柳,星,張	翼,軫
十二次	降婁(강루)	大梁	實沈(실침)	鶉首(순수)	鶉火	鶉尾
十二辰	戌	酉	申	未	午	巳

[475] 天球(천구)를 365와 4분의 1度(365.25°)로 보고 28宿의 星度를 표시하
였다.

8. 九章

原文

九章歲爲百七十一歲, 而九道小終. 九終千五百三十九歲
而大終. 三終而與元終. 進退於牽牛之前四度五分. 九會.
陽以九終, 故曰有九道. 陰兼而成之, 故月有十九道. 陽名
成功, 故九會而終. 四營而成易, 故四歲中餘一, 四章而朔
餘一, 爲篇首, 八十一章而終一統.

[국역]

九章의 햇수(年數, 歲)는 171년(19×9)이고 九道가 小終이다.[476]
九終은 1,539(171×9)년이고 大終(대종)이다.[477] 三終이면 元終이
다.[478] 견우성 앞에서 4度 5分의 進退가 있었다. 9회의 교차가 있었
다(九會). 陽數는 九로 끝나기에 九道라 하였다. 陰은 겸병하여 이
뤄지므로 매월 19道라 하였다.[479] 陽의 뜻은 成功이며 九會로 끝난

---

476 원문 九道小終 – 日(태양)은 中道(黃道)를 운행하는데, 여기 9道는 日分
81(9×9)이다. 小終은 合朔(합삭)과 冬至가 같은 날이다. 19×9 = 171
년(小終).

477 大終(대종)은 同日 同時에 合朔과 冬至가 되는 해. 소종(171)×9 =
1,539.

478 元終(원종)은 甲子年에 합삭과 동지가 일치하는 해. 대종(1,539)×3 =
4,617.

479 19道는 19년(1章)에 日과 月이 함께 起點으로 돌아온다.

다.[480] 4營(영, 蓍草卜算曰 營)이면 一變하여 易(역)이라 하기에 4歲에 1日이 남고, 4章에 朔日이 한 번 남게 되어, 이를 篇首(편수)로 삼는데, 81章(1,539년)이면 一統이 완성된다.

原文

一, 甲子元首. 漢太初元年. 十, 辛酉. 十九, 己未. 二十八, 丁巳. 三十七, 乙卯. 四十六, 壬子. 五十五, 庚戌. 六十四, 戊申. 七十三, 丙午, 中.

甲辰二統. 辛丑. 己亥. 丁酉. 乙未. 壬辰. 庚寅. 戊子. 丙戌, 季.

甲申三統. 辛巳. 乙卯. 丁丑. 文王〔四〕十二年. 乙亥. (微二十六年). 壬申. 庚午. 戊辰. 丙寅, 孟. 慇二十二年.

〔국역〕

1章, 甲子日 元首이다.[481] (漢 武帝 太初 元年. 前 108년).[482] 10

---

480 九會 – 1會는 513歲로 6,345月이다. 9會는 4,617년. 이것이 元法이다.

481 이 표는 三統曆의 每 統, 각 章의 첫째 날(首日)의 干支 배열표이다. 仲, 季, 孟 三統으로 배열하였다. 仲統은 甲子, 季統은 甲辰, 孟統은 甲申年이다.

원문 一, 甲子元首 – 甲子統 干支의 앞에 있는 숫자는(예, 一 … 十 … 十九) 그 章의 차례 번호(序號)이다. 干支는 그 章 첫째 해(首年), 첫째 날(首日)의 干支이다.(곧 그해 子月의 初一이다.)

「一, 甲子元首」에서 一은 제 一章이란 뜻. 甲子는 首章 首日의 간지이다. 이하 모두 같은 방법이다. 甲辰 二統과 甲申 三統의 간지 앞에 번호

章, 辛酉. 19章, 己未. 28章, 丁巳. 37章, 乙卯. 46章, 壬子. 55章, 庚戌. 64章, 戊申. 73章, 丙午, 中.

甲辰 二統. 辛丑. 己亥. 丁酉. 乙未. 壬辰. 庚寅. 戊子. 丙戌, 季.

甲申 三統. 辛巳. 乙卯. 丁丑. (周文王 42년[483]). 乙亥. (魯 微公 (魏公) 26년). 壬申. 庚午. 戊辰. 丙寅, 孟. (周 愍王 22년?).

原文

二, 癸卯. 十一, 辛丑. 二十, 己亥. 二十九, 丁酉. 三十八, 甲午. 四十七, 壬辰. 五十六, 庚寅. 六十五, 戊子. 七十四, 乙酉, 中.

癸未. 辛巳. 己卯. 丁丑. 甲戌. 壬申. 庚午. 戊辰. 乙丑, 季.

癸亥. 辛酉. 己未. 丁巳. (周公五年). 甲寅. 壬子. 庚戌. 戊申. 元四年. 乙巳, 孟.

가 없는 것은 그 위 甲子 一統과 같기에 생략한 것이다. 곧 甲子統「十辛酉」는 甲辰統에서는 十章 首日 干支인 辛丑이고, 甲申統 十章 首日의 간지는 辛巳이다.

482 원문 漢 太初 元年 – 이는 〈律曆志〉의 自註이다. 원문에도 작은 활자로 구분하였는데 번역에서는 ( )로 구분하였다.

483 周文王(前1152 – 1046年). 姬姓, 名은 昌, 中國商朝末期周氏族首領, 아들 周武王이 周文王이라 追諡.

　2章, 癸卯.　11章, 辛丑.　20章, 己亥.　29章, 丁酉.　38章, 甲午.　47章, 壬辰.　56章, 庚寅.　65章, 戊子.　74章, 乙酉, 中.

　　癸未.　辛巳.　己卯.　丁丑.　甲戌.　壬申.　庚午.　戊辰.　乙丑, 季.

　　癸亥.　辛酉.　己未.　丁巳. (周公 5年).　甲寅.　壬子.　庚戌.　戊申. (魯元公 4년, 前 428년).　乙巳, 孟.

　三, 癸未.　十二, 辛巳.　二十一, 己卯.　三十, 丙子.　三十九, 甲戌.　四十八, 壬申.　五十七, 庚午.　六十六, 丁卯.　七十五, 乙丑, 中.

　　癸亥.　辛酉.　己未.　丙辰.　甲寅.　壬子.　庚戌.　丁未.　乙巳, 季.

　　癸卯.　辛丑.　己亥.　丙申.　甲午.　壬辰.　庚寅. (成十二年).　丁亥.　乙酉, 孟.

　3章 癸未.　12章, 辛巳.　21章, 己卯.　30章, 丙子.　39章, 甲戌.　48章, 壬申.　57章, 庚午.　66章, 丁卯.　75章, 乙丑, 中.

　　癸亥.　辛酉.　己未.　丙辰.　甲寅.　壬子.　庚戌.　丁未.　乙巳, 季.

　　癸卯.　辛丑.　己亥.　丙申.　甲午.　壬辰.　庚寅. (魯 成公 12년(前 579), ? 재위 전 591–573).　丁亥.　乙酉, 孟.

四, 癸亥. (初元二年). 十三, 辛酉. 二十二, 戊午. 三十一, 丙辰. 四十, 甲寅. 四十九, 壬子. 五十八, 己酉. 六十七, 丁未. 七十六, 乙巳, 中.

癸卯. 辛丑. 戊戌. 丙申. 甲午. 壬辰. 己丑. 丁亥. 乙酉, 季.

癸未. 辛巳. 戊寅. 丙子. 甲戌. 壬申. (惠三十八年). 己巳. 丁卯. 乙丑, 孟.

4章, 癸亥. (元帝 初元 2년, 前 47). 13章, 辛酉. 22章, 戊午. 31章, 丙辰. 40章, 甲寅. 49章, 壬子. 58章, 己酉. 67章, 丁未. 76章, 乙巳, 中.

癸卯. 辛丑. 戊戌. 丙申. 甲午. 壬辰. 己丑. 丁亥. 乙酉, 季.

癸未. 辛巳. 戊寅. 丙子. 甲戌. 壬申. (魯 惠公 38년(前 731). 재위 前 768－723?). 己巳. 丁卯. 乙丑, 孟.

五, 癸卯. (河平元年). 十四, 庚子. 二十三, 戊戌. 三十二, 丙申. 四十一, 甲午. 五十, 辛卯. 五十九, 己丑. 六十八, 丁亥. 七十七, 乙酉, 中.

癸未. 庚辰. 戊寅. 丙子. 甲戌. 辛未. 己巳. 丁卯. 乙

丑, 季.

癸亥. 庚申. 戊午. 丙辰. 甲寅. (獻十五年). 辛亥. 己
酉. 丁未. 乙巳, 孟. (商太甲元年. 楚元三年.)

[국역]

5章 癸卯. (漢 成帝 河平 元年. 前 28). 14章, 庚子. 23章, 戊戌(무
술). 32章, 丙申. 41章, 甲午. 50章, 辛卯. 59章, 己丑. 68章, 丁亥.
77章, 乙酉, 中.

癸未. 庚辰. 戊寅. 丙子. 甲戌. 辛未. 己巳. 丁卯. 乙丑, 季.

癸亥. 庚申. 戊午. 丙辰. 甲寅. (魯獻公 15년. 재위 前 886 –
855년. 15년은 前 872년). 辛亥. 己酉. 丁未. 乙巳, 孟. (商, 太甲 원
년, 前 1,738년. 楚 元王 3년.)[484]

原文

六, 壬午. 十五, 庚辰. 二十四, 戊寅. 三十三, 丙子. 四
十二, 癸酉. 五十一, 辛未. 六十, 己巳. 六十九, 丁卯. 七
十八, 甲子, 中.

壬戌. 庚申. 戊午. 丙辰. 癸丑. 辛亥. 己酉. 丁未.
甲辰, 季.

---

484 楚 元王 – 劉交 재위 前 201 – 179년. 劉歆(유흠)이 楚 元王 劉交의 후손
이라서 유독 여기서 보충했을 것이다. 劉交는 漢 高祖의 동생으로 형제
중 막내였다. 劉交는 荀子의 學生이었던 浮丘伯(부구백) 문하의 제자로
일찍부터 《詩經》을 전공했고 주석을 달았다. 號爲《元王詩》.

壬寅. 庚子. 戊戌. 丙申. 煬二十四年. 癸巳. 辛卯. 己丑. 丁亥. 康四年. 甲申, 孟.

〖 국역 〗

6章, 壬午. 15章, 庚辰. 24章, 戊寅(무인). 33章, 丙子. 42章, 癸酉. 51章, 辛未. 60章, 己巳. 69章, 丁卯. 78章, 甲子, 中.

壬戌. 庚申. 戊午. 丙辰. 癸丑. 辛亥. 己酉. 丁未. 甲辰, 季.

壬寅. 庚子. 戊戌. 丙申. (魯 煬公 24년. ?[485]) 癸巳. 辛卯. 己丑. 丁亥. (魯 康公 4년)[486] 甲申, 孟.

原文

七, 壬戌. (始建國三年). 十六, 庚申. 二十五, 戊午. 三十四, 乙卯. 四十三, 癸丑. 五十二, 辛亥. 六十一, 己酉. 七十, 丙午. 七十九, 甲辰, 中.

壬寅. 庚子. 戊戌. 乙未. 癸己. 辛卯. 己丑. 丙戌. 甲申, 季.

壬午. 庚辰. 戊寅. 乙亥. 癸酉. 辛未. 己巳. (定七年). 丙寅. 甲子, 孟.

---

485 魯 煬公(양공) – 魯國 제 3대 君主. 지금은 재위 前 993 – 988년. 6년으로 알려졌다.

486 魯 康公(강공) 재위 前 352 – 344년.

〖국역〗

7章, 壬戌.〔王莽(왕망) 始建國 3년. 서기 11년〕16章, 庚申. 25章, 戊午. 34章, 乙卯. 43章, 癸丑(계축). 52章, 辛亥. 61章, 己酉. 70章, 丙午. 79章, 甲辰, 中.

壬寅. 庚子. 戊戌. 乙未. 癸巳. 辛卯. 己丑. 丙戌. 甲申, 季.

壬午. 庚辰. 戊寅. 乙亥. 癸酉. 辛未. 己巳. (魯 定公 7년. 재위 前 509 - 495년). 丙寅. 甲子, 孟.

原文

八, 壬寅. 十七, 庚子. 二十六, 丁酉. 三十五, 乙未. 四十四, 癸巳. 五十三, 辛卯. 六十二, 戊子. 七十一, 丙戌. 八十, 甲申, 中.

壬午. 庚辰. 丁丑. 乙亥. 癸酉. 辛未. 戊辰. 丙寅. 甲子, 季.

壬戌. 庚申. 丁巳. 乙卯. 癸丑. 辛亥. (僖 五年). 戊申. 丙午. 甲辰, 孟.

〖국역〗

8章, 壬寅. 17章, 庚子. 26章, 丁酉. 35章, 乙未. 44章, 癸巳(계사). 53章, 辛卯. 62, 戊子(무자). 71章, 丙戌(병술). 80章, 甲申, 中.

壬午. 庚辰. 丁丑. 乙亥. 癸酉. 辛未. 戊辰. 丙寅. 甲子, 季.

壬戌. 庚申. 丁巳. 乙卯. 癸丑. 辛亥. (魯 僖公 5년. 재위 前 659 - 627년). 戊申. 丙午. 甲辰, 孟.

九, 壬午. 十八, 己卯. 二十七, 丁丑. 三十六, 乙亥. 四
十五, 癸酉. 五十四, 庚午. 六十三, 戊辰. 七十二, 丙寅.
八十一, 甲子, 中.

壬戌. 己未. 丁巳. 乙卯. 癸丑. 庚戌. 戊申. 丙午.
甲辰, 季.

壬寅. 己亥. 丁酉. 乙未. 癸巳. (懿 九年). 庚寅. 戊
子. 丙戌. 甲申, 孟. (元朔 六年).

9章, 壬午. 18章, 己卯(기묘). 27章, 丁丑. 36章, 乙亥. 45章, 癸
酉(계유). 54章, 庚午(경오). 63章, 戊辰(무진). 72章, 丙寅. 81章, 甲
子, 中.

壬戌. 己未. 丁巳. 乙卯. 癸丑. 庚戌(경술). 戊申. 丙午. 甲辰,
季.

壬寅. 己亥. 丁酉. 乙未. 癸巳.〔魯 懿公(의공) 9년. 재위
前 815 - 807년〕. 庚寅. 戊子. 丙戌. 甲申, 孟. (武帝 元朔 6
년. 前 123).

推章首朔旦冬至日 - 置大餘三十九, 小餘六十一, 數除如
法, 各從其統首起. 求其後章 當加大餘三十九, 小餘六十

一, 各盡其八十一章.

推篇 - 大餘亦如之, 小餘加一. 求周至, 加大餘五十九, 小
餘二十一.

[국역]

각章 首年의 朔旦(삭단), 冬至日을 추산하기 - 大餘는 39, 小餘는
61로, 규칙에 따라 나누면 그 統首가 나온다.[487] 그 뒤의 章 首年을
구하려 한다면 역시 大餘 39와 小餘 61로 각각 그 81장을 나눈다.

4章 1篇(편)을 추산하기 - 大餘는 마찬 가지로 추산하고, 小餘는 1
을 더한다. 周至(주지)를[488] 구하려면 大餘에 59, 小餘에 21을 더한다.

---

487 正月 초하루(朔)의 추산 - 月法(2,392)을 積月數에 곱하여 日法(81)로
나누어 남으면(盈) 得一하는데, 帶分數에서 정수에 해당하는 수를 積日
(적일)이라 하고, 넘지 않으면 小餘(소여, 대분수에서 分子에 해당하는 수)
라고 한다. 小餘(소여)가 38 이상이면 그 달이 큰 달이다. 적일이 60이
넘으면 없애고(除之), 차지 않은 달은 大餘(대여)라고 한다. 그 數는 統
首의 1日부터 起算하고, 계산에서 제외(算外)되는 것이 朔日(삭일, 초하
루)이다. 다음 달 초하루를 구하려면, 大餘는 29를, 小餘는 43을 더한
다. 小餘가 日法에 남으면 得一하여 大餘에 算入하고, 대여가 60이 되
면 앞의 방식대로 없앤다.

488 周至(주지) - 57, 閏法(19)을 3배 한 수.

五. 世經[489]

1. 上古時代

原文

《春秋》昭公十七年「郯子來朝」,《傳》曰,「昭子問少昊氏鳥名(官)何故, 對曰, "吾祖也, 我知之矣. 昔者, 黃帝氏以雲紀, 故爲雲師而雲名. 炎帝氏以火紀, 故爲火師而火名. 共工氏以水紀, 故爲水師而水名. 太昊氏以龍紀, 故爲龍師而龍名. 我高祖少昊摯之立也, 鳳鳥適至, 故紀於鳥, 爲鳥師而鳥名.」

言郯子據少昊受黃帝, 黃帝受炎帝, 炎帝受共工, 共工受太昊, 故先言黃帝, 上及太昊. 稽之於《易》, 炮犧,神農,黃帝相繼之世可知.

[국역]

昭公 17년[490] 「郯子(담자)가 입조하였다.」는 기록이[491] 《春秋》《左

---

489 世經에서는 曆法에 맞춰 古事를 열거하고, 天時에 맞춰 人事를 배열하여 古事와 人事를 근거로 吉凶을 논하였다.

490 魯 昭公 재위 前 541 - 510년, 17년은 前 525년, 丙子年.

491 郯子(담자, 生卒年 미상) - 春秋 시대 郯國 國君. 姓 嬴(영), 子는 작위, 담

傳》에 있다.

「昭子(소자)가⁴⁹² 少昊氏(소호씨)가⁴⁹³ 鳥名으로 관직을 정한 연고를 소자가 묻자, 담자가 대답했다.

"나의 조상이기에 내가 알고 있습니다. 옛날에 黃帝氏는 구름과 (雲) 관련지어 국사를 다스리며 백관 명칭을 모두 雲名으로 정했습니다.⁴⁹⁴ 炎帝氏(염제씨)는 불(火)로 국사를 이끌며 백관 명칭을 火名으로 정했습니다. 共工氏(공공씨)는 水德으로 다스려 水師이며 水名으로 정했습니다. 太昊氏(태호씨, 복희씨)는 龍으로 국사를 이끌어 龍官으로 龍名을 사용했습니다. 나의 먼 조상이신(高祖) 少昊摯(소호지)가

국 도읍은, 今 山東省 남부 臨沂市(임기시) 관할 郯城縣. 前 414년에 越國에 멸망되었다. 담자는 道德과 仁義를 강조하고 실천하였다. 史書의 〈二十四孝〉 중 '사슴 젖으로(鹿乳, 녹유) 奉親(봉친)한 주인공. − 鹿乳奉親 − 즉위 전, 그의 부모는 君主로 나이가 많은데다가 안질을 앓고 있었는데 사슴 젖으로 치료해야 한다고 하자, 사슴 가죽의 옷을 입고 사슴 무리에 들어가 젖을 짜다가 노친을 봉양하였다. 어느 날 사슴 사냥꾼이 사냥 중에 담자를 쏘려 하자, 담자는 사슴 옷을 벗고 사연을 말했다. 이후 사냥꾼이 사슴 젖을 공급하며 담자를 하산케 했다.

본문의 기록대로(昭公問官) 담자는 경전을 근거로 관직의 연원을 설명했고 魯의 관리들은 탄복했다. 당시 孔子는 이를 전해 듣고 담자를 스승으로 모시고 배웠다. 唐 韓愈(한유)는 그의 名文 〈師說〉에서 '孔子師郯子'라 하였다.

492 昭子 − 魯의 대부 叔孫昭子.

493 少昊氏(소호씨) − 少皞氏. 黃帝 아들 중 한 사람. 字는 靑陽. 東夷 부락 연맹의 수령으로 알려졌다. 太昊氏와 구분하여 少昊氏, 金德으로 王이 되었기에 金天氏라고도 부른다.

494 원문 故爲雲師而雲名 − 師는 官員. 관원을 두고 雲으로 관직명을 정하다.

건국할 때에, 마침 鳳鳥(봉조)가 날아왔기에 국사를 鳥로 이끌며 鳥官이 되었고 鳥名으로 관직을 정했습니다.」[495]

郯子는 少昊氏(소호씨)가 黃帝로부터 帝位를 물려받았으며, 黃帝는 炎帝(염제)로부터, 炎帝는 共工씨로부터, 共工氏는 太昊氏로부터 제위를 받았기에 먼저 黃帝를 말하고 위로 太昊氏까지 언급하였다.[496] 《易經》을 고찰하면, 炮犧(포희, 伏羲),[497] 神農(신농), 黃帝(황제)가 이어온 세대를 알 수 있다.

原文

太昊帝-《易》曰,「炮犧氏之王天下也.」言炮犧繼天而王, 爲百王先, 首德始於木, 故爲帝太昊. 作罔罟以田漁, 取犧牲, 故天下號曰炮犧氏.

《祭典》曰,「共工氏伯九域.」言雖有水德, 在火,木之間, 其非序也. 任知刑以强, 故伯而不王. 秦以水德, 在周,漢木火之間. 周人遷其行序, 故《易》不載.

---

495 이는 고대 사회의 동물숭배 사상(Totemism, 圖騰 Tú téng으로 음역)의 일면이다.

496 下文을 참고하면, 帝位를 이어온 순서는 太昊 - (共工) - 炎帝 - 黃帝 - 少昊 - 堯 - 舜 - 夏禹 - 商湯 - 周 - (秦) - 漢이다.

497 《莊子》에는 伏羲(복희)의 명칭이 많이 기록되었는데, 宓羲(복희), 炮犧(포희), 庖犧(포희), 包犧(포희), 羲皇(희황), 太昊(태호) 등이 보인다. 《史記》에는 伏犧(복희) 또는 慮義(복희) 등으로 기록했다. 伏羲氏는 백성에게 그물짜는 방법과 수렵 목축을 가르쳤고, 八卦를 만들었으며 문자도 창제했다고 전해온다.

太昊帝(태호제) -《易》에는 「炮犧氏(포희씨, 伏羲)가 天下를 다스리
다.」라고 하였다.[498] 포희씨가 천명을 계승하여 王이 되었고 다른
왕보다 우선하는 것은 (四季 중) 제일 가는 天氣가 木德에서 시작되
기에[499] 제위에 오르며 太昊帝라 하였다. (복희씨는) 그물을 만들어
사냥과 고기잡이를 하였고,[500] 희생물을 바쳤기에 천하에서는 炮犧
氏(포희씨)라고 [501] 불렀다.

《祭典》에서는[502] 「共工氏가[503] 九域의 패자가 되었다.」고[504] 하였
다. (공공씨가) 水德을 이었다고 말하지만 火와 木의 중간이었고 정
통 차례가 아니었다. 지략과 형벌로 강하게 다스렸기에 우두머리였
지만 王者는 아니었다.[505] 마찬가지로 秦은 水德이라 하지만 周와
漢의 木火의 중간이었다. 周人은 그 순서가 바뀌었다 생각하였으며,

---

498 원문 炮犧氏王天下也 - 炮犧氏(포희씨)는 伏羲(복희). 王은 통치하다. 동
　　　사로 쓰였다.《易經 繫辭 下》의 구절이다.

499 원문 首德始於木 - 태호씨는 龍을 토템으로 하는 부족의 수령이었고,
　　　동방 靑龍은 木에 해당하고, 木은 五行의 시작이다.

500 원문 作罔罟以田漁 - 罔罟(망고)는 그물. 罔은 그물 망. 網과 同. 罟는 그
　　　물 고. 田은 田獵(전렵). 사냥. 漁는 고기 잡을 어,

501 炮犧氏(포희씨)의 炮는 통째로 구울 포. 犧는 희생 희. 祭物.

502 《祭典》은《禮記 祭法》.

503 共工氏 - 共工은 氏族名, 中國 古代 신화 속의 水神. 共工은 驩兜(환두),
　　　三苗(삼묘), 鯀(곤)과 함께 四罪(四凶)에 들어간다.

504 원문 共工氏伯九域 - 伯은 맏 백. 우두머리 패(霸와 同).

505 원문 任知刑以强, 故伯而不王 - 任은 用也. 知刑은 지략과 형벌, 强은
　　　强暴, 不王은 인덕을 바탕으로 다스리는 왕이 되지 못하다.

《易》에서도 기록하지 않았다.

炎帝-《易》曰,「炮犧氏沒, 神農氏作.」言共工伯而不王,
雖有水德, 非其序也. 以火承木, 故爲炎帝. 教民耕農, 故天
下號曰神農氏.

〔국역〕

炎帝(염제) -《易》에서는 「炮犧氏(포희씨)가 죽은 뒤, 神農氏(신농
씨)가 흥기하였다.」고 하였다.[506] 이는 共工이 覇者(패자)였지만 왕이
되지 못했고, 비록 水德이 있었지만 그 차례가 아니었다는 뜻이다.
火德으로 木德을 이었기에 炎帝라 하였다. 염제는 백성에게 농사를
가르쳤기에 세상 사람들은 神農氏라고[507] 부른다.

黃帝-《易》曰,「神農氏沒, 黃帝氏作.」火生土, 故爲土

---

506 원문 《易》曰,「炮犧氏沒, 神農氏作.」-《易 繫辭田》. 沒(가라앉을 몰)은
歿(죽을 몰), 作은 흥기하다.

507 炎帝 神農氏는 모든 초목을 맛보아(神農嘗百草) 인간에게 질병 치료와
농사를 가르쳤다. 곧 의약의 발명자로 인간을 지켜주는 수호신이기에
'藥王', '五穀王', '五穀先帝', '神農大帝'로 불린다. 三皇 중 地皇. 帝位
이 정통을 이어온 순서는 太昊 -(共工) -炎帝 -黃帝 -少昊 -堯 -舜
-夏禹 -商湯 -周 -(秦) -漢이다.

德. 與炎帝之後戰於板泉, 遂王天下. 始垂衣裳, 有軒,冕之服, 故天下號曰軒轅氏.

黃帝 -《易》에서는, 「神農氏가 죽자, 黃帝氏가[508] 흥기하였다.」고 하였다. (황제씨는) 火生土라 하여 土德을 내세웠다. 炎帝 및 그 후손과 板泉(판천)에서[509] 싸워 결국 천하를 차지하였다. 백성에게 옷 (예복)을 입게 하였고, 수레를 타고 冠(冕)을 착용했기에[510] 백성들은 軒轅氏(헌원씨)라고 불렀다.

少昊帝 -《考德》曰, 「少昊曰淸」. 淸者, 黃帝之子淸陽也, 是其子孫名摯立. 土生金, 故爲金德, 天下號曰金天氏.」 周

---

508 黃帝(前 2717? - 2599년?) -《史記》에서는 五帝의 첫째. 黃帝의 本姓은 公孫, 軒轅之丘(헌원지구)에서 살았기에 軒轅이라 불렸다. 그 나라가 有熊(유웅, 今 河南省 新鄭市)에 있었기에 有熊氏로도 불린다. 黃帝는 炎帝 신농씨와 함께 병칭하는데, 炎黃子孫은 漢人을 의미한다.

509 板泉(판천)의 싸움 -《山海經》에 의하면, 炎帝는 阪泉之戰에서 黃帝에게 패했다. 이는 《史記 五帝本紀》에도 기록이 있다. 판천은 河北省 서북부 張家口市 관할 涿鹿縣(탁록현) 일대. 나중에 蚩尤(치우)는 黃帝에 반기를 들고 炎帝의 후손을 다시 모아 涿鹿(탁록)에서 싸웠지만 黃帝에게 잡혀 죽었다.

510 원문 始垂衣裳, 有軒,冕之服 - 衣裳을 만들어 겉에 늘어트려 입게 하다. 농사나 사냥할 때 입는 옷과 다른 의상. 軒은 수레 헌. 수레를 타다. 冕之服은 관을 쓰다. 여기 服은 사용하다. 冕은 면류관 면.

遷其樂, 故《易》不載, 序於行.

〔국역〕

　少昊帝(소호제) -《考德》에서는[511] 「少昊는 淸이다.」라고 했다. 淸이란 黃帝의 아들 淸陽(청양)이니, 그 자손 중 摯(지)라는 이름이 즉위하였을 것이다. 土生金이라서 金德을 내세웠기에 세상에서는 金天氏라 하였다. 周는 소호씨의 음악을 변경했는데,《易》에서는 기록하지 않았지만 행적은 수록하였다.[512]

　顓頊帝 -《春秋外傳》曰, 「少昊之衰, 九黎亂德, 顓頊受之, 乃命重黎.」蒼林昌意之子也. 金生水, 故爲水德. 天下號曰高陽氏. 周遷其樂, 故《易》不載, 序於行.

〔국역〕

　顓頊帝(전욱제) -《春秋外傳》에서는[513] 「少昊가 쇠약하고, 九黎(구

511《考德》- 五帝의 德을 고찰한다는 뜻의 書名. 내용 미상.

512 少昊帝(소호제) - 소호의 昊(하늘 호)는 皞(밝을 호), 皓(흴 호), 顥(클 호)로도 표기. 또 靑陽氏, 金天氏, 窮桑氏(궁상씨)로도 불린다. 黃帝의 아들, 姓은 己, 名은 摯(잡을 지). 窮桑(궁상, 今 山東省 曲阜市 북)에서 출생했고 曲阜(곡부)에 도읍. 傳說에서는 太昊의 德行을 계승했기에 少昊라 불렸다고 한다. 少昊 金天氏는 西方의 神이며 金星의 化身이라고 한다. 소호씨는 수공업의 신으로도 알려졌다.

513《春秋外傳》-《國語》를 말함.《國語》는 國別史之祖, 四庫全書에서는 史

려)가 덕행이 없자, 顓頊(전욱)이 제위를 받고, 重과 黎를 임명하였다.」고 하였다. 重과 黎는 (黃帝의 아들인) 蒼林(창림)과 昌意(창의)의 아들이다. 金生水하기에 水德을 이었다. 세상에서는 高陽氏(고양씨)라 불렀다. 周는 그 음악을 바꿔 계승했는데,《易》에서는 기록하지 않았으나 그 행적을 수록하였다.[514]

原文

帝嚳 -《春秋外傳》曰,「顓頊之所建, 帝嚳受之.」淸陽玄囂之孫也. 水生木, 爲木德. 天下號曰高辛氏. 帝摯繼之, 不知世數. 周遷其樂, 故《易》不載. 周人禘之.

〔국역〕

帝嚳(제곡) -《春秋外傳》에서는 「顓頊(전욱)이 세운 나라를 帝嚳(제곡)이 물려받았다.」고 하였다.[515] 淸陽 玄囂(현효)의[516] 손자이다.

部 雜史類로 분류. 周朝 王室과 魯國, 齊國, 晉國, 鄭國, 楚國, 吳國, 越國 등 제후국의 역사를 다루었다. 周穆王의 犬戎(견융) 정벌부터 (約 前 947년) 晉 三家가 智氏를 멸망케 하는 前 453年까지의 역사를 기록했다.

514 顓頊(전욱, 顓은 마음대로 할 전, 頊은 삼갈 욱) - 五帝의 한 사람. 父親은 黃帝의 次子인 昌意의 아들. 15세에 少昊氏를 보좌했고, 高陽(今 河南 杞縣 東)에 봉해졌기에 高陽氏라 불렀다. 20세에 즉위했다. 전욱은 南正인 重(중)과 北正인 黎(려)에게 祭天과 民政을 담당케 하여 백성의 생활을 안정시켰다.

515 帝嚳(제곡) - 帝嚳(제곡, 嚳은 고할 곡, 급하게 알리다)은 五帝之一, 號 高辛氏, 名은 夋. 祖父는 玄囂(현효, 黃帝의 長子). 帝嚳은 젊어서부터 德行이 바르고 총명 유능하여 15세에 顓頊(전욱)을 도왔고, 有功하여 辛(今 河

水生木하니 木德을 내세웠다. 세상에서는 高辛氏(고신씨)라 불렸다. 帝摯(제지)가 계승했지만, 代數(세수)를 알 수 없다.[517] 周에서는 그 음악을 변경했기에 《易》에서는 기록하지 않았다. 周나라에서는 제곡을 제사했다(禘, 종묘제사 체).

原文

唐帝-《帝系》曰,「帝嚳四妃, 陳豐生帝堯, 封於唐.」蓋高辛氏衰, 天下歸之. 木生火, 故爲火德, 天下號曰陶唐氏. 讓天下於虞, 使子朱處於丹淵爲諸侯. 卽位七十載.

〔국역〕

唐帝(요) -《帝系》에서는[518] 「帝嚳(제곡)의 4명의 妃 중 陳豐(진풍, 陳鋒)이 帝堯를 낳았고 唐(당)에 봉해졌다.」고 하였다.[519] 高辛氏(고신씨)가 쇠약해지자, 세상 사람들이 堯에 귀부하였다. 木生火하기에 火德을 내세웠고, 세상에서는 陶唐氏(도당씨)라고 불렸다. 天下를 虞(舜)에게 禪讓(선양)했고, 아들인 朱(주, 丹朱)는 제후로 삼아 丹淵(단

南省 商丘市 일대)에 봉해졌다. 顓頊 사후 30세에 즉위했다.

516 淸陽 玄囂(현효) - 黃帝의 아들.

517 帝摯(제지)는 재위 9년에 堯(요)에게 선양했다.

518 《帝系》 - 《大戴禮記 帝系》.

519 堯(요, 높을 요) - 陶唐氏, 名은 放勳(방훈), 陶(도)에 봉해졌다가 나중에 唐〔당, 今 山西省 서남부 臨汾市(임분시)〕에 봉해졌다. 道敎에서는 天官大帝로 추앙받는다.

연)에 살게 했다. 70년을 재위하였다.

虞帝 -《帝系》曰,「顓頊生窮蟬, 五世而生瞽叟, 瞽叟生帝舜. 處虞之嬀汭, 堯嬗以天下.」火生土, 故爲土德. 天下號曰有虞氏. 讓天下於禹, 使子商均爲諸侯. 卽位五十載.

〔국역〕

虞帝(舜) -《帝系》에서는 「顓頊(전욱)이 窮蟬(궁선)을 낳았고, 五世를 지나 瞽叟(고수)가[520] 출생했고, 고수가 帝舜(제순)을 낳았다. 虞(우)의 嬀汭(규예)에 살았는데, 堯가 천하를 (舜에게) 선양하였다.」[521]

火生土하기에 土德을 내세웠다. 세상 사람들은 有虞氏(유우씨)라 불렀다. 天下를 禹(우)에게 양보했고, 아들 商均(상균)은 諸侯로 삼았다. 즉위하여 50년이었다.

伯禹 -《帝系》曰,「顓頊五世而生鯀, 鯀生禹, 虞舜嬗以天下.」土生金, 故爲金德. 天下號曰夏后氏. 繼世十七王, 四百三十二歲.

---

520 瞽叟(고수, 瞽는 소경 고, 叟는 늙은이 수) - 맹인. 처는 握登(악등), 舜의 동생이 象(상).

521 원문 堯嬗以天下 - 嬗은 禪(사양할 선)의 古字.

伯禹(하우)⁵²² -《帝系》에서는 「顓頊(전욱)의 5세손이 鯀(곤)을⁵²³ 낳았고, 鯀(곤)이 禹(우)를 낳았으며, 虞舜(우순)이 천하를 물려주었다 (嬗은 禪).」고 하였다. 土生金이라서 金德을 내세웠다. 세상에서는 禹王을 夏后氏(하후씨)라 불렀다. (夏朝는) 17王 432년을 이어왔다.⁵²⁴

原文

成湯 -《書經 湯誓》,「湯伐夏桀.」 金生水, 故爲水德. 天下號曰商, 後曰殷.

---

522 禹(우, 前 2123 - 2055년) - 姒는 姓, 夏后氏, 후세 사람이 大禹라 존칭. 黃帝 軒轅氏의 玄孫, 大禹治水에 성공하였는데, 「禹八年於外, 三過其門而不入」은《孟子 · 滕文公 上》의 기록이다. 禹는 舜의 선양을 받았다. 우는 제위를 아들에게 세습시켜 중국에서 최초의 夏 왕조를 건립하였다. 최초의 도읍은 安邑(今 山西省 서남단 運城市 관할 夏縣). 우는 堯 재위 시에 夏伯에 피봉되었다.

523 鯀(곤, 물고기 이름 곤, ? - 唐堯 70년) - 大禹之父, 封 崇伯. 堯 在位 중에 洪水가 범람하자, 帝堯는 곤을 보내 치수케 했으나 곤은 9년이 지나도록 성공하지 못했다. 요는 제위를 舜에게 선양한 뒤, 곤을 잡아 처형했다. 그리고 곤의 아들 禹에게 치수 사업을 맡겼다.

524 원문 十七王, 四百三十二歲 - 禹王(재위 前 1989 - 1982년) → 啓 → 太康 → 中康 → 相 → (羿 → 寒浞 / 無王 시기) → 少康 → 杼 → 槐 → 芒 → 泄 → 不降 → 扃 → 廑 → 孔甲 → 皋 → 發 → 桀(걸, 前 1589 - 1559년).

成湯(성탕)⁵²⁵ -《書經 湯誓》에「湯王이 夏의 桀王(걸왕)을 정벌했
다.」고 하였다. 金生水하기에 水德을 내세웠다. 세상에서는 그 나라
를 商이라 불렀고 후기에는 殷이라 하였다.

※ 참고- 여기까지의 본문을 다음과 같은 표로 요약할 수 있다.

朝　代	五行	相生
太昊 伏羲氏		木	
炎帝 神農氏	三皇	火	木生火
黃帝 軒轅氏		土	火生土
少昊 金天氏		金	土生金
顓頊 高陽氏		水	金生水
帝嚳 高辛氏	五帝	木	水生木
唐帝 陶唐氏(堯)		火	木生火
虞帝 有虞氏(舜)		土	火生土
伯禹 夏禹氏		金	土生金
商湯	三代	水	金生水
周		木	水生木
漢		火	木生火

〔原文〕

《三統》, 上元至伐桀之歲, 十四萬一千四百八十歲, 歲在
大火房五度, 故《傳》曰,「大火, 閼伯之星也, 實紀商人.」後
爲成湯, 方卽世崩没之時, 爲天子用事十三年矣.

---

525 成湯 - 湯왕(約 前17世紀 - 16世紀) - 商朝의 創建者, 子는 姓, 名은 履
(리). 보통 商湯(상탕)이라 지칭. 賢臣 伊尹(이윤)의 보필을 받았고, 夏의
걸왕을 정벌하고 商(殷)을 건국하였다.

商十二月乙丑朔旦冬至, 故《書序》曰,「成湯既沒, 太甲元年, 使伊尹作〈伊訓〉.」〈伊訓〉篇曰,「惟太甲元年十有二月乙丑朔, 伊尹祀於先王, 誕資有牧方明.」言雖有成湯, 太丁, 外丙之服, 以冬至越茀祀先王於方明以配上帝, 是朔旦冬至之歲也.

後九十五歲, 商十二月甲申朔旦冬至, 亡餘分, 是爲孟統. 自伐桀至武王伐紂, 六百二十九歲, 故《傳》曰「殷載祀六百.」

【국역】

〈三統曆〉에서는 上元에서 (商湯이) (周의) 桀王을 정벌하는 해까지[526] 141,480歲이며, 그 해는 大火 星次의[527] 房星(방성)이 5度에 있었기에, 《左傳》에서는[528] 「大火는 閼伯(알백)이[529] 관찰하는 星이니, 실제적으로 商朝의 통치의 시작이다.」라고[530] 하였다. 뒷날 成湯은 즉위하여 죽을 때까지 천자로서 13년간 다스렸다.

商의 12月 乙丑日 朔旦(삭단, 초하루)이 冬至이었기에[531] 《書序》에

---

526 湯이 桀王을 정벌한 해는 기원 전 1,751년이었다.

527 大火는 12 星次의 하나. 氐(저), 房(방), 心(심)의 三宿이 이에 속한다. 寒露와 霜降 절기에 해당. 6. 歲術의 내용 참고.

528 《左傳》襄公 9년의 인용.

529 閼伯(알백, 閼은 가로막을 알) - 堯 시대 心宿의 관찰을 담당하는 官員.

530 원문 實紀商人 - 大火 星次의 해가, 곧 商朝 통치의 시작이라는 뜻.

531 원문 商十二月乙丑朔旦冬至 - 商 太甲 원년. 前 1,738년에 해당. 太甲

서는, 「成湯이 죽은 뒤, 太甲 元年에 伊尹(이윤)을[532] 시켜 〈伊訓〉을 짓게 하였다.」고 기록했다.

〈伊訓〉편에서는 「太甲 元年 12월 乙丑일 초하루에, 伊尹(이윤)은 先王의 제사를 받드는데, 사방의 제후들에게 선왕의 神明을 널리 자문하였다.」고[533] 하였다. 이는 비록 成湯, 太丁, 外丙의 服喪 중이더라도[534] 冬至에 天帝에 올리는 제사가 중요하기에 장례에서 棺을 묶기 전에 행했다.[535] 이는 朔旦(삭단, 초하루 아침)이 冬至이었던 해였다.

(태갑, 生卒年 미상)은 商湯의 長孫으로 祖甲이라고도 칭한다. 商朝 第五位의 君王, 묘호는 太宗.《史記》에 의하면, 太甲 在位 初年에 伊尹(이윤)을 相에 임명했고 이후 점차 강성해졌다. 태갑 3년에 제멋대로 정치를 하자, 이윤이 태갑을 桐宮에 방축시켰는데, 이후 태갑이 반성하자 다시 정중히 모셔다가 통치권을 반환하였다. 太甲은 復辟(복벽) 후에 깊이 반성하며 愛民의 賢主가 되었다.《孟子》의 「天作孼, 猶可違. 自作孼, 不可活」은 태갑이 한 말이다.

532 伊尹(이윤, 前 1649 - 1549?) - 姒(사)는 姓, 伊(이)는 氏, 名은 摯(지). 商朝개국 名臣, 중국 주방장들의 神. 본래 陪嫁 奴隷로 商湯의 주방 요리사였는데, 식사를 올리는 기회를 이용하여 상탕에게 천하 형세를 논했다. 나중에 상탕의 阿衡(아형, 保衡)이 되어 夏朝를 멸망시키고 商朝 建立에큰 역할을 다했다. 이윤은 商朝의 商湯, 外丙, 仲壬, 太甲, 沃丁의 5代 50여 년을 봉직했다.

533 원문 誕資有牧方明 - 誕은 廣也. 資는 諮問(자문)하다. 有는 발어사, 뜻이 없음. 牧은 사방의 제후. 方明은 선왕의 신명을 잘 알다.

534 원문 成湯,太丁,外丙之服 - 太丁은 成湯의 태자, 제위에 오르지 못하고일찍 죽었다. 外丙(외병)은 탕왕의 뒤를 이어 즉위하였으나 3년 만에 죽었다. 服은 服喪.

535 원문 越茀祀先王於方明以配上帝 - 茀(풀 우거질 불)은 장례에서 棺을 묶는 새끼줄. 동지에 天帝에 올리는 제사는 왕의 제사보다 중요하기에 장례에서 관을 묶기 전에 먼저 실행했다는 뜻. 方明(방명)은 나무로 만

그 후 95년에,[536] 商 12月 甲申 초하루 冬至에 남는 수가 없었으며 孟統으로 이어졌다.[537] 桀王(걸왕)을 정벌한 이후 (周) 武王이 (殷) 紂王(주왕)을 정벌할 때까지 629년 이었기에 《左傳》에서는 「殷은 6백 년간 제사가 이어졌다.」고 하였다.[538]

〈殷曆〉曰,「當成湯方卽世用事十三年, 十一月甲子朔旦冬至, 終六府首.」當周公五年, 則爲距伐桀四百五十八歲, 少百七十一歲, 不盈六百二十九. 又以夏時乙丑爲甲子, 計其年乃孟統後五章, 癸亥朔旦冬至也. 以爲甲子府首, 皆非是. 凡殷世繼嗣三十一王, 六百二十九歲.

〖국역〗

〈殷曆〉에서는 「成湯이 즉위하여 13년 재위하고 죽었고, 11월 甲子 朔旦冬至에 6府首가[539] 끝났다.」고 하였다. (7府首의 시작이) 周

들고 오색으로 칠한 神明의 像.

536 원문 後九十五歲 – 太甲 元年 이후 5章(19×5＝95) 그 章의 首日이 甲申이기에 甲申統 원년.

537 원문 亡餘分, 是爲孟統 – 여러 계산으로 95년 후 맹통으로 이어질 때 계산에 남는 수가 없었다.

538 《左傳》魯 宣公(재위 前 608 – 591년) 3년(前 606)의 기록.

539 六府首 – 府首는 蔀首(부수). 〈四分曆〉에 19년 1章. 4章이 1蔀. 6부는 456년(19×4×6).

公 (섭정) 五年이었고, (湯王이) 桀王을 정벌한 이후 458년이니,[540] (존속기간) 629년에서 171년이 모자란다. 그리고 夏時에는 乙丑이 甲子年이고, 그 햇수를 계산하면 孟統 後 5章이고, 癸亥 朔旦 冬至 日이다. 甲子年이 府首라는 주장은 모두 틀렸다. 殷은 31王 629년 간 제사를 이어왔다.[541]

原文

〈四分〉, 上元至伐桀十三萬二千一百一十三歲, 其八十八紀, 甲子府首, 入伐桀後百二十七歲.

〈春秋曆〉, 周文王四十二年十二月丁丑朔旦冬至, 孟統之二會首也. 後八歲而武王伐紂.

국역

〈四分曆〉에서는[542] 上元에서 (夏) 桀王 토벌까지가 132,113년이

---

540 6부수에 탕왕 재위 13년을 더하고 周 무왕 재위 11년(주공 섭정 5년)을 빼면 458년이다.

541 원문 凡殷世繼嗣三十一王, 六百二十九歲 - 商朝君主(31王)는 湯 → 外丙 → 太甲 → 太庚 → 小甲 → 太戊 → 雍己(옹기) → 中丁 → 外壬 → 河亶甲(하단갑) → 祖乙 → 祖辛 → 沃甲 → 祖丁 → 南庚 → 陽甲 → 盤庚(반경) → 小辛 → 小乙 → 武丁 → 祖庚 → 祖甲 → 庚丁 → 武乙 → 文丁 → 帝乙 → 帝辛(제신, 紂王 前 1075 - 1046年 재위).

542 〈三統曆〉 - 中國 古代 曆法의 하나. 前漢 劉歆이 〈太初曆〉을 수정하여 만들었는데 陰陽曆 계열이다. 後漢 章帝 元和 2년(서기 85년)에 〈四分曆〉으로 대체되었다.

고 88紀,[543] 甲子 府首이나 (여기에는) 걸왕 토벌한 이후 127년이 포함되었다.[544]

〈春秋曆〉에서는[545] 周 文王 42년 12월 丁丑日 朔旦 冬至日이 孟統의 二會 首日이다.[546] 그 8년 뒤에 武王이 紂王(주왕)을 정벌했다.

2. 西周 時代

原文

武王 -《書經 牧誓》, 武王伐商紂. 水生木, 故爲木德. 天下號曰周室.

〈三統〉, 上元至伐紂之歲, 十四萬二千一百九歲, 歲在鶉火張十三度. 文王受命九年而崩, 再期, 在大祥而伐紂, 故《書 序》曰, 「惟十有一年, 武王伐紂, 作〈太誓〉.」八百諸侯會. 還歸二年, 乃遂伐紂克殷, 以箕子歸, 十三年也. 故《書序》曰, 「武王克殷, 以箕子歸, 作〈洪範〉.」〈洪範〉篇曰, 「惟

---

543 其八十八紀 -《史記 天官書》에는 天運 30년이 1小變, 100년이 1中變. 500년이 1大變이고, 3대변이 1紀라 하였으니 1,500년이다. 〈四分曆〉의 1紀는 1,520년 이라는 주석이 있다.

544 算式 (132,113+127)÷1紀 1,520 = 87. 每 紀 甲子年이 蔀首(부수) 首日이므로 88기 수일에는 127년이 포함되어야 한다는 뜻.

545 〈春秋曆〉 - 이미 失傳되어 그 내용을 알 수 없다.

546 19년 1章, 27章 1會. 1會는 513년.

十有三祀, 王訪於箕子.」自文王受命而至此十三年, 歲亦在鶉火, 故《傳》曰,「歲在鶉火, 則我有周之分野也.」師初發, 以殷十一月戊子, 日在析木箕七度, 故《傳》曰,「日在析木.」是夕也, 月在房五度. 房爲天駟, 故《傳》曰,「月在天駟.」後三日得周正月辛卯朔, 合辰在斗前一度, 斗柄也, 故《傳》曰,「辰在斗柄.」明日壬辰, 晨星始見. 癸巳武王始發, 丙午還師, 戊午度於孟津. 孟津去周九百里, 師行三十里, 故三十一日而度. 明日己未冬至, 晨星與婺女伏, 歷建星及牽牛, 至於婺女天黿之首, 故《傳》曰,「星在天黿.」《周書 武成》篇,「惟一月壬辰, 旁死霸, 若翌日癸巳, 武王乃朝步自周, 於征伐紂.」〈序〉曰,「一月戊午, 師度於孟津.」至庚申, 二月朔日也. 四日癸亥, 至牧野, 夜陳, 甲子昧爽而合矣. 故《外傳》曰,「王以二月癸亥夜陳.」〈武成〉篇曰,「粤若來三月, 旣死霸, 粤五日甲子, 咸劉商王紂.」是歲也, 閏數餘十八, 正大寒中, 在週二月己丑晦. 明日閏月庚寅朔. 三月二日庚申驚蟄. 四月己丑朔死霸. 死霸, 朔也. 生霸, 望也. 是月甲辰望, 乙巳, 旁之. 故〈武成〉篇曰,「惟四月旣旁生霸, 粤六日庚戌, 武王燎於周廟. 翌日辛亥, 祀於天位. 粤五日乙卯, 乃以庶國祀馘於周廟.」

[국역]

武王 -《書經 牧誓》에는 武王이 商의 紂王(주왕)을 정벌했다.[547]

水生木하여 周에서는 木德을 근본 삼았다. 세상에서는 周室이라[548]
했다.

〈三統曆〉으로 上元에서 紂王을 정벌한 해까지는 142,109세인데,
그 해는 鶉火(순화)의 星次에 張宿(장수) 13度였다.[549] 文王은 천명을
받은 9년에 붕어했고, (무왕은) 2년 뒤 大祥(대상)을 마치고[550] 紂王
을 토벌했는데, 《書經 周書 泰誓의 序》에서는 「11년 武王이 伐紂하
며 〈太誓(태서)〉를 지었다.」고[551] 하였다. 제후 8백 명이 모였다. (무
왕은 때가 아니라 하여) 회군 2년에, 마침내 紂王을 정벌하여 殷을
없앴는데, 箕子(기자)가 (무왕에) 귀부한 것은 13년이었다. 그래서
《書 洪範 序》에서는 「武王이 殷을 없애자 箕子가 귀부하여 〈洪範〉
을[552] 지었다.」고 하였다. 〈洪範〉 편에서는 「13년에, 무왕은 箕子를

---

547 書經 牧誓》 -《書經 周書 牧誓(書)》의 내용은 牧(목, 地名)에서 싸우기
전, 훈시를 기록하였다. 여기에 '암탉은 새벽에 울 수 없다. 암탉이 울
면 집안이 끝난다.' (古人有言曰, 牝雞無晨. 牝雞之晨, 惟家之索.)는 말
이 있다. 이는 紂王의 부인 妲己(달기)를 지칭한 말이다.

548 周室 - 室은 王朝.

549 원문 歲在鶉火張十三度 - 鶉火(순화, 메추라기 순)는 十二次의 하나. 張
은 별이름, 28宿의 하나. 上文, 6. 歲術. '鶉火, 初柳九度, 小暑. 中張三
度, 大暑. 於夏爲六月, 商爲七月, 周爲八月. 終於張十七度.' 참고.

550 원문 再期, 在大祥而伐紂 - 期는 1년, 再期는 2년. 大祥(대상)은 죽은 지
만 2년 만에 지내는 제사.

551 원문 故《書 序》曰, 「惟十有一年, 武王伐紂, 作〈太誓〉.」 現存《書經》에
는 없는 내용.

552 〈洪範〉은 《尙書》의 篇名. 洪은 大, 範은 法. 현대어로 풀이하면 '大憲'
또는 '國家憲法' 의 뜻. 기자는 무왕에게 홍범은 '天地之大法' 이라 하
였다. 漢代 董仲舒(동중서)는 〈洪範〉의 이론 기초 위에 '天人感應說' 을

방문하였다.」라 하였으니, 文王이 天命을 받고 이때까지 13년이었고, 그해 또한 鶉火(순화) 星次에 들었기에 《外傳》에서도[553] 「그 해는 鶉火에 속했으니, 곧 우리 周의 分野이라.」고 하였다. (周의) 군사가 처음 원정에 나선 때 殷 11월 戊子日(무자일)인데, 해는(日) 析木(석목)의[554] 箕宿(기수) 7度이었기에 《傳》에서는 「日은 析木에 있다.」고 하였다. 이날 밤에, 月은 房宿(방수)[555] 5度에 있었다. 房宿은 一名 天駟(천사)이기에, 《傳》에서는 「月은 天駟에 있다.」고 하였다.

그 3일 뒤가 周 正月 辛卯 朔日이었고, 日月의 交會(合辰)는 斗宿 前 1度 곧 斗柄(두병, 북두의 자루 부분)이었기에, 《傳》에서는 「일월의 교회는 斗柄이었다.」라고 하였으며,[556] 그 다음 壬辰日(임진일) 晨星 (신성, 房宿의 異名)이 보였다.

(다음 날) 癸巳日(계사일)에 武王이 출정했고, 丙午日에 군사를 되돌렸다가, (24일 뒤) 戊午日(무오일)에 孟津(맹진)의 나루를 건넜다.[557] 맹진은 宗周에서 9백 리 거리였는데 군사가 1일 30리씩 행군

주장하였다. 〈홍범〉의 내용은 1. 五行을 시작으로, 敬用五事, 農用八政, 協用五紀, 建用皇極, 治用三德, 明用稽疑, 念用庶徵, 9. 致用五福을 설명하였다.

553 여기의 傳은 春秋外傳. 곧 《國語 周語 下》를 인용했다.

554 析木(석목)은 十二次의 하나.

555 房宿(방수) - 28수의 하나. 동방 青龍에 속함. 房(방)은 사물을 보관하며 닫아놓은 창고. 일명 天駟星.

556 원문 辰在斗柄 - 辰은 地支 진(용, 동남동, 음력 3월). 별이름 진(水星). 별의 총칭. 때 신. 북극성(北辰, 북신). 日月이 交會할 때 斗建(두건)이 가리키는 방향이다.

557 孟津 - 今 河南省 서북부 黃河의 남안, 洛陽市 관할 孟津縣. 盟津으로도

하여 31일에 나루를 건넜다.

그 다음 날은 己未日 冬至였는데, 晨星(房宿)이 婺女星(무녀성, 織女星)에[558] 가렸다가(伏), 建星과[559] 牽牛(견우)를 거쳐(歷), 婺女(무녀)와 天黿(천원)의[560] 위에 있어 《傳》에서는 「星(房宿)이 天黿(천원)에 있다.」고 하였다.

《書經 周書 武成》篇에는, 「一月 壬辰日, 초하루(旁死霸),[561] 다음날(翌日, 익일) 癸巳(계사)에, 武王은 宗周에서 출발하여, (殷의) 紂(주)를 정벌하였다.」라고 하였다.[562] (泰誓 篇의) 〈序〉에서는 「一月 戊午日(무오일), 군사는 맹진에서 渡江했다.」고[563] 하였다.

庚申(경신)은 2월 초하루였다. 4일 癸亥日(계해일), 牧野(목야)에[564] 도착하여 밤에 陣을 쳤다.[565] 甲子日(5일), 날이 밝기 전에 군진이

표기.

558 婺女(무녀, 별이름 무) – 二十八宿 중 북방 女(여)星. 織女星.

559 建星(건성) – 28宿(수) 중 斗宿(두수, 보통 南斗라 통칭)의 북쪽에 있는 星宿名. 서양식으로 부르면 人馬座.

560 天黿(천원) – 星次의 하나. 12星次의 하나인 玄枵(현효, 속빈 나무 효)를 지칭.

561 원문 旁死霸(방사패) – 초하루 다음날인 초이틀. 旁死魄과 同義. 魄은 달빛이란 뜻이 있다. 魄과 霸는 同音이라 通用. 死霸는 달빛이 완전히 없다. 곧 초하루. 旁은 곁 방. 초하루의 곁 날, 곧 초이틀.

562 지금 통용되는 《書經 武成》의 문장 「惟一月壬辰, 旁死魄, 越翼日癸巳, 王朝步自周, 于征伐商.」과 약간 다르나 의미는 같다.

563 원문 師度於孟津 – 度는 渡.

564 牧野(목야) – 今 河南省 북부 황하 북쪽 鶴壁市 관할 淇縣(기현) 부근.

565 원문 夜陳 – 陳(펼 진)은 陣(진칠 진)과 同.

완성되었다.⁵⁶⁶ 그래서《外傳 / 國語》에서는 「王이 2月 癸亥日 夜에 진을 쳤다.」고 기록했다. (書經)〈武成〉 편에서는, 「이에 3월(2월)이 되어 초하루, 그리고 5일 甲子日에 모두가 商王 紂(주)를 죽였다.」고 하였다.⁵⁶⁷ 이 해는 閏數의 나머지(餘)가 18이라 딱 大寒 절기였고, 周朝 二月 己丑 그믐(晦)이었다. 그 다음 날은 閏月 庚寅日(경인일) 초하루였다. 3月 2日 庚申日은 驚蟄(경칩)이었다. 四月 己丑日이 초하루였다. 死霸(사패)는 초하루이다. 生霸(생패)는 보름(望)이다. 이달 甲辰日이 보름(望)이고 乙巳日은 16일(旁之)이다. 그래서 (서경 周書)〈武成〉에서는 「四月 보름이 지나 그림자가(이지러진 부분이) 커지면서 22일 庚戌(경술)에, 武王은 周廟에서 불을 피워 제사를 올렸다. 다음 날(翌日익일, 23일) 辛亥日(신해일)에 하늘에 제사했다. 5日 뒤 乙卯日에 여러 제후를 거느리고 周室 종묘에 제물을 바쳤다.⁵⁶⁸

原文

文王十五而生武王, 受命九年而崩, 崩後四年而武王克殷. 克殷之歲八十六矣, 後七歲而崩. 故《禮記 文王世子》

---

566 원문 昧爽而合矣 − 昧爽(매상)은 새벽. 昧는 새벽 매. 동트기 전. 爽은 날이 새다. 상쾌할 상. 合은 軍陣이 완성되었다는 뜻.

567 원문 「粵若來三月, 旣死霸, 粵五日甲子, 咸劉商王紂.」− 이 문장은《書經 武成》에 없다. 劉歆이 고의로 삽입했을 것이라는 주석도 있다. 粵(월)은 여기서는 發語辭. 若來三月은 당연히 二月이어야 한다. 死霸(사패)는 초하루, 咸(다 함)은 모두. 劉는 죽일 류.

568 원문 「惟四月旣旁生霸, ~」도〈武成〉에 없는 구절이다. 庶國은 여러 제후국. 馘은 벨 괵. 紂王의 首級.

曰,「文王九十七而終, 武王九十三而終.」凡武王卽位十一
年, 周公攝政五年, 正月丁巳朔旦冬至,〈殷曆〉以爲六年戊
午, 距煬公七十六歲, 入孟統二十九章首也. 後二歲, 得周公
七年 '復子明辟' 之歲. 是歲二月乙亥朔, 庚寅望, 後六日得
乙未. 故〈召誥〉曰,「惟二月旣望, 粤六日乙未.」又其三月甲
辰朔, 三日丙午.〈召誥〉曰,「惟三月丙午朏.」古文〈月采〉
篇曰「三日曰朏.」是歲十二月戊辰晦, 周公以反政. 故〈洛
誥〉篇曰,「戊辰, 王在新邑, 烝祭歲. 命作策, 惟周公誕保文,
武受命, 惟七年.」

[국역]

文王은 15세에 武王을 낳았고 천명을 받은 지 9년에 죽었으며, 죽
은 지 4년에 무왕이 殷을 멸망시켰다. 은을 멸망시킨 해에 86세였고
그 7년 뒤에 죽었다.

그래서《禮記 文王世子》에서「文王은 97세에 죽었고, 周 武王은
93세에 죽었다.」고 하였다.[569] 무왕 즉위 총 11년에 周公의 攝政(섭
정)이 5년이었는데, 正月 丁巳 朔旦(삭단) 冬至에〈殷曆〉은 6년 戊午
日(무오일)이었으며, 魯 煬公(양공) 이후 76년으로, 孟統 29章의 首日

---

569 周 武王이 죽은 뒤 成王이 즉위했고, 그 성왕이 너무 어려 삼촌인 周公이
　　 섭정을 5년 했다. 주공이 성왕을 품에 안고 섭정했다는 말도 있는데, 그
　　 렇다면 무왕은 몇 살에 성왕을 낳았는지? 周 무왕이 93세에 죽었다면 이
　　 는 합리적 설명이 어렵다. 成王의 재위는 일반적으로 前 1042 – 1021年
　　 으로 알려졌다.

이었다. 그 2년 후, 周公 (섭정) 7년은 '復子明辟(복자명벽)'의[570] 해이다. 이 해 2月 乙亥朔, 庚寅(경인) 望(보름), 後 6日이 乙未日이다. 그래서《書經 周書》〈召誥〉에서는,「二月 望(망)을 지난 6日이 乙未日이다.」라 했다. 또 그 3월 甲辰 초하루에, 3일은 丙午日이다.

〈召誥〉에서는,「惟 3月 丙午日에 초승달이 보였다(朏).」라[571] 하였다. 古文〈月采〉편에는[572]「3日은 朏(초승달 비)이다.」라 하였다. 이 해 12月 戊辰(무진) 그믐, 周公은 섭정의 권한을 반환하였다(反政).[573] 그래서《書經》〈洛誥(낙고)〉편에서는「戊辰日, 王은 新邑에서 그 해 烝祭(증제, 冬日 제사)를 지냈다. 그리고 策書를 내렸는데, 周公은 天命을 받은 文, 武王을 크게 보좌하기 7년이다.」라 하였다.

原文

成王元年正月己巳朔, 此命伯禽俾侯於魯之歲也. 後三十年四月庚戌朔, 十五日甲子哉生霸. 故〈顧命〉曰「惟四月哉生霸, 王有疾不豫, 甲子, 王乃洮沫水.」, 作〈顧命〉. 翌日乙丑, 成王崩. 康王十二年六月戊辰朔, 三日庚午, 故〈畢命豐

---

570 '復子明辟(복자명벽)' – 子는 무왕의 아들인 成王. 辟은 君王. 이는《書經 周書 洛誥》의 인용이다. 원문 周公拜手稽首曰:「朕復子明辟. 王如弗敢及天基命定命, ~」

571 원문 惟三月丙午朏 – 朏는 초승달 비. 新月初見日 朏(비). 날이 밝아지려 하다.

572 古文〈月采〉 – 지금은 失傳된 기록.

573 反政 – 反은 返(돌려줄 반).

刑〉曰,「惟十有二年六月庚午朏, 王命作策〈豐刑〉.」

〔국역〕

成王 元年 正月 己巳日 초하루(朔), 이 해는 伯禽(백금)을[574] 魯國 제후에 봉한 해이다. 그 후 34년 4月 庚戌(경술) 초하루, 15일 甲子日에 월광이 희미해졌다(生霸, 生魄). 그래서《書經 周書》〈顧命〉편에 「惟(發語辭), 4월에야 달빛이 빛을 잃고, 王(成王)은 병이 났는데,[575] 甲子日에야 王은 세수를 하고」[576] 〈顧命〉을 지었다. 翌日(익일) 乙丑日, 成王이 崩御(붕어)했다.

康王[577] 12년 6月 戊辰日 초하루, 3일 庚午日이었는데〈畢命豐刑(필명풍형)〉에[578] 기록했다. 「12년 6월 3일(朏) 庚午日, 王命으로 策書〈豐刑〉을 지었다.」

---

574 伯禽(백금, 노공 재위 前 1043 ?－998年) － 周公 旦(단)의 長子. 周 成王 원년 약 前 1042年에 주공은 동방을 원정했다. 주공은 성왕을 섭정하기에 魯公으로 부임하지 못하고 아들 백금을 보내 통치케 했다.

575 원문 王有疾不豫 － 豫는 기쁠 예. 평안하다.

576 원문 王乃洮沬水 － 洮는 씻을 조. 洗手, 沬는 낯을 씻다(洗顏).

577 周 康王(재위 約 前 1040－996년) － 姬는 姓. 西周 第 3代 天子, 周 成王의 아들. 社會安定, 百姓和睦, 40여 년간 형벌을 집행하지 않았다는 태평성대(成康之治)를 이룩했다.

578 〈畢命豐刑(필명풍형)〉 －《書經 周書 畢命》.

3. 魯室

原文

《春秋》, 〈殷曆〉皆以殷, 魯自周昭王以下亡年數, 故據周
公,伯禽以下爲紀. 魯公伯禽, 推卽位四十六年, 至康王十六
年而薨. 故《傳》曰「燮父, 禽父並事康王.」, 言晉侯燮,魯公
伯禽俱事康王也. 子考公就立, 酋. 考公,〈世家〉, 卽位四
年, 及煬公熙立. 煬公二十四年正月丙申朔旦冬至,〈殷曆〉
以爲丁酉, 距微公七十六歲.

[국역]

《春秋》와 〈殷曆〉 모두 周 昭王(康王의 子) 이후로는 殷曆에 의한
연대 기록이 없고, 周公과 伯禽 이후 魯의 연대로 기록하였다. 魯公
伯禽은 즉위 46년이니, (周) 康王 16년에 죽었다. 그래서 《傳》에서
는 「燮父(섭보), 禽父(금보)가 함께 康王을 섬겼다.」 하였으니, 이는
晉侯인 燮(섭)과 魯公인 伯禽이 함께 강왕을 섬긴 것이다. 백금의 아
들 考公(고공)이 즉위하니, (考公)은 酋(추)이다. 考公은 《史記 魯 世
家》에 의하면, 즉위 이후 4년이었고, 이어 魯 煬公(양공) 熙(희)가 즉
위했다.[579] 煬公 24년 正月 丙申 초하루(朔旦)가 冬至였는데, 〈殷曆〉
으로는 丁酉年이었고, 微公(미공)으로부터[580] 76년이었다.

---

579 煬公(양공, 재위 前 993 – 988년) – 伯禽의 아들, 考公의 아우.

580 微公(미공) – 《史記 魯 世家》에는 魯魏公 – 姬沸(비, 재위 前 973 – 924년).

〈世家〉, 煬公卽位六十年, 子幽公宰立.

幽公〈世家〉卽位十四年, 及微公㵒立, 潰.

微公二十六年正月乙亥朔旦冬至, 〈殷曆〉以爲丙子, 距
獻公七十六歲. 〈世家〉, 微公卽位五十年, 子厲公翟立, 擢.

厲公, 〈世家〉, 卽位三十七年, 及獻公具立. 獻公十五年
正月甲寅朔旦冬至, 〈殷曆〉以爲乙卯, 距懿公七十六歲.

〈世家〉, 獻公卽位五十年, 子愼公執立, 嚊.

愼公, 〈世家〉, 卽位三十年, 及武公敖立.

武公, 〈世家〉, 卽位二年, 子懿公被立, 戲.

懿公九年正月癸巳朔旦冬至, 〈殷曆〉以爲甲午, 距惠公
七十六歲.

《史記》〈魯世家〉에서는 煬公(양공) 즉위 60年(? 6년)에 아들 幽公
(유공) 宰(재)가 즉위했다.

幽公(前 987 - 974年)은 〈世家〉에 의하면, 즉위 14년이 되자 微
公(미공) 㵒(불)이 즉위하니, 潰(비)이다. 微公 26년 正月 乙亥 朔旦 冬
至에, 〈殷曆〉으로 丙子年이니 獻公으로부터 76년이다. 〈世家〉에
의하면, 微公 즉위 50년, 아들 厲公(여공) 翟(적)이 즉위하니, (다른

魯國 5대 君主. 魯 幽公의 아우. 幽公을 죽이고 自立. 當年 改元, 在位
50년.

이름은) 擢(탁)이다. 厲公은 〈世家〉에 의하면, 즉위 37년이 되자 獻
公 具(헌공 구)가 즉위했다. 獻公 15년 정월 甲寅 朔旦 冬至는 〈殷曆〉
乙卯年이고, 懿公(의공)으로부터 76년 전이다.

〈世家〉에서는 獻公 즉위 50년, 아들 愼公 執(집)이 즉위하니, 일
명 嚊(헐떡거릴 비)이다. 愼公(신공)은 〈世家〉에 의하면, 즉위 30년에
武公 敖(오)가 즉위했다. 武公은 〈世家〉에 의하면, 즉위 2년에 아들
懿公(의공) 被(피)가 즉위하니, 戲(희)이다. 懿公 9년, 正月의 癸巳日
朔旦에 冬至는 〈殷曆〉으로 甲午年이고 惠公보다 76년 前이다.

原文

〈世家〉, 懿公卽位九年, 兄子柏御立. 柏御, 〈世家〉, 卽位
十一年, 叔父孝公稱立.

孝公, 〈世家〉, 卽位二十七年, 子惠公皇立.

惠公三十八年正月壬申朔旦冬至, 〈殷曆〉以爲癸酉, 距
釐公七十六歲. 〈世家〉, 惠公卽位四十六年, 子隱公息立.
凡伯禽至春秋, 三百八十六年.

〖국역〗

〈世家〉에서는 懿公(의공) 즉위 9년에, 兄의 아들 柏御(백어, 伯御)
가 즉위했다. 柏御는 〈世家〉에 의하면, 즉위 11년에 叔父인 孝公(효
공) 稱(칭)이 즉위했다.

孝公은 〈世家〉에 의하면, 즉위 27년에 아들 惠公 皇(황, 弗皇, 재위
前 768 -723년)이 즉위했다. 惠公 38년(前 731년) 正月 壬申日 朔旦

冬至는 〈殷曆〉으로 癸酉(계유)년인데, 魯 釐公(희공, 재위 前 659 - 627
년)으로부터 76년 전이다. 〈世家〉에는, 惠公 즉위 46년(前 723년)에
아들 隱公 息(식)이 즉위했다. 伯禽(백금, 재위 約 前1043 - 998年)으로
부터 春秋시대 이전까지는 총 386년이다.[581]

原文

春秋 隱公,《春秋》, 卽位十一年, 及桓公軌立. 此元年上
距伐紂四百歲.

桓公,《春秋》, 卽位十八年, 子莊公同立.

莊公,《春秋》, 卽位三十二年, 子愍公啓方立.

愍公,《春秋》, 卽位二年, 及釐公申立.

釐公五年正月辛亥朔旦冬至, 〈殷曆〉以爲壬子, 距成公
七十六歲.

[국역]

春秋時代의[582] 魯 隱公(은공, 재위 前 722 - 712년),《春秋》에 의하

---

581 원문 凡伯禽至春秋, 三百八十六年 – 伯禽이 섬긴 成王 재위 30년, 康王
16년과 魯 考公 재위 4년 이후 魯 惠公(재위 46년)까지 재위 기간을 모
두 합하면 386년이 된다.

582 春秋時期는 서기 前 770年 周 平王의 洛邑 천도 이후 – 前 476년 또는
前 403년까지를 春秋시대로 칭한다. 이는 魯의 연대기인《春秋》에 이
시대의 실상이 잘 나타나 있기에 書名을 인용하여 지칭한다. 西周와 東
周의 구분에 이어 東周시대는 전반기인 춘추시대와 후반기인 戰國시대
로 양분한다.

면,⁵⁸³ 즉위 11년, 桓公인 軌(궤)가 즉위한다. 은공 원년은 (武王의) 紂王 정벌 이후 400년이다.

桓公(환공)은 《春秋》에 의하면, 즉위 18년에 아들 莊公 同(동)이 즉위한다.

莊公(장공)은 《春秋》에 의하면, 즉위 32년에 아들 愍公 啓(계)가 즉위한다.

愍公(민공)은 《春秋》에 의하면, 즉위 2년에 釐公(희공) 申(신)이 즉위한다.

釐公(희공, 재위 前 659 ~ 627년) 5년(前 655) 正月 辛亥日 朔旦 冬至는 〈殷曆〉으로 壬子年이고 成公으로부터 76년이다.

是歲距上元十四萬二千五百七十七歲, 得孟統五十三章首. 故《傳》曰,「五年春, 王正月辛亥朔, 日南至.」「八月甲午, 晉侯圍上陽.」童謠云, '丙子之辰, 龍尾伏辰, 均服振振, 取虢之旂. 鶉之賁賁, 天策焞焞, 火中成軍, 虢公其奔.'

---

583 五經의 하나인 《春秋》는 孔子가 魯國 史官이 엮은 魯國의 연대기를 수정한 (편년체) 史書이다. 기록은 魯 隱公 元年(前 722)부터 哀公 14년(前 481)까지 242년의 기록이다. 漢朝에서 五經之一로 숭상되었고, 四庫全書에서도 經部에 속하고, 13經에는 《春秋》 본문을 포함한 《左傳》, 그리고 《公羊傳》과 《穀梁傳》이 포함된다. 《春秋》의 뜻 – 春은 夏에 앞서고 春으로 夏를 알 수 있으며, 秋는 冬보다 앞에 있고, 秋를 통해 冬을 알 수 있다. 곧 춘추 二字는 四季(一年)를 뜻한다.

卜偃曰, "其九月十月之交乎? 丙子旦, 日在尾, 月在策,
鶉火中, 必是時也." 冬十二月丙子滅虢. 言曆者以夏時, 故
周十二月, 夏十月也. 是歲, 歲在大火. 故《傳》曰「晉侯使寺
人披伐蒲, 重耳奔狄.」董因曰, "君之行, 歲在大火." 後十
二年, 鼇之十六歲, 歲在壽星. 故《傳》曰, 「重耳處狄十二年
而行, 過衛五鹿, 乞食於野人, 野人舉塊而與之. 子犯曰,
"天賜也, 後十二年, 必獲此土. 歲復於壽星, 必獲諸侯.」

後八歲, 鼇之二十四年也, 歲在實沈, 秦伯納之. 故《傳》
曰, 「董因云, 君以辰出, 而以參入, 必獲諸侯.」

〖국역〗

이 해는 上元에서 142,577년으로 孟統 53章의 首年이었다. 그래
서 《左傳》에서는[584] 「5년 春, 王正月 辛亥 朔에 日이 南至하다.」[585]
「8월 甲午日, 晉侯(진 제후)가 上陽(상양)을 포위했다.」[586]

아이들이 노래했다.

'丙子日 이른 때, 靑龍이 尾宿(미숙)에 숨었고, 많은 군사가 같은
군복 입고, 虢國(괵국)의 깃발을 빼앗었네. 앞 다투는 메추라기와 희
미한 天策星의 붉은 빛, 남쪽 하늘에 별이 모이니 虢公(괵공)이 도주

---

584 《左傳 僖公 5년》의 기록.

585 원문 日南至 – 태양이 남해귀선의 정남에서 비추기에 그림자가 가장 길
다. 곧 冬至이다.

586 上陽(상양) – 虢國(괵국)의 國都, 今 河南省 서부 三門峽市 관할 陝縣(섭
현).

하네.'

(晉의 관리) 卜偃(복언)이 말했다. "아마 9월과 10월 사이가 아니 겠는가? 丙子日 아침에(旦), 日은 尾宿(미수)에, 月은 策星에, 鶉火(순 화) 星次가 중간이니 틀림없이 그날일 것이다."

겨울인 12월 丙子日에 虢國(괵국)이 멸망했다. 曆法을 설명하는 사람이 夏曆의 시간으로 말했기에 周의 12월은 夏의 10월이었다. 이 해에 歲星은 大火(대화) 星次에[587] 있었다.

그래서 《左傳》에서는[588] 「晉侯가 寺人(시인) 披(피)를 시켜 蒲(포) 를 정벌케 했고,[589] 重耳(중이)는 狄(적, 북방 이민족)의 땅으로 도주하 였다(奔).」고 기록했다.[590]

이에 董因(동인)이 말했다.[591]

---

587 大火는 12 星次의 하나. 氐(저), 房(방), 心(심) 三宿이 이에 속한다. 寒露, 霜降 절기에 해당.

588 《左傳 僖公 5년》의 기록.

589 원문 晉侯使寺人披伐蒲 - 晉侯는 晉(진)의 獻公(재위 前 676 – 651년). 寺人(시인)은 近侍(근시). 환관. 披는 나눌 피. 人名. 蒲國(포국)은, 今 山 西省 서남부 臨汾市(임분시) 관할 隰縣(습현) 부근의 소국.

590 獻公 21年(前 656) 晉에서 驪姬(여희)의 亂이 있었는데, 여희는 優施(우 시)와 通姦하며 太子 申生을 모함하자 申生은 新城으로 피신했다가 자 살하였다. 여희가 重耳(중이, 뒷날 晉 文公)과 夷吾(이오)를 모함하자 두 사람은 도성을 탈출하여 蒲(포)와 屈(굴) 소국으로 달아났다(奔, 달아날 분). 헌공은 포와 굴을 정벌했고, 중이는 翟(적)으로 달아났다. 이에 헌 공은 虞國(우국)에 虢(괵)을 정벌하려 하니 길을 빌려달라고 하였다. 이 를 역사에서는 '假道伐虢(가도벌괵)이라 한다. 重耳는 각국을 떠돌다가 나중에 晉으로 돌아와 즉위하니, 이가 晉 文公(재위 前636 – 628) 춘추 五霸의 한 사람이다.

591 董因(동인) - 晉의 史官. 《國語 晉語》의 인용.

"당신의 出行하는 지금 歲星(木星)은[592] 大火(대화) 星次에 있습니다."

그 12년 뒤, (魯國) 釐公(희공) 16년, 歲星은 壽星(수성) 星次에 있었다. 그래서《左傳》에는,「重耳(중이)가 狄(적)의 땅에 12년을 떠돌았는데(行), 衛(위)나라 五鹿(오록)을 지나갈 때, 들에서 일하는 농부에게 乞食(걸식)하자, 농부는 중이에게 흙덩이를 집어 주었다. 그러자 子犯(자범, 人名. 文公의 신하)이 말했다. "이는 하늘이 주는 것이니 12를 지나 틀림없이 여기 땅을 차지할 것입니다. 歲星이 壽星의 星次에 있으니 틀림없이 諸侯가 될 것입니다."」

그 8년 뒤, (魯) 釐公(희공) 24년에, 歲星은 實沈(실침)에 있었고,[593] 秦나라 伯爵이 중이를 받아주었다. 그래서《國語》에서는,[594] '重耳가 이른 새벽에 出行했고, 參宿(實沈에 속하는 별)에 들어갔으니 틀림없이 제후가 될 것이다.' 라는 董因(동인)의 말을 기록하였다.

原文

《春秋》, 釐公卽位三十三年, 子文公興立. 文公元年, 距辛亥旦冬至二十九歲. 是歲閏餘十三, 正小雪, 閏當在十一月

---

592 歲星은 木星이다. 五星도 五行에 合一하나니, 水는 辰星(진성)에 해당하고, 火는 熒惑星(형혹성), 金은 太白, 木은 歲星, 土는 鎭星에 합치한다. 三辰(삼진)과 五星은 서로 종횡(經緯)을 달리하여 운행한다.

593 實沈(실침)은 12次의 하나. 시작은 畢宿 12도이니, 立夏이다. 중간에 井宿(정수) 初度를 거치니, 小滿(소만)이다. (夏朝에서는 4月, 商에서는 5月, 周에서는 6月이다.) 井宿 15度에서 끝난다.

594《傳》은《國語 晉語》의 인용.

後, 而在三月, 故《傳》曰,「非禮也.」後五年, 閏餘十, 是歲
亡閏, 而置閏. 閏, 所以正中朔也. 亡閏而置閏, 又不告朔,
故《經》曰,「閏月不告朔.」言亡此月也.《傳》曰,「不告朔,
非禮也.」

[국역]

《春秋》에 의하면, 釐公(희공) 즉위 33년에 아들 文公 興(흥)이 즉위
하였다. 魯 文公(재위 前 626 – 609년) 元年은 辛亥日 元旦 冬至와
29년의 차이가 있다. 이 해 윤달의 여분은 13이고 小雪에 해당되었
기에, 閏月은 응당 11월 이후 3월에 들어야 했기에《左傳》에서는[595]
「禮가 아니다.」라고 하였다. 그 5년 뒤, 閏餘는 10이라서 이 해는 윤
달이 없어야 하는데 윤달을 넣었다. 본래 윤달은 초하루를 바로잡기
위한 것이다. 윤달이 없어야 하는데 윤달을 넣고, 또 朔日(삭일, 초하
루)를 알리지 않기에《春秋》에서도「閏月은 朔日을 공고하지 않는
다.」고 하였으니, 이는 禮에 맞지 않는다는 뜻이다. 그래서《左傳》에
서도[596]「朔日을 반포하지 않는 것은 禮가 아니다.」라고 기록했다.

原文

《春秋》, 文公卽位十八年, 子宣公倭立.
宣公,《春秋》, 卽位十八年, 子成公黑肱立.

---

595 《左傳》文公 5년의 기록.
596 《左傳》文公 5년의 기록.

成公十二年正月庚寅朔旦冬至,〈殷曆〉以爲辛卯, 距定
公七年七十六歲.

《春秋》에는 文公 즉위 18년, 아들 宣公 倭(왜)가 즉위했다.

宣公은 《春秋》에는, 즉위 18년에 아들 成公 黑肱(흑굉)이 즉위했
다.

魯 成公(재위 前 590 – 573년) 12년(前 579) 正月 庚寅(경인) 朔旦
(삭단) 冬至는 〈殷曆〉으로 辛卯日(신묘일)이고, 魯 定公(재위 前 509
– 495년) 7년(前 503)과 76년 뒤이다.

《春秋》, 成公卽位十八年, 子襄公午立. 襄公二十七年, 距
辛亥百九歲. 九月乙亥朔, 是建申之月也. 魯史書, 「十二月
乙亥朔, 日有食之.」《傳》曰, 「冬十一月乙亥朔, 日有食之,
於是辰在申, 司曆過也, 再失閏矣.」言時實行以爲十一月
也, 不察其建, 不考之於天也. 二十八年距辛亥百一十歲,
歲在星紀, 故《經》曰,「春無冰.」《傳》曰,「歲在星紀, 而淫於
玄枵.」三十年歲在娵訾. 三十一年歲在降婁. 是歲距辛亥
百一十三年, 二月有癸未, 上距文公十一年會於承匡之歲夏
正月甲子朔凡四百四十有五甲子, 奇二十日, 爲日二萬六千
六百有六旬. 故《傳》曰, 「絳縣老人曰, "臣生之歲, 正月甲子

朔, 四百四十有五甲子矣. 其季於今, 三之一也.」

師曠曰,「邵成子會於承匡之歲也, 七十三年矣.」史趙曰, 「亥有二首六身, 下二如身, 則其日數也.」士文伯曰,「然則 二萬六千六百有六旬也.」

〖국역〗

《春秋》에는, 成公 즉위 18년에, 아들 襄公(양공, 재위 前 572 − 542, 5 세에 즉위) 午(오)가 즉위했다.

襄公 27년(前 546)은 辛亥年 109년 뒤이다.[597] 九月 乙亥 朔日은 甲申統을 시작하는 달이다. 魯 史書에 「12월 乙亥日 초하루에 日食 이 있었다.」고 하였다. 《左傳》에서는, 「겨울인 11월 乙亥 초하루, 日 食이 일어났고, 해는 申方에 있었는데, 천문 담당 관리의 잘못이며 또 閏月도 놓쳤다.」고 하였다.[598] 이는 11월에 있어야 할 일인데, 斗 建의 움직임과 天象을 제대로 관찰하지 못한 것을 지적한 말이다. 양공 28년은 辛亥年에서 110년 뒤이며, 歲星은 星紀(성기) 星次에 있었기에 《經/春秋》에서는 「春에 얼음이 얼지 않았다.」라 하였다. 《左傳》에서는, 「歲星이 星紀 星次에 있었고, 玄枵(현효)를 지나갔 다.」고[599] 하였다.

---

597 辛亥年은 僖公 5년이다. 희공 28년+문공 18+선공 18+성공 18+양공 27년 = 109년.

598 《左傳》襄公 27년의 기록.

599 원문 而淫於玄枵 −《左傳》襄公 28년의 기록. 淫은 超過하다. 玄枵(현 효)는 12星次의 하나.

(襄公) 30년에, 歲星은 娵訾(추자)[600] 星次에 있었다. (襄公) 31년에, 歲星은 降婁(강루 / 星次 名)에 있었다. 이 해는 辛亥의 113년 뒤이고, 二月의 癸未日(계미일)은 文公 11년(前 616)에 承匡(승광, 地名)에서 회합한 해로, 夏曆으로는 正月 甲子朔이니, (甲申統 건원 이후) 총 445번째 甲子日에서 20日이 지난날이며, 날(日)로는 26,660旬(순)이 지난날이었다.

그래서 《左傳》에도 기록했다.「絳縣(강현)의 老人이 말했다. "臣의 일생에 正月의 甲子 朔日은 445 甲子입니다. 그 끝은 지금 60일의 3분의 1입니다."」

師曠(사광)이[601] 말했다. "郤成子(극성자)는 承匡(승광)에서 회합하는 해에 73세였습니다." 또 史趙(晉의 史官)도 말했다. "亥는 二首에 六身이며, 아래 2획은 몸과 같으니, 곧 그 天數입니다."[602] 士文伯(사문백)은 "그래서 26,606旬입니다."라고 말했다.[603]

---

600 娵訾(추자, 娵는 별이름 추, 訾는 헐뜯을 자) – 12次의 하나. 북방 玄武에 속한 星次.

601 師曠(사광, 생졸년 미상, 字는 子野) – 晉 悼公(도공, 前 573 – 558)과 平公(前 557 – 532年) 때 出仕. 音律에 정통했고 彈琴을 잘 했다. 태어날 때부터 無目하여 '盲臣(맹신)' 이라 자칭.
晉 平公이 師曠에게 말했다. "내 나이가 70이니 지금 학문하기에는 너무 늦었습니다." 그러자 사광이 말했다. "왜 촛불을 밝히지 않습니까? 少而好學하면 마치 해가 뜨면서 빛을 발하는 것 같고, 壯而好學하면 한낮의 日光과 같습니다. 그리고 老而好學하면 밤에 촛불을 밝히는 것과 같으니 누가 어둠 속에 길을 가겠습니까!" 평공은 사광을 칭찬했다.

602 위에 나온 숫자 26,606을 '亥' 를 가지고 풀이한 말. 亥는 2획의 部首(亠)에 총 6획인데, 이는 篆書 '人' 이 3번 있다(六이 3번 나온다는 뜻)고 풀이했다.

《春秋》, 襄公卽位三十一年, 子昭公稠立.

昭公八年, 歲在析木, 十年, 歲在顓頊之虛, 玄枵也. 十八年距辛亥百三十一歲, 五月有丙子,戊寅,壬午, 火始昏見, 宋,衛,陳,鄭火.

二十年春王正月, 距辛亥百三十三歲, 是辛亥後八章首也. 正月己丑朔旦冬至, 失閏. 故《傳》曰,「二月己丑, 日南至.」

三十二年, 歲在星紀, 距辛亥百四十五歲, 盈一次矣. 故《傳》曰,「越得歲, 吳伐之, 必受其咎.」

〔국역〕

《春秋》에는, 襄公 즉위 31년에, 아들 昭公 稠(조, 빽빽할 조)가 즉위했다.

魯 昭公(재위 前 541 - 510년) 8년(前 534)에 歲星은 析木(석목) 星次에 있었고, 10년, 歲星은 顓頊(전욱)의 虛宿(허수)에 있었으니 星次는 玄枵(현효)이다. 18년은 辛亥年에서 131년 후이고, 五月에는 丙子, 戊寅, 壬午日에 火星은 저녁에 처음 보였는데 宋, 衛, 陳, 鄭나라에서 화재가 있었다.

20년(前 522) 春王正月은 (僖公 5년) 辛亥年에서 133년 후였는데, 이 辛亥年은 後 八章의 首年이었다. 正月 己丑日 朔旦 冬至에 閏

---

603 《左傳》襄公 30년의 기록.

월을 넣지 않았다. 그래서 《傳》에서는[604] 「二月 己丑日에 日이 南至
했다.」고 기록했다.

32년(前 510), 歲星은 星紀(성기) 성차에 있었는데, (僖公 5년) 辛
亥年에서 145년 뒤였는데 一次를 채웠다. 그래서 《左傳》에서는 「越
國에 歲星이 있는데, 吳가 越을 정벌하니 틀림없이 재앙을 당할 것
이다.」라고 기록했다.[605]

原文

《春秋》, 昭公卽位三十二年, 及定公宋立.

定公七年, 正月己巳朔旦冬至, 〈殷曆〉以爲庚午, 距元公
七十六年.

《春秋》, 定公卽位十五年, 子哀公蔣立.

哀公十二年冬十二月流火, 非建戌之月也. 是月也螽, 故
《傳》曰, 「火伏而後蟄者畢, 今火猶西流, 司曆過也.」《詩》
曰, 「七月流火.」《春秋》, 哀公卽位二十七年. 自《春秋》盡
哀十四年, 凡二百四十二年.

〔국역〕

《春秋》에 의하면, 昭公 즉위 32년에 (晋에서 죽자), 바로 定公 宋

---

604 《左傳》昭公 20년의 기록.

605 《左傳》昭公 20년의 기록. 吳는 女宿(여수)에 越은 斗와 牛宿로 모두 星
氣 星次에 있어 越이 得福하는 해인데, 吳가 공격 정벌하니 틀림없이 재
앙을 당한다는 주석이 있다.

(송)이 즉위했다.[606]

定公(재위 前 509-495년) 7년(前 503) 正月 己巳(기사) 朔旦 冬至 는 〈殷曆〉으로 庚午(경오)이고, 元公 이후 76년이었다.

《春秋》에 의하면, 定公 즉위 15년, 아들 哀公(재위 前 494-468 년) 蔣(장)이 즉위했다.

魯 哀公 12년 겨울 12월에, 心宿(심수)가 제자리를 잃어(流火)[607] 윤달을 넣는(建戌, 건술) 달이 아니었다. 이 달에도 누리(螽은 누리 종, 메뚜기 계통의 곤충)가 돌아다녔다.[608] 그래서 心宿(심수)가 점차 서쪽으로 기울었으니 《左傳》에서는 「火星이 안 보이면(伏) 곤충이 모두 숨어야 하는데(蟄者畢), 지금도 화성이 서쪽으로 기울고 있으 니 司曆者의 잘못이다.」라고 하였다.[609] 《詩》에서는 「七月에 流火한 다.」고 하였다.[610]

《春秋》에 의하면, 哀公 즉위 27년 재위했다. 《春秋》는 애공 14년 에 끝났으니 총 242년간의[611] 기록이다.[612]

---

606 昭公 28년에, 소공은 齊에 쫓겨 晉에 망명했지만 乾侯(건후)란 곳에 머 물다가 재위 32년에 건후에서 죽었다. 이에 魯人은 昭公의 아우인 宋 (송)을 옹립하니, 이가 定公이다. 이 정공은 한때 孔子를 등용했었다.

607 流火 - 心宿(심수)가 (7월에) 점차 서쪽으로 기울다. 음력 7월의 별칭. 더위가 물러간다는 뜻으로 轉用한다.

608 당연히 동면하거나 죽어야 할 곤충이 살아 있었으니 역법이 잘못되었 다는 뜻.

609 《左傳》哀公 12년의 기록.

610 《시경 豳風(빈풍) 七月》의 구절.

611 원문 自《春秋》盡哀十四年, 凡二百四十二年. - 魯 隱公(11년) → 桓公 (18년) → 莊公(32년) → 閔公(2년) → 僖(釐)公(33년) → 文公(18년) →

4. 戰國時代

六國

《春秋》, 哀公後十三年遜於邾, 子悼公曼立, 寧.

悼公, 〈世家〉, 卽位三十七年, 子元公嘉立.

元公四年正月戊申朔旦冬至, 〈殷曆〉以爲己酉, 距康公七十六歲. 元公, 〈世家〉, 卽位二十一年, 子穆公衍立, 顯.

穆公, 〈世家〉, 卽位三十三年, 子恭公奮立.

恭公, 〈世家〉, 卽位二十二年, 子康公毛立.

宣公(18년) → 成公(18년) → 襄公(31년) → 昭公(32년) → 定公(15년) → 哀公(14년) = 242년.

612 《논어》에 기록은 없지만, 魯 哀公 14년(前 481년)에 魯나라 서쪽에서 마부가 麒麟(기린)을 잡아 죽였다는 사건이 《春秋公羊傳》에 기록되어 있다. 기린은 仁獸(인수)이고 王者의 출현을 예고하는 상서로운 동물이다. 그런데 이런 기린이 난세에 출현하여 마부에게 잡혀 죽었다는 소식을 들은 공자는 크게 슬퍼하였고 그간 집필하던 《春秋》를 여기서 마무리하였다(絶筆). 〈孔子世家〉의 기록에 의하면, 공자는 자신의 죽음을 예언하는 노래를 불렀고 수제자 子貢을 불러 죽음을 내다본 꿈 이야기를 하였다. 그리고 7일 동안 앓다가 기원전 479년(魯 哀公 16년) 4月 己丑日(기축일)에 73세를 일기로 별세하였다.
《孟子》에는 공자가 《春秋》를 편찬한 뒤 '亂臣賊子(난신적자)들이 두려워하였다.' 고 기록되어 있다. 《孟子 滕文公章句 下》孔子懼作《春秋》,《春秋》天子之事也. 是故 孔子曰 知我者 其惟《春秋》乎, 罪我者 其惟《春秋》乎. ~孔子成《春秋》而亂臣賊子懼.

康公四年正月丁亥朔旦冬至,〈殷曆〉以爲戊子, 距緡公
七十六歲. 康公,〈世家〉, 卽位九年, 子景公偃公.

景公,〈世家〉, 卽位二十九年, 子平公旅立.

平公,〈世家〉, 卽位二十年, 子緡公賈立. 緡公二十二年
正月丙寅朔旦冬至,〈殷曆〉以爲丁卯, 距楚元七十六歲. 緡
公,〈世家〉, 卽位二十三年, 子頃公仇立.

頃公,〈表〉, 十八年, 秦昭王之五十一年也, 秦始滅周.

周凡三十六王, 八百六十七歲.

[국역]

六國[613]

《春秋》에 의하면, 哀公은 그 13년 後에 邾(주)로 쫓겨났고, 아들
悼公(도공) 曼(만)이 즉위했는데 다른 이름은 寧(영)이다.

悼公(도공)의 〈世家〉에 의하면, 즉위 37년에, 아들 元公 嘉(가)가
즉위하였다.

元公(재위 前 436 - 416년) 4년(前 433) 正月 戊申 朔旦 冬至는 〈殷
曆〉으로 己酉(기유)일인데, 康公으로부터 76년 전이다. 元公은 〈世
家〉에 의하면, 즉위 21년, 아들 穆公(목공) 衍(연)이 즉위했고, 다른 이
름은 顯(현)이다.

穆公은 〈世家〉에 의하면, 즉위 33년에 아들 恭公(공공) 奮(분)이
즉위했다.

---

613 六國 -《春秋》기록 이후의 周 王室, 魯, 秦 등의 왕위 계승을 설명했다.

恭公은 〈世家〉에 의하면, 즉위 22년에 아들 康公(강공) 毛(모)가
즉위했다.

康公(재위 前 352 - 344년)의 4년(前 349) 正月 丁亥 朔旦 冬至는
〈殷曆〉으로 戊子(무자)일인데 緡公(민공)보다 76년 전이다. 康公은
〈世家〉에 의하면, 즉위 9년에 아들 景公 偃(언, 누울 언)이 즉위했다.

景公은 〈世家〉에 의하면, 즉위 29년, 아들 平公 旅(여)가 즉위했
다.

平公은 〈世家〉, 즉위 20년, 아들 緡公(민공, 낚싯줄 민) 賈(가)가 즉
위했다.

緡公(민공, 文公) 22년 正月 丙寅 朔旦 冬至는 〈殷曆〉으로 丁卯인
데 楚 元王(劉交, 한 고조의 아우)의 76년 전이다. 민공은 〈世家〉에
의하면, 즉위 23년에, 아들 頃公(경공) 仇(구, 원수 구. 讎는 원수 수)가
즉위하였다.

頃公(경공, 前 279 - 256년)은,[614] 《史記》〈六國年表〉에 의하면, 재
위 18년(前 262)이 秦 昭王(昭襄王) 51년인데, 秦이 東周를 없애버
렸다.[615]

---

614 魯 頃公(경공, 재위 前 279 - 256년. 前 249년에 卒) - 魯國의 마지막 군주.
頃公 24년에 楚 考烈王이 노국을 병합. 경공을 下邑에 이주시켰다. 경
공 재위 18년(前 262)에 周室이 멸망했다는 서술은 착오이다.

615 周 赧王(난왕, 재위 前 314 - 256年) - 姓은 姬, 名은 延, 또는 赧(얼굴 붉힐
난), 재위 중 국력이 크게 쇠약해져 겨우 王畿(今 洛陽 부근)에만 그 통
치력이 미쳤다. 난왕 59년에 왕이 죽으면서 秦 昭襄王은 왕권의 상징인
九鼎(구정)을 함양으로 옮겨갔고 나라는 멸망했다. 《史記 秦本紀》와
《史記 六國年表》에 난왕 이후 東周君이 자립하여 秦에 항거하다가 前
249년(秦 莊襄王 元年)에 呂不韋에 의거 최종 멸망한 것으로 되어 있

周는 총 36王 867년 존속했다.

秦伯 – 昭王, 〈本紀〉, 無天子五年.

孝文王, 〈本紀〉, 卽位一年. 元年, 楚考烈王滅魯, 頃公爲家人, 周滅後六年也.

莊襄王, 〈本紀〉, 卽位三年.

始皇, 〈本紀〉, 卽位三十七年.

二世, 〈本紀〉, 卽位三年. 凡秦伯五世, 四十九歲.

[국역]

秦伯(秦, 작위 伯爵) – 昭王(昭襄王, 재위 前 306 – 前 251)은 《史記》〈秦本紀〉에 의하면, 周 天子가 5년(前 255 – 251년) 동안 부재했다.

孝文王은 〈秦本紀〉, 즉위 1년. 元年에 楚 考烈王이 魯國을 멸망시켰고, 魯 頃公을 家人(平民, 家臣)으로 만들었는데, 이는 周 멸망 후 6년이었다.

莊襄王(장양왕)은 〈秦本紀〉에 의하면, 즉위 3년이었다.

다. 原文의 秦昭王은 秦昭襄王(재위 前 325 – 251년)이고, 孝文王이 前 250년에 재위하다 죽었고, 다음에 즉위한 秦 莊襄王(재위 前 250 – 前 247. 진시황의 父)이 잔여 周室을 완전히 없앴다(前 249년). 곧 周室 멸망은 前 256년과 前 249년, 2가지 견해가 있다.

始皇(名은 政)은 〈秦本紀에 의하면〉, 즉위 37년이었다.[616]

二世(胡亥)는 〈秦本紀〉에 의하면, 즉위 3년이었다. 秦伯은 총 5世, 49년이었다.

5. 漢代

原文

漢高祖皇帝, 著〈紀〉, 伐秦繼周. 木生火, 故爲火德. 天下號曰, '漢.' 距上元年十四萬三千二十五歲, 歲在大棣之東井二十二度, 鶉首之六度也. 故《漢志》曰,「歲在大棣, 名曰敦牂, 太歲在午」. 八年十一月乙巳朔旦冬至, 楚元三年也. 故〈殷曆〉以爲丙午, 距元朔七十六歲. 著〈紀〉, 高帝卽位十二年.

【국역】

漢 高祖皇帝, 〈紀〉에 의하면,[617] (漢은) 秦을 멸하고 周를 계승하였다. 木生火하니, 火德을 내세웠다. 天下에서는 '漢'이라 칭했다.

---

616 秦王 政(名)으로 재위 前 246 – 222년(元年 – 25년), 始皇帝로 재위 221 – 210년(26 – 37년)했다.

617 여기의 紀가 《史記》의 〈高祖本紀〉인가는 확실치 않다. 물론 班固의 《漢書紀》도 아니다.

上元으로부터 143,025세였고,[618] 歲星은 大棣(대체)의[619] 東쪽 井 22
度에 있었으니, 鶉首(순수)의 6度였다.[620] 그래서 《漢志》에서는[621]
「歲星은 大棣(대체)에 있으니, 敦牂(돈장)이라 하였으며, 太歲는 午方
에 있었다.」고 하였다.

　(고조) 8년 11월 乙巳 朔旦 冬至는 楚 元王 3년이었다. 그래서 〈殷
曆〉으로는 丙午日이었고, 元朔(원삭)으로부터 76년이었다. 〈紀〉에
는 高帝 즉위 12년이다.[622]

原文

　惠帝, 著〈紀〉, 卽位七年.

　高后, 著〈紀〉, 卽位八年.

　文帝, 前十六年, 後七年, 著〈紀〉, 卽位二十三年.

　景帝, 前七年, 中六年, 後三年, 著〈紀〉, 卽位十六年.

　武帝建元, 元光, 元朔各六年. 元朔六年十一月甲申朔旦冬
至, 〈殷曆〉以爲乙酉, 距初元七十六歲. 元狩, 元鼎, 元封各
六年. 漢曆太初元年, 距上元十四萬三千一百二十七歲. 前
十一月甲子朔旦冬至, 歲在星紀婺女六度, 故《漢志》曰, 歲

---

618 上元으로부터 上元 142,109 + 周 867 + 秦 49 = 143,025歲.

619 大棣(대체) - 北河와 南河의 6星.

620 鶉首(순수) - 12次의 하나. 鶉은 메추라기 순.

621 《漢志》 - 未詳. 《漢書 天文志》도 아니다.

622 漢王(前 206 - 202년 2월) + 高祖(前 202 - 195년 6월).

名困敦, 正月歲星出婺女. 太初,天漢,太始,征和各四年, 後
二年, 著〈紀〉, 卽位五十四年.

昭帝始元,元鳳各六年, 元平一年, 著〈紀〉, 卽位十三年.

〖국역〗

惠帝(혜제)는 〈紀〉에 의하면, 즉위 7년이다.

高后(呂后)는 〈紀〉에 의하면, 즉위 8년이다.[623]

文帝는 前元 16년(前 179 – 164), 後元(前 163 – 157) 7년으로, 〈紀〉
에 의하면, 즉위 23년이다.

景帝는 前元 7年(前 156 – 150), 中元 6年(前 149 – 144), 後元 3
年(前 143 – 141)으로, 〈紀〉에 의하면, 즉위 16년이다.

武帝는 建元(前 140 – 135), 元光(前 134 – 130), 元朔(前 128 –
123)은 각 6년이다. 元朔 6년 11월 甲申 朔旦 冬至日은, 〈殷曆〉으로
乙酉日인데, (元帝) 初元으로부터 76년 전이다. 元狩(원수, 前 122-
117), 元鼎(원정, 前 116 – 111), 元封(前 110 – 105)는 各 6年이다. 漢曆
으로 太初 원년(前 104)은 上元 143,127년 뒤이다.[624] 앞서 11월 甲
子 朔旦 冬至日에 歲星은 星紀(성기)와 婺女(무녀) 星次의 6度에 있었
기에, 《漢志》에서는, 歲名을 困敦(곤돈)이라 했고,[625] 正月에 歲星은

---

623 高皇后呂氏 – 名은 雉(치), 字는 娥姁(아후). 諱는 夫를 따라가므로 高皇
后라 했다. 呂后 臨朝 稱帝(前 187 – 180년).

624 漢 건국이 上元 143,025歲＋高祖 12＋惠帝 7＋呂后 8＋文帝 23＋景帝
16＋武帝 36歲＝143,127歲.

625 困敦(곤돈) – 十二支 중 子月의 별칭. 困은 混, 敦은 沌(어두울 돈)의 뜻.
양기가 모두 혼돈하여 만물의 싹이 튼다는 의미.

婺女 성차를 벗어났다. 太初(前 104 – 102), 天漢(前 100 – 97), 太始(前 96 – 93), 征和(延和, 前 92 – 89)는 각 4년, 後元 2년(前 88 – 87)인데, 〈紀〉에 의하면, (武帝는) 즉위 54년이었다.

昭帝(소제)는 始元(前 86 – 61), 元鳳(前 80 – 75)은 각 6년, 元平(前 74)은 1년이었는데, 〈紀〉에 의하면, 즉위 13년이었다.

原文

宣帝本始, 地節, 元康, 神爵, 五鳳, 甘露各四年, 黃龍一年, 著〈紀〉, 卽位二十五年.

元帝初元二年十一月癸亥朔旦冬至, 〈殷曆〉以爲甲子, 以爲紀首. 是歲也, 十月日食, 非合辰之會, 不得爲紀首. 距建武七十六歲. 初元, 永光, 建昭各五年, 竟寧一年, 著〈紀〉, 卽位十六年.

成帝建始, 河平, 陽朔, 鴻嘉, 永始, 元延各四年, 綏和二年, 著〈紀〉, 卽位二十六年.

哀帝建平四年, 元壽二年, 著〈紀〉, 卽位六年.

平帝, 著〈紀〉, 卽位元始五年, 以宣帝玄孫嬰爲嗣, 謂之孺子.

孺子, 著〈紀〉, 新都侯王莽居攝三年,

王莽居攝, 盜襲帝位, 竊號曰, '新室.' 始建國五年, 天鳳六年, 地皇三年, 著〈紀〉, 盜位十四年.

更始帝, 著〈紀〉, 以漢宗室滅王莽, 卽位二年. 赤眉賊立宗

室劉盆子, 滅更始帝. 自漢元年訖更始二年, 凡二百三十歲.

宣帝는⁶²⁶ 本始(前 73 - 70), 地節(前 69 - 66), 元康(前 65 - 62), 神爵(前 61 - 58), 五鳳(前 57 - 54), 甘露(前 53 - 50)는 각 4년이고, 黃龍은 1년(前 49)이었으며, 〈紀〉에 의하면, 즉위 25년이었다.

元帝의 初元 2년(前 47) 11月 癸亥(계해) 朔旦 冬至日은 〈殷曆〉으로 甲子日이라서 紀首라 하였다. 이 해에, 10월에 日食이 있었는데, 日月이 交會하는 날이 아니라서 紀首로 할 수 없었다. (후한 光武帝) 建武 76년 전이었다. 初元(前 48 - 44), 永光(前 43 - 39), 建昭(前 38 - 34)는 각 5년이었고, 竟寧(前 33)은 1년이었는데, 〈紀〉에 의하면, 즉위 16년이었다.

成帝는 建始(前 32 - 29), 河平(前 28 - 25), 陽朔(前 24 - 21), 鴻嘉(홍가, 前 20 - 17), 永始(前 16 - 13), 元延(前 12 - 9)은 각 4년이었고, 綏和(수화, 前 8 - 7)는 2년이었는데, 〈紀〉에 의하면, 즉위 26년이었다.

哀帝는 建平(前 6 - 3) 4년, 元壽(前 2 - 前 1)는 2년이었는데, 〈紀〉에 의하면, 즉위 6년이었다.

---

626 孝宣皇帝 - 孝宣皇帝는 武帝의 증손이며 戾太子(劉據)의 손자이다. 태자는 史良娣(사량제)를 맞이하여 史皇孫(劉進)을 낳았다. 황손은 王夫人을 맞이하여 宣帝(劉病已, 유병이)를 낳았는데, 皇曾孫이라고 하였다. 태어난 지 수개월에 巫蠱(무고)의 禍(화)가 일어나 太子와 良娣, 皇孫과 王夫人이 모두 목숨을 잃었다. 즉위 이후에 詢(순)으로 改名. 諡法에 '聖善周聞曰 宣.' 재위 前 74 - 49년.

平帝는[627]〈紀〉에 의하면, 즉위하여 元始(西紀 1 - 5) 5년이었는데, 宣帝의 玄孫인 嬰(영)을 후사로 삼아 孺子(유자)라 하였다.

孺子(유자)는〈紀〉에 의하면, 新都侯(신도후) 王莽(왕망)이 居攝(거섭, 서기 6 - 8) 3년이었다.

王莽(왕망)은[628] 居攝(거섭, 攝政의 지위)에 있으며 帝位를 훔쳐 황제를 절취 호칭하며 '新室'이라 하였다. (新은) 始建國(서기 9 - 13) 5년, 天鳳(서기 14 - 19) 6년, 地皇 3년(前 20 - 22)이었는데,〈紀〉에 의하면, 盜位(도위) 14년이었다.

更始帝(경시제)는〈紀〉에 의하면, 漢의 宗室로 王莽(왕망)을 멸망시키고, 즉위 2년이었다.[629]

赤眉賊(적미적)이 옹립한 宗室 劉盆子(유분자)는[630] 更始帝(경시제)

---

627 孝平皇帝 – 名은 衎(즐길 간), 孝平皇帝(名, 衎은 즐긴 간)는 元帝의 庶孫으로 中山孝王(名은 興)의 아들이다. 모친은 衛姬(위희)이었다. 나이 3세에 孝王의 뒤를 이어 왕이 되었다가 9살에 애제의 뒤를 이어 즉위. 서기 1년 – 5년 재위. 諡法에 '布綱治紀曰 平'.

628 新都侯 王莽(왕망, 前 45 – 서기 23년) – 漢朝를 찬탈하여 '新' 건국. 서기 8 – 23년 재위. 中國 傳統 歷史學의 忠君 이념에서 볼 때 일반적으로 '僞君子'이며, '逆臣' 또는 '佞邪之材'라는 평가를 받는다. 莽은 풀 우거질 망.

629 劉玄(유현, 字 聖公, ? – 서기 25. 南陽郡 蔡陽縣人)이다. 光武와 劉玄은 같은 항렬로 三從兄弟(삼종형제, 8촌)이다. 劉玄은 앞서 平林의 무리에 속해 있었다. 平林과 新市軍의 장수인 王常(왕상)과 朱鮪(주유) 등은 함께 劉玄을 황제로 옹립하였고, 유현은 연호를 更始(경시)라 했기에 보통 更始帝라 칭하며 서기 23 – 25년에 재위했다. 이를 역사에서는 玄漢(현한)이라 통칭한다. 《後漢書》11권,〈劉玄劉盆子列傳〉에 입전.

630 劉盆子(유분자) – 漢의 宗室, 赤眉軍에 의해 천자로 옹립. 서기 25 – 27년 재위. 연호 建世. 《後漢書》11권,〈劉玄劉盆子列傳〉에 입전.

를 멸망시켰다. 漢의 건국부터(前 206년) 更始 2년(서기 24)까지 총 230년이었다.

原文

光武皇帝, 著〈紀〉, 以景帝後高祖九世孫, 受命中興復漢, 改元曰建武, 歲在鶉尾之張度. 建武三十一年, 中元二年, 卽位三十三年.

〖국역〗

光武 皇帝는,[631] 〈紀〉에 의하면, 景帝의 후손이며 高祖의 9世孫으로, 中興의 천명을 받아 漢을 부흥하고 建武라 개원하였는데, 歲星은 鶉尾(순미) 星次에 張宿(장수)의 度에 있었다. 建武 31년(서기 25 - 55), 中元 2年(서기 56- 57)으로, 즉위 33년이었다.

---

631 光武帝 劉秀는 서기 前 6년 12월에 출생하였고(양력으로 계산하면 前 5년 1월 15일생), 王莽(왕망) 地皇 3년(서기 22년, 28세)에 起兵한 뒤, 서기 25년(31세)에 鄗縣(호현, 今 河北省 서남부 石家莊市 관할 高邑縣)에서 즉위하고 연호를 建武, 國號를 漢(史稱 東漢, 後漢)으로 정했다. 32년을 재위하고 建武中元 2년(57년, 63세)에 낙양에서 죽었고, 시호는 光武, 廟號는 世祖. 陵墓는 原陵이다.

예악지
禮樂志

卷二十二 禮樂志 第二
〔22권 〈예악지〉 제2¹〕

一. 序

原文

《六經》之道同歸, 而《禮》,《樂》之用爲急. 治身者斯須忘
禮, 則暴嫚入之矣. 爲國者一朝失禮, 則荒亂及之矣. 人函
天,地,陰,陽之氣, 有喜,怒,哀,樂之情. 天稟其性而不能節也,
聖人能爲之節而不能絶也. 故象天,地而制禮,樂, 所以通神
明, 立人倫, 正情性, 節萬事者也.

〔국역〕

《六經》의² 大道는 모두 같다고 할 수 있지만,《禮》와《樂》의 需用

---

1 班固는 司馬遷《史記》의 〈禮書〉와 〈樂書〉를 〈禮樂志〉로 統合 敍述하였다.
  〈예악지〉에는 漢初 叔孫通(숙손통)의 예법 제정과 制禮와 관련된 인물들의
  주요 주장을 수록했다. 또 漢初 郊廟(교묘) 祭禮의 詩歌인 〈安世房中歌〉 17
  首와 武帝 시 樂府의 가곡인 〈郊祀歌〉 19首도 수록했다.

(수용)은 중요한 일이다. 수양하는 자가 잠깐이라도 禮를 망각한다면[3] 포악과 오만에 빠지게 된다. 조정에 복무하는 자가 한때라도 예를 잃는다면 황당한 亂行(난행)을 저지르게 된다. 인간은 하늘과 땅, 음과 양의 기운을 품고 있으며, 喜怒哀樂(희로애락)의 감정을 갖고 있다. 하늘은 인간에게 본성을 부여하였지만[4] (인간을 직접) 節制(절제)할 수는 없으며, 聖人도 품성에 따를 것을 가르칠 수 있지만 (수용하지 않는다 하여 인간을) 단절할 수도 없다. 그래서 天地를 본뜬[5] 禮樂을 만들어 (인간으로 하여금) 예악에 의거하여 神明에 통할 수 있도록[6] 人倫(인륜)을 정립하고,[7] 性情(성정)을 바로잡아주며, 萬事를 절제케 하는 것이다.

人性有男女之情, 妒忌之別, 爲制婚姻之禮. 有交接長幼之序, 爲制鄕飮之禮. 有哀死思遠之情, 爲制喪祭之禮. 有尊尊敬上之心, 爲制朝覲之禮. 哀有哭踊之節, 樂有歌舞之

---

2 六經 - 儒家 경전의 총칭. 《易經》, 《詩》, 《書》, 《春秋》, 《禮》, 《樂》, 지금 《樂經》은 失傳되었다.

3 원문 斯須忘禮 - 斯須(사수)는 잠깐. 須臾(수유). 片刻(편각)과 同.

4 원문 天稟其性 - 稟은 줄 품. 내려주다. 賦與(부여).

5 원문 故象天地 - 象은 본뜨다. 본받다(效法).

6 원문 所以通神明 - 天地 간에 존재하는 모든 神靈과 소통하다.

7 人倫 - 사람과 사람의 정상적인 관계. 곧 君臣, 父子, 兄弟, 夫婦, 朋友(붕우) 간의 관계. 五倫의 총칭. 倫은 理也.

容, 正人足以副其誠, 邪人足以防其失.

故婚姻之禮廢, 則夫婦之道苦, 而淫辟之罪多. 鄉飮之禮廢, 則長幼之序亂, 而爭鬪之獄蕃. 喪祭之禮廢, 則骨肉之恩薄, 而背死忘先者衆. 朝聘之禮廢, 則君臣之位失, 而侵陵之漸起.

故孔子曰, 「安上治民, 莫善於禮. 移風易俗, 莫善於樂.」禮節民心, 樂和民聲, 政以行之, 刑以防之. 禮,樂,政,刑四達而不誖, 則王道備矣.

〔국역〕

人性에 男女의 구별과 妒忌(투기)의 감정이 있기에 婚姻(혼인)의 의례를 제정하였다.[8] (상호) 교류에 長幼(장유)의 질서가 있어야 하기에 鄉飮(향음)의[9] 예절을 제정하였다. 죽음을 애통하며 윗대 먼 조상을 추념하는 정이 있기에 喪葬祭禮(상장제례)를 제정하였다. 尊者(존자)를 존중하고 윗사람을 공경하는 마음이 있기에 朝覲(조근)의 禮를 제정하였다.[10] 슬픔에 통곡과 몸부림의 절조가 있어야 하고,[11]

---

8 원문 人性有男女之情, 妒忌之別 – 情과 別이 서로 바뀌었다는 주석에 따른다. 妒는 투기할 투. 강샘하다. 忌는 꺼릴 기. 미워하다.

9 鄉飮(향음) – 3년마다 정월에 거행하는 鄉 단위의 飮酒 의식인데 尊賢(존현)의 뜻이 있다.

10 원문 爲制朝覲之禮 – 朝覲(조근)은 君主를 알현하다. 봄의 알현을 朝, 가을에는 覲(뵐 근)이라 하였는데 통상 朝見이라 한다.

11 원문 哀有哭踊之節 – 哭은 號哭(호곡)하다. 慟哭(통곡)하다. 踊(뛸 용). 슬픔으로 땅을 치다. 踴(용)과 同.

즐거움에(樂) 가무의 容儀(용의)가 있어야 하는데, 正人은 그 정성으로 (禮에) 부합하고,[12] 사악한 사람은 (禮에 의거) 過失(과실)을 예방할 수 있다.

그래서 혼인의 禮가 없어진다면 夫婦의 道가 나빠지고, 淫亂(음란)의 죄가 많아진다.[13] 鄕飮之禮를 행하지 않는다면 長幼의 질서가 무너지며 싸움 때문에 獄事(옥사, 소송)가 많아진다.[14] 喪禮와 祭禮가 없어지면 골육 간의 恩誼(은의)가 각박해져서 死者를 버려두거나 조상을 잊는 자가 많아진다. 朝聘(조빙)의 예를 폐하게 되면, 君臣 간의 位次가 없어져 陵蔑(능멸)하는 풍조가 싹트게 된다.[15]

그래서 孔子께서 말씀하셨다.

「나라를 안정시키고 백성을 다스리는데 禮보다 더 좋은 것은 없다. 移風易俗(이풍역속)에 樂(악)보다 더 나은 것은 없다.」[16]

禮는 民心을 절제하고, 樂은 民의 목소리를 온화하게 하며, 政令으로 실천하고, 형벌로 예방해야 한다. 禮와 樂, 그리고 政과 刑 – 이 4가지가 서로 상통하며 어긋나지 않을 때 王道가 구비될 것이다.[17]

---

12 원문 足以副其誠 – 副는 符合(부합)하다. 相稱(상칭)하다.

13 원문 夫婦之道苦, 淫辟之罪多 – 苦는 惡也. 鹽(염지 고), 물렁해진다, '단단하지 않다'로 풀이한 註도 있다. 淫辟(음벽)은 淫僻(음벽). 淫邪(음사).

14 원문 爭鬪之獄蕃 – 獄은 獄事. 소송 안건. 蕃은 繁(많을 번).

15 원문 而侵陵之漸起 – 侵陵(침릉)은 넘보거나 무시하다. 漸(차츰 나아갈 점)은 發端.

16 이는《孝經》廣要道章 第十二의 구절이다.

17 원문 四達而不誖, 則王道備矣. – 四는 禮,樂,政,刑. 誖는 어지러울 패. 어긋나다. 王道는 仁義에 바탕을 둔 정치. 그 반대는 霸道(패도). 備(갖출 비)는 具備, 완비.

樂以治內而爲同, 禮以修外而爲異. 同則和親, 異則畏敬.
和親則無怨, 畏敬則不爭. 揖讓而天下治者, 禮,樂之謂也.
二者並行, 合爲一體. 畏敬之意難見, 則著之於享獻,辭受,
登降,跪拜. 和親之說難形, 則發之於詩歌詠言, 鐘石,管弦.
蓋嘉其敬意而不及其財賄, 美其歡心而不流其聲音.

故孔子曰,「禮云禮云, 玉帛云乎哉? 樂云樂云, 鐘鼓云乎
哉?」此禮樂之本也. 故曰,「知禮樂之情者能作, 識禮樂之
文者能述. 作者之謂聖, 述者之謂明. 明聖者, 述作之謂也.」

[국역]

樂은 (인간의) 내부(心性)를 다스려 同和를 꾀하고, 禮는 밖으로
보여주고 수행하여 相異를 인정하니, 同和하면 和親하고 相異하면
畏敬(외경)하게 된다. 화친하면 원망이 없고, 외경하면 다투지 않는
다. 揖讓(읍양)으로 천하를 다스리니, 이는 禮와 樂을 말한다. 예와
악을 병용하면 합하여 하나가 된다. 畏敬의 뜻은 잘 드러나지 않지
만[18] 물건은 드리거나(享獻, 향헌), 받기를 사양하기(辭受, 사수), 앞
으로 나오고 물러가기(登降, 등강) 꿇어앉기(跪, 꿇어앉을 궤)와 拜
禮(배례, 절하기)가 그것이다. 和親의 기쁨(說, 기쁠 열)도 형용키 어
렵지만[19] 詩歌나 읊음(詠言, 영언), 鐘石(금속이나 돌로 만든 악기)

---

18 원문 畏敬之意難見 – 畏敬(외경)은 敬畏(경외). 畏는 두려워할 외. 難見(난
현)의 見은 現(나타날 현)의 古字. 相通함.

19 원문 和親之說難形 – 說은 기쁠 열(悅과 同).

이나 管弦(관현)의 악기 연주를 통해 나타난다. 모두가 그러한 敬意(경의)를 가상히 여기나 재물로 표현하지 않으며,[20] 그러한 기쁨을 찬미하지만 音聲을 따르는 것이 樂의 실천은 아니다.

그래서 孔子가 말했다.

「모두 禮에, 禮는 하지만, 구슬을 잡고 비단 옷을(帛) 갖추는 것인가? 너도 나도 樂을 말하지만 음악만을 말하는가?」[21]

이것이 예악의 근본정신이다. 그래서 「禮樂의 참뜻을 깨달은 자는 새로이 만들 수 있고(創新), 예악의 글을 이해한다면 그 뜻을 祖述(조술)할 수 있다. 새로이 만들 수 있다면 聖이고, 祖述(조술)할 수 있다면 明이다.[22] 明聖이라면 그것은 조술과 창작을 의미한다.」

---

20 원문 不及其財賄 - 財賄(재회)는 재물. 賄는 뇌물 회. 재물.

21 이는 《論語 陽貨》에 보인다. 玉帛(옥백)이나 악기 연주는 근본이 아닌 末에 해당한다는 뜻.

22 원문 作者之謂聖, 述者之謂明 - 作은 창작. 創新. 述은 祖述(조술). 뜻을 분명히 알고 遵行(준행) 실천하다.

二. 禮論[23]

原文

王者必因前王之禮, 順時施宜, 有所損益, 卽民之心, 稍稍
制作, 至太平而大備. 周監於二代, 禮文尤具, 事爲之制, 曲
爲之防, 故稱禮經三百, 威儀三千. 於是教化浹洽, 民用和
睦, 災害不生, 禍亂不作, 囹圄空虛, 四十餘年.

孔子美之曰, 「郁郁乎文哉! 吾從周.」 及其衰也, 諸侯逾
越法度, 惡禮制之害己, 去其篇籍. 遭秦滅學, 遂以亂亡.

〔국역〕

王者는 필히 前王의 禮를 따르지만 시류에 따라 適宜(적의)하게
시행하거나 가감하여 민심을 따르며,[24] 점진적으로 개선하여 태평
천하를 이루고 제도를 완비하게 된다. 周에서는 앞선 二代(夏와 殷)
의 禮를 참조하였기에[25] 禮制는 더욱 구비되었고, 만사에 법제를 갖
춰 邪道(사도)를 예방할 수 있었는데, 그래서 禮制와 儀式이 3백 종
류이고, 禮에 따른 행위가 3천 가지라고 하였다. 이에 백성에 대한
교화가 온 나라에 두루 행해졌고(浹洽, 협흡)[26] 백성은 예를 지켜 화

---

23 이는 역자의 편의상 구분이다.

24 원문 卽民之心 – 卽은 就也.

25 원문 周監於二代 – 監은 觀也.

26 원문 於是教化浹洽 – 浹은 두루 미칠 협. 洽은 윤택하게 할 흡.

목했으며, 자연 재해도 없었고 禍亂(화란)도 발생하지 않았으며, 40여 년이나 감옥은 비어 있었다.[27]

그래서 공자는 이를 찬미하였다.

「아름답구나! 그 禮에 의한 文化여, 나는 周를 본받으리라!」[28]

그러나 周가 쇠약해지며 諸侯들이 법도를 넘고 자신의 행실에 대한 예악의 제약을 미워하여 그런 서적을 없애버렸다. 秦代의 학문 말살을 겪으면서 결국 예악은 흩어지거나 없어졌다.

原文

漢興, 撥亂反正, 日不暇給, 猶命叔孫通制禮儀, 以正君臣之位. 高祖說而歎曰, "吾乃今日知爲天子之貴也!" 以通爲奉常, 遂定儀法, 未盡備而通終.

〔국역〕

漢이 건국된 이후 난세를 끝내고 정상으로 돌아갔으나[29] 시일이 촉박했지만 그래도 叔孫通(숙손통)에게[30] 명하여 禮儀를 제정하여

---

27 원문 囹圄空虛 – 囹圄(영어)는 周의 獄名. 감옥. 囹은 감옥 영(령). 圄는 옥 어, 가둘 어. 守也. 周 成王과 康王이 재위하던 태평시대(成康之治)에 그러하였다.

28 《論語 八佾》 子曰, "周監於二代, 郁郁乎文哉! 吾從周." 郁郁乎(욱욱호)는 文彩(문채)가 나는 모양.

29 원문 撥亂反正 – 撥은 다스릴 발. 反正은 正으로 되돌리다.

30 叔孫通(숙손통, 생졸년 미상) – 秦始皇에서 漢 文帝까지 섬겼다. 叔孫은 복성. 叔孫何라고도 쓴다. 유생으로 여러 국가의례를 제정했다. 《漢書》

君臣의 위계를 바로세우게 했다. (숙손통이 朝會 의식을 엄히 진행하자) 고조가 기뻐 감탄하였다. "나는 오늘에서야 천자가 귀한 줄을 알았도다."[31]

고조는 숙손통을 奉常(봉상)에[32] 임명했고, 마침내 나라의 여러 의례를 법으로 제정했지만 미진한 부분이 있었으며, 숙손통은 천수를 누리고 죽었다(終).

原文

至文帝時, 賈誼以爲, "漢承秦之敗俗, 廢禮義, 捐廉恥, 今其甚者殺父兄, 盜者取廟器, 而大臣特以簿書不報, 期會爲故, 至於風俗流溢, 恬而不怪, 以爲是適然耳.

夫移風易俗, 使天下回心而鄕道, 類非俗吏之所能爲也. 夫立君臣, 等上下, 使綱紀有序, 六親和睦, 此非天之所爲, 人之所設也. 人之所設, 不爲不立, 不修則壞. 漢興至今二十餘年, 宜定製度, 興禮樂, 然後諸侯軌道, 百姓素樸, 獄訟衰息."

乃草具其儀, 天子說焉. 而大臣絳,灌之屬害之, 故其議遂寢.

43권, 〈酈陸朱劉叔孫傳〉에 입전.

31 이때가 漢 7년(前 200), 長樂宮이 완성되었고 제후와 모든 신하가 10월에 조회를 하였다.

32 奉常(봉상) - 太常. 종묘의 의례 담당, 박사의 선발과 관리 업무 주관.

文帝 때 賈誼(가의)가[33] 건의했다.

"漢은 秦나라의 나쁜 습속도 물려받아, 禮義를 무시하고 廉恥(염치)도 버렸으니,[34] 지금 심한 경우 부모 형제를 죽이고, 도적은 종묘의 제기를 훔치는데도, 대신들은 다만 문서 보고 유무나 챙기고, 기일이나 지키려 하며,[35] 풍속이 나빠져도 편하게 지내면서 이상히 여기지 않고,[36] 으레 그런 것이라 생각하고 있습니다.

대체로, 移風易俗(이풍역속)이란 천하 백성들로 하여금 마음을 돌려 道를 실천케 하는 것이나,[37] 대체적으로 俗吏(속리)들이 할 수 있는 일은 아닙니다.[38] 君臣의 관계 정립이나 상하 관리의 위계는[39] 기강의 질서를 확립하고 六親이 화목을 이루려는 뜻이니,[40] 이는 하늘의 할 일이 아니라 인간이 이뤄야 할 일입니다. 인간이 해야 할 일이라면 확실하게 하지 않을 수 없으며, 명확히 하지 않으면 붕괴될 뿐

---

33 賈誼(가의, 前 200 - 168) - 長沙王 太傅, 政論으로는 〈過秦論〉, 〈論積貯疏〉, 〈論治安策〉이 유명하다. 辭賦로는 〈弔屈原賦〉, 〈鵩鳥賦〉, 〈惜誓〉 등이 잘 알려졌다.

34 원문 捐廉恥 - 捐은 버릴 연. 내던지다. 廉은 청렴. 恥는 부끄러울 치.

35 원문 大臣特以簿書不報, 期會爲故 - 特은 다만(但). 簿書(부서)는 장부나 문서. 期會는 기일을 지키다. 故는 일삼다(事也).

36 원문 恬而不怪 - 恬은 편안할 염. 安也.

37 원문 使天下回心而鄕道 - 鄕은 向하다.

38 원문 類非俗吏之所能爲也 - 類는 大抵(대저). 대체로.

39 원문 等上下의 等은 나누다(分). 등급을 구분하다.

40 원문 六親和睦 - 육친은 父와 子 외 4촌 형제에서 일족의 형제까지 친족 전체를 의미.

입니다. 漢이 천하를 차지한 지 20여 년에 제도를 정립하고, 예악을 부흥한 연후에 제후는 가야 할 길을 따르고,[41] 백성이 간소하고 소박하다면 소송이나 분쟁도 사라질 것입니다."

이에 가의는 구체적인 의례 초안을 마련했고 天子는 좋아하였다. 그러나 大臣 중에 絳侯〔강후, 周勃(주발)〕와 灌嬰(관영) 등이[42] 가의를 음해했기에 의례 제정에 대한 논의는 방치되었다.[43]

原文

至武帝卽位, 進用英雋, 議立明堂, 制禮服, 以興太平. 會竇太后好黃老言, 不說儒術, 其事又廢. 後董仲舒對策言,

「王者欲有所爲, 宜求其端於天. 天道大者, 在於陰陽. 陽爲德, 陰爲刑. 天使陽常居大夏, 而以生育長養爲事. 陰常居大冬, 而積於空虛不用之處, 以此見天之任德不任刑也. 陽出佈施於上而主歲功, 陰入伏藏於下而時出佐陽. 陽不得陰之助, 亦不能獨成歲功. 王者承天意以從事, 故務德敎而

---

41 원문 然後諸侯軌道 - 軌道(궤도)는 일정한 길. 軌는 길 궤.

42 絳侯〔강후, 周勃(주발)〕과 灌嬰(관영) - 고조와 함께 싸운 원로 무장이라서 발언권이 강했고 젊은 賈誼(가의)를 무시하고 헐뜯었다. 이들은 "洛陽 사람은 (가의) 나이도 어린 초학자인데도 오직 권력을 잡고 싶어서 여러 일에 분란만 일으킨다."고 하였다. 그러자 문제도 나중에는 가의를 멀리하면서 가의의 건의를 채용하지 않았으며, 가의를 長沙王의 太傅로 임명하였다.

43 원문 故其議遂寢 - 寢(잠잘 침)은 논의 안건이 폐지되다. 방치하여 없던 일이 되다.

省刑罰. 刑罰不可任以治世, 猶陰之不可任以成歲也. 今廢
先王之德敎, 獨用執法之吏治民, 而欲德化被四海, 故難成
也. 是故古之王者, 莫不以敎化爲大務, 立大學以敎於國,
設庠序以化於邑. 敎化以明, 習俗以成, 天下嘗無一人之獄
矣. 至週末世, 大爲無道, 以失天下. 秦繼其後, 又益甚之.
自古以來, 未嘗以亂濟亂, 大敗天下如秦者也. 習俗薄惡,
民人抵冒. 今漢繼秦之後, 雖欲治之, 無可奈何. 法出而奸
生, 令下而詐起, 一歲之獄以萬千數, 如以湯止沸, 沸愈甚而
無益. 辟之琴瑟不調, 甚者必解而更張之, 乃可鼓也. 爲政
而不行, 甚者必變而更化之, 乃可理也. 故漢得天下以來,
常欲善治, 而至今不能勝殘去殺者, 失之當更化而不能更化
也. 古人有言, '臨淵羨魚, 不如歸而結網.' 今臨政而願治
七十餘歲矣, 不如退而更化. 更化則可善治, 而災害日去,
福祿日來矣.」

是時, 上方征討四夷, 銳志武功, 不暇留意禮文之事.

〔국역〕
武帝가[44] 즉위한 뒤에, 뛰어난 인재를 등용하고,[45] 明堂 건립을 논

---

[44] 孝武皇帝 - 名은 徹. 재위 前 140 - 87년. 16세 즉위, 54년 재위. 漢代 최
장 재위(淸朝 康熙帝 이전에 最長 재위). 사치, 대규모 토목공사, 순행, 제
천, 대규모 원정 등으로 국력 소진, 인명 경시, 잔인 포악한 군주로 '秦皇
漢武'로 병칭. 동시에 제도 개혁과 새로운 정책으로 황제권 강화 등 후세
에 큰 영향을 남겼다.

의하였으며[46] 관리 복색을 제정하는 등 태평을 이룩하였다. 그 무렵
竇太后(두태후)는[47] 黃老 사상을[48] 좋아하며 儒學을 좋아하지 않아
그런 일은 다시 폐지되었다. 그 후에 董仲舒(동중서)가[49] 對策을 상
주하였다.

「그러하기에 王者가 하고자 하는 일은 당연히 하늘에서 구해야
합니다. 天道의 大者는 陰陽에 있습니다. 陽은 德政이고, 陰은 형벌
이며, 형벌은 죽이기를 주로 하고 덕정은 살리기에 주력합니다. 이
때문에 陽은 언제나 한 여름에 들어있어 생육과 養長이 주된 일이
며, 陰은 한겨울에 들어있어 空虛와 不用하는 일에 축적됩니다. 이
에 하늘은 덕에 의지하고 형벌에 의지하는 않는다는 사실을 알 수
있습니다. 하늘이 陽을 위에 있게 하여 일 년의 성취를 주동한다면,
陰은 아래에 엎드리게 하여 때때로 나와 陽을 돕습니다.[50] 陽이 陰

---

45 원문 進用英儁 – 英儁은 英俊(영준). 儁은 영특한 준. 새가 살찔 전. 才德이
傑出(걸출)한 사람. 俊과 通. 明堂과 辟雍(벽옹) 설치를 주장한 유학자인 王
臧(왕장)은 황제가 태황태후에게 政事를 상주하지 말라고 건의하였다.

46 明堂 – 皇帝가 政教의 大典을 행하는 건물. 朝會, 祭祀, 慶賞, 養老, 教學
등의 행사를 집행하는 곳. 작용, 구조, 위치 등에 관하여 正論이 없다. 建
元 원년(前 140)에 설치.

47 竇太后(두태후) – 文帝의 竇황후, 武帝의 祖母. 평소에 黃老사상을 존숭했
고 유가 五經을 홀대하였다.

48 黃老之言 – 道家 학설. 黃은 黃帝, 老는 老子. 黃帝는 道家의 시조로 추앙
되었다. 言은 학설.

49 董仲舒(동중서, 前 179 – 104) – 儒學者,《春秋公羊傳》전공. 司馬遷에게 經學
을 교수. '三年 不窺園(불규원)' 의 주인공.《漢書》56권,〈董仲舒傳〉에 단독
立傳.

의 도움을 얻지 못하면 陽 역시 혼자만으로 1년이 될 수 없습니다. 최종적으로 陽이 돌아와야 1년이 이름 지어지는데, 이는 하늘의 뜻입니다. 王者는 天意의 뜻에 따라 일을 해야 하기에 德治와 敎化로 다스려야 하며 형벌에 의지할 수 없습니다. 형벌로만 다스릴 수 없다는 것은 陰으로만 1년이 될 수 없는 것과 같습니다.

지금 先王의 德政과 교화를 폐기하고, 오로지 법에 의한 통치만을 주장하는 관리를 등용하여 백성을 다스리게 하면서 四海에 德化를 이루겠다면, 이는 성공하기 어려울 것입니다. 이 때문에 古代의 王者는 敎化를 大務로 생각하지 않은 경우가 없었으며, 나라에서는 大學(태학)을 세워 교육하고, 향읍에서는 庠序(상서)를[51] 세워 교화하였습니다. 敎化로 세상이 밝아지고 좋은 습속이 형성되면서 온 세상에 감옥에 갇힌 사람이 단 한 명도 없었습니다.

周의 末世에 이르러 무도한 짓을 많이 하여 천하를 잃었습니다. 秦이 그 뒤를 이었지만 더욱 심해졌습니다. 自古 이래로 이처럼 혼란에 혼란을 더했으며, 秦나라처럼 천하 백성을 많이 죽인 경우는 없었습니다. 습속은 더욱 나쁘고 각박해졌으며 백성은 더 많이 악랄하고 법을 어겼습니다.[52]

---

50 원문 時出佐陽 - 佐는 도울 좌. 보조하다.

51 庠序(상서) - 고대의 지방 학교. 殷代에는 庠. 周代에는 序라 하였다. 《周禮》에 의하면, 天子의 太學 중 중앙의 學宮을 辟雍(벽옹)이라 하는데 그 주위를 연못으로 감싸게 하였다. 諸侯의 학교에는 학궁 남쪽 절반만 연못을 만들었고, 이를 泮宮(반궁)이라 하였다. 공자 사후 공자가 文宣王(문선왕)으로 피봉된 뒤에 泮池(반지)를 설치하게 했다. 孔廟의 남문 大成門 밖에 반지를 만들었다. 우리나라의 경우 成均館을 泮宮이라 불렀다.

52 원문 習俗薄惡, 民人抵冒 - 薄은 엷을 박. 刻薄(각박)해지다. 抵冒(저모)는

지금 漢은 秦의 뒤를 이었지만, 좋은 통치를 하려 해도 어찌할 방도가 없었습니다. 法令이 나오면 그에 따른 간사한 길이 먼저 열리고, 명령이 내려지면 거짓이 생겨나며, 1년에 獄에 갇히는 자를 千이나 萬으로 세어야 하니, 이는 마치 끓는 물을 입으로 불어서 식히려 하나 끓는 물은 더욱 심하게 끓어오를 뿐 아무 도움이 되지 않습니다.[53] 이를 비유하자면, 琴瑟(금슬)의 소리를 조절할 수 없다면[54] 반드시 풀어서 다시 조여야만 연주할 수 있는 것과 같습니다. 선정을 하려 해도 행할 수 없다면 심한 경우에 반드시 변경하거나 다시 교화해야만 다스릴 수 있습니다.[55] 그래서 漢이 천하를 차지한 이래로 늘 善治를 하려 했으나 지금까지 善治가 불가능했고, 많은 백성을 죽이는 것은 당연히 바꿔야 했지만 바꾸지 못했기 때문입니다. 옛 사람이 말하기를 '연못가에서 물고기를 부러워하기보다는 돌아와 그물을 짜는 것만 못하다.'고 하였습니다. 지금 정치를 하면서 안정된 통치를 원한 것이 70여 년이 되었으니 물러나 제도를 바꿔 실천하는 것만 못합니다. 고쳐 변화시킨다면 善治할 수가 있고, 善治가 된다면 (하늘에서 내리는) 災害(재해)도 나날이 적어지면서 복록은 날마다 많아질 것입니다.」

맞서거나 대들다. 抵는 거스를 저. 冒는 무릅쓸 모. 대항하다.

53 원문 如以湯止沸, 沸愈甚而無益 - 湯은 끓는 물 탕. 止沸(지비)는 못 끓게 하다. 沸는 물 끓을 비. 愈는 그렇게 여기다. 愈(나을 유)와 通. '揚湯止沸 不如去薪(끓는 물을 퍼 올려 못 끓게 하는 것은 (솥 밑의) 장작을 들어내는 것만 못하다.' 근본을 다스려야 한다는 뜻.

54 원문 辟之琴瑟不調 - 辟(견줄 비)는 譬(비유할 비).

55 원문 甚者必變而更化之 - 更化(경화)는 變更(변경), 變化.

이때, 황제는 사방의 이민족을 정벌하며 武功에만 치중하였기에[56] 예법이나 文治에 유념할 겨를이 없었다.

原文

至宣帝時, 琅邪王吉爲諫大夫, 又上疏言.

「欲治之主不世出, 公卿幸得遭遇其時, 未有建萬世之長策, 擧明主於三代之隆者也. 其務在於簿書, 斷獄, 聽訟而已, 此非太平之基也. 今俗吏所以牧民者, 非有禮義科指可世世通行者也, 以意穿鑿, 各取一切. 是以詐僞萌生, 刑罰無極, 質樸日消, 恩愛浸薄. 孔子曰, "安上治民, 莫善於禮." 非空言也. 願與大臣延及儒生, 述舊禮, 明王制, 驅一世之民, 濟之仁壽之域, 則俗何以不若成, 康? 壽何以不若高宗?」

上不納其言, 吉以病去.

[국역]

宣帝 때 이르러 琅邪郡(낭야군)의 王吉(왕길)이[57] 諫大夫(간대부)가

---

56 원문 銳志武功 - 銳志(예지)는 銳意(예의)를 갖고 추구하다. 銳는 날카로울 예.

57 원문 琅邪王吉爲諫大夫 - 王吉(왕길, ?- 前 48)은 琅琊王氏의 先祖. 본래 昌邑王의 신하. 昭帝의 후사가 없자 霍光(곽광) 등이 창읍왕을 옹립하였으나 행실이 나빠 27일 만에 쫓겨나고 宣帝가 즉위했다. 선제가 왕길을 등용했다. 琅邪(낭야, 琅琊)는 군명, 치소는 東武縣(今 山東省 濰坊市 관할의 諸城市). 諫大夫(간대부)는 郎中令의 속관.《漢書》72권에 입전.

되어 다시 상소하였다.

「治世를 이루려는 제왕이 해마다 출현하는 것도 아니며, 公卿도 다행히 때를 만나야 등용이 되고, 萬世를 이어갈 좋은 정책이라 하여 三代의 융성을 이어나갈 만한 明主가 있어 늘 채용하는 경우도 아닙니다. 公卿은 날짜가 정해진 문서를 처리하고 판결이나 송사를 처리하지만, 이것이 태평성대의 바탕은 아닙니다.

지금 俗吏로 治民하는 자는 만세에 통할 수 있는 禮法을 알지 못하고 임의로 끌어다 붙이며[58] 한 斷片(단편)을 취할 뿐입니다. 이 때문에 거짓이 싹트고[59] 형벌이 끝나지 아니하며 질박한 기풍은 날마다 사라지며 恩愛도 점차 얇아지고 있습니다. 孔子가 말한 "윗사람을 편히 모시고 백성을 다스리는 데는 禮보다 나은 것이 없다."라는 말은 빈말이 아닙니다. 臣이 바라는 것은 공경대신과 함께 유생을 초빙하여 舊禮를 서술케 하고 王制를 밝히시며 당대의 백성에게 仁政을 베풀어 장수를 누리도록 이끌어 주신다면, 풍속이 周의 成王과 康王 때와 어찌 같지 않으며(太平盛世), 또 (천자는) 殷의 高宗처럼[60] 어찌 장수하지 않겠습니까?」[61]

선제는 왕길의 상소를 받아들이지 않았고, 왕길은 병으로 사임했다.[62]

---

58 원문 以意穿鑿 - 穿鑿을 뚫다. 穿은 뚫을 천. 鑿은 뚫을 착.

59 원문 是以詐僞萌生 - 詐僞(사위)는 거짓. 萌生(맹생)은 싹트다. 萌은 싹 맹.

60 殷高宗 - 殷王 武丁(무정). 有德하여 可尊하기에 시호가 고종이다. 재위 59년이라 長壽했다고 표현. 百壽했다는 기록도 있다.

61 이는 王吉의 〈言宣帝得失疏〉를 요약한 일부분이다.

至成帝時, 犍爲郡於水濱得古磬十六枚, 議者以爲善祥.
劉向因是說上.

「宜興辟雍, 設庠序, 陳禮樂, 隆雅頌之聲, 盛揖攘之容,
以風化天下. 如此而不治者, 未之有也. 或曰, 不能具禮. 禮
以養人爲本, 如有過差, 是過而養人也. 刑罰之過, 或至死
傷. 今之刑, 非皐陶之法也, 而有司請定法, 削則削, 筆則筆,
救時務也. 至於禮樂, 則曰不敢, 是敢於殺人不敢於養人也.
爲其俎豆, 管弦之間小不備, 因是絶而不爲, 是去小不備而
就大不備, 或莫甚焉. 夫教化之比於刑法, 刑法輕, 是捨所
重而急所輕也. 且教化, 所恃以爲治也, 刑法所以助治也.
今廢所恃而獨立其所助, 非所以致太平也. 自京師有誖逆不
順之子孫, 至於陷大辟受刑戮者不絶, 繇不習五常之道也.
夫承千歲之衰周, 繼暴秦之餘敝, 民漸漬惡俗, 貪饕險詖, 不
閑義理, 不示以大化, 而獨驅以刑罰, 終已不改. 故曰, '導

---

62 그때 王吉이 젊어 학문을 할 때 장안에 살았다. 이웃집에 큰 대추나무가
왕길의 뜰로 가지를 뻗었는데 왕길의 처가 그 대추를 주워 왕길에게 올
렸다. 왕길이 이를 나중에 알고 아내를 친정으로 보냈다. 이웃이 알고서
는 그 대추나무를 베려고 하자, 다른 이웃이 함께 저지하면서 왕길에게
아내를 돌아오게 하라고 간청하였다. 그래서 마을에 '이웃 대추 때문에
王子陽은 아내를 보냈고, 이웃 대추나무가 해결되니 떠났던 아내가 돌아
왔네.' ('東家有樹, 王陽婦去. 東家棗完, 去婦復還.')라고 하였다. 그의 의
지가 이와 같았다.

之以禮樂, 而民和睦.'初, 叔孫通將制定禮儀, 見非於齊,魯
之士, 然卒爲漢儒宗, 業垂後嗣, 斯成法也.」

成帝以向言下公卿議, 會向病卒, 丞相大司空奏請立辟
雍. 案行長安城南, 營表未作, 遭成帝崩, 群臣引以定諡.

〖국역〗

成帝 재위 중에(前 32 - 前 7년), 犍爲郡(건위군)의[63] 강가에서 오
래된 磬石(경석) 16매를 찾아냈는데,[64] 이를 두고 많은 사람들이 祥
瑞(상서)라고 말했다. 이에 劉向이[65] 상서하였다.

「응당 (도성에) 辟雍(벽옹)을[66] 세우고, (지방에) 庠序(상서)를 설치
하며, 禮樂을 陳設하고, 雅(아)와 頌(송)의 음악을 융성케 하며,[67] 揖
攘(읍양)의 禮容을 성대히 갖춰 천하를 敎化해야 합니다. 이렇게 하
고서도 나라가 안 다스려진 경우는 없습니다. 或者(혹자)는 옛 예법
을 지킬 수 없다고 합니다. 그러나 禮는 養人의 근본이니, 만약 예의

---

63 犍爲郡(건위군) - 郡名. 치소는 僰道縣(북도현, 今 四川省 宜賓市 관할의 宜賓
縣 서남). 犍은 거세한 소 건.

64 古磬十六枚 - 磬은 磬石(경석), 옛 악기의 일종. 十六枚.

65 劉向(유향, 前 77 - 前 6) - 原名은 更生(경생). 成帝 때 向으로 改名. 저서로
는《別錄》,《新序》,《說苑》,《列女傳》이 있고《戰國策》,《楚辭》를 편찬. 유
향의 아들이 經學家 劉歆(유흠).《漢書》36권에 입전.

66 辟雍(벽옹, 辟廱)은 周代의 중앙교육기관. 太學이 소재한 곳. 전체적으로
둥근 모양(하늘을 상징)을, 물(敎化가 물처럼 흘러 널리 퍼지라는 뜻)이
두르고 있는 형상이다.

67 원문 隆雅頌之聲 - 隆은 융성케 하다. 雅(아)는《詩經》의 〈大雅〉와 〈小
雅〉. 頌(송)은《詩經》의 〈周頌〉과 〈商頌〉.

실천이 지나치더라도 그 지나침이 또한 백성을 양육할 것입니다. 그러나 지나친 형벌은 백성을 죽거나 다치게 합니다. 오늘의 형벌은 (周代) 皐陶(고요)의 법 집행과 다르며,[68] 담당 관리들의 法制 요청으로 삭제하자면 삭제하고, 늘리자면 늘려서[69] 겨우 時弊(시폐)만을 없앨 뿐입니다. 禮樂에 대해서는 더 많이 시행하자고 말을 하지 못하니(則日不敢), 이는 백성을 죽이는 데는 과감하나 養人을 주저하는 것과 같습니다. 俎豆(조두)나 管弦(관현)에서는[70] 조금만 不備하더라도 그를 핑계로 단절하며 시행하지 않으니, 이는 不備한 작은 것을 버리고 크게 不備한 일은 시행하는 것이니 그 무엇도 이보다 더 심하지는 않을 것입니다.[71]

대체로 敎化와 刑法을 비교한다면, 刑法에 의한 질서유지는 경미한 것이니, 이는 중대한 것을 버려두고 경미한 것을 서둘러 행하는 것입니다. 또 敎化가 믿음(信任)에 의한 통치라면[72] 형법은 治民의 보조 방법입니다. 지금 믿어야 할 것을 버려두고 보조 방법을(刑法) 위주로 한다면, 태평을 이룰 수가 없습니다. 京師(長安)의 詩逆不順

---

68 皐陶(고요) – 堯와 舜의 신하. 刑獄(형옥)을 관장하였음. 중국 司法의 鼻祖(비조). 皐는 높을 고, 부를 고. 陶는 사람 이름 요, 따라갈 요. 질그릇 도, 기쁠 도.

69 원문 筆則筆 – 筆은 써 넣다(寫上).

70 원문 爲其俎豆, 管弦之間小不備 – 俎와 豆(조두)는 제물을 진설하는 그릇. 祭器, 곧 禮를 의미. 管弦(관현)은 관악기와 현악기, 곧 樂을 뜻한다.

71 원문 或莫甚焉(혹막심언) – 或은 代詞로 쓰였음. 或者. 어떤 사람, 어떤 것. 부사의 경우 혹시, 조금, 약간. 莫은 아무 것도 ~하지 않다. ~하는 것이 없다. 부사로 쓰일 때는 ~하지 말라.

72 원문 所恃以爲治也 – 恃는 믿을 시. 신념에 의한 통치.

(패역불순)한 후손들 중에 사형에 처해지거나 형벌을 받는 자가 그치지 않는 것은[73] 五常(오상)의 正道에 익숙치 않기 때문입니다.[74]

(漢朝는) 천년을 이어온 周의 쇠퇴와 포악한 秦의 폐단을 이어받았기에, 백성들은 나쁜 습속에 점차 물들었고, 간사한 기풍에 흠뻑 젖었으며,[75] 의리에도 익숙지 않기에[76] 크게 교화를 베풀지 않거나 오로지 형벌로 몰아가지 않는다면 끝내 고쳐지지 않을 것입니다. 그래서 '禮樂으로 이끌면 백성은 화목하다.' 고[77] 하였습니다. 그전에 叔孫通(숙손통)이 (漢朝의) 의례를 제정할 때, 齊와 魯의 유생들로부터 비난을 받았지만[78] 끝내 漢의 儒宗이 되었고 그 업적은 후손에

---

73 원문 至於陷大辟受刑戮者不絶 – 陷은 빠질 함. 大辟(대벽)은 死刑. 刑戮(형륙)은 형벌이나 戮屍(육시).

74 원문 繇不習五常之道也 – 繇는 여기서는 말미암을 유(由와 同). 五常은 仁義禮智信.

75 원문 貪饕險詖 – 貪饕(탐도)는 매우 심하게 탐하다. 貪은 탐할 탐. 饕는 탐할 도. 과도한 욕심. 險詖(험피)는 간사함. 險은 諂(간사한 말 험). 詖는 치우칠 피.

76 원문 不閑義理 – 閑은 익숙하다.

77 원문 導之以禮樂, 而民和睦 – 이는 《孝經》에 나오는 말이다.

78 원문 非於齊,魯之士 – 숙손통은 사람을 통해 魯에서 30여 명을 모집하였다. 魯의 유생 2명이 함께 가지 않겠다면서 말했다. "公이 섬긴 주군이 거의 열 명에 가깝고 매번 주군의 면전에서 아부하였소. 지금 천하가 겨우 안정되었다지만 死者를 다 묻지도 못했고 다친 사람들도 회복이 안 되었는데, 이제는 예악을 일으키겠다고 합니다. 예악을 일으키려면 백 년간 덕을 쌓은 이후에나 가능합니다. 우리는 당신이 하려는 것을 차마 못 보겠소. 당신이 하는 일은 古禮에도 맞지 않아 우리는 안 갈 것이오. 당신은 가더라도 우리를 욕보이지 마시오." 이에 숙손통이 웃으면서 말했다. "당신들은 진짜 비루한 유생이라서 시대의 변화를 알지 못하는 것이오."

이어졌으며, 나라의 법도가 되었습니다.」

成帝는 유향의 건의를 여러 公卿의 의논에 붙였지만, 마침 유향은 병으로 죽었다.[79] 승상과 大司空은 辟雍(벽옹)의 설치를 건의하였다. (벽옹을) 長安城 남쪽에 설치하자고 논의하였으나 착공도 하기 전에 성제가 붕어했고, 여러 신하들은 이에 諡號(시호)를 정하였다.

原文

及王莽爲宰衡, 欲耀衆庶, 遂興辟雍, 因以簒位, 海內畔之.

世祖受命中興, 撥亂反正, 改定京師於土中. 卽位三十年, 四夷賓服, 百姓家給, 政敎淸明, 乃營立明堂,辟雍. 顯宗卽位, 躬行其禮, 宗祀光武皇帝於明堂, 養三老,五更於辟雍, 威儀旣盛美矣. 然德化未流洽者, 禮樂未具, 群下無所誦說, 而庠序尙未設之故也.

孔子曰, "辟如爲山, 未成一簣, 止, 吾止也."

今叔孫通所撰禮儀, 與律令同錄, 臧於理官, 法家又復不傳. 漢典寢而不著, 民臣莫有言者. 又通沒之後, 河間獻王采禮樂古事, 稍稍增輯, 至五百餘篇. 今學者不能昭見, 但推士禮以及天子, 說義又頗謬異, 故君臣長幼交接之道浸以不章.

---

79 원문 會向病卒 – 會는 마침. 공교롭게도.

〔국역〕

王莽(왕망)은 宰衡(재형)이[80] 된 뒤에 백성들을 미혹시키려고, 辟雍(벽옹)을 부흥하였으며, 결국 簒位(찬위)했지만[81] 천하가 왕망에게 반기를 들었다.[82]

(後漢, 東漢) 世祖(光武帝)는[83] 天命을 받아 (漢朝를) 中興하고 혼

---

80 宰衡(재형) - 平帝 元始 4년(서기 4년)에 결정한 왕망의 공식 호칭. 西周의 周公은 太宰(태재), 殷의 伊尹(이윤)은 阿衡(아형)이라 불렸는데, 왕망은 두 칭호를 합쳐 宰衡이라 하였으니 자신의 공적이 이윤과 주공보다 훌륭하다는 뜻이다.

81 簒位(찬위) - 平帝가 붕어하고 아들이 없자, 왕망은 宣帝(선제)의 玄孫(현손) 중에서 제일 어린 廣戚侯(광척후)의 2살짜리 아들 劉嬰(유영)을 데려다가 孺子(유자)로 책립하고, 宰衡(재형)에서 제위에 올라 周公이 成王을 도왔던 전례대로 攝皇帝(섭황제)가 되어 居攝(거섭)으로 改元하였다(서기 6년). 이어 서기 8년에 新의 정식 황제로 등극하며, 서기 9년을 始建國 원년으로 개원하였다.

82 원문 海內畔之 - 畔은 배반하다(叛과 同). 밭두둑 반. 왕망 天鳳 5년(서기 18년) 赤眉軍의 반란이 시작되었다. 결국 왕망은 地皇 4년(서기 23년) 10월에 난군에게 피살되었다.

83 世祖光武皇帝 - 世祖는 廟號. 후한 明帝는 顯宗, 章帝는 肅宗이다. 和帝(孝和皇帝)는 사후에 穆宗(목종)으로 묘호를 올렸다가 뒤에 삭제하였고, 이후 다른 황제의 묘호는 있었지만 獻帝 때 공식적으로 취소하였다. 廟號를 정함에 특별한 공이 있으면 祖, 德이 뛰어나면 宗이라 하는데, 光武帝는 漢朝 中興을 이루었기에 世祖라 하였다. 諡法에 '能紹前業曰 光, 克定禍亂曰 武' 라 하였다. 光武帝 劉秀는 서기 前 6년 12월에 출생하였고 (양력으로 계산하면 前 5년 1월 15일생), 王莽(왕망) 地皇 3년(서기 22년, 28세)에 起兵한 뒤, 서기 25년(31세)에 鄗縣(호현, 今 河北省 서남부 石家莊市 관할 高邑縣)에서 즉위하고, 연호를 建武, 國號를 漢(史稱 東漢, 後漢)으로 정했다. 32년을 재위하고 建武中元 2년(57년, 63세)에 낙양에서 죽

란을 수습하고 정상으로 되돌리며, 京師(都邑)를 옮겨 洛陽에 정도 (定都)하였다.[84] 즉위 30여 년에(서기 25 - 57) 四夷가 賓服(빈복)하고, 百姓 생활은 넉넉해졌으며, 政敎가 淸明하였고, 明堂과 辟雍(벽옹)을 건립하였다.

顯宗(明帝)이 즉위한 뒤[85] 몸소 禮를 실천하며 光武皇帝를 明堂에 모셔 제사했고, 三老와 五更(오경)을[86] 辟雍(벽옹)에 모시고 봉양하였으니, 그 威儀(위의)가 성대하고 아름다웠다. 그런데도 德化가 완전히 퍼지지 못한 것은 禮樂이 아직 다 갖춰지지 않았고, 많은 신하 중에서도 이를 보급할 사람이 없었으며, 또 (지방 교육기관인) 庠序(상서)가 아직 설치되지 못했기 때문이었다. 孔子가 말했다.

"山을 만드는데 비유하자면, 한 궤(一簣)의 흙을 못 채우고 그만두더라도(止), 내가 그만둔 것이다."[87]

었고, 시호는 光武, 廟號는 世祖. 陵墓는 原陵이다.

84 원문 改定京師於土中 - 京師는 도읍. 土中은 땅(地域)의 가운데. 낙양을 지칭함.

85 顯宗 - 顯宗孝明皇帝 諱莊(서기 28 - 75년. 재위 57 - 75년)은 儒學을 존중, 부세 감면하여 천하가 평안. 흉노를 격파하고 班超를 보내 서역을 경영. 顯宗은 廟號, 시호는 孝明. 諡法에 '照臨四方曰明'이라 했다. 前漢 孝惠帝부터 황제 시호에 '孝'가 붙는 것은 '孝子로 부친의 뜻을 잘 계승하다(孝子善繼父志).' 라는 뜻이다.

86 원문 養三老,五更於辟雍 - 三老(삼로)는 鄕官으로 三老가 아니고 존경받을 만한 국가의 최고 元老의 뜻. 보통 三公을 역임한 사람 중에서 선정하였다. 五更(오경, 五叟로도 표기. 叟는 늙은이 수)은 연노하고 致仕하고 경험(곧 五事인 貌, 言, 視, 聽, 思)이 풍부한 사람이란 뜻으로 보통 지팡이를 짚지 않아도 되는 公卿중에서 고른다는 주석이 있다. 황제가 年老한 三老와 更事致仕한 사람을 모시는 예를 시행하는 것은 백성에게 孝悌를 널리 펴기 위한 뜻이다.

지금 叔孫通(숙손통)이 정한 의례는 율령과 함께 기록, 보관되어
理官(사법관, 大理)이 관리하며, 법도 실천을 주장하는 大臣의 뜻은
전달되지도 않는다.[88] 漢(前漢)의 법규가 묻혀 드러나지 않는 것은
백성이나 관리들이 언급하는 자가 없기 때문이다. 또 숙손통이 죽은
이후로 河間國 獻王(헌왕, 劉德)이 예악 관련 옛 전적을 수집하였으
며,[89] (禮에 관련된) 여러 전적이 조금씩 늘어나 5백여 편이나 되었
다. 지금 학자들이 禮樂 방면에 드러나지 못하는 것은 〈士禮〉로 부
터 추론하여 天子에 이르러야 하나, 그 大義를 언급함에 오류와 異
說이 많고, 君臣과 長幼가 서로의 위치에서 그 규범이 점점 모호해
졌기 때문이다.

---

87 《論語 子罕(자한)》의 구절. 나의 실패는 결국 자신의 문제이다. 남을 탓할
수 없으리라.

88 원문 法家又復不傳 - 여기 법가는 제가백가의 법가가 아님. '법도를 밝
히자고 주장하는 大臣이라.' 는 주석이 있다.

89 원문 河間獻王采禮樂古事 - 河間 獻王 劉德(유덕, ?- 前 130) 의 字는 君
道. 河間國은 河間郡, 渤海郡, 廣川郡 등 今 河北省 남부 石家莊市 일원,
국도는 樂成縣(今 河北省 滄州市 관할의 獻縣). 獻王은 諡號(시호)이다.
修學하고 好古하며 實事求是를 추구하였다. 세상에서 좋은 책을 얻으면
잘 필사하여 주고 진본을 남겼는데 금이나 비단을 주면서 책을 구했다.
이 때문에 사방에서 학술을 하는 사람들이 불원천리하고, 또는 조상의
옛 책을 가지고 헌왕에게 증정하는 자가 많아 좋은 책을 구할 수 있었고
漢 皇室만큼 책이 많았다. 獻王이 구한 책들은 대개 古文으로 쓰인 先秦
의 옛 책이었는데 《周官》, 《尙書》, 《禮》, 《禮記》, 《孟子》, 《老子》같은 책으
로 대개 경전과 그 해설, 공자 70제자들의 책이었다. 그 학문은 거의 六
藝(六經)에 관한 것이었으며, 《毛氏詩》와 《左氏春秋》의 博士를 두었다.
禮樂을 연구하고 유학자의 옷을 입었으며 다급한 순간일지라도 儒家의
법도를 지켰다. 山東의 여러 유생들이 그를 따라 많이 모였다. 《漢書》 23
권, 〈景十三王傳〉에 입전.

三. 樂論

樂者, 聖人之所樂也, 而可以善民心. 其感人深, 移風易俗, 故先王著其教焉.

夫民有血氣, 心知之性, 而無哀, 樂, 喜, 怒之常, 應感而動, 然後心術形焉. 是以纖微憔悴之音作, 而民思憂. 闡諧嫚易之音作, 而民康樂. 粗厲猛奮之音作, 而民剛毅. 廉直正誠之音作, 而民肅敬. 寬裕和順之音作, 而民慈愛. 流辟邪散之音作, 而民淫亂. 先王恥其亂也, 故制雅頌之聲, 本之情性, 稽之度數, 制之禮儀, 合生氣之和, 導五常之行.

使之陽而不散, 陰而不集, 剛氣不怒, 柔氣不懾, 四暢交於中, 而發作於外, 皆安其位而不相奪, 足以感動人之善心也, 不使邪氣得接焉, 是先王立樂之方也.

〔국역〕

樂(악)은 聖人이 즐긴 바이니 民心을 善하게 한다. 사람의 마음속에 깊이 감응하여 移風易俗(이풍역속)할 수 있기에 先王은 그 교화를 밝게 펼 수 있었다.[90]

백성에게는 血氣(혈기)와 心知의 본성이 있고, 슬픔과 쾌락, 기쁨

---

90 원문 先王著其教焉 - 著는 분명할 저. 明也.

과 분노는 일정하지 않으며, 느낌에 따라 발동하고 그에 따라 마음의 형태가 나타난다.[91]

이리하여 섬세하고 미약한 탄식이 나오면[92] 사람들은 수심에 잠기게 된다. 넓은 듯 온화하고 늘어지는 소리가 연주되면[93] 백성들은 마음 편히 즐거워한다. 거칠고 사납게 분노하는 소리에 백성들은 굳세고 의연해진다.[94] 곧고도 바르며 참된 소리에는 엄숙 공경해진다. 너그럽고 온화 온순한 소리에 백성들은 자애롭게 된다. 방종 사특한 소리에[95] 백성들은 음란해진다. 그래서 先王은 인간의 어지러운 마음을 부끄럽게 생각하여 조정이나 종묘에서 연주할 수 있는 음악을 만들었는데,[96] 이는 인간의 性情에 바탕을 두고, 그 程度(정도)를 고찰하여 禮儀로 규제하고, 음양의 조화를 이루어[97] 五常의 행실을 바르게 이끌게 하였다.

---

91 원문 然後心術形焉 – 心術은 마음의 작용 또는 發現. 術은 방법. 행로. 形은 드러나다.

92 원문 纖微憔悴之音作 – 纖微(섬미)는 가늘고 미세하다. 작은 한숨소리. 憔悴(초췌)는 근심으로 수척한 모양.

93 원문 闡諧嫚易之音作 – 闡은 열 천. 넓다. 諧는 화할 해. 온화. 嫚易(만이)는 급박하지 않고 늘어지다.

94 원문 粗厲猛奮之音作, 而民剛毅 – 粗厲(조려)는 거칠고 사납다. 猛奮(맹분)은 맹렬하게 분투하다. 剛毅(강의)는 굳세고 決然(결연)하다.

95 원문 流辟邪散之音作 – 流辟(유벽)은 방종하며 괴이함. 邪散(사산)은 邪慝(사특)하다.

96 원문 故制雅頌之聲 – 雅는 조정에서 연주하는 악곡. 頌(송)은 종묘에서 연주하는 음악.

97 원문 合生氣之和 – 生氣는 음양의 기운.

그리하여 陽氣는 흩어지지 않고, 음기는 응집하지 않으며, 剛氣
(강기, 陽氣)는 분노에 이르지 않고, 유약한 기운은(陰氣) 두려워 않게
하며,[98] 안에서 陰陽剛柔(음양강유)의 4가지 기운이 서로 융합하여[99]
외부로 작용하여 모두가 자기 위치에 안정하면서 서로 쟁탈하지 않
는다면, 인간의 선한 마음에 감동을 주어 사악한 기운과 접촉할 수
없게 되니, 이것이 바로 先王이 樂을 定立하는 方道이다.

原文

王者未作樂之時, 因先王之樂以敎化百姓, 說樂其俗, 然
後改作, 以章功德.《易》曰,「先王以作樂崇德, 殷薦之上帝,
以配祖考.」昔黃帝作〈咸池〉, 顓頊作〈六莖〉, 帝嚳作〈五
英〉, 堯作〈大章〉, 舜作〈招〉, 禹作〈夏〉, 湯作〈濩〉, 武王作
〈武〉, 周公作〈勺〉.〈勺〉, 言能勺先祖之道也.〈武〉, 言以
功定天下也.〈濩〉, 言救民也.〈夏〉, 大承二帝也.〈招〉, 繼
堯也.〈大章〉, 章之也.〈五英〉, 英華茂也.〈六莖〉, 及根莖
也.〈咸池〉, 備矣.

[국역]

王者가 作樂하기 전에는, 先王의 樂曲으로 백성을 敎化하여 그

---

98 원문 柔氣不懾 – 柔氣(유기)는 陰氣와 同義. 懾은 두려워할 섭. 두려워 잠
복하다.

99 원문 四暢交於中 – 四를 陰, 陽과 剛, 柔의 4가지 기운. 또는 사방의 기운
으로 생각할 수 있다. 暢은 펼 창. 날리다. 통달하다.

습속을 기쁘고 안락하게 한 뒤에 (實情에 따라) 개작하여 그 공덕을 널리 알렸다.[100]

《易》에서는[101] 「先王이 作樂하여 崇德하며, 성대한 악곡을 上帝에게 헌상하며[102] 조상을 함께 제사했다.」고 하였다.

옛날 黃帝는 악곡 〈咸池(함지)〉를 만들었고, 顓頊(전욱)은 〈六莖(육경)〉을, 帝嚳(제곡)은 〈五英〉을, 堯(요)는 〈大章〉을, 舜(순)은 〈招(초)〉를,[103] 禹(우)는 〈夏〉, 湯(탕)은 〈濩(호)〉, 武王은 〈武〉, 周公은 〈勺(작)〉의 악곡을 지었다.

〈勺〉은 先祖의 道를 본받는다는 뜻이다.[104] 〈武〉는 천하를 안정시켰다는 뜻이다. 〈濩(호)〉는 백성을 구제한다는 뜻이다. 〈夏(하)〉는 二帝를 크게 계승한다는 뜻이다.[105] 〈招, 韶〉는 堯를 계승한다는 뜻이다. 〈大章〉은 (天地人의 道를) 크게 드러낸다는 뜻이다. 〈五英〉은 성대한 榮華(영화)이다. 〈六莖(육경)〉은 뿌리와 줄기를 따른다는 뜻이다. 〈咸池〉는 모두 다 갖추었다는 뜻이다.[106]

---

100 원문 以章功德 - 章은 彰(밝을 창)과 同. 뚜렷하게 드러내다.

101 이는 豫卦의 〈象辭〉이다. 豫는 기뻐할 예(喜悅之意). 雷地豫(☳☷).

102 원문 殷薦之上帝 - 殷은 盛大할 은. 성대한 음악. 薦(천)은 신께 바치다. 薦神. 上帝는 天也.

103 원문 舜作招 - 〈招(초)〉는 韶(舜의 음악 소)와 同.

104 勺은 술잔 작. 酌과 同. 參酌(참작)하다. 取하다.

105 원문 大承二帝也 - 二帝는 堯와 舜.

106 원문 〈咸池〉, 備矣 - 咸은 다 함. 모두. 池는 연못 지. 모든 것을 포용하다. 浸潤(침윤, 스며들다)의 뜻.

　自夏以往, 其流不可聞已, 殷〈頌〉猶有存者. 周〈詩〉旣備, 而其器用張陳, 〈周官〉具焉. 典者自卿大夫,師瞽以下, 皆選有道德之人, 朝夕習業, 以敎國子. 國子者, 卿大夫之子弟也, 皆學歌九德, 誦六詩, 習六舞, 五聲, 八音之和.

　故帝舜命夔曰, "女典樂, 敎冑子, 直而溫, 寬而栗, 剛而無虐, 簡而無敖. 詩言志, 歌詠言, 聲依詠, 律和聲, 八音克諧." 此之謂也. 又以外賞諸侯德盛而敎尊者. 其威儀足以充目, 音聲足以動耳, 詩語足以感心, 故聞其音而德和, 省其詩而志正, 論其數而法立.

　是以薦之郊廟則鬼神饗, 作之朝廷則群臣和, 立之學官則萬民協. 聽者無不虛己竦神, 說而承流, 是以海內遍知上德, 被服其風, 光輝日新, 化上遷善, 而不知所以然, 至於萬物不夭, 天地順而嘉應降.

【국역】

　夏나라 이전의 음악으로 전해오는 악곡을 들을 수 없지만, 殷의 〈頌〉은 지금까지 남아있다.[107] 周代의 〈詩〉는 모두 남아 있고 그 악기들도 진열되었으며 〈周官〉도 구비되었다.[108] (예악을) 담당하는 사람으로 卿(경)이나 大夫, 師瞽(사고)[109] 이하 모두를 有德한 사람 중에서

---

107 今《詩經 商頌》에는 5首의 詩가 있다.

108 원문 〈周官〉具焉 – 大司樂 이하 담당 관원이 있었다.

선발하였으며, 朝夕으로 본업을 연습하고 귀족 자제(國子)를 가르
쳤다. 國子란 卿(경)이나 大夫의 子弟인데, 모두 九德의 가곡을 배우
고,[110] 六詩를 암송하고,[111] 六舞와 五聲과 八音의 조화를 연습하였
다.[112]

그래서 帝舜이 夔(기)에게 명령하였다.[113] "너는 典樂(전악)하여
冑子(주자)를 가르쳐야 하니,[114] 直(직, 강직)하나 溫(온)하고, 寬(관, 관
용)하되 栗(율, 엄격, 慄과 通)하며, 剛(강, 剛健)하되 잔학하지 않고(無
虐), 簡(간, 簡約)하더라도 오만해서는 안 된다(無敖, 무오). 詩는 言
志하고, 歌는 詠言하나니, 聲(성)은 詠(영)에 맞추고, 律(율)은 和聲
(오성의 조화)을 이루며, 八音이 모두 어울려야 한다(克諧, 극해, 和
諧)."[115] 이것이 舜의 당부였다. 또(又) 덕행이 뛰어나(德盛) 존경받
는 지방의 諸侯(제후)를 포상하였다. (樂의) 그 威儀(위의, 당당한 행

---

109 師瞽(사고) – 樂工. 瞽는 장님 고. 無目之人.

110 원문 皆學歌九德 – 九德은 九功之德. 九功은 六府(水府, 火, 金, 木, 土,
穀府)와 三事(正德, 利用, 厚生).《左傳》文公 7년 기록 참고.

111 원문 誦六詩 –《詩》의 六義,곧 風, 雅, 頌, 賦, 比, 興.

112 習六舞, 五聲,八音之和 – 六舞(육무)는 6종 제사의 춤. 곧 帗舞(불무, 5색
깃발을 들고 추는 춤), 羽舞, 皇舞, 旄舞(모무), 干舞(간무), 人舞(인무)로, 社
稷, 宗廟, 四方, 辟雍, 星辰(성신)에 제사할 때 추는 춤. 五聲은 宮, 商.
角. 徵(치), 羽의 음률. 八音은 金, 石, 絲. 竹, 匏(포, 박), 土, 革(혁, 가죽),
木의 8가지 재료로 만든 악기의 소리.

113 원문 帝舜命夔 – 夔(기)는 舜의 신하 이름.

114 원문 女典樂, 敎冑子 – 女는 너 여(汝와 同). 冑子(주자)는 國子, 귀족의
자제. 冑는 맏아들 주(肉달월 변의 5획). 冑(투구 주. 冂部 총 9획)는 다른
字이다.

115 이는《書經, 虞書, 舜傳》의 구절이다.

동)는 충분히 볼만 하였고(足以充目), 그 音聲은 귀에 가득했으며, 그 詩語는 족히 마음에 감동을 주었기에, 그 음악을 들으면 德에 교화되었고, 그 시를 읽으면 뜻을 바로 세웠으며,[116] (음률의) 理致(이치, 數)를 배운 자는 법도가 확립되었다.[117]

이렇게 (正樂으로) 郊廟(교묘)에 제사하니 鬼神(귀신)이 제사를 歆饗(흠양, 제물을 받음, 饗)하고, 조정에서 연주하니(作之) 모든 신하(群臣)가 和樂했으며, 이를 學官에서 교육하니 萬民이 協和하였다. 聽者는 자신을 비우며 神을 공경하지 않는 자 없었고,[118] 기뻐하며(說) 시류를 따르게 되니, 이 때문에 천하가 모두 황제의 仁德(上德)을 알고 그 교화를 받아 그 光輝(광휘)가 날로 새롭고(日新), 가르침에 동화되어 선행을 실천하게 되었다. 왜 그러한지 까닭을 모르지만, 만물도 요절하지 않았고[119] 천지에 순응하였으며 내리는 복을 받게 되었다.

原文

故《詩》曰,「鐘鼓鍠鍠, 磬管鏘鏘, 降福穰穰.」《書》云,「擊石拊石, 百獸率舞.」鳥獸且猶感應, 而況於人乎? 況於鬼神乎? 故樂者, 聖人之所以感天地, 通神明, 安萬民, 成性類者也. 然自〈雅〉,〈頌〉之興, 而所承衰亂之音猶在, 是謂淫過

---

116 원문 省其詩而志正 – 省은 보다(視也). 읽다.

117 원문 論其數而法立 – 數는 음률의 이치.

118 원문 聽者無不虛己竦神 – 竦은 삼갈 송, 두려울 송. 공경하다.

119 원문 至於萬物不夭 – 夭는 어릴 요. 不夭는 요절하지 않다.

凶嫚之聲, 爲設禁焉. 世衰民散, 小人乘君子, 心耳淺薄, 則
邪勝正. 故《書》序,「殷紂斷棄先祖之樂, 乃作淫聲, 用變亂
正聲, 以說婦人.」

樂官師瞽抱其器而奔散, 或適諸侯, 或入河海. 夫樂本情
性, 浹肌膚而藏骨髓, 雖經乎千載, 其遺風餘烈尙猶不絶.
至春秋時, 陳公子完奔齊. 陳, 舜之後, 〈招樂〉存焉. 故孔子
適齊聞〈招〉, 三月不知肉味, 曰,“不圖爲樂之至於斯!” 美
之甚也.

〖국역〗

그래서 《詩經》에서는[120]「鐘鼓(종고)가 일제히 울리고, 경쇠와 피
리 소리 성대하니, 복내림이 아주 많다.」고 하였다.[121] 《書經》에서
는,「磬石(경석)을 연주하니 모든 짐승들이 함께 춤을 춘다.」고 하였
다.[122] 이처럼 鳥獸(조수)조차 感應(감응)하는데, 하물며 인간이 감응
하지 않겠는가? 더군다나 귀신이 감응하지 않겠는가? 그래서 樂이란
聖人이 이를 통해 천지를 감동케 하고 神明에 통하며, 만민을 안정시
키고 만물의 본성을 갖추게 한다. 그러나 《詩經》〈大, 小雅〉와 〈頌〉

---

120 《詩經 周頌 執競(집경)》의 시.

121 원문 鐘鼓鍠鍠, 磬管鏘鏘, 降福穰穰 - 鐘鼓는 종과 북. 鍠鍠(굉굉)은 和
樂한 모양. 鐘은 종고 소리 굉, 音은 皇이라는 주석도 있다. 磬은 경쇠
경, 鏘鏘(장장)은 (소리가) 성대한 모양. 穰穰(양양)은 많은 모양.

122 《書經 虞書 舜傳》의 글. 拊는 어루만질 부. 연주하다. 石磬(석경). 獸는
짐승 수.

의 興起 후에도 衰落(쇠락)과 動亂(동란)의 음악이 계속 이어지기에 음란하고 불길한 음악을 법으로 금하게 되었다. 세태가 뒤바뀌고 백성이 흩어지며, 小人이 군자를 누르고 마음에 드는 소리도 천박하니, 이는 邪惡이 正道를 이기는 것이다. 그래서 《書經》에서도[123] 「殷의 紂王(주왕)은 先祖의 正樂을 잘라버리고, 음란한 음악을 지었기에 正聲이 음란한 음악으로 바뀌어 부인들이 즐거웠다.」고 기록했다.

樂官인 師摯(사고)들은 그 악기를 가지고 흩어졌으니, 어떤 자는 제후를 찾아가고, 또 어떤 자는 섬으로 숨었다.[124] 대체로 樂은 인간의 情性을 바탕으로 삼아 피부로 느끼게 하고 骨髓(골수)에 파고들기에, 비록 천년이 지난다 하여도 그 遺風(유풍)이나 餘烈(여열, 영향)은 여전히 끊어지지 않는다. 春秋 시대에 이르러 陳의 公子인 完(완)은[125] 齊나라로 옮겨갔다. 陳은 舜(순)의 후손을 봉한 나라이었기에 〈招樂(소)〉이 남아 있었다. 그래서 孔子는 齊에 가서 〈招(소)〉를 듣고서는 3개월간 肉味를 몰랐다면서 "樂이 이런 지경에 이를 줄은 생각하지 못했다."고 말했으니,[126] 이는 樂을 크게 찬미한 말이다.

───────

123 《書經 周書 泰誓》의 글.

124 이는 《論語 微子》「大師摯適齊, 亞飯干適楚, ~, 鼓方叔入於河, ~. 擊磬襄, 入於海.」 참고.

125 陳公子完 - 陳의 公子인 完(완), 곧 齊의 田敬仲(전경중). 《左傳》 莊公 22년 기록 참고. 陳完(前 706 - ?), 嬀는 姓, 陳氏, 名은 完, 陳과 田의 古音이 相近하여 齊國에 온 이후 田完으로 개명. 諡는 敬仲. 田齊의 始祖. 그 후손 齊太公(田和)이 前 391年에 齊를 田齊라 호칭한다.(田氏代齊).

126 원문 《論語 述而》 子在齊聞韶, 三月不知肉味, 曰, "不圖爲樂之至於斯也." 圖는 생각하다, 헤아리다. 斯(이 사)는 이러한 실상. 境界.

周道始缺, 怨刺之詩起. 王澤旣竭, 而詩不能作. 王官失業, 〈雅〉,〈頌〉相錯, 孔子論而定之, 故曰, "吾自衛反魯, 然後樂正, 〈雅〉,〈頌〉各得其所."

是時, 周室大壞, 諸侯恣行, 設兩觀, 乘大路. 陪臣管仲,季氏之屬, 三歸〈雍〉徹, 八佾舞廷. 制度遂壞, 陵夷而不反, 桑間,濮上, 鄭,衛,宋,趙之聲並出. 內則致疾損壽, 外則亂政傷民. 巧僞因而飾之, 以營亂富貴之耳目. 庶人以求利, 列國以相間. 故秦穆遺戎而由余去, 齊人饋魯而孔子行.

至於六國, 魏文侯最爲好古, 而謂子夏曰, "寡人聽古樂則欲寐, 及聞鄭,衛, 余不知倦焉." 子夏辭而辨之, 終不見納, 自此禮樂喪矣.

[국역]

周의 王道가 무너지면서 원망과 諷刺(풍자)의 詩가 나왔다. 王의 은택은 이미 바닥이 났기에 (讚頌의) 詩를 지을 수 없었다. 王의 樂官도 본업을 잃었기에, 〈雅〉와 〈頌〉이 錯雜(착잡)하였는데, 孔子는 이에 예악을 論하고 評定한 뒤에 말했다.

"내가 衛(위)에서 魯(노)로 돌아온 뒤에 樂이 바로잡혔으며, 〈雅〉와 〈頌〉도 각각 제자리를 찾았다."[127]

---

127 《論語 子罕》 子曰, "吾自衛反魯, 然後樂正, 雅頌各得其所." 공자는 魯定公 13년(前 497년, 공자 55세)에 노를 떠나 衛를 찾아갔고, 이어 여러 나라를 14년간 정처 없이 돌아다녔다. 공자의 각국 周遊(주유)는 그야말

이 시기에, 周室의 권위는 크게 무너졌고(大壞, 대괴), 諸侯들은 제멋대로 참람하였기에, 궁문 앞 양쪽에 망루를 설치했고,[128] (천자가 타는) 大路(대로)를 타거나, 陪臣(배신)인[129] (齊의) 管仲(관중)이나 (魯의) 季氏(계씨) 등이 三歸(삼귀)를 취하거나, 〈雍(옹)〉을 연주하면서 祭物을 거두었으며,[130] 뜰에서 八佾(팔일)의 춤을 추게 했다.[131]

로 고난의 연속이었다. 공자 63세(前 489년, 哀公 6년)에, 陳과 蔡(채)에서 오가도 못하고 양식까지 떨어지고, 제자는 병들어 일어나 움직일 수도 없어 공자 일행은 큰 고생을 겪었다. 공자가 다시 魯에 돌아온 것은 哀公 11년(前 484), 공자 68세 때였다. 공자는 귀국한 이후 제자를 교육하면서 六經을 바로잡는 일을 계속했다. 그리하여 음악을 바로 세우고, 종래의 각국에서 채집된 《詩》 3,000여 편을 대대적으로 정리하여 대략 300여 편의 시를 남겨두었다고 하는데, 이를 공자의 刪詩(산시, 刪은 깎을 산)라고 한다. 이후 《詩》의 雅(아)와 頌(송)이 제자리를 찾게 되었다.

128 원문 設兩觀 – 제후는 궐문 앞에 하나의 망루(觀)만을 설치할 수 있는데 2개를 설치했다면 이는 禮에 어긋난 짓이었다.

129 陪臣(배신) – 제후는 천자의 신하이고, 제후의 신하는 천자에 대하여 자신을 칭할 때 陪臣(배신)이라 했다.

130 三歸〈雍〉徹 – 三歸에 대해서는 여러 주장이 있으나, 그중 하나는 관중이 분에 넘치는 세법으로(10분의 3) 수익을 올렸다는 주장이다, 〈雍〉徹은 季氏는 제사 후에 천자의 주악인 〈雍〉을 연주하며 제물을 철수(徹은 撤과 通)했다.

131 八佾(팔일) – 八佾(팔일)은 天子의 舞樂(무악)이다. 周 천자만이 시연할 수 있는 무악을 周公의 공적을 생각하여 魯國에서는 허용되었다. 그러한 八佾의 무악을 魯의 家臣인 季孫氏(계손씨) 자택 뜰에서 시연했다는 것은 예악의 문란을 의미한다. 禮는 넓게 말하면 문화규범인데, 이러한 禮로써 국가나 사회의 유지하고 문벌 간의 차이와 名分을 바로잡으려 했다. 그러기에 禮는 사회의 질서를 유지하는 외형적 제약이다. 천자가 시연하고 보는 예악과 제후가 할 수 있는 예악이 달랐다. 舞樂의 경우 천자는 八佾(팔일, 佾은 춤 일. 춤추는 줄), 곧 舞人이 1行 8人×8行이니 64

(이렇게 예악에 관한) 제도가 붕괴되었고, 쇠락하여(陵夷, 능이) 되돌릴 수 없었으니 (衛나라의) 桑間(상간, 지명)이나 (衛나라의) 濮水(복수)의 상류(上), 鄭, 衛, 宋, 趙 등에서는 음란한 음악이 유행하였다. 이는 (인간에게 內的으로) 壽命에 치명적이었으며, 외적으로는 정사를 어지럽히고 백성을 다치게 하였다. 교묘한 거짓으로 핑계대고 꾸며져 富貴한 자들의 耳目을 어지럽혔다. 이에 따라 서민은 이득만을 추구했으며, 제후국은 서로 원수처럼 사이가 벌어졌다(離間). 그리하여 秦 穆公(목공)이 (女樂을) 西戎(서융)에 보내주자, 由余(유여)는 서융을 떠나갔고, 齊人이 魯에 女樂을 보내자 孔子는 魯國을 떠났다.

六國 시대에 이르러, 그래도 魏 文侯(문후, 前 445 – 396년 재위 前 424년 稱侯)가 가장 好古하였는데, 子夏(자하)에게[132] 말했다. "寡人이 古樂을 들으면 졸리지만, 鄭과 衛(위)의 淫樂을 들으면 지루한 줄을 모

명이 춤을 추었다. 제후는 6佾, 곧 8人×6行이니 48명, 大夫는 4行이니 32명이었다. 八佾(팔일)은 《논어》의 편명. 《論語 八佾》孔子謂季氏, "八佾舞於庭, 是可忍也, 孰不可忍也?"《論語 八佾》三家者以〈雍〉徹. 子曰, "相維辟公, 天子穆穆, 奚取於三家之堂?"

132 子夏 – 본명은 卜商(복상). 공자보다 44세나 어렸음. 孔門十哲의 한 사람으로 문학 분야에 뛰어났는데 특히 經學에 밝았다. 공자가 함께 《詩》를 논할 수 있는 제자였다. 공자가 '너는 君子儒가 되어야지 小人儒가 되어서는 안 된다' 는 가르침을 주었으며, 공자의 학문과 사상을 후세에 전하는데 공이 많았다. 전국시대에 천하가 다툴 때 유학은 배척되었지만, 그래도 齊와 魯에서는 학자들이 유학을 폐하지 않았으니 齊 威王과 宣王 무렵에는 孟子와 孫卿(손경) 같은 사람들이 모두 夫子(孔子)의 학술을 받들고 더욱 발전시켜 당세에 학문으로 유명하였다. 班固의 《漢書 儒林傳》 참고.

르겠다."

이에 자하는 문후에게 건의하며 변론하였지만 (문후는) 끝내 받아들이지 않았고 이후로 예악은 사라졌다.

漢興, 樂家有制氏, 以雅樂聲律世世在大樂官, 但能紀其鏗鎗鼓舞, 而不能言其義.

高祖時, 叔孫通因秦樂人制宗廟樂. 大祝迎神於廟門, 奏〈嘉至〉, 猶古降神之樂也. 皇帝入廟門, 奏〈永至〉, 以爲行步之節, 猶古〈采薺〉,〈肆夏〉也. 乾豆上, 奏〈登歌〉, 獨上歌, 不以管弦亂人聲, 欲在位者遍聞之, 猶古〈淸廟〉之歌也. 〈登歌〉再終, 下奏〈休成〉之樂, 美神明旣饗也. 皇帝就酒東廂, 坐定, 奏〈永安〉之樂, 美禮已成也. 又有〈房中祠樂〉, 高祖唐山夫人所作也. 周有〈房中樂〉, 至秦名曰〈壽人〉.

凡樂, 樂其所生, 禮不忘本. 高祖樂楚聲, 故〈房中樂〉楚聲也. 孝惠二年, 使樂府令夏侯寬備其簫管, 更名曰〈安世樂〉.

[국역]

漢이 건국된 뒤에, 樂家에 制氏(제씨)가 있었는데,[133] 雅樂(아악)의

---

133 원문 樂家有制氏 – 制氏는 魯國 사람. 가문에 전하는 연주만 알았지 아악의 뜻은 몰랐다.

聲律이 대를 이어 전해온 大樂官이었으나, 다만 그 연주만을 알았지[134] 그 대의를 설명하지는 못했다.

高祖 재위 시에 叔孫通(숙손통)이 秦 樂人의 연주를 바탕으로 宗廟樂(종묘악)을 제정하였다. 大祝(대축, 職名)이 종묘 대문에서 迎神(영신)할 때 〈嘉至〉를 연주했는데,[135] 옛날 降神(강신)의 樂과 같았다. 皇帝가 종묘의 문에 들어오면, 〈永至〉를 연주하여 (황제의) 걸음걸이를 조절케 했는데 이는 옛날의 〈采薺(채제)〉와 〈肆夏(사하)〉의 악곡이었다. 乾豆(건두)를[136] 올릴 때는 〈登歌〉를 연주하는데 이 때만 노래를 불렀으니 管弦(관현)으로 소리를 내어 혼란케 하지 않았기에 참가자들이 모두 노래를 들을 수 있었으니 이는 옛날의 〈清廟(청묘)〉의 노래와 같았다. 〈登歌〉가 다시 끝나고 내려갈 때는 〈休成〉의 樂을 연주하였으니, 이는 神明이 흠향한 것을 찬미하였다. 皇帝가 東廂(동상)에 음주하러 가서 坐定하면, 〈永安〉의 樂을 연주하여 제례를 잘 마친 것을 찬미하였다.

또 〈房中祠樂 / 安世房中樂〉이 있었는데, 이는 高祖의 唐山夫人이[137] 지은 것이다. 周에는 〈房中樂〉이 있었는데, 秦代에는 〈壽人〉이라 하였다.

모든 樂은 좋아하는 바를 따라 만들어지나 禮는 그 근본을 잊지 않는 것이다. 高祖는 楚聲(초성, 초나라의 음률)을 좋아하였기에 〈房

---

134 원문 但能紀其鏗鎗鼓舞 - 鏗鎗(갱쟁)은 金石 악기의 소리. 연주하다.

135 奏〈嘉至〉 - 여기 嘉는 善의 뜻.

136 乾豆(건두) - 脯(말린 고기 포)에 속하는 祭物.

137 唐姬(당희), 唐山夫人 - 唐山이 姓. 漢初 女詩人, 漢初 저명 詩集 〈安世房中歌〉 17장을 지었다.

中樂〉은 楚聲이었다. 孝惠 2년(前 193), 樂府令인 夏侯寬(하후관)이 통소와 피리 등을 보태고, 〈安世樂〉으로 개명하였다.

四. 漢初의 樂曲

高廟奏〈武德〉,〈文始〉,〈五行〉之舞. 孝文廟奏〈昭德〉, 〈文始〉,〈四時〉,〈五行〉之舞. 孝武廟奏〈盛德〉,〈文始〉,〈四 時〉,〈五行〉之舞.

〈武德舞〉者, 高祖四年作, 以象天下樂己行武以除亂也. 〈文始舞〉者, 曰本舜〈招舞〉也, 高祖六年更名曰〈文始〉, 以 示不相襲也. 〈五行舞〉者, 本周舞也, 秦始皇二十六年更名 曰〈五行〉也. 〈四時舞〉者, 孝文所作, 以示天下之安和也.

蓋樂己所自作, 明有制也. 樂先王之樂, 明有法也. 孝景 采〈武德舞〉以爲〈昭德〉, 以尊大宗廟. 至孝宣, 采〈昭德舞〉 爲〈盛德〉, 以尊世宗廟. 諸帝廟皆常奏〈文始〉,〈四時〉,〈五 行舞〉云.

高祖六年又作〈昭容樂〉,〈禮容樂〉. 〈昭容〉者, 猶古之〈昭 夏〉也, 主出〈武德舞〉. 〈禮容〉者, 主出〈文始〉,〈五行舞〉. 舞人無樂者, 將至至尊之前不敢以樂也. 出用樂者, 言舞不 失節, 能以樂終也. 大氐皆因秦舊事焉.

高祖의 廟堂에서는〈武德〉,〈文始〉,〈五行〉의 舞樂을 연주했다. 孝文帝의 묘당에서는〈昭德〉,〈文始〉,〈四時〉,〈五行〉의 무악을 연

주했다. 孝武帝의 묘당에서는 〈盛德〉, 〈文始〉, 〈四時〉, 〈五行〉의 무악을 연주했다.

〈武德舞〉는 高祖 4년(前 203)에 만들었는데, 천하 백성이 고조의 武功으로 혼란을 제거한 사실을 기뻐하는 형상과 같았다. 〈文始舞〉란 본래 舜의 〈招舞〉라 불렀던 것으로, 高祖 6년에 〈文始〉라 이름을 바꿨는데, 이는 서로 답습하지 않았다는 뜻이었다. 〈五行舞〉는 본래 周의 舞樂인데, 秦始皇 26년(前 221, 천하 통일하던 해)에 〈五行〉이라 개명하였다. 〈四時舞〉란 孝文帝 때 만들었는데, 천하가 안락 화목하다는 뜻이었다.

대체로 자신의 음악을 창작한 것은 자신의 규율이 있음을 말한다. 또 先王의 음악을 답습하는 것도 그 법을 계승한다는 뜻이다. 孝景帝는 〈武德舞〉를 채용하며 〈昭德舞〉라 하였는데 이는 大宗(太宗, 孝文帝) 廟를 尊崇한다는 뜻이었다. 孝宣帝는 〈昭德舞〉를 받아들여 〈盛德舞〉라 하였는데, 이는 世宗(武帝)을 존중 계승한다는 뜻이었다. 그러니 모든 묘당에서는 항상 〈文始〉, 〈四時〉, 〈五行舞〉를 연주하였다고 말할 수 있다.

高祖 6년(前 201)에 또 〈昭容樂〉, 〈禮容樂〉을 지었다. 〈昭容樂〉은 옛날의 〈昭夏樂〉인데, 주로 〈武德舞〉를 답습하였다. 〈禮容樂〉은 주로 〈文始〉, 〈五行舞〉를 답습하였다. 舞人에 樂者가 없는 것은 至尊인 황제가 도착하기 전에 감히 노래할 수 없다는 뜻이었다. 음악을 연주하는 것은 춤에서 그 節奏(절주)를 놓치지 않는 것이며 음악에 의거 춤을 끝내게 된다. 대체로 모든 것이 秦의 옛 제도를 많이 답습하였다.[138]

---

138 원문 大氐皆因秦舊事焉 - 大氐(대저)는 大抵(대저), 大槪(대개)와 同.

初, 高祖既定天下, 過沛, 與故人父老相樂, 醉酒歡哀, 作
〈風起〉之詩, 令沛中僮兒百二十人習而歌之. 至孝惠時, 以
沛宮爲原廟, 皆令歌兒習吹以相和, 常以百二十人爲員. 文,
景之間, 禮官肄業而已.

至武帝定郊祀之禮, 祠太一於甘泉, 就乾位也. 祭后土於
汾陰, 澤中方丘也. 乃立樂府, 采詩夜誦, 有趙,代,秦,楚之
謳. 以李延年爲協律都尉, 多舉司馬相如等數十人造爲詩
賦, 略論律呂, 以合八音之調, 作十九章之歌.

以正月上辛用事甘泉圜丘, 使童男女七十人俱歌, 昏祠至
明. 夜常有神光如流星止集於祠壇, 天子自竹宮而望拜, 百
官侍祠者數百人皆肅然動心焉.

[국역]

그전에, 高祖가 천하를 평정한 뒤에, 고향 沛(패)에 들려[139] 친우
와 父老들과 함께 즐기면서 술에 취해 기뻐하고 슬퍼하면서 〈風起〉
의 詩를 지어 沛의 아이들 120명이 노래를 배워 부르게 하였다.[140]

---

139 過沛 - 沛邑에 들리다. 패읍을 '지나가다' 란 뜻이 아님. 沛는, 今 江蘇
省 徐州市 관할 沛縣,

140 〈風起〉-〈大風歌〉. 高祖 12년(前 195) 겨울 10월, 고조는 英布의 반군
을 會缶(회부)에서 격파했고 영포가 도주하자 별장을 보내 추격케 했다.
고조는 돌아오면서 沛縣에 들려 유숙하며 沛宮에서 옛 친우와 父老들
을 모두 부르고 자제로 하여금 술시중을 들게 했다. 패현의 아이 120명

孝惠帝 때는 沛宮을 原廟(원묘)로[141] 만들었고, 패의 모든 아이들에게 노래를 익히고 吹奏(취주)하며 같이 맞추게 하였는데, 정원은 늘 120명이었다. 문제와 경제 때, 禮官은 이를 연습만 했다.[142]

武帝에 이르러 郊祀(교사)의 祭禮를 제정하여, 甘泉宮에서 太一神에 제사를 올렸는데 長安城의 서북방(乾位)이었다. 汾陰(분음)에서 后土神을 제사했는데,[143] 澤中의 사각형 모양의 구릉지였다.[144] (武

을 불러 노래를 부르게 했다. 술이 얼큰해지자, 고조는 筑(축)을 치며 몸소 노래했다.

大風起兮雲飛揚,   '큰 바람 일고 구름 날리네,

威加海內兮歸故鄉,   천하에 맹위 떨치고 고향에 왔네,

安得猛士兮守四方   어디서 猛士 얻어다 천하를 지키나!'

모든 아이들도 따라 부르게 했다. 고조는 일어나 춤을 추며 강개하고 복바쳐 눈물을 여러 줄 흘렸다.

141 原廟(원묘) - 종묘 이외의 廟堂. 原은 거듭(重).

142 원문 禮官肄業而已 - 肄業은 練習. 肄는 익힐 이.

143 원문 祭后土於汾陰 - 무제 元鼎(원정) 4년(前 113). 后土(후토)는 토지신이며, 女神에 속함. 무제가 세운 사당을 나중에 成帝가 장안으로 옮겼다. 汾陰(분음)은 현명. 今 山西省 運城市 북쪽 萬榮縣. 무제는 즉위 후, 6년을 주기로 하여 一元, 二元 … 五元이라 하였다. 五元 3년에, 담당자의 건의를 받아들여 一元을 建元(前 140 - 135), 二元을 元光(前 134 - 129), 三元을 元朔(前 128 - 123), 四元을 元狩(원수, 前 122 - 117)라 하고 五元의 연호는 미정이었다. 五元 4년(前 113)에, 寶鼎을 얻자 五元을 元鼎(원정, 前 116 - 111)이라 하였다. 곧 연호를 처음 사용한 것은 元鼎 3년(前 114년)이었다. 이어 元封(前 110 - 105년)까지는 6년 주기였으나 太初(前 104 - 101년) 이후는 일정 주기가 없어졌다. 唐 高祖와 太宗은 재위 기간 하나의 연호를 사용했지만 一世一元의 제도가 제대로 확립된 것은 明代이었다.

帝는) 이어 樂府(악부)를¹⁴⁵ 설치했는데, 시가를 채집한 뒤, 밤에 吟誦(음송)하게 했는데, 趙, 代, 秦, 楚 땅에서 불리는 노래들이었다. 李延年(이연년)을¹⁴⁶ 協律都尉에¹⁴⁷ 임명했고, 司馬相如(사마상여) 등 수십 명을 등용하여 시가를 짓게 했으며, 律呂(율여)를 略論하고 八音의 調和에 맞춰 19장의 노래를 지었다.

(武帝는) 正月 첫 번째 辛日(신일)에 甘泉宮 圜丘壇(환구단, 圓丘壇)에서 童男, 童女 70여 명이 함께 노래를 부르게 하면서 저녁부터 날

---

144 后土祠가 있는 土丘는 황하의 東岸, 황토지대로 길이가 45리, 넓이가 2리, 높이가 10여 丈인 臺地이다. 하늘은 둥글고(天圜, 圜은 둥글 원) 땅은 네모지다(地方)는 개념에 맞춰 선택된 곳이었다.

145 樂府(악부) - 樂府는 武帝 때 설치한 음악을 담당하는 관청. 정원이 800여 명이나 되었다. 民歌를 수집, 여기에서 '樂府詩'라는 문학 형식이 나온다. 音監을 두어 악인들을 감독했다.

146 李延年(이연년) - 中山國 사람으로, 본인과 부모 형제가 그전에 모두 樂人이었다. 이연년은 법에 걸려 腐刑(부형)을 받았고, 狗監(구감)에서 일했다. 여동생이 무제의 총애를 받으며 李夫人(이부인)이라 불렸는데 〈外戚傳〉에 실렸다. 이연년은 노래를 잘했고 새 악곡도 만들었다. 이때 무제는 막 천지에 대한 제사를 올리며 새 악곡을 만들려고 司馬相如(사마상여) 등을 시켜 시가를 짓게 하였다. 이연년은 그때마다 무제의 뜻을 알아 새로 지은 시를 연주하고 신 악곡을 지었다. 이부인이 昌邑王(창읍왕)을 낳자, 이연년은 이로 인해 더욱 높이 올라 協律都尉가 되어 2천석 고관의 인수를 차고 무제와 기거를 같이 하였다. 《漢書》93권, 〈佞幸傳(영행전)〉에 立傳. 李延年과 李廣利, 武帝의 李夫人은 모두 형제, 이광리는 《漢書》61권, 〈張騫李廣利傳〉에 입전.

147 協律都尉(협률도위) - 국가의 음악을 관장. 도위는 본래 군의 군사를 담당하는 比二千石의 무관. 나중에는 특별한 업무를 수행하는 관직에 都尉 직함을 붙였다. 李延年은 협률도위로 二千石 인수를 차고 다녔다.

이 밝을 때까지 제사를 지냈다. 밤에는 늘 神光처럼 流星이 제사 단위에 모였고, 天子는 竹宮에서[148] 바라보며 拜禮하였으며 제사를 시중드는 수백 명의 백관이 모두 숙연하며 감동하였다.

---

148 竹宮 – 대나무로 지은 임시 行宮.

五. 武帝 時 樂曲

1. 〈安世房中歌〉

原文

〈安世房中歌〉十七章, 其詩曰,

[국역]

〈안세방중가〉 17장.[149] 그 시는 아래와 같다.

原文

大孝備矣, 休德昭淸.

高張四縣, 樂充宮庭.

芬樹羽林, 雲景杳冥,

---

149 〈安世房中歌〉-〈安世樂〉. 한 高祖의 후궁인 唐山婦人 作. 여기서 房은
신주를 모시는 종묘의 방. 인륜의 시작은 부부에 있다. 그래서《詩經》은
부부의 화락을 읊은 노래 〈關雎(관저)〉로 시작한다. 漢의 〈安世房中歌〉
는 神의 축복을 기원하는 뜻이다. 三國의 曹魏(조위, 220 – 265)에서는 이
를 〈正始〉의 樂으로 개명했다. 또 나중에 〈享神歌(향신가)〉로 개명했다
는 주석이 있다. 내용으로 볼 때 十二章인데, 17章이라 한 것은 필사 과
정의 오류일 것이라는 주석이 있다. 본 권에서는 17장으로 구분 번역했
다. 句節도 10句에서 4句까지 또 1句도 3字에서 7字까지 다양하다.

金支秀華, 庶旄翠旌.

〖국역〗

  1. 大孝가 갖춰졌나니, 美德이 밝게 빛난다.[150]

    사방에 높이 매단 악기, 궁정을 채운 樂音.[151]

    빽빽이 두른 많은 나무, 구름 그림자처럼 어둡다.[152]

    수많은 황금 장식 악기, 깃털 장식과 푸른 정기.[153]

原文

  〈七始〉,〈華始〉, 肅倡和聲.

  神來宴娭, 庶幾是聽.

  鬵鬵音送, 細齊人情.

  忽乘青玄, 熙事備成.

  清思眇眇, 經緯冥冥.

〖국역〗

  2. 〈칠시〉와 〈화시〉의 악곡을, 삼가 소리 맞춰 노래한다.[154]

---

150 원문 休德昭清 – 休는 美. 清은 明의 뜻.

151 高張四縣 – 高張은 높게. 縣은 懸(매달 현).

152 芬樹羽林, 雲景杳冥 – 芬은 향기로울 분. 많다(衆多). 紛(섞일 분)과 通. 景은 影(그림자 영). 杳冥(묘명)은 어둡다.

153 金支秀華, 庶旄翠旌 – 支는 枝. 庶는 衆多, 翠는 비취색 취, 물총새 취, 旄와 旌(정)은 깃발의 종류.

神이 강림하여 잔치를 즐기고, 아마도 음악을 들으리라.[155]

삼가 천신께 드리는 음악이니, 적으나 엄숙한 人情이다.[156]

홀연히 하늘에 오르시니, 기쁜 福을 갖춰 주시리라.[157]

담담한 생각해 보니, 천지는 끝없이 空豁(공활)하다.[158]

原文

我定曆數, 人告其心.

敕身齊戒, 施敎申申.

乃立祖廟, 敬明尊親.

大矣孝熙, 四極爰轃.

---

154 〈七始〉,〈華始〉, 蕭倡和聲 - 〈七始〉,〈華始〉는 모두 악곡명. 七始는 天과 四時의 시작. 蕭倡(숙창)은 嚴肅(엄숙) 唱歌(창가)의 뜻.

155 神來宴娭, 庶幾是聽 - 宴娭(연시)는 잔치하며 즐기다. 娭는 계집종 애. 장난치다. 庶幾(서기)는 아마도. 이 구절은 천신도 강림하여 잔치를 즐기며 음악을 들을 것이라는 뜻.

156 鬻鬻音送, 細齊人情 - 鬻鬻(죽죽)은 공격하고 두려워하는 모양. 鬻은 (먹는 음식) 죽 죽. 細는 微細(미세). 齊는 엄숙할 제. 공손하고 삼가는 모양.

157 忽乘靑玄, 熙事備成 - 忽乘(홀승)은 홀연히 올라가다. 靑玄은 하늘(天), 熙事는 禧事(희사). 福. 備成(비성)은 갖춰지다.

158 淸思眑眑, 經緯冥冥 - 淸思는 담담한 思念. 眑眑(유유)는 심원한 모양. 眑는 깊을 유. 經緯(경위)는 天地. 冥冥(명명)은 높고 멀리까지 텅 비다. 冥은 어두울 명.

〔국역〕

3. 내가 歷法을 확정하며, 충성을 다하라 백성을 깨우친다.[159]
   행실을 삼가하라 훈계하며, 쉬지 않고 백성을 교화한다.[160]
   종묘의 묘당을 세우고, 받들 친척을 공경한다.[161]
   위대하도다, 효행의 福이여, 사방 끝에서도 모여든다.[162]

原文

王侯秉德, 其鄰翼翼, 顯明昭式.
清明暢矣, 皇帝孝德.
竟全大功, 撫安四極.

〔국역〕

4. 王侯(왕후)가 덕이 있으니, 이웃 모두가 공경하여,
   뚜렷이 드러나도다.[163]

---

159 我定曆數, 人告其心 - 曆數는 曆法. 告는 윗사람이 아랫사람을 훈계하다.

160 敕身齊戒, 施敎申申 - 敕은 조서 칙. 타이르다, 훈계하다. 삼가고 공경하는 모양. 齊戒(재계)의 齊는 齋(재계할 재). 申申(신신)은 쉬지 않고 애쓰는 모양.

161 乃立祖廟, 敬明尊親 - 祖廟는 宗廟.

162 大矣孝熙, 四極爰臻 - 熙는 福也. 四極은 사방의 끝. 臻은 이를 진. 臻(이를 진)과 同.

163 王侯秉德, 其鄰翼翼, 顯明昭式 - 秉德(병덕)은 持德, 鄰은 이웃. 近臣. 翼翼(익익)은 매우 공경하는 모양. 顯明(현명)은 밝게 드러나다.

政事가 청명하고 달통하니, 황제의 효행이리라.[164]

마침내 큰 공덕을 이루고, 천하 사방을 鎭撫(진무)하도다.[165]

海內有奸, 紛亂東北.

詔撫成師, 武臣承德.

行樂交逆, 〈簫〉, 〈勺〉群慝.

肅爲濟哉, 蓋定燕國.

[국역]

5. 海內에 간악한 자 있어 동북방이 어지럽도다.[166]

조서로 군사를 慰撫(위무)하니, 武臣은 은덕을 입었다.[167]

軍樂이 정벌에 나서니, 〈簫〉와 〈勺〉에 악한 무리가 숨는다.[168]

---

164 淸明暢矣, 皇帝孝德 – 暢은 펼 창. 화락하다. 通達하다.

165 竟全大功, 撫安四極 – 竟은 다할 경. 마침내. 撫安(무안)은 鎭撫(진무)하다.

166 海內有奸, 紛亂東北 – 海內는 天下. 有奸(유간)은 匈奴族을 지칭. 《漢書》
에는 〈匈奴傳〉(上, 下), 〈西南夷兩粤朝鮮傳〉, 〈西域傳〉(上, 下)의 外國
傳이 있다. 이는 중국 주변 이민족과의 交流史이면서 해당 지역의 역사
이며, 漢代의 정책과 인식을 알 수 있는 중요한 사료이다. 匈奴(흉노)는
전국시대 이후 漢 주변 이민족 중 가장 강력했으며 유목국가를 건설하
고 발전하면서 중국에 큰 영향을 끼쳤다. 漢의 군사와 외교는 사실상
흉노에 대한 정벌과 화친의 방책이었다. 漢의 흉노에 대한 대원칙은 羈
縻政策(기미정책)이라 할 수 있다.

167 詔撫成師 – 成師는 각처의 군부대, 또는 차출된 백성.

168 行樂交逆, 〈簫〉, 〈勺〉群慝. – 交逆의 逆은 맞이하다(迎). 〈簫(소)〉는 舜

출정하여 戰功을 거두니, 동북방 燕國이 안정되었다.¹⁶⁹

大海蕩蕩水所歸, 高賢愉愉民所懷.

大山崔, 百卉殖.

民何貴? 貴有德.

[국역]

6. 끝없이 넓은 바닷물이 모이나니,¹⁷⁰

　고명한 賢者 和順하니 백성이 歸附한다.¹⁷¹

　우뚝 솟은 큰 산에, 온갖 풀이 무성하다.¹⁷²

　백성에게 무엇이 貴한가? 德을 귀히 여긴다.

原文

安其所, 樂終産.

樂終産, 世繼緒.

의 음악. 〈勺(작)〉은 周의 樂名. 慝은 사악할 특.

169 肅爲濟哉, 蓋定燕國. – 肅爲濟哉는 군사가 출정하여 성공을 거두다.

170 大海蕩蕩水所歸 – 蕩蕩(탕탕)은 광대한 모양.

171 高賢愉愉民所懷 – 愉愉(유유)는 화순한 모양. 愉는 즐거울 유. 부드러워
지다.

172 大山崔, 百卉殖. – 崔는 산 높을 최. 卉는 풀 훼. 殖은 번식하다, 무성하다.

飛龍秋, 游上天.

高賢愉, 樂民人.

7. 모두 제자리에 안주하니, 그 끝은 즐거움이다.

終生토록 화락하고 후손이 뒤를 잇는다.[173]

가을 하늘 날으는 龍, 上天을 遊樂(유락)하다.

고명한 賢人도 즐거우니, 백성도 快樂하다.[174]

原文

豐草葽, 女羅施.

善何如! 誰能回?

大莫大, 成教德.

長莫長, 被無極.

〔국역〕

8. 靑草가 무성하고, 새삼 덩굴도 뻗어간다.[175]

무엇이 더 좋으랴! 누가 이를 부수겠나?

---

173 世繼緒 - 緒는 실마리 서. 世系(세계).

174 高賢愉, 樂民人. - 愉는 즐거울 유.

175 豐草葽, 女羅施. - 葽는 풀이름 요. 무성하다. 女羅는 나무를 타고 올라 가며 자라는 풀. 地衣類 식물. 施는 뻗어가다. 延也.

크건 아니 크건, 덕행으로 교화를 이룬다.

길건 아니 길건, 끝없이 넓게 뻗으리라.[176]

原文

雷震震, 電耀耀.

明德鄉, 治本約.

治本約, 澤弘大.

加被寵, 咸相保.

德施大, 世曼壽.

[국역]

9. 천둥소리 우르릉, 번개는 번쩍번쩍.

明德을 따르나니, 治民의 근본은 簡約(간약)이다.[177]

簡約(간약)으로 다스리니, 그 은택은 弘大하다.

백성이 은덕을 받으니, 老幼(노유) 모두 안심한다.[178]

크게 덕을 베푸니, 오래오래 長壽하리라.[179]

---

176 被無極 - 被는 及也.

177 明德鄉, 治本約. - 鄉은 向. 백성은 明德을 따라간다. 治本約의 約은 번
잡하지 않은 것. 簡單 儉約.

178 加被寵, 咸相保. - 寵은 괼 총. 총애. 咸은 모두. 老幼.

179 世曼壽 - 曼은 뻗을 만. 늘어나다. 延也.

都荔遂芳, 窅窊桂華.

孝奏天儀, 若日月光.

乘玄四龍, 回馳北行.

羽旄殷盛, 芬哉芒芒.

孝道隨世, 我署文章.〈桂華〉.

〖국역〗

10. 都荔(도려)는 향기롭고, 桂華(계화)는 움푹한 모양.[180]

　　孝道로 하늘에 상주하니 일월처럼 빛난다.

　　신령은 검은 四龍을 타고 빙 돌아 달려 돌아온다.[181]

　　깃털 장식 깃발 성대하고, 분분히 멀리 사라진다.[182]

　　孝道로 세상을 이으니, 우리 황실 크게 빛나리라.[183] 〈桂華〉.[184]

---

180 都荔遂芳, 窅窊桂華. - 都荔(도려)는 꽃 이름. 荔는 타래붓꽃. 香草. 窅는 움펑 눈 요, 움푹 들어간 모양. 窊는 우묵할 와. 桂華는 桂花.

181 乘玄四龍, 回馳北行. - 玄은 검다, 어둡다. 回馳(회치)는 돌아서 달려오다. 北行이 北은 背. 北行은 등지고 달아나다. 回馳의 반대.

182 羽旄殷盛, 芬哉芒芒. - 羽旄(우모)는 깃털 장식한 여러 깃발. 芬은 紛과 通. 芒芒(망망)은 갈수록 멀어지는 모양.

183 孝道隨世, 我署文章. - 漢 황제 廟號에 孝가 붙는 것은 효도를 바탕으로 世代를 이어가라는 뜻이다. 我는 我朝. 署는 表나다. 文章은 멋진 문채. 文은 꾸미다. 무늬의 뜻이 있다.

184 〈桂華〉 - 이는 17장 각 詩歌의 제목이며 章을 표시하는 방법인데,〈桂華〉와 다음의〈美芳〉만 남아있고 다른 편은 없어졌다.

原文 |

馮馮翼翼, 承天之則.

吾易久遠, 燭明四極.

慈惠所愛, 美若休德.

杳杳冥冥, 克綽永福. 〈美若〉.

[국역]

11. 가득 차며 많고 많아, 하늘의 법칙을 따른다.[185]

강대하고 오래오래, 四極을 밝게 비치리라.[186]

자애 관대한 사랑 받아, 미덕에 순리로 따른다.[187]

멀고멀리 아득한 하늘, 관대히 오랜 福을 내린다.[188] 〈美若〉.

原文 |

磑磑卽卽, 師象山則.

烏呼孝哉, 案撫戎國.

蠻夷竭歡, 象來致福.

---

185 馮馮翼翼, 承天之則. - 馮馮(빙빙)은 가득 찬 모양. 翼翼(익익)은 衆多, 많
은 모양.

186 吾易久遠, 燭明四極. - 吾易은 疆場(강장, 疆域). 易은 場과 通. 久는 固의
뜻. 遠은 久遠.

187 慈惠所愛, 美若休德. - 美若은 美順. 休德(휴덕)은 美德.

188 杳杳冥冥, 克綽永福. - 杳杳冥冥(묘묘명명)은 멀고도 까마득한 모양. 克
은 能히. 綽은 너그러울 작. 寬也. 永福은 長福.

兼臨是愛, 終無兵革.

12. 크고 높으며 알차니, 산처럼 많고 많도다.[189]
    烏呼(오호)라 효도여, 변방 나라까지 按撫(안무)하다.[190]
    蠻夷(만이)도 아주 기뻐하며, 통역을 보내 조공한다.[191]
    넓은 포용이 愛民이니 끝내 전쟁이 없으리라.[192]

原文

嘉薦芳矣, 告靈饗矣.

告靈旣饗, 德音孔臧.

惟德之臧, 建侯之常.

承保天休, 令問不忘.

〖국역〗

13. 향기롭고 좋은 제물을 신령께 헌상한다.
    신령께서 받으시니 頌德이 매우 아름답도다.[193]

---

189 磑磑卽卽, 師象山則. - 磑磑(애애)는 높은 모양. 맷돌 애. 높게 쌓다. 卽
卽(즉즉)은 충실한 모양. 師는 大衆. 象과 則은 ~ 같다.

190 烏呼孝哉, 案撫戎國. - 烏呼(오호)는 감탄사. 案撫(안무)는 按撫(안무).

191 象來致福 - 象은 通譯(통역). 通夷狄之言者 曰 象(상).

192 兼臨是愛, 終無兵革. - 兼臨(겸림)은 上位에 있는 자가 널리 포용하다.
兵革(병혁)은 전쟁.

193 德音孔臧 - 德音은 음악. 孔은 매우. 심히. 臧은 善할 장.

홀륭히 갖춘 덕은 제후의 日常 덕행이라.[194]

上天의 미덕 계승하니, 令名을 잊지 못하네.[195]

皇皇鴻明, 蕩侯休德.

嘉承天和, 伊樂厥福.

在樂不荒, 惟民之則.

〔국역〕

14. 찬란한 英明으로 천하 平定은 제왕의 미덕이다.[196]

　　上天의 祥瑞(상서)를 받으니 기쁨이며 복이로다.[197]

　　즐기지만 황음이 아니라서 백성들이 본받는다.[198]

原文 ▌

浚則師德, 下民咸殖.

---

194 建侯之常 - 建侯(건후)는 제후.

195 承保天休, 令問不忘. - 天休는 상천의 美德. 令問(영문)은 善한 이름 (名).

196 皇皇鴻明, 蕩侯休德. - 皇皇(황황)은 光明한 모양. 鴻明(홍명)은 大名. 蕩 侯(탕후)는 平定. 侯는 兮(어조사 혜)와 同. 休德은 제왕의 미덕.

197 嘉承天和, 伊樂厥福. - 伊(이)는 此. 樂은 歡樂. 厥(궐)은 其와 同.

198 在樂不荒, 惟民之則. - 荒은 荒淫(황음). 환락에 절제가 있기에 백성이 본받는다.

令問在舊, 孔容翼翼.

【국역】

15. 엄격한 법과 많은 도덕, 백성은 늘어난다.[199]

　　예부터 좋은 명성 있어, 용모를 백성이 존경한다.[200]

原文

孔容之常, 承帝之明.

下民之樂, 子孫保光.

承順溫良, 受帝之光.

嘉薦令芳, 壽考不忘.

【국역】

16. 훌륭한 모습의 준칙은, 天帝의 영명을 본받았다.[201]

　　백성의 즐거움은, 자손을 잘 키우는 것.

　　윗사람께 공손하고 溫良하니, 하늘의 光明을 받는다.

　　좋은 음식 어른께 공양하니, 노인은 장수를 누린다.[202]

---

199 浚則師德, 下民咸殖. - 浚(깊을 준)은 深也, 師는 衆多.

200 令問在舊, 孔容翼翼. - 令問은 令名. 孔容은 德容(덕용). 翼翼(익익)은 아름답고 성대한 모양.

201 孔容之常, 承帝之明. - 孔容은 大德之容. 常은 常規. 承帝는 天也.

202 嘉薦令芳, 壽考不忘. - 薦은 드릴 천. 壽考는 나이 많은 노인. 不忘은 오래 살다.

承帝明德, 師象山則.

雲施稱民, 永受厥福.

承容之常, 承帝之明.

下民安樂, 受福無疆.

17. 上天의 明德을 이어받아, 산처럼 무너지지 않는다.

   구름에 비 오니 백성은 칭송하고, 오래도록 복을 누린다.[203]

   儀容과 準則(준칙)은, 천제의 영명을 본받았다.

   下民이 安樂하니, 복을 받아 영원히 누리리라.[204]

2.〈郊祀歌〉

原文

〈郊祀歌〉十九章, 其詩曰,

---

203 雲施稱民 – 구름이 지나며 비를 뿌린다. 이는 공평한 施惠(시혜)를 의미한다.

204 受福無疆 – 無疆(무강)은 다함이 없다. 疆은 疆界(강계), 곧 정해진 구역.

〈郊祀歌〉19장,[205] 그 시는 다음과 같다.

原文

練時日, 侯有望, 爇膋蕭, 延四方.

九重開, 靈之斿, 垂惠恩, 鴻祜休.

靈之車, 結玄雲, 駕飛龍, 羽旄紛.

靈之下, 若風馬, 左倉龍, 右白虎.

靈之來, 神哉沛, 先以雨, 般裔裔.

靈之至, 慶陰陰, 相放怫, 震澹心.

靈已坐, 五音飭, 虞至旦, 承靈億.

牲繭栗, 粢盛香, 尊桂酒, 賓八鄉.

靈安留, 吟靑黃, 遍觀此, 眺瑤堂.

衆嫭並, 綽奇麗, 顏如荼, 兆逐靡.

被華文, 廁霧縠, 曳阿錫, 佩珠玉.

俠嘉夜, 茝蘭芳, 澹容與, 獻嘉觴.

---

205 班固의 〈郊祀志〉는 漢朝 皇帝의 天地 諸神 및 名山 大川을 섬기기 위한 제사에 관한 기록이다. 郊祀(교사)는 郊外에서 天地의 신령에 대한 제사로 '郊祭' 또는 '郊'라 하였다. 秦始皇은 秦 文公의 교사를 이어 받아 4계절에 맞춰 郊祀를 지냈다. 前漢 제왕의 교사는 秦의 교사를 답습한 것인데, 文帝는 雍縣〔옹현, 今 陝西省 중부 寶雞市 관할 鳳翔縣(봉상현) 남쪽〕의 五時(오치)에서 교사를 지냈다. 무제는 즉위 이후 교사에 매우 열성적이었다. 〈郊祀歌〉는 교사를 지낼 때 부르는 가곡이다.

〈練時日〉一

[국역]

1. 時日을 고르고, 제사를 지내러 가서,
   기름과 쑥대를 불태워, 사방 신령을 맞이한다.[206]
   아홉 겹 天門이 열리고, 신령이 하강하여,
   惠恩을 내리시니, 큰 복이 아름답다.[207]
   신령의 수레를 玄雲(靑雲)이 감쌌고,
   飛龍이 끄는데 펄럭이는 깃발도 많다.[208]
   신령이 하강하시니, 바람 타고 달리는 말 같은데,
   왼쪽에 청룡이, 오른쪽에 白虎가 호위한다.[209]
   신령이 오시니, 신령이라 매우 빠르시니,
   먼저 비가 내리니, 비가 널리 뿌린다.[210]

---

206 원문 練時日, 侯有望, 薦膋蕭, 延四方. - 練은 고르다, 선택하다. 侯는 제후. 主君. 侯는 候와 通. 기다리다. 望은 산천 諸神에 대한 제사의 총칭. 望祭. 薦은 불 사를 설(열). 膋는 짐승 뱃가죽 기름 요(료). 蕭는 맑은 대 쑥 소. 延은 맞이하다. 請하다. 四方은 四方의 神.

207 원문 九重開, 靈之斿, 垂惠恩, 鴻祐休. - 九重은 하늘의 9겹 天門. 靈은 신령. 斿는 깃발 유, 游와 通. 내려오다. 垂는 드릴 수. 내려주다. 鴻은 클 홍. 祐는 복 호. 福. 休는 美也. 鴻祐(홍호)는 큰 복.

208 원문 靈之車, 結玄雲, 駕飛龍, 羽旄紛. - 靈之車는 신령의 수레. 駕는 멍에 가. 끌게 하다. 羽旄는 깃털로 장식한 깃발. 紛은 紛紛, 많은 모양.

209 원문 靈之下, 若風馬, 左倉龍, 右白虎. - 若은 같을 약. 風馬는 바람을 타고 달리는 말. 빠르다는 표현. 倉龍은 靑龍. 창은 곳집(창고) 창. 蒼(푸를 창)과 통.

210 원문 靈之來, 神哉沛, 先以雨, 般裔裔. - 沛(패)는 빠른 모양(疾走, 질주).

신령이 도착하시니, 날이 어둑어둑하고,

모습이 서로 비슷하니, 마음이 두렵고 떨린다.[211]

신령이 좌정하니, 五音을 갖춰 연주하고,

음악은 날이 밝도록, 신령을 모셔 편안케 하다.[212]

뿔이 조그만 송아지, 제기에 가득 담긴 곡식,

술통의 桂花酒로 팔방의 神을 모셨다.[213]

신령이 평안히 머물자 四時의 악을 연주하니,

두루 돌아보고 또 옥으로 꾸민 집도 구경한다.[214]

한 자리에 많은 미녀, 날씬하고 아름다우며,

하얀 꽃 같은 얼굴, 백성이 따라가며 바라본다.[215]

般은 널리 펴다(布也). 班과 通. 裔裔(예예)는 뿌리는 모양(飛流). 무리
가 떼 지어 가는 모양(群行貌). 裔는 후손 예.

211 원문 靈之至, 慶陰陰, 相放怫, 震澹心. - 慶은 發語辭. 陰陰(음음)은 어둑
어둑한 모양. 放怫(방불)은 彷佛(방불). 엇비슷하다. 震은 벼락 진. 두려
워 떨다. 澹心(담심)은 動心.

212 원문 靈已坐, 五音飭, 虞至旦, 承靈億. - 飭은 신칙할 칙. 整齊(정제), 잘 갖
춰지다. 虞는 樂也. 헤아릴 우. 至旦(지단)은 날이 밝을 때까지. 億(억 억)
은 安也.

213 원문 牲繭栗, 粢盛香, 尊桂酒, 賓八鄉. - 牲은 犧牲(희생). 희생으로 바쳐
지는 송아지. 繭栗(견율)은 누에 고치와 밤인데 어린 송아지의 뿔이 작
다는 표현. 粢盛(자성)은 제물로 올려진 곡물. 제기에 가득 담긴 모양.
尊은 樽(술통 준)과 通. 桂酒는 계화주. 八鄉은 八方의 神.

214 원문 靈安留, 吟青黃, 遍觀此, 眺瑤堂. - 靈安留, 吟은 歌頌(가송). 青黃
(청황)은 四時의 악. 眺는 바라볼 조. 望也. 瑤堂(요당)은 옥으로 꾸민 집.
瑤는 아름다운 옥 요. 요석.

215 원문 衆嫭並, 綽奇麗, 顔如荼, 兆逐靡. - 嫭(아름다울 호)는 好, 미녀. 綽

화려한 무늬, 얇은 비단 옷을 입고,

고운 삼베로 만든 신발, 주옥을 패용했다.[216]

芳草 같은 미인은 香草의 향을 풍기고,

편안히 여유롭게 좋은 술을 바친다.[217]

〈연시일〉 1.

原文

帝臨中壇, 四方承宇, 繩繩意變, 備得其所.

淸和六合, 制數以五.

海內安寧, 興文偃武.

后土富媼, 昭明三光.

穆穆優遊, 嘉服上黃.

〈帝臨〉二

(너그러울 작)은 좋은 몸매. 荼는 씀바귀 도. 白花. 兆(조짐 조)는 많은 모
양. 逐은 쫓을 축. 따르다. 靡(쓰러질 미)는 화려하다.

216 원문 被華文, 厠霧縠, 曳阿錫, 佩珠玉. – 被華文, 厠은 곁 측, 뒷간 측. 뒤
섞이다. 霧縠(무곡)은 안개처럼 얇은 비단. 曳는 끌 예. 신발을 신다. 阿
錫(아석)은 가늘고 고운 베. 佩는 찰 패. 차다.

217 원문 俠嘉夜, 蓝蘭芳, 澹容與, 獻嘉觴. – 俠(젊은 협)은 미인을 지칭. 嘉
夜는 良夜, 芳草(방초). 蓝는 구릿대 채. 香草, 蘭芳, 澹은 담백할 담. 편
안하다. 容與(용여)는 한가한 모양. 獻은 바칠 헌. 觴은 술잔 상. 衆嬬並,
綽奇麗, ~부터 여기까지는 女樂의 아름다운 모습을 서술했다.

2. 天帝가 중단에 강림하자, 四方 신령도 자리 잡고,

　뜻밖의 일을 걱정하며, 자기 위치에서 대비하다.[218]

　천지 사방이 淸明暖和하고, 五行 數로 제어한다.[219]

　海內가 安寧하고, 文治를 진흥하고 武治는 접어둔다.[220]

　后土는 富媼(부온)이니 그 공덕이 하늘에 닿았도다.[221]

　침착, 有閑하며 吉祥의 服色으로 황색을 숭상한다.[222]

　〈제림〉 2.

原文

青陽開動, 根荄以遂, 膏潤並愛, 跂行畢逮.

霆聲發榮, 壧處頃聽, 枯槁復産, 乃成厥命.

---

218 원문 帝臨中壇, 四方承宇, 繩繩意變, 備得其所. – 帝는 天神. 臨은 降臨
(강림)하다. 四方承宇는 사방의 신령도 사방에 자리하다. 繩繩(승승, 줄
승)은 조심하는 모양. 意變은 의외의 변고. 備得其所는 자기 자리에서
대비하다.

219 원문 淸和六合, 制數以五. – 六合은 天地上下와 四方, 五는 五行의 5. 土
의 수는 5이다.

220 원문 海內安寧, 興文偃武. – 偃은 쓰러질 언. 눕혀두다. 偃武(언무)는 息
武(식무).

221 원문 后土富媼, 昭明三光. – 后土神은 女神이다. 坤爲母이니, 富媼은 부
유한 노파. 老婦人昭明三光.

222 원문 穆穆優遊, 嘉服上黃. – 穆穆(목목)은 단정, 근엄한 모양. 優遊(우유)
는 有閑하고 自得한 모양. 嘉服은 吉祥의 服色. 上黃은 尙黃. 中央 土色
인 황색을 숭상하다.

衆庶熙熙, 施及夭胎, 群生噡噡, 惟春之祺.

〈靑陽〉三 鄒子樂.

3. 봄날이 시작되며 모든 뿌리가 자라나고,
   자양분이 함께 보태지니, 모든 벌레조차 기어 다닌다.[223]
   천둥소리에 꽃이 피고, 굴속 벌레도 깨어나며,
   죽었던 초목이 다시 자라 그 생명을 이어간다.[224]
   모든 만물이 화락하며, 은택이 어린 생명에 미치나니,
   群生이 풍요로우니 오로지 봄날의 복이로다.[225]
   〈청양〉 3. (鄒子樂, 추자의 악곡).[226]

---

223 원문 靑陽開動, 根荄以遂, 膏潤並愛, 跂行畢逮. - 靑陽은 봄날. 根荄(근해)는 뿌리. 荄는 풀뿌리 해. 遂는 성장하다. 膏潤(고윤)은 기름기. 영양분. 跂行(기행)은 기어 다니다. 跂는 육발이 기. 畢逮(필체)는 따라가다.

224 원문 霆聲發榮, 壧處頃聽, 枯槁復産, 乃成厥命. - 霆聲(정성)은 천둥소리. 發榮(발영)은 꽃이 피다. 壧處(암처)는 동굴(洞穴). 구덩이(地穴). 壧은 굴 암. 頃聽(경청)은 깨어나다. 枯槁(고고)는 마른 가지. 겨울에 말라 죽었던 초목.

225 원문 衆庶熙熙, 施及夭胎, 群生噡噡, 惟春之祺. - 熙熙(희희)는 화락한 모양. 夭胎(요태)는 갓 태어난 생명. 噡噡(담담)은 넉넉한 모양. 豊厚한 모양. 噡은 넉넉할 담. 祺는 복 기. 福也.

226 鄒子樂(추자악) - 鄒子(추자)는 鄒忌(추기, ?-?). 戰國 시대 齊國人.《史記》에서는 騶忌(추기). 齊 威王 때 재상. 미남자였다.

禮樂志 289

朱明盛長, 敷與萬物, 桐生茂豫, 靡有所詘.

敷華就實, 旣阜旣昌, 登成甫田, 百鬼迪嘗.

廣大建祀, 肅雍不忘, 神若宥之, 傳世無疆.

〈朱明〉四 鄒子樂

〖국역〗

4. 여름에 만물이 성장하고 마음껏 펴니,

어린 싹도 무성히 자라, 조금도 굽힘이 없도다.[227]

꽃이 피고 열매 맺어, 커지고 뻗어나가,

큰 밭에서 성숙하니, 모든 귀신이 제물을 맛본다.[228]

성대히 제사하고 공경하며 잊지 않으니,

신령도 선의로 도와주어, 대를 이어 번창하리라.[229]

〈주명〉 4. 추자악.

---

227 원문 朱明盛長, 敷與萬物, 桐生茂豫, 靡有所詘. - 朱明은 여름(夏), 敷與 (부여)는 열다(開舒). 펴다. 桐生(동생)은 처음 태어나다. 桐(오동나무 동) 은 侗(無知할 동)과 通. 茂豫(무예)는 무성하고 윤기나다. 靡有(미유)는 없다. 詘은 굽힐 굴.

228 원문 敷華就實, 旣阜旣昌, 登成甫田, 百鬼迪嘗. - 敷華(부화)는 꽃피다. 敷는 布也. 就實(취실)은 열매 맺다. 就는 成也. 阜(언덕 부)는 大也. 登成 (등성)은 成熟(성숙)하다. 甫田(보전)은 大田. 甫(클 보)는 大也. 迪은 나아 갈 적(進也). 嘗(맛볼 상)은 新穀(신곡)을 신께 바치다. 進獻(진헌).

229 원문 廣大建祀, 肅雍不忘, 神若宥之, 傳世無疆. - 肅雍(숙옹)은 敬和. 神 은 善也, 宥(용서할 유)는 돕다(佑也).

西顥沆碭, 秋氣肅殺, 含秀垂穎, 續舊不廢.

奸僞不萌, 祅孽伏息, 隅辟越遠, 四貉咸服.

旣畏玆威, 惟慕純德, 附而不驕, 正心翊翊.

〈西顥〉五 鄒子樂

〖국역〗

5. 끝없이 넓은 西天에 秋氣가 엄숙하니,

　　이삭이 여물고 숙여 씨앗 잇기를 그치지 않도다.[230]

　　간사한 허위는 싹트지 못하고, 요사한 재앙은 숨었으며,

　　먼 편벽의 땅은 멀어졌고 四夷는 모두 굴복했다.[231]

　　이런 위엄을 두려워하고, 미덕을 사모하여,

　　歸附하고 교만하지 않으며, 正心으로 공경한다.[232]

　　〈서호〉 5. 추자악.

230　원문 西顥沆碭, 秋氣肅殺, 含秀垂穎, 續舊不廢. – 西顥(서호)는 西方의
　　顥天(호천, 클 호) 沆碭(항탕, 넓을 항, 클 탕)은 西方의 白氣, 秋氣肅殺, 含
　　秀(함수)는 이삭이 패다. 垂穎(수영, 이삭 영)은 이삭이 익어 고개 숙이다.
　　續舊(속구)는 옛 씨앗을 이어가다. 씨앗이 대를 이어 자라다.

231　원문 奸僞不萌, 祅孽伏息, 隅辟越遠, 四貉咸服 – 奸僞(간위)는 간악과 허
　　위. 萌은 싹틀 맹. 祅孽(요얼)은 요사한 재앙. 祅(재앙 요)는 妖(괴이할
　　요). 孽(첩의 자식 얼)은 孽子. 隅辟(우벽)은 먼 곳의 사방 모서리. 越遠은
　　더욱 멀어지다. 四貉(사맥)은 四夷(사이). 貉(오랑캐 맥)은 貊과 通.

232　원문 旣畏玆威, 惟慕純德, 附而不驕, 正心翊翊. – 附는 歸附하다. 驕는
　　교만할 교. 翊翊(익익. 도울 익)은 공경하는 모양.

玄冥陵陰, 蟄蟲蓋臧, 草木零落, 抵冬降霜.

易亂除邪, 革正異俗, 兆民反本, 抱素懷樸.

條理信義, 望禮五嶽.

籍斂之時, 掩收嘉穀.

〈玄冥〉六 鄒子樂

[국역]

6. 北方神(玄冥)이 음지에 서니, 벌레들은 모두 숨었고,
   草木은 잎을 떨구었고, 겨울 들며 서리가 내렸다.[233]

   治亂하고 辟邪(벽사)하며 異俗을 바르게 변혁하니,
   萬民이 근본에 돌아왔고, 소박한 마음을 품었다.[234]

   條理있고 대의를 지키며, 멀리서 오악에 제사한다.[235]

---

233 원문 玄冥陵陰, 蟄蟲蓋臧, 草木零落, 抵冬降霜. - 玄冥(현명)은 북방의
神. 陵陰(능음)은 陰地에 오르다. 蟄蟲(칩충)은 겨울에 숨어야 하는 벌레
들. 抵冬(저동)은 겨울이 되다. 抵(거스를 저, 밀다)는 至. 降霜(강상)은 서
리가 내리다.

234 원문 易亂除邪, 革正異俗, 兆民反本, 抱素懷樸. - 易亂除邪(역란제사)의
易은 바꿀 역. 革正異俗의 革도 변혁. 兆民(조민)은 萬民. 懷樸(회박)은
소박한 마음을 가지다. 樸은 통나무 박. 다듬지 않은 목재.

235 원문 條理信義, 望禮五嶽. - 條理(조리)는 순리에 따르다. 信義는 의를
실천하다. 信은 伸, 말하다. 望禮는 멀리서 제사하다. 五嶽(오악)은 五大
名山의 총칭. 東嶽은 山東省의 泰山, 西嶽은 陝西省 華山, 中嶽은 河南
省 嵩山(숭산), 北嶽은 山西省의 恒山(항산), 남악은 湖南省의 衡山(형산)
을 지칭.

田租(전조)를 징수하며 좋은 곡식을 가려 거둔다.[236]

〈현명〉 6. 추자악.

惟泰元尊, 媼神蕃釐, 經緯天地, 作成四時.

精建日月, 星辰度理, 陰陽五行, 週而復始.

雲風雷電, 降甘露雨, 百姓蕃滋, 咸循厥緖.

繼統共勤, 順皇之德, 鸞路龍鱗, 罔不肸飾.

嘉薦列陳, 庶幾宴享, 滅除凶災, 烈騰八荒.

鐘鼓竽笙, 雲舞翔翔, 招搖靈旗, 九夷賓將.

〈惟泰元〉七

建始元年, 丞相匡衡奏罷‘鸞路龍鱗’, 更定詩曰, ‘涓選休成.’

[국역]

7. 泰元 天尊과 地神은 복을 많이 내리고,

　經天에 緯地(위지)하며 四時를 운영한다.[237]

　日月과 星辰(성신)은 정확하며 착오가 없고,

---

236 원문 籍斂之時, 掩收嘉穀. - 籍斂(적렴)은 田租를 징수하다. 掩은 가릴 엄.

237 원문 惟泰元尊, 媼神蕃釐, 經緯天地, 作成四時 - 惟는 발어사. 해석하지
않음. 泰元은 太一神. 하늘. 媼神(온신, 할미 온)은 地神, 地. 蕃(우거질 번)
은 많다(多). 釐(다스릴 리, 복 희)는 福也.

陰陽과 五行은 순환하며 다시 시작한다.[238]

風雲과 雷電(뇌전)은 때맞춰 이슬과 비를 내리고,

百姓은 식구를 늘리며 본업에 맞춰 살아간다.[239]

天子는 祖宗의 전통을 이어 애쓰고 上天의 덕에 순응하며,

수레의 龍鱗(용린)을 크게 꾸미지 않은 것이 없다.[240]

祭器를 잘 차려 진열하니 잔치에 거의 가깝고,

凶惡한 재해를 없애니 그 위엄이 八荒(팔황)에 미치다.[241]

鐘鼓(종고)와 피리 소리, 높이 날 듯 추는 춤,

招搖(초요)를 그린 靈旗(영기)에, 九夷가 모두 복속한다.[242]

〈유태원〉 7.

---

238 원문 週而復始 - 週는 一周하다. 週는 돌 주. 復始는 제자리에서 다시 시작하다.

239 咸循厥緒 - 咸循은 반복하다. 厥은 그, 其. 緒(실마리 서)는 本業.

240 원문 繼統共勤, 順皇之德, 鸞路龍鱗, 罔不肹飾. - 繼統(계통)은 祖宗의 전통을 계승하다. 共勤은 恭勤(공근). 共은 恭의 古字로 通用된다. 鸞路(난로)는 천자의 수레. 路는 輅(임금 수레 노). 龍鱗(용린)은 장식한 그림. 罔은 없다. 肹飾(힐식)은 칠을 해서 꾸미다. 肹은 소리 울릴 힐(흘). 떨치다. 크다. 큰 모양. 飾은 꾸밀 식.

241 원문 嘉籩列陳, 庶幾宴享, 滅除凶災, 烈騰八荒 - 籩은 제기 이름 변. 나무 祭器는 豆, 대나무로 만든 祭器는 籩. 列陳은 陳列하다. 庶幾宴享, 滅除(멸제)는 없애다. 凶災(흉재)는 災害. 烈은 威烈(위열). 騰은 오를 등. 닿다, 도달하다. 八荒(팔황)은 팔방 끝의 거친 땅.

242 원문 鐘鼓竽笙, 雲舞翔翔, 招搖靈旗, 九夷賓將 - 鐘鼓(종고)는 악기의 총칭. 竽笙(우생)은 대나무로 만든 관악기, 피리(竽)와 생황(笙). 翔翔(상상)은 높이 나는 모양. 翔은 빙빙 돌며 나를 상. 招搖(초요)는 星名. 북두의 자루 끝 별. 靈旗(영기)는 초요를 그려 넣은 별. 九夷는 중국 주변의 모든 이민족. 賓將(빈장)은 손님으로 와서 복속하다. 將은 복종하다.

(成帝) 建始 원년(前 32), 丞相인 匡衡(광형)이[243] 상주하여 '鸞路龍鱗'을 '涓選休成(연선휴성)'으로 바꿨다.

原文

天地並況, 惟予有慕,

爰熙紫壇, 思求厥路.

恭承禋祀, 縕豫爲紛,

黼繡周張, 承神至尊.

千童羅舞成八溢, 合好效歡虞泰一.

九歌畢奏斐然殊, 鳴琴竽瑟會軒朱.

璆磬金鼓, 靈其有喜, 百官濟濟, 各敬厥事.

盛牲實俎進聞膏, 神奄留, 臨須搖.

長麗前掞光耀明, 寒暑不忒況皇章.

展詩應律鋗玉鳴, 函宮吐角激徵淸.

發梁揚羽申以商, 造茲新音永久長.

聲氣遠條鳳鳥翔, 神夕奄虞蓋孔享.

〈天地〉八

---

243 匡衡(광형) – '穿壁引光(천벽인광)' 故事의 주인공. 광형은 부잣집에 품
    팔이를 하고서도 품삯을 안 받으려 하자 주인이 물었더니, 광형은 품삯
    대신 그 집에 있는 '책을 읽고 싶다.'고 대답했다. 나중에 여러 유생들
    은 광형을 보고 '詩를 말하면 광형이 오고, 광형이 시를 외우면 모두가
    좋아했다.'라고 말했다. 성제 때 재상에 올랐다. 《漢書》81권, 〈匡張孔
    馬傳〉에 입전.

丞相匡衡奏罷 '黼繡周張', 更定詩曰, '肅若舊典.'

〔국역〕

8. 天과 地가 함께 주시니, 마음에 사모하며,

　紫色 제단을 쌓고 천신 강림을 기다린다.[244]

　恭敬으로 제사를 받드니, 구름과 안개가 깔렸고,

　흑백 도끼를 수놓은 옷으로 지존 신령을 맞이하다.[245]

　수많은 아이들이 8佾(일)로 춤추니,

　모두가 太一神을 기쁘게 한다.[246]

　九歌를 다 연주하니 서로 뚜렷하게 다르나,

　琴瑟(금슬)과 피리 연주에 黃帝와 炎帝가 모였다.[247]

　옥돌 石磬과 金鼓 연주에 신령도 기뻐하고,

---

244 원문 天地並況, 惟予有慕, 爰熙紫壇, 思求厥路. - 況은 줄 황(貺也), 하물며 황. 주다(賜也). 予는 나 여. 爰은 이에 원. 발어사. 熙는 일으키다(興也). 厥路(궐로)는 천신이 강림하는 길.

245 원문 恭承禋祀, 縕豫爲紛, 黼繡周張, 承神至尊. - 禋祀(인사)는 제사 지내다. 禋은 제사 지낼 인. 縕豫(온예)는 신이 제물을 흠향하고 기뻐하다. 縕은 솜 온. 저장하다. 豫는 기쁠 예. 紛(어지러울 분)은 성대하다. 黼繡(보수)는 흑백으로 수놓은 도끼 모양 장식. 周張(주장)은 (단상에) 널찍하게 펴다.

246 원문 千童羅舞成八溢, 合好效歡虞泰一. - 八溢(팔일)은 八佾(춤추는 줄 일). 虞는 娛(즐길 오)와 通. 泰一은 太一神.

247 원문 九歌畢奏斐然殊, 鳴琴竽瑟會軒朱. - 九歌는 여러 가지 악곡. 斐然殊는 뚜렷하게 차이가 나다. 斐然은 아름다운 모양. 斐는 문채가 날 비. 鳴琴竽瑟會 軒朱(헌주)는 여러 주석이 있지만 皇帝 軒轅氏(황제 헌원씨)와 炎帝라는 주석에 따른다.

百官은 많이 모여 각자 성심으로 일을 한다.[248]

제물을 제기에 가득 담아 올려 향기가 나자,

神이 머물며 잠시 제단에 강림하셨다.[249]

長麗(靈鳥)가 앞서 환히 빛나는 하늘을 날고,

寒暑(陰陽)이 조화에 군왕에 내려 德을 표창하다.[250]

詩를 읊자 음률에 따라 玉소리가 울려오고,

약한 宮調, 높은 角聲, 맑은 徵聲(치성)이 어울린다.[251]

대들보까지 羽調가 高揚하고 商調도 이어지니,

새로 지은 이 音曲은 영구히 보전하리라.[252]

樂聲이 멀리 퍼지니 봉황이 날아오르고,

神靈은 저녁 악곡이 끝나도록 많이 흠향하였다.[253]

---

248 원문 璆磬金鼓, 靈其有喜, 百官濟濟, 各敬厥事. – 璆磬(구경)은 옥돌로 만
든 石磬(석경). 璆는 美玉 구. 濟濟(제제)는 많은 모양(衆多).

249 원문 盛牲實俎進聞膏, 神奄留, 臨須搖. – 盛牲은 제기 위로 높이 담다.
俎는 도마 조. 進聞은 냄새가 퍼지다. 膏는 기름질 고. 奄留(엄류)는 머
물다. 奄(가릴 엄)은 淹(담글 엄, 머무르다). 須搖(수요)는 須臾(수유). 잠시.

250 원문 長麗前掞光耀明, 寒暑不忒況皇章. – 長麗(장려)는 靈鳥. 掞은 빛 낼
염. 光焰(광염). 耀는 빛날 요. 不忒(불특)은 틀리지 않다. 음양이 화합하
다. 忒은 변할 특, 어긋날 특(差也). 況은 주다(賜也). 皇은 主君. 章은
明也. 況皇章은 주군에게 주어 德을 빛나게 하다.

251 원문 展詩應律鋗玉鳴, 函宮吐角激徵清. – 展詩는 시를 읊다. 展頌. 鋗
(노구 솥 현)은 옥이 울리는 소리. 函宮吐角激徵清에서 宮, 角, 徵(치)는
五聲임.

252 원문 發梁揚羽申以商, 造茲新音永久長. – 梁은 樑(대들보 양). 申은 거듭
(重). 羽와 商은 音調.

253 원문 聲氣遠條鳳鳥翔, 神夕奄虞蓋孔享. – 遠條(원조)는 멀리 도달하다.

〈천지〉 8.

승상인 匡衡(광형)이 상주하여 '黼繡周張(보수주장)'을 '肅若舊典(숙약구전)'으로 바꾸었다.

原文

日出入安窮? 時世不與人同.

故春非我春, 夏非我夏, 秋非我秋, 冬非我冬.

泊如四海之池, 遍觀是邪謂何?

吾知所樂, 獨樂六龍, 六龍之調, 使我心若.

訾黃其何不徠下?

〈日出入〉九

〖국역〗

9. 뜨고 지는 해가 어찌 없어지겠나?

　세월은 인간과 같지 않도다.

　그래서, 봄은 나의 봄이 아니고, 나만의 여름도 아니며,

　가을도 내 가을이, 겨울도 나의 겨울이 아니다.[254]

　인간은 작은 연못, 해는 四海와 같나니,

條는 達也. 鳳鳥는 봉황. 鴹(외발의 새 양)은 翔(나를 상)의 古字. 神夕 奄(가릴 엄)은 다하다(盡). 虞는 樂也. 蓋는 發語辭. 孔享(공향)은 많이 흠향하다. 孔은 甚也.

254 日月은 무궁하나 人命은 有限하고, 세월은 길고 길지만 목숨은 짧다.

이런 전체를 본다면 무엇이라 하겠나?[255]

나의 즐거움은 오직 六龍을 타고 노니는 일,

六龍의 조화에 나의 心境은 善하다.[256]

아! 乘黃(승황)은 왜 내려오지 않는가?[257]

〈일출입〉 9.

太一況, 天馬下, 沾赤汗, 沫流赭.

志俶儻, 精權奇, 籋浮雲, 晻上馳.

體容與, 迣萬里, 今安匹, 龍爲友.

　元狩三年馬生渥窪水中作.

天馬徠, 從西極, 涉流沙, 九夷服.

天馬徠, 出泉水, 虎脊兩, 化若鬼.

天馬徠, 歷無草, 逕千里, 循東道.

---

255 원문 泊如四海之池, 遍觀是邪謂何? – 泊(배를 댈 박)은 물. 작은 연못. 朝
　　夕으로 달라지는 연못. 비교가 되는 四海는 해(日). 遍觀(편관)은 두루
　　보다. 전체를 보다.

256 원문 吾知所樂, 獨樂六龍, 六龍之調, 使我心若. – 吾知所樂은 내가 아는
　　나의 쾌락. 六龍은 乾卦의 陽爻 6개(☰ ☰). 이는 '時乘六龍以御天'의
　　뜻. 六龍之調의 調는 調和. 使我心若의 若은 善.

257 원문 訾黃其何不徠下? – 訾(헤아릴 자)는 歎辭(탄사). 黃은 乘黃(승황), 馬
　　身에 龍翼(용익)이 있어, 黃帝가 신선이 되어 이를 타고 昇天했다. 徠(올
　　래)는 來의 古字. 이는 武帝가 탄식한 말이라고 한다.

天馬徠, 執徐時, 將搖擧, 誰與期?

天馬徠, 開遠門, 竦予身, 逝崑崙.

天馬徠, 龍之媒, 游閶闔, 觀玉臺.

太初四年誅宛王獲宛馬作.

〈天馬〉十

10. 太一神이 주신, 天馬가 내려왔는데,
   붉은 땀에 젖어, 얼굴에 붉은 물로 흐른다.[258]
   그 뜻은 탁월하고, 정력도 뛰어났기에,
   浮雲을 밟고 하늘 끝까지 치달린다.[259]
   몸이 조금 움직이면 만 리를 달려가나니,
   지금 누가 맞서리오! 天龍이 그 벗이로다.[260]
   (武帝) 元狩(원수) 3년(前 120), 渥窪(악와, 渥洼)라는 水邊에서
   태어났다.[261]

---

258 원문 太一況, 天馬下, 沾赤汗, 沫流赭. ─況은 줄 황. 賜也. 沾은 더할
   첨. 땀에 젖다. 赤汗(적한)은 붉은 땀, 赤血馬가 흘리는 땀. 沫은 희미할
   매. 얼굴 씻을 회.(沫은 거품 말. 다른 글자이다). 赭는 붉은 빛 자.

259 원문 志俶儻, 精權奇, 籋浮雲, 晻上馳. ─俶儻(척당)은 빼어나다. 俶은 빼
   어날 척(卓異), 倜(대범할 척)과 同. 비로소 숙(始也). 權奇(권기)는 높이
   초월하다(高超), 籋는 대나무 껍질 미. 밟을 엽. 족집게 섭. 晻은 어두울
   엄(月無光也).

260 원문 體容與, 迣萬里, 今安匹, 龍爲友. ─迣는 뛰어넘을 열. 安은 어찌 누
   가. 의문사. 匹은 짝 필. 짝이 되다. 대적하다.

261 渥洼水(악와수)는 敦煌郡(돈황군)의 강 이름. 야생마가 강가에서 분만하

天馬가 왔는데, 서쪽 끝에서,

流沙(유사)를 건너니, 九夷가 복종한다.[262]

천마가 왔는데 泉水를 건너서,

호랑이 척추 양쪽 무늬처럼 귀신같은 조화이다.[263]

천마가 왔는데 풀 없는 땅을 지나,

천리를 가로 질러 동쪽 길을 따라왔다.[264]

천마가 왔는데, 歲星은 辰方에 있었으며,

떨쳐 뛰어오르니 누가 豫期하겠나?[265]

天馬가 왔나니, 먼 關門을 열고,

나를 태우고 솟아 곤륜산에 가도다.[266]

고 물에서 노는 것을 수중 분만했다면서 신이한 일로 생각했을 것이다.
《한서 武帝紀》에는 元鼎 4년의 일로 기록했다. 무제가 서역 경영에 힘
쓴 또 하나는 명마를 얻으려는 욕구였다. 이 시에서 말한 汗血馬는 서역
의 大宛(대원, 宛은 나라 이름 원. 굽을 완. 영어로는 Ferghana)에서 산출되
었다. 國都는 貴山城. 汗血馬(한혈마)와 포도 산지. 무제 때 복속, 宣帝
이후 서역도호부에 속했다. 今 중앙아시아의 키르키즈스탄(吉爾吉斯斯
坦)에 해당.

262 流沙(유사) - 사람이나 동물이 빨려 들어가 죽는 모래 구덩이를 지칭하
나, 여기서는 砂漠(사막, 沙漠)을 의미.

263 원문 虎脊兩, 化若鬼. - 脊은 등뼈 척, 등성마루 척. 천마의 털색을 묘사.

264 원문 逕千里, 循東道. - 逕은 좁은 길 경. 循은 좇을 순. 길을 따라오다.

265 원문 天馬徠, 執徐時, 將搖擧, 誰與期? - 천마가 오는 武帝 太初 4년(前
101)에 太歲星이 辰方에 있었는데, 이를 執徐(집서)라 하였다. 搖는 흔들
요. 擧는 뙬 거. 들어 올리다. 태초 4년이 庚辰年이었다는 주석도 있다.

266 원문 竦予身, 逝崑崙. - 竦은 삼갈 송. 놀라다. 聳(솟아오를 용)과 通. 予는
나 여. 逝는 갈 서. 崑崙(곤륜)은 산 이름. 崑崙山脈(곤륜산맥, Kunlun

天馬가 왔나니, 이는 龍이 불렀으며,

閶闔(창합, 天門)에 노닐며, 玉臺(옥대)를 구경했다.[267]

(武帝) 太初 4년, 大宛國(대원국) 王을 죽이고, 대원의 汗血馬를 노획하고서[268] 지었다.

〈천마〉 10.

原文

天門開, 詄蕩蕩, 穆並騁, 以臨饗.

光夜燭, 德信著, 靈浸鴻, 長生豫.

大朱塗廣, 夷石爲堂, 飾玉梢以舞歌, 體招搖若永望.

星留瑜, 塞隕光, 照紫幄, 珠煩黃.

Mountains)은 서쪽 파미르(帕米爾) 고원에서 시작하여 전장 2,500km, 남북 130 - 200km에 달하는 산맥이다. 新疆省 남부. 漢代에는 西域의 남쪽의 산이며 西王母가 사는 산이라고 막연히 생각했다.

267 원문 游閶闔, 觀玉台. - 閶闔(창합)은 天門, 天上에 들어가는 문. 玉臺는 上帝의 거처.

268 대원국에는 작은 성읍 70여 개가 있고 좋은 말이 많았다. 피 같은 땀이 나는 말은 그 뿌리가 天馬의 종자라고 하였다. 張騫(장건)이 처음에 이 말을 무제에게 보고하자, 무제는 사신을 보내 천금과 황금 말 모형(조각 작품)을 가지고 가서 대원의 좋은 말을 얻으려 하였다. 대원의 왕은 漢이 아주 먼 곳에 있어 대군이 올 수 없을 것이라 생각했고 아끼는 말을 주려 하지 않았다. 한의 사자가 왕에게 무례한 말을 했다고 대원에서는 한의 사신을 공격 살해하고 그 재물을 탈취하였다. 이에 무제는 貳師將軍(이사장군) 李廣利(이광리)에게 2차례에 걸쳐 10여만 군사를 거느리고 가서 대원을 정벌하였는데 전후 4년이 걸렸다.

幡比翅回集, 貳雙飛常羊.

月穆穆以金波, 日華耀以宣明.

假淸風軋忽, 激長至重觴.

神裴回若留放, 殣冀親以肆章.

函蒙祉福常若期, 寂漻上天知厭時.

泛泛滇滇從高斿, 殷勤此路臚所求.

佻正嘉吉弘以昌, 休嘉砰隱溢四方.

專精厲意逝九閡, 紛云六幕浮大海.

〈天門〉十一

[국역]

11. 天門이 크게 열리니, 끝없이 광대한데,

　　모두 엄숙히 달려와, 제사에 光臨(광림)한다.[269]

　　神光이 밤을 밝히고, 은덕과 신의가 현저하며,

　　신령의 은덕이 鴻大하니, 백성은 장생하며 기뻐한다.[270]

　　붉은 전각 넓은 길, 돌을 다듬어 집을 짓고,

　　옥장식 장대 들고 춤추며, 북두성 깃발을 바라본다.[271]

---

269 원문 天門開, 詄蕩蕩, 穆並聘, 以臨饗. - 詄蕩蕩(질탕탕)은 광대하고 멀고
　　먼 모양, 詄은 단단할 질, 잊어버릴 질. 蕩은 클 탕, 평평할 탕. 蕩蕩은
　　無形無名. 穆並聘은 엄숙하게 제사에 모이다. 穆은 周 穆王, 聘은 초빙
　　하다로 해석한 주석도 있다. 以臨饗은 제사의 제물을 흠향하다.

270 원문 光夜燭, 德信著, 靈浸鴻, 長生豫. - 靈浸鴻(영침홍)은 신령의 은택
　　이 크게 내리다. 長生豫는 오래 살 수 있어 기뻐하다.

271 원문 大朱塗廣, 夷石爲堂, 飾玉梢以舞歌, 體招搖若永望. - 大朱는 붉은

天星은 머물러 응답하며, 빛을 뿌려 채우고,

자줏빛 유악을 비추고, 구슬은 황색으로 빛난다.[272]

깃발은 날개처럼 모이고, 둘씩 짝을 지어 거닌다.[273]

月光은 부드럽게 금빛을 쏟고,

日光은 환한 빛으로 두루 밝힌다.[274]

淸風을 타고 와서,

재빨리 멀리까지 술잔을 거듭 올린다.[275]

神은 배회하며 머물려는 듯하니,

나는 삼가 뵙고 내 성의를 표하려 한다.[276]

칠한 大殿. 塗廣은 길이 넓다. 夷石은 돌을 평평하게 고르다. 玉梢(옥초)는 구슬 장식한 깃대. 이를 들고 춤을 춘다. 招搖(초요)는 星名. 북두의 자루 끝 별. 永望은 늘 바라볼 수 있다.

272 원문 星留兪, 塞隕光, 照紫幄, 珠煩黃. - 留는 留神. 兪는 대답할 유, 공손할 유. 塞은 막을 색. 차다. 충만하다. 隕은 떨어질 운. 紫幄(자악)은 자주색 휘장. 煩黃(운황)은 황색, 煩은 노란 모양 운.

273 원문 幡比翅回集, 貳雙飛常羊. - 幡은 깃발 번. 比翅(비시)는 날개를 나란히 하다. 翅는 날개 시. 常羊(상양)은 徜徉(상양). 어정거리며 놀다. 逍遙(소요).

274 원문 月穆穆以金波, 日華耀以宣明. - 穆穆(목목)은 月光이 淸明한 모양. 宣明(선명)의 宣은 두루.

275 원문 假淸風軋忽, 激長至重觴. - 假는 빌리다. 賃借. 軋忽(알홀)은 먼(長遠) 모양. 軋은 삐걱거릴 알. 아득하고 먼 모양. 激은 물결 부딪칠 격, 빠를 격(疾速). 重觴(중상)은 여러 번 술잔을 올리다.

276 원문 神裵回若留放, 殣冀親以肆章. - 裵回(배회)는 徘徊(배회). 留放(유방)은 머물다. 留置. 殣은 뵙다(覲見). 굶어죽을 근. 冀는 바랄 기. 희망하다. 肆章(사장)은 성의를 크게 드러내다. 肆는 방자할 사. 극에 달하다. 마음대로.

큰 복을 받을 때를 늘 기약할 수 있고,

적막한 上天에 제물을 올릴 시기를 안다.[277]

넘실대며 출렁이며 높은 곳까지 올라가서,

은근히 한 길로 가서 얻을 바를 진술한다.[278]

행복이 꽉 차고 좋은 일로 번창하며,

아름답고 洪大한 소리가 사방에 넘쳐난다.[279]

정성을 다하고 분발하여 하늘 끝에 올라,

雄心을 내어 六合에 노닐고 大海를 浮游한다.[280]

〈천문〉 11.

---

277 원문 函蒙祉福常若期, 寂漻上天知厥時. - 函蒙(함몽)은 蒙受(몽수). 받다. 입다. 寂은 고요할 적. 평온하다. 漻는 맑고 깊을 료. 寂漻(적료)는 寂寥(적료). 높고 고요한 上天의 모습. 텅 비어 아무 소리도 없음. 마음이 편안하고 고요하다. 厥時(궐시)는 제물을 바칠 때.

278 원문 泛泛滇滇從高斿, 殷勤此路臚所求. - 泛泛(범범)은 떠다녀 표류하는 모양. 滇滇(전전)은 큰물이 넘실대는 모양. 滇은 큰 물 전, 성할 전. 高斿(고유)는 높은 깃대. 깃발 유. 깃대의 끝부분. 殷勤(은근)은 정성스런 모양. 臚는 살갗 려. 펴다. 진술하다.

279 원문 佻正嘉吉弘以昌, 休嘉砰隱溢四方. - 佻는 홀로 갈 조, 고달플 조. 休는 美也. 嘉는 기쁨(慶也). 肇(시작할 조)와 通. 砰隱(팽은)은 성대한 모양. 砰은 돌 소리 팽. 溢은 넘칠 일.

280 원문 專精厲意逝九閡, 紛云六幕浮大海. - 厲意(여의)는 굳센 의지. 逝는 갈 서. 九閡(구애)는 九天의 꼭대기. 閡는 문 잠글 애. 紛云(분운)은 紛繧. 왕성하게 勃興(발흥)하는 모양. 六幕(육막)은 六合. 浮大海.

景星顯見, 信星彪列, 象載昭庭, 日親以察.

參侔開闔, 爰推本紀, 汾脽出鼎, 皇祐元始.

五音六律, 依韋饗昭, 雜變並會, 雅聲遠姚.

空桑琴瑟結信成, 四興遞代八風生.

殷殷鐘石羽籥鳴, 河龍供鯉醇犧牲.

百末旨酒布蘭生, 泰尊柘漿析朝酲.

微感心攸通脩名, 周流常羊思所並.

穰穰復正直往寧, 馮蠵切和疏寫平.

上天佈施后土成, 穰穰豐年四時榮.

〈景星〉十二

元鼎五年得鼎汾陰作.

[국역]

12. 景星(경성)이 또렷하고, 信星(土星)이 확실히 배열하니,
　　숨은 일도 궁정에 밝게 보이고, 해가 가까운 듯 잘 보인다.[281]
　　三星이 나란히 천지를 개벽하니, 이에 신기원을 이뤘고,

---

281 원문 景星顯見, 信星彪列, 象載昭庭, 日親以察. – 景星(경성)의 다른 이름은 德星, 출현이 無常하여 有道한 나라에서만 보인다고 한다. 顯見(현현)은 또렷하게 보이다. 信星은 鎭星, 곧 土星, 五星의 운행을 주관하는 별. 彪列(표열)은 확실하게 배열하다. 象은 현상. 載는 事也. 숨겨진 일을 드러내다. 昭庭은 궁정에 또렷하게 보이다. 日親以察은 日來하여 親近하니 매우 밝아 잘 보인다.

汾陰(분음)에서 古鼎이 출토되니, 큰 복이 내렸도다.[282]

五音과 六律이 서로 어울려 밝게 울리고,

변화가 뒤섞여 아름다운 소리가 멀리 퍼진다.[283]

空桑(공상)의 琴瑟(금슬)은 명실상부하고,

四列의 춤이 서로 교차하니 八風이 생긴다.[284]

많은 악기와 피리 소리가 울리고,

河神께 제물과 술과 희생을 바친다.[285]

백일주 좋은 술은 퍼지는 난향과 같고,

---

282 원문 參侔開闔, 爰推本紀, 汾脽出鼎, 皇祜元始. - 參은 景星, 土星, 日. 侔는 가지런할 모. 等也. 開闔(개합)은 天地. 개벽하다. 爰은 發語辭. 推本紀는 추진하여 신기원을 이루다. 汾은 汾陰(분음). 脽는 꽁무니 수. 땅이름. 出鼎(출정)은 옛 세발 솥(鼎)이 출토되다. 皇祜(황호)는 큰 복. 元始는 드러나다. 개시하다. 汾陰(분음)은 현명. 今 山西省 運城市 북쪽 萬榮縣. 《漢書 武帝紀》에는 「元鼎(원정) 4년 (前 113) 6월에 寶鼎을 분음의 后土祠 곁에서 찾아냈다. 가을에 말이 渥洼水(악와수)에서 태어났다. 이에 〈寶鼎〉과 〈天馬〉의 노래를 지었다.」고 기록했다.

283 원문 五音六律, 依韋饗昭, 雜變並會, 雅聲遠姚. - 依韋(의위)는 서로 어울려 어긋나지 않다. 聲音의 分合. 饗은 嚮(향, 울림). 昭는 明也. 姚는 예쁠 요. 울려 퍼지다.

284 원문 空桑琴瑟結信成, 四興遞代八風生. - 空桑(공상)은 地名. 거기서 나오는 좋은 나무로 琴瑟(금슬)을 제조한다고 하였다. 八風은 東北曰 炎風, 東方 滔風(도풍, 물 넘칠 도), 東南 熏風(훈풍), 南方, 巨風, 西南 凄風(처풍), 西方 飂風(료풍, 높이 부는 바람 료), 西北 厲風(여풍), 北方 寒風(한풍).

285 원문 殷殷鐘石羽籥鳴, 河龍供鯉醇犧牲. - 殷殷은 배치된 많은 악기의 모습. 鐘石은 악기의 연주와 그 음악. 羽籥(우약, 雉羽와 피리)은 춤출 때 손에 잡는 것이니 춤을 뜻한다. 河龍은 河神. 供鯉(공리)는 제물. 醇(진한 술 순)은 고운 빛이 나는 술. 犧牲은 희생. 제물.

오래된 술통의 좋은 음료는 숙취를 깨운다.[286]

정밀한 감응에 넉넉한 마음, 하늘에 이름을 올리고,

두루 소요하며 神道와 상응을 생각해 본다.[287]

많은 복을 받아 예부터 생각한 正道에 귀의하고,

河伯은 거북에 명하여 강물을 고루 흐르게 하였다.[288]

上天이 施惠하시고 后土가 생성케 하시니,

많은 것이 넉넉하고 사계절이 풍요롭다.[289]

〈경성〉 12.

元鼎(원정) 5년에 汾陰(분음)에서 得鼎하고서 짓다.[290]

原文

齊房産草, 九莖連葉, 宮童效異, 披圖案諜.

---

286 원문 百末旨酒布蘭生, 泰尊柘漿析朝酲. - 百末은 百日酒. 旨酒(지주)는 좋은 술. 布는 퍼지다. 蘭生은 난향. 泰尊(태준)은 오래된 술통. 柘漿(자장)은 좋은 음료. 柘는 산뽕나무 자. 析(가를 석)은 풀어버리다. 酲은 숙취 정(酒病).

287 원문 微感心攸通修名, 周流常羊思所並. - 微感(미감)은 정밀하게 感應하다. 攸(바 유)는 悠(생각할 유). 通修名. 周流는 周行, 두루 행하다. 常羊은 소요하다. 思所並은 神道와 合一을 생각하다.

288 원문 穰穰復正直往寧, 馮蠵切和疏寫平. - 穰穰(양양)은 많다. 復은 돌아가다(歸也). 直은 當也. 寧은 원하다. 馮(풍)은 馮夷(풍이). 河伯. 蠵는 바다거북 휴. 切和는 水神과의 화합. 疏寫(소사)는 물을 여러 곳으로 흐르게 하다. 寫는 瀉(쏟을 사, 물을 흐르게 하다). 平은 平平.

289 원문 上天佈施后土成, 穰穰豐年四時榮. - 佈施(포시)는 普施(보시).

290 《漢書 武帝紀》에 의거 원정 4년이어야 한다.

玄氣之精, 回復此都, 蔓蔓日茂, 芝成靈華.

〈齊房〉十三.

元封二年芝生甘泉齊房作.

［국역］

13. 재실에 돋아난 풀은 9갈래 줄기에 잎이 많았는데,

　　일하는 아이가 특별하다 여겼고, 도첩을 찾아보았다.[291]

　　天氣의 정화가 此都(雲陽)에 모여들어,

　　날마다 무성히 자라나 영지가 꽃을 피웠다.[292]

　　〈제방〉 13.

　　(武帝) 元封 2년(前 109). 영지가 甘泉宮 齋室에서 자라나자

　　이를 지었다.

原文

后皇嘉壇, 立玄黃服, 物發冀州, 兆蒙祉福.

沈沈四塞, 假狄合處, 經營萬億, 咸遂厥宇.

〈后皇〉十四

---

291 원문 齊房產草, 九莖連葉, 宮童效異, 披圖案諜. ‒ 齊房은 齋房. 莖은 줄기 경. 宮童은 汾陰 궁중의 아이(奴僕, 노복). 效異는 異兆.

292 원문 玄氣之精, 回復此都, 蔓蔓日茂, 芝成靈華. ‒ 玄氣는 天氣. 此都는 雲陽縣의 甘泉宮. 蔓蔓(만만)은 자라다. 덩굴이 뻗어나가다. 日茂는 날마다 무성하다. 芝는 靈芝. 華는 古 花字.

[국역]

14. 지신과 천신을 위한 제단을 세우고, 검고 노란 祭服에,
冀州에서 보정을 얻으니 만민이 큰 복을 받으리라.[293]
사방의 변새까지 퍼지니 먼 이적도 귀부했고,
만백성을 다스리니 모두 거처를 찾아간다.[294]
〈후황〉 14.

原文

華燁燁, 固靈根.

神之斿, 過天門, 車千乘, 敦崑崙.

神之出, 排玉房, 周流雜, 拔蘭堂.

神之行, 旌容容, 騎沓沓, 般縱縱.

神之徠, 泛翊翊, 甘露降, 慶雲集.

---

293 원문 后皇嘉壇, 立玄黃服, 物發冀州, 兆蒙祉福. - 后皇은 地神과 天神. 嘉壇, 立玄黃服, 物發冀州은 冀州(기주)에서 寶鼎(보정)을 발견했다. 《漢書 武帝紀》에 의하면, 甘泉宮에 泰畤(태치, 泰一神 묘당)을 지었다. 天子는 친히 교외에 나가 제사하고 ~. 이어 조서를 내려 말했다. 「짐은 微小한 몸으로 王侯의 윗자리에 올랐지만 ~ 冀州의 언덕에 제사하자 銘文이 있는 寶鼎을 얻었으니, 이를 종묘에 공헌하였도다. ~」

294 원문 沈沈四塞, 假狄合處, 經營萬億, 咸逮厥宇. - 沈沈(연연)은 흘러가는 모양. 강 이름 연. 물 흐르는 모양 유, 四塞(사새)는 사방의 邊塞(변새). 假狄(하적)은 먼 곳의 蠻夷. 假는 끝날 하. 거짓 가. 遐(멀 하)와 通. 合處는 來附하다. 經營은 통치하다. 萬億은 만백성. 咸逮厥宇의 逮는 가다(往也). 宇는 거처. 사는 곳.

神之揄, 臨壇宇, 九疑賓, 夔龍舞.

神安坐, 羪吉時, 共翊翊, 合所思.

神嘉虞, 申貳觴, 福滂洋, 邁延長.

沛施佑, 汾之阿, 揚金光, 橫泰河, 莽若雲, 增陽波.

遍臚歡, 騰天歌.

〈華燁燁〉十五

〖국역〗

15. 신령의 수레 광채가 빛나니, 원래 우리 선조였다.[295]

　　神靈의 유람에 天門을 지나,

　　千乘의 수레가 崑崙(곤륜)산에 모였다.[296]

　　신령의 出行에 玉 장식 수레에,

　　여러 곳을 거쳐 蘭堂에 머물도다.[297]

　　신령의 출행에 깃발이 펄럭이며,

　　騎兵은 빠르게 수많이 이어졌다.[298]

---

295 원문 華燁燁, 固靈根. ― (신령이 탄 수레에) 華은 광채. 燁燁(엽엽)은 번쩍거리는 모양. 固는 원래. 靈根은 선조.

296 원문 神之斿, 過天門, 車千乘, 敦崑崙. ― 神之斿는 신령의 巡遊. 斿는 깃발 유. 游와 통. 敦은 모이다. 屯(둔)과 通. 모여들다(聚). 崑崙(곤륜).

297 원문 神之出, 排玉房, 周流雜, 拔蘭堂. ― 排玉房은 玉장식을 하다. 拔은 뺄 발. 머물다(舍之).

298 원문 神之行, 旌容容, 騎沓沓, 般縱縱. ― 旌은 旌旗(정기). 容容은 휘날리는 모양. 沓沓(답답)은 빠른 모양. 沓은 유창할 답. 般은 서로 이어지다. 縱縱(종종)은 많은 모양.

신령의 도래는 공중에 휘날리며,

甘露가 내리고, 상서로운 구름도 모였다.[299]

신령의 유락에, 제단에 강림하자,

九疑山의 손님인 夔(기)와 龍(용)이 춤을 추었다.[300]

신령이 안좌하니 모두 吉時에 맞춰,

함께 공경하며, 인간의 생각과 부합하였다.[301]

신령이 즐기나니 거듭 술잔을 들고,

福은 끝이 없고, 멀리멀리 뻗어나간다.[302]

복을 널리 베푸시니, 汾水(분수)의 언덕에서,

황금 빛을 뿌리고, 大河에 넘치도록,

구름처럼 성대하게 큰 물결을 일으킨다.[303]

---

299 원문 神之徠, 泛翊翊, 甘露降, 慶雲集. - 泛은 뜰 범. 날리다. 翊翊(익익)
은 떠서 나르는 모양.

300 원문 神之揄, 臨壇宇, 九疑賓, 夔龍舞. - 揄(끌어당길 유)는 愉(즐거울 유)
와 通, 愉樂, 遊樂. 九疑(구의)는 산 이름. 舜이 묻힌 산. 夔(기)는 舜의 신
하, 樂官. 龍(용)도 순의 신하, 納言을 담담했다.

301 원문 神安坐, 翔吉時, 共翊翊, 合所思. - 翔은 翔(나를 상)과 통. 共翊翊
(공익익)은 공경하는 모양.

302 원문 神嘉虞, 申貳觴, 福滂洋, 邁延長. - 嘉虞(가우)는 즐거워하다. 虞는
樂也. 申貳觴은 거듭 술잔을 들다. 觴은 술잔 상. 滂洋(방양)은 끝없이
넓다. 邁는 멀리 갈 매.

303 원문 沛施佑, 汾之阿, 揚金光, 橫泰河, 莽若雲, 增陽波. - 沛는 널리. 普
遍(보편). 施晁, 汾은 汾水(분수). 황하의 지류. 山西省 중부를 북남으로
흐른다. 阿는 언덕 아. 揚은 휘날려 뿌리다. 橫은 충만하다. 泰河는 大
河. 莽(풀 우거질 망)은 광대한 모양. 陽波는 大波.

두루 기뻐하며 즐기니 天歌가 울려 퍼졌다.[304]

〈화엽엽〉 15.

五神相, 包四鄰, 土地廣, 揚浮雲.

扢嘉壇, 椒蘭芳, 璧玉精, 垂華光.

盍億年, 美始興, 交於神, 若有承.

廣宣延, 咸畢觴, 靈輿位, 偃蹇驤.

卉汩臚, 析奚遺? 淫漾澤, 汪然歸.

〈五神〉十六

[국역]

16. 五神이 太一神을 도와 사방을 관할하니,

　　土地는 광대하고, 구름도 휘날린다.[305]

　　멋진 제단을 기뻐하니, 향기로운 椒蘭(초란)에,

---

304 원문 遍臚歡, 騰天歌. - 遍은 두루 편. 도처에서. 臚歡은 기쁨을 표현하
다. 騰은 높이 울려 퍼지다. 天歌는 武帝가 지은 〈秋風辭〉. 武帝가 河東
에 행차하여 后土에 제사한 뒤 帝京을 멀리 생각하며 황하에 배를 띄우
고 飮燕(음연)하며 기뻐 지어 부른 노래는 아래와 같다.
秋風起兮白雲飛, 草木黃落兮鴈南歸. 蘭有秀兮菊有芳, 攜佳人兮不能
忘. 泛樓船兮濟汾河, 橫中流兮揚素波. 簫鼓鳴兮發棹歌, 歡樂極兮哀情
多. 少壯幾時兮奈老何!《文選》45권에 수록.

305 원문 五神相, 包四鄰, 土地廣, 揚浮雲. - 五神相의 五神은 五帝. 太一神
의 相臣이라 생각했다. 包는 含也. 四鄰(사린)은 四方.

精美한 碧玉은 화려한 광채를 발한다.[306]
다시 1억 년이 지나도 景福이 이어지리니,
神과 交會하며 神情을 더욱 공경하도다.[307]
사방의 여러 신을 맞이하여 獻觴(헌상)을 마치니,
신령의 수레가 제자리 줄섰고 힘껏 날아오르다.[308]
신속히 줄지었다가 각자 날아가니 무엇이 있으랴?
넘치는 복을 남겨주고 홀연히 돌아갔도다.[309]

〈五神〉16.

朝隴首, 覽西垠, 雷電燎, 獲白麟.

爰五止, 顯黃德, 圖匈虐, 熏鬻殛.

闢流離, 抑不詳, 賓百僚, 山河饗.

掩回轅, 鬗長馳, 騰雨師, 灑路陂.

---

306 원문 扢嘉壇, 椒蘭芳, 璧玉精, 垂華光. – 扢은 기뻐할 흘. 문지를 골. 椒蘭(초란)은 香草.

307 원문 益億年, 美始興, 交於神, 若有承. – 美始興은 景福이 막 시작되다.

308 원문 廣宣延, 咸畢觴, 靈輿位, 偃蹇驤. – 廣宣延은 諸神을 두루 맞이하다. 咸畢觴은 여러 신에게 獻觴(헌상)을 마치다. 靈輿는 신령의 수레. 位는 제자리에 서다. 偃蹇驤(언건양)은 높이 뛰어 오르다.

309 원문 卉汩臚, 析奚遺? 淫淥澤, 汪然歸. – 卉汩(훼율)은 빠른 모양. 卉는 풀 훼. 汩은 흐를 율. 臚는 진열하다. 析은 분석하다. 奚는 무엇? 어찌해. 析奚遺? 淫은 오래다(久也). 淥은 거를 록. 헝겊이나 천으로 건더기를 가려내다. 淥澤(녹택)은 澤名. 汪은 깊고 넓은 모양.

流星隕, 感惟風, 爾歸雲, 撫懷心.

〈朝隴首〉十七

元狩元年行幸雍獲白麟作.

〖국역〗

17. 아침에 隴山에 올라 서쪽 땅 끝을 바라보았고,

천둥 번개가 번쩍였고, 白麟(백린)을 노획했다.[310]

백린은 다섯 발가락에 黃德을 顯揚(현양)하니,

暴虐(포학)한 짓을 하던 흉노족은 죽었다.[311]

악인을 물리치고, 不祥瑞(불상서)를 억제하며,

諸 神官을 손님으로 모셔 山河의 神께 제사하다.[312]

---

310 원문 朝隴首, 覽西垠, 雷電燎(요), 獲白麟. – 朝隴首는 아침에 隴山(농산)
에 올라. 隴山은 지금 陝西省과 甘肅省의 경계에 해당. 무제는 (元鼎) 5
년(前 112) 겨울 10월, 雍縣에 행차하여 五時(오치)에 제사했다. 隴山(농
산)을 넘어 空同山(공동산, 空洞山)에 오른 뒤에 서쪽으로 祖厲河(조려하)
까지 갔다가 돌아왔다. 垠은 끝 은. 변두리. 燎는 燎(화톳불 요, 료)의 古
字. 獲은 잡을 획.

311 원문 爰五止, 顯黃德, 圖匈虐, 薰鬻殛. – 爰은 발어사. 이에 원. 止는 足
也. 趾(발 지). 백린이 5足이란 뜻보다는 그 발가락이 5개란 뜻으로 해석
해야 한다. 顯은 나타날 현. 드러내다. 黃德은 土德, 圖匈虐(도흉학)은
흉측 포악한 짓을 도모하다. 薰鬻(훈육, 훈족)은 흉노족의 본래 명칭. 殛
은 죽을 극. 다하다(窮也).

312 원문 闢流離, 抑不詳, 賓百僚, 山河饗. – 闢은 물리칠 벽. 제거하다. 流
離(유리)는 惡梟(악효, 올빼미). 惡人. 유랑민으로 해석하는 주해도 있다.
抑은 억제하다. 不詳은 不祥(불상), 賓은 손님으로 모시다. 百僚는 百神
의 官吏. 山河는 산하의 諸神. 饗은 잔치할 향.

어느 새 수레를 돌려 멀리 달려 나가자,
雨師가 하늘에 올라 길에 비를 뿌린다.[313]
流星이 떨어지고, 風雨에 감개하나니,
구름을 딛고 올라 귀부하는 마음을 달랜다.[314]
〈조롱수〉 17.
(武帝) 元狩 원년(前 122), 雍縣(옹현)에 행차하여 白麟을 포획
하고서 짓다.[315]

原文

象載瑜, 白集西, 食甘露, 飲榮泉.
赤雁集, 六紛員, 殊翁雜, 五采文.
神所見, 施祉福, 登蓬萊, 結無極.
〈象載瑜〉十八.

---

313 원문 掩回轅, 髳長馳, 騰雨師, 灑路陂. – 掩은 가릴 엄. 奄과 同. 순간에.
回轅(회원)은 수레를 돌리다. 髳은 머리가 길 만. 長馳(장치)는 멀리 달
려가다. 騰은 오를 등. 雨師는 雨神. 灑는 뿌릴 쇄. 路陂(노파)는 길 가
(傍). 길.

314 원문 流星隕; 感惟風, 籋歸雲, 撫懷心. – 流星은 별똥별. 隕은 떨어질 운.
感惟風. 籋은 밟을 섭. 撫는 慰撫(위무)하다. 懷心(회심)은 귀순하려는
마음.

315 元狩(원수) – 무제의 4번째 연호, 前 122 – 117년. 白麟은 전설 중의 瑞獸
(서수), 사슴의 몸에 소의 꼬리, 말의 발굽, 뿔은 하나로, 뿔끝에 肉質이
있다고 하였다. 이런 짐승이 과연 존재할까? 이를 〈白麟之歌〉라 했고,
〈禮樂志〉에 가사 수록. 본 〈朝隴首〉를 지칭.

太始三年行幸東海獲赤雁作.

18. 아름다운 象載(象輿), 흰 수레가 서쪽에 모여,
甘露를 먹고, 榮泉의 물을 마신다.[316]
붉은 기러기가 여섯 마리가 한데 모였는데,
특히 목에는 여러 색, 오채색이 선명했다.[317]
神이 보여준, 베풀어준 복이리니,
蓬萊山(봉래산)에 올라 無極의 경계에 도달하다.[318]
〈상재유〉 18.
(武帝) 太始 3년. 東海에 행차하여 赤雁(적안)을 포획하고서
짓다.[319]

---

316 원문 象載瑜, 白集西, 食甘露, 飮榮泉. - 象載(상재)는 象輿(상여, 수레).
瑞應車. 瑜는 아름다운 옥 유. 아름답다. 白은 수레의 색. 서방이라 白
色.

317 원문 赤雁集, 六紛員, 殊翁雜, 五朵文. - 赤雁集, 六은 여섯 마리. 紛員
(분원)은 많다. 殊는 다를 수. 특별하다. 翁은 기러기의 목이라는 주석이
있다. 雜은 섞이다. 五朵는 五彩(오채). 文은 무늬.

318 원문 登蓬萊, 結無極. - 蓬萊(봉래)는 海中의 神山. 結은 도달하다. 이루
다(成也).

319 《漢書 武帝紀》의 기록. 太始 3년(前 94), 2월에 東海郡에 행차하여 붉은
기러기를 잡고서 〈朱雁之歌〉를 지었다. 琅邪(낭야)에 행차하여 날마다
成山(今 山東半島의 成山角, 동쪽 極端)에서 제사를 올렸다. 之罘山(지
부산, 今 山東省 煙台市 之罘區, 之罘島)에 올랐고 大海에서 배를 탔다. 山
에서 만세 소리가 들렸다.

　赤蛟綏, 黃華蓋, 露夜零, 晝掩濊.

　百君禮, 六龍位, 勺椒漿, 靈已醉.

　靈旣享, 錫吉祥, 芒芒極, 降嘉觴.

　靈殷殷, 爛揚光, 延壽命, 永未央.

　杳冥冥, 塞六合, 澤汪濊, 輯萬國.

　靈禠禠, 像輿轇, 票然逝, 旗透蛇.

　禮樂成, 靈將歸, 託玄德, 長無衰.

　〈赤蛟〉十九.

　其餘巡狩福應之事, 不序郊廟, 故弗論.

〖국역〗

19. 赤蛟(적교) 같은 수레 손잡이, 황색 꽃 장식 덮개,
　　이슬은 밤에 소리 없이 내리고, 낮에는 구름이 끼었다.[320]
　　百神이 禮를 표하고, 六龍이 자리했으며,
　　椒漿(초장)을 잔에 따르니, 신령은 이미 취했다.[321]
　　신령께서 흠향하고 복을 내리시고,

---

320 원문 赤蛟綏, 黃華蓋, 露夜零, 晝掩濊. − 赤蛟는 붉은 교룡. 綏는 편안할
　　수. 수레 손잡이. 蓋(덮을 개)는 수레의 布帳(포장). 零은 조용히 오는 비
　　영. 晝는 낮 주. 掩은 가릴 엄. 덮다. 濊는 구름 낄 애. 陰氣가 깔렸다.

321 원문 百君禮, 六龍位, 勺椒漿, 靈已醉. − 百君은 百神. 勺은 덜어낼 작.
　　椒漿(초장)은 음료 이름.

복이 광대하나니, 좋은 술을 받았기 때문이다.[322]

신령은 성대하고 찬란한 빛을 내며,

수명을 늘려 영원히 끝이 없다.[323]

까마득히 먼 곳까지, 천자 사방(六合)을 채우고,

은택은 깊고 넓으니 萬國에서 모여든다.[324]

신령이 불안해 하니 수레가 대기하다가,

표연히 출발하니 깃발들이 구불구불 간다.[325]

禮樂이 갖춰졌고 신령이 돌아가며,

玄德(天德)에 의탁하니 오래도록 쇠하지 않으리라.

⟨적교⟩ 19.

그 밖에 巡狩(순수)할[326] 때에 天福이 호응한 사례 중 郊廟(교

---

322 원문 靈旣享, 錫吉祥, 芒芒極, 降嘉觴. – 享은 누릴 향. 歆饗(흠향)하다. 제사를 마치다. 錫은 하사하다. 賜也. 芒芒(망망)은 광대한 모양.

323 원문 靈殷殷, 爛揚光, 延壽命, 永未央. – 殷殷(은은)은 성대한 모양. 爛은 현란하다. 未央(미앙)은 끝이 없다. 다함이 없다. 央은 가운데 앙. 끝장 나다(盡也). 漢의 궁궐 이름.

324 원문 杳冥冥, 塞六合, 澤汪濊, 輯萬國. – 杳는 어두울 묘. 冥冥은 어둑어둑하다. 冥은 어두울 명. 塞은 채우다. 틀어막다. 澤은 恩澤. 汪濊(왕예)는 넓고 깊은 모양. 輯은 모을 집(集也).

325 원문 靈禩禩, 像輿轙, 票然逝, 旗逶蛇. – 禩禩(사사)는 신령이 불안해하며 떠나려 하는 모양. 像은 비슷하다. 輿轙(여의)는 수레의 고삐 걸이, 轙는 마부가 준비하고 출발을 기다리다. 票는 飄(회오리바람 표). 逝는 갈 서. 逶蛇(위이)는 뱀처럼 구불구불가다. 逶는 구불구불 갈 위. 蛇는 뱀 사. 구불구불 갈 이.

326 巡狩(순수) – 天子가 四方의 諸侯를 둘러보는 정치 행위. 秦始皇의 東巡과 같은 것. 皇帝가 出巡하면 보통 太子가 監國한다. 황제의 순수는 민

묘)에 수록되지 않은 것은 논술하지 않았다.

───────
간에 다양한 演義(연의)나 전설이 만들어진다.《白虎通義》에 의하면, 천
자는 5년마다 한 번씩 순수하는데, 첫해는 2월에 동방을, 다음 해는 5월
에 남방을, 다음 해는 8월에 서방을, 그 다음 해는 11월에 북방을 순수
한다고 하였다.

六. 武帝 이후 樂曲

是時, 河間獻王有雅材, 亦以爲治道非禮樂不成, 因獻所
集雅樂. 天子下大樂官, 常存肆之, 歲時以備數, 然不常御,
常御及郊廟皆非雅聲. 然詩樂施於後嗣, 猶得有所祖述.

昔殷,周之〈雅〉,〈頌〉, 乃上本有娀,姜原, 卨,稷始生, 玄
王,公劉,古公,大伯,王季,姜女,大任,太姒之德, 乃及成湯,文,
武受命, 武丁,成,康,宣王中興.

下及輔佐阿衡,周,召,太公,申伯,召虎,仲山甫之屬, 君臣男
女有功德者, 靡不褒揚. 功德旣信美矣, 褒揚之聲盈乎天地
之間, 是以光名著於當世, 遺譽垂於無窮也.

今漢郊廟詩歌, 未有祖宗之事, 八音調均, 又不協於鐘律,
而內有掖庭材人, 外有上林樂府, 皆以鄭聲施於朝廷.

[국역]

이 무렵, 河間獻王(하간 헌왕)은[327] 雅材(아재, 文才)가 있었는데, 그

---

327 河間獻王 – 河間國 獻王 劉德(유덕, ? – 前 130). 字는 君道. 河間國은 河
間郡, 渤海郡, 廣川郡 등 今 河北省 남부 石家莊市 일원, 국도는 樂成縣
(今 河北省 滄州市 관할의 獻縣). 獻王은 諡號(시호)이다. 修學하고 好古
하며 實事求是를 추구하였다. 세상에서 좋은 책을 얻으면 잘 필사하여
주고 진본을 남겼는데 금이나 비단을 주면서 책을 구했다. 이 때문에
사방에서 학술을 하는 사람들이 불원천리하고 또는 조상의 옛 책을 가

또한 治道는 禮樂에 의하지 않으면 성공할 수 없다고 생각하여, (그가 수집한) 雅樂(아악)을 (교사, 종묘, 조회에 연주하도록) 헌상하였다. 天子는 이를 大樂官에게 내려 늘 익히라 분부하였고,[328] 세시나 제사에 맞춰 인원을 갖춰 연주케 하였으나, 늘 연주하지는(御) 않았기에 평상시나 교사, 종묘의 제사에는 정악이 아니었다. 그렇지만 詩와 樂이 後嗣(후사)에 전승되었기에, 그래도 이를 祖述(조술)할 수 있었다.

옛날 殷(은)과 周나라의 〈雅(아)〉와 〈頌(송)〉에는 위로 有娀(유융)과[329] 姜原(강원)이[330] 있어, 卨(설)과 稷(직, 后稷)이 출생할 수 있었고, 玄王(현왕, 偰)과 公劉(공유, 후직의 曾孫), 古公〔고공, 古公亶父(고공단보)〕, 大伯(태백, 泰伯, 태왕의 長子)과 王季(왕계, 태왕의 막내아들, 文王의 생부), 姜女(강녀, 古公亶父의 아내), 大任(태임, 文王의 모친), 太姒(태사, 文王의 아내, 武王의 모친)의 덕행이 있었기에 (商의) 成湯(湯王)과 文王, 武王이 천명을 받았으며, (商의) 武丁(高宗), (周의) 成王, 康王(강왕),[331] 그리고 宣王(선왕)의 中興를 이루었다.

지고 헌왕에게 증정하는 자가 많아 좋은 책을 구할 수 있었고 漢 皇室만큼 책이 많았다.

328 원문 常存肄之 - 肄는 익힐 이.

329 有娀(유융) - 씨족의 이름. 유융씨의 여인 簡狄(간적)이 제비 알(燕卵)을 삼킨 뒤 임신이 되어 偰〔설, 契(설), 卨(설)〕을 낳았는데, 이가 商(殷)의 시조이다.

330 姜原(강원, 姜嫄) - 有邰氏(유태씨)의 여인, 들판에서 거인의 발자국을 밟았다가 임신이 되어 棄〔기, 后稷(후직)〕을 낳았다.

331 周 무왕 이후 周의 太平盛世를 成康之治라 한다.

그 아래로 輔佐(보좌)한 인물로 (商의) 阿衡(아형, 伊尹)과 (武王의 형제인) 周公(名은 旦, 단), 召公(名은 奭, 석), 그리고 太公(姜太公, 呂望, 呂尙), (宣王의 신하인) 申伯(신백), 召虎(소호), 仲山甫(중산보) 등이 있었으니, 君臣, 男女의 有功, 有德者를 襃揚(포양)하지 않을 수 없었다. 이들의 功德이 크고 完美하기에 포양하는 칭송의 말이 하늘과 땅 사이에 가득했었기에 그들이 광채 나는 명성이 當世에 뚜렷했으며 후세에 전한 명성 또한 끝이 없을 것이다.

지금 漢의 郊祀(교사)와 宗廟(조요)의 詩歌에 祖宗의 사적을 다 포함한 것은 아니었고, 八音이[332] 조화를 이루었으나(調均), 鐘律(종률)과 和諧(화해)가 되지는 않았다. 그리고 궁내에 掖庭(액정)의[333] 材人(才人)이 있고, 밖으로는 上林苑(상림원)의 樂府가 있어, 모두 조정에서 鄭聲(정성, 淫樂)을[334] 연주하였다.

原文

至成帝時, 謁者常山王禹世受河間樂, 能說其義, 其弟子宋曄等上書言之, 下大夫博士平當等考試.

當以爲, "漢承秦滅道之後, 賴先帝聖德, 博受兼聽, 修廢官, 立大學. 河間獻王聘求幽隱, 修興雅樂以助化. 時, 大儒

公孫弘,董仲舒等皆以爲音中正雅,立之大樂. 春秋鄉射, 作
於學官, 希闊不講. 故自公卿大夫觀聽者, 但聞鏗鎗, 不曉
其意, 而欲以風諭衆庶, 其道無由. 是以行之百有餘年, 德
化至今未成. 今曄等守習孤學, 大指歸於興助敎化. 衰微之
學, 興廢在人. 宜領屬雅樂, 以繼絕表微. 孔子曰, ‘人能弘
道, 非道弘人.’ 河間區區, 小國藩臣, 以好學修古, 能有所
存, 民到於今稱之, 況於聖主廣被之資, 修起舊文, 放鄭近
雅, 述而不作, 信而好古, 於以風示海內, 揚名後世, 誠非小
功小美也.”

事下公卿, 以爲久遠難分明, 當議復寝.

[국역]

成帝 재위 중에(前 32 ‒ 前 7년), 謁者(알자)인[335] 常山郡 사람 王
禹(왕우)는 대대로 河間樂(하간국의 정악)을 전수받았고 그 대의를
설명할 수 있었는데, 그 弟子인 宋曄(송엽) 등이 이를 상서하여 시행
을 건의하자, (成帝는) 大夫인 博士 平當(평당)에게[336] 시험해보라고

---

335 謁者(알자) ‒ 郎中令(光祿勳)의 속관. 황제의 개인 비서라 할 수 있다.
외빈 접대, 질록 比 6백석. 謁者僕射(알자복야)의 지시 받음.

336 平當(평당, ?‒前 4)의 字는 子思. 평당은 젊어 大行治禮丞이 되었다가
승진하여 大鴻臚(대홍려) 文學에 보임되었고 청렴하다 하여 順陽縣과
枸邑縣(순읍현)의 현령이 되었으며 明經으로 천거되어 博士가 되었고,
다시 공경들이 의논에 뛰어나다고 천거하여 給事中이 되었다. 나라에
災異가 있을 때마다 평당은 경전의 뜻에 附會하여 그 득실을 논하였다.
文雅함은 蕭望之(소망지)나 匡衡(광형)에 미치지 못하였으나 그 뜻은 대

(考試) 지시하였다.

이에 평당이 말했다.

"漢은 秦의 멸망에 이르는 道를 이어 받았지만, 先帝의 聖德으로 개국한 뒤에, 널리 여론을 받아들이면서 없어진 관직도 부활했고, 大學도 세웠습니다. 河間國의 獻王은 숨어 지내는 은자들도 초빙하면서 아악을 진흥하여 교화를 도왔습니다. 그때 大儒인 公孫弘(공손홍)과[337] 董仲舒(동중서)[338] 등이 모두 음악은 雅樂에 맞아야 하고 大樂을 확립해야 한다고 생각하였습니다. 春秋로 鄕射禮를 시행하고, 정악을 교습하는 관리를 임명해야 했지만, 너무 부족하여 강론은 하지 못했습니다. 그래서 公卿大夫로 정악을 듣는 자들은 다만 그 악기 소리만 들을 뿐,[339] 그 의미를 깨닫지 못했으며, 일반 백성을 깨우치려 해도 그런 방도의 연원을 몰랐습니다. 이 때문에 1백여 년을

략 비슷하였다. 《漢書》71권, 〈雋疏于薛平彭傳〉에 입전.

337 公孫弘(前 200 - 121) - 獄吏에서 출세. 武帝 時 御史大夫, 丞相 역임. 平津侯. 《漢書》58권, 〈公孫弘卜式兒寬傳〉에 입전.

338 董仲舒(동중서, 前 179 - 104) - 유학자. 《春秋公羊傳》 전공. 今文經의 大師, 孔安國과 나란한 명성, 司馬遷의 經學 사상에도 영향을 주었다. 《한서》에 단독 입전. 《史記 儒林列傳》 참고. 젊어서 《春秋》를 전공했고, 景帝 때 박사가 되었다. 휘장을 치고 책을 읽었고 제자들은 들어온 순차에 의거 서로를 가르쳤기에 (동중서의) 얼굴을 보지 못한 자도 있었다. 거의 3년 동안 뜰을 바라보지 않을 정도로 정진하였다. 거취와 표정과 행동이 禮가 아니면 행하지 않았기에 學士들이 모두 스승으로 받들었다.

339 원문 但聞鏗鎗 - 鏗鎗(갱쟁)은 악기 소리. 금옥이 부딪치는 소리. 鏗은 金玉 소리 갱. 鎗은 종소리 쟁.

시행했어도 도덕에 의한 교화는 아직도 성취하지 못했습니다. 지금 宋瞱(송엽) 등이 이를 보존하고 익히며 홀로 배웠지만, 그 큰 뜻은 敎化를 돕는데 있습니다. 이미 쇠퇴한 학문의 부흥과 廢學(폐학)은 사람에 달렸습니다. 응당 정악을 수집하고 단절된 학문을 계승케 하고, 衰微(쇠미)한 학문을 顯揚(현양)해야 합니다. 공자도 '사람이 道를 넓히지(人能弘道), 道가 (그 자체 존재로) 인간을 넓혀 나가지는 않는다(非道弘人).' 고[340] 하였습니다. 河間國은 작은(區區) 小國이며 藩臣(번신, 제후)이었지만, 好學하고 修古하면서 지킬 것을 보전하였기에 백성들은 지금까지도 왕을 칭송하고 있으니, 하물며 聖主께서 이를 교화의 바탕으로 삼아 널리 전파하고 옛 학문을 일으키면서 鄭聲을 방축하고 아악을 가까이 하며, '(이어 내려온 제도나 문헌을) 祖述(조술)했을 뿐 새로 짓지 않았고(述而不作), 성실하게 옛것을 좋아한다(信而好古).'[341] 하였으니, 이로써 천하를 교화하면 그 명성을 후세에 전할 수 있으니, 이는 결코 小功에 小美가 아닐 것입

---

340 《論語 衛靈公》의 말. 곧 道는 바른 길이기에 사람이 바른 실천으로 道의 외곽을 넓혀 나가 많은 사람에게 혜택을 주는 것이지, 道가 존재하기에 인간이 스스로 복을 받는 것이 아니다. 인간의 세계 밖으로 道가 존재하지 않고 道의 밖에 인간이 존재하지 않는다. 인간이 마음에 깨우침이 있어 도를 알고 실천하는 것이기에 인간이 道를 넓힌다고 하였다. 이는 道를 실천하는 주체는 어디까지나 인간이고, 인간만이 善과 仁을 행하는 중심이라는 뜻이다.

341 《論語 述而(술이)》의 공자 말씀. 述은 말하다. 그리고 진술이라는 뜻에서 '따라하다'의 뜻이 있다. 述而不作은 옛 성인의 가르침을 이어받아 그 뜻을 알기 쉽게 이어 설명했을 뿐, 새로운 제도나 문화, 가르침을 만들지 않았다는 뜻이다.

니다."

이 문제를 公卿의 의논에 부쳤으나 너무 오래전이고 분명히 결정하기 어렵다 하여 논의는 다시 중단되었다.

原文

是時, 鄭聲尤甚. 黃門名倡丙彊,景武之屬富顯於世, 貴戚五侯定陵,富平外戚之家淫侈過度, 至與人主爭女樂.

哀帝自爲定陶王時疾之, 又性不好音, 及卽位, 下詔曰,

「惟世俗奢泰文巧, 而鄭,衛之聲興. 夫奢泰則下不孫而國貧, 文巧則趨末背本者衆. 鄭,衛之聲興則淫辟之化流, 而欲黎庶敦樸家給, 猶濁其源而求其淸流, 豈不難哉! 孔子不云乎?"放鄭聲, 鄭聲淫." 其罷樂府官. 郊祭樂及古兵法武樂, 在經非鄭,衛之樂者, 條奏, 別屬他官.」

[국역]

이 무렵, 鄭聲은 더욱 심해졌다.[342] 黃門(환관)으로 名倡(명창)인 丙彊(병강)이나 景武(경무) 같은 무리들은 세상에 알려진 부자였고, 貴戚(귀척)으로는 (成帝의 外叔인) 五侯[343] 외 定陵侯(정릉후, 淳于長)

---

342 원문 鄭聲尤甚 – 尤는 더욱 우. 甚은 심할 심. 춘추시대 鄭의 남녀들은 그곳 溱水(진수)와 洧水(유수) 사이에 모여 놀며 노래하고 사랑하는 음란한 풍속이 있었다. 顏淵이 나라를 다스리는 방책을 물었을 때, 공자는 "~ 放鄭聲, 遠佞人. 鄭聲淫, 佞人殆."라고 하였다.《論語 衛靈公》

343 五侯 – 成帝의 母后 王政君(政君이 이름)의 친정 형제로 成帝 河平 2년

와[344] 富平侯(부평후, 張放)[345] 등 (황제의) 外戚(외척) 집안의 지나친 사치는 度를 넘었으며,[346] 人主(황제)와 女樂을 놓고 다툴 정도에 이르렀다.

哀帝는 定陶王(정도왕)으로 재위할 때부터[347] 鄭聲을 질시하였는데 특히 음률을 좋아하지 않았기에 즉위하면서 조서를 내렸다.

「세속이 사치 속에 태평하고 舞文弄墨(무문농묵)하고, 鄭과 衛나라의 음악이 유행하고 있다. 대체로 사치가 지나치면 아랫사람이 불손하고 나라는 가난해지며, 글 장난이나 하게 되면 末技나 다르고 본업을 버리는 백성이 많아진다. 鄭, 衛의 음악이 흥성하게 되면 淫辟(음벽)의 풍조가 유행하게 되어 백성을 질박한 풍조로 이끌며 살

同日에, 王譚은 平阿侯, 王商은 成都侯, 王立은 紅陽侯, 王根은 曲陽侯, 王逢은 高平侯에 봉해졌는데, 世人은 이를 五侯라 불렀다. 班固는 王政君을 97권, 〈外戚傳〉에 입전하지 않고 98권 〈元后傳〉에 단독 입전하면서 이들 五侯의 행적을 서술하여 전한 말기 외척의 횡포를 서술했다. 王莽(왕망)은 王政君의 친정 조카이고, 왕망은 왕정군의 위세를 빌어 세력을 확충하였다.

344 淳于長(순우장) – 淳于는 복성. 《漢書》93권, 〈佞幸傳(영행전)〉에 입전.

345 張放 – 漢初 張湯(장탕)의 후손. 《漢書》59권, 〈張湯傳〉참고. 황제와 함께 기거하며 총애가 남달랐고, 成帝를 따라 자주 미복으로 유람하면서 장안에서 투계나 말달리기를 수년 동안 계속했다.

346 원문 淫侈過度 – 淫侈(음치)는 淫亂(음란)과 奢侈(차치)로 풀이할 수 있으나 여기서 淫은 넘치다, 지나치다의 뜻이다.

347 孝元皇帝의 王皇后가 孝成帝를 낳았고, 傅昭儀(부소의)가 定陶共王 劉康을, 馮昭儀가 中山孝王 劉興을 출산했다. (成帝의 이복동생) 정도공왕 유강이 죽고, 아들 欣(흔)이 계위하여 재위 15년째였으니 成帝에게는 동생의 아들, 곧 조카이다. 조카 欣(흔)을 황태자로 삼았고 다음 해에 계위하니, 이가 哀帝이다.

림을 넉넉케 하려 하더라도 마치 물의 근원이 혼탁한데 맑은 물을 바란들 어찌 어렵지 않겠는가! 그래서 공자께서도 말하지 않았는가? "鄭聲을 방축하나니, 鄭聲은 음란하다." 樂府의 관서를 혁파하기 바란다.[348] 郊祭의 祭樂 및 고대 兵法의 武樂은 常道에 맞게(在經), 鄭과 衛의 음악이 아닌 것으로 운영할 것이며, (인원 감축을) 조목별로 상주하되 다른 관직에 배치하지 말라.」

原文

丞相孔光,大司空何武奏,

「郊祭樂人員六十二人, 給祠南北郊. 大樂鼓員六人, 〈嘉至〉鼓員十人, 邯鄲鼓員二人, 騎吹鼓員三人, 江南鼓員二人, 淮南鼓員四人, 巴俞鼓員三十六人, 歌鼓員二十四人, 楚嚴鼓員一人, 梁皇鼓員四人, 臨淮鼓員二十五人, 茲邡鼓員三人, 凡鼓十二, 員百二十八人, 朝賀置酒陳殿下, 應古兵法. 外郊祭員十三人, 諸族樂人兼〈雲招〉給祠南郊用六十七人, 兼給事雅樂用四人, 夜誦員五人, 剛,別栖員二人, 給〈盛德〉主調篪員二人, 聽工以律知日冬,夏至一人, 鐘工,磬工,簫工員各一人, 僕射二人主領諸樂人, 皆不可罷.

竽工員三人, 一人可罷. 琴工員五人, 三人可罷. 柱工員二人, 一人可罷. 繩弦工員六人, 四人可罷. 鄭四會員六十

二人, 一人給事雅樂, 六十一人可罷. 張瑟員八人, 七人可
罷. 〈安世樂〉鼓員二十人, 十九人可罷. 沛吹鼓員十二人,
族歌鼓員二十七人, 陳吹鼓員十三人, 商樂鼓員十四人, 東
海鼓員十六人, 長樂鼓員十三人, 縵樂鼓員十三人, 凡鼓八,
員百二十八人, 朝賀置酒, 陳前殿房中, 不應經法. 治竽員
五人, 楚鼓員六人, 常從倡三十人, 常從象人四人, 詔隨常從
倡十六人, 秦倡員二十九人, 秦倡象人員三人, 詔隨秦倡一
人, 雅大人員九人, 朝賀置酒爲樂. 楚四會員十七人, 巴四
會員十二人, 銚四會員十二人, 齊四會員十九人, 蔡謳員三
人, 齊謳員六人, 竽,瑟,鐘,磬員五人, 皆鄭聲, 可罷. 師學百
四十二人, 其七十二人給大官挏馬酒, 其七十人可罷. 大凡
八百二十九人, 其三百八十八人不可罷, 可領屬大樂, 其四
百四十一人不應經法, 或鄭,衛之聲, 皆可罷.」

奏可. 然百姓漸漬日久, 又不制雅樂有以相變, 豪富吏民
湛沔自若, 陵夷壞於王莽.

〔국역〕

丞相인 孔光(공광)과[349] 大司空인 何武(하무)가[350] 상주하였다.

---

349 孔光(공광, 前 65 – 서기 5)의 字는 子夏로 孔子의 14세손이다. 어사대부
를 거쳐 승상을 역임했다. 《漢書》81권, 〈匡張孔馬傳〉에 입전.

350 何武(하무, ? – 서기 3년) – 성제 때(前 8년), 어사대부를 大司空으로 개칭.
御史大夫(大司空) 역임. 나중에 왕망의 모함으로 자살. 何武는 《漢書》
86권, 〈何武王嘉師丹傳〉에 입전.

「郊祭의 樂을 담당하는 人員 62人은 南北의 郊祀를 담당해야(給) 합니다. 大樂 鼓手 인원 6인과, (樂曲) 〈嘉至〉의 鼓員 10인, 邯鄲(한단)의 鼓員 2인, 騎吹鼓員 3人, 江南의 鼓員 2인, 淮南의 鼓員 4인, 巴郡과 兪(유, 渝州. 今 重慶市)의 鼓員 36인, 歌鼓員 24인, 楚嚴(초엄, 楚聲의 卞急)의 鼓員 1인, 梁王(梁 孝王)의 鼓員 4인, 臨淮(임회)의 鼓員 25인, 茲邡(자방, 楚地의 地名)의 鼓員 3인, 총 12개소 鼓員 128인은 朝賀나 酒宴(주연)에서 전각 아래에 배치하고 또 옛 병법에 따라야 합니다. 외부 교사의 제사 종사원(外郊祭員) 13인, 諸族의 樂人 겸 〈雲招〉의 제사 담당자 67인 및 給事 겸임 雅樂에 종사할 4인, 밤에 시가를 낭송할 인원 5인, 剛(강, 鼓의 一種)과 別柎(별부, 搏柎, 鼓의 一種) 담당 2인, 〈盛德〉을 연주할 피리(篪, 지, 7孔의 관악기) 담당 인원(主調篪員) 2인, 聽樂을 담당할 工人과 태양을 관찰하며 동지와 하지의 음률을 담당하는 1인과 鐘工, 磬工(경공), 簫工(소공) 각 1인, 그리고 여러 樂人을 감독할 僕射(복야) 2인 등 모두는 파직할 수 없습니다.

竿(피리 우, 관악기)를 담당하는 工員 3인 중 1명은 파직할 수 있습니다. 琴(금) 담당 工員 5인 중 3인은 파직할 수 있습니다. 柱(琴과 瑟의 줄을 매는 받침)를 담당하는 工員 2인 중 1인은 없앨 수 있습니다. 繩弦(승현, 琴과 瑟의 弦) 담당 工人 6인 중 4인은 없앨 수 있습니다. 鄭國과 四方의 음악을 會合(四會)하는 인원 62인 중 1인은 雅樂에 관한 업무 당당이라서 61인을 파직할 수 있습니다. 張瑟을 담당하는 工人 8명 중 7인을 파직할 수 있습니다. 〈安世樂〉의 鼓員 20인 중 19명을 파직할 수 있습니다. 沛縣(패현)의 吹鼓(취고) 인원 12인, 族歌(족가) 담당 鼓員 27인, 軍陣의 吹鼓員 13인, 商樂의 鼓員 14인, 東海郡의 鼓員 16인, 長樂宮의 鼓員 13인, 縵樂(만악, 雜樂) 담당 鼓員

13인 등 8개소의 고수 128인은 朝賀의 예식에서 置酒하거나 前殿의 실내에서 연주하나 이는 常道에 맞지 않습니다. 治竽(치우) 담당 5인, 楚의 鼓員 6인과 평상시 가무 담당 30인, 평상시 가면유희(象) 4인, 詔令에 의거 평상시 隨從(수종)하는 倡人(歌手) 16명, 秦國의 唱人 29인, 秦國의 歌人 중 가면유희 인원 3인, 조령에 의거 수행하는 秦의 倡人 1명, 雅大의 인원 9명은 朝賀할 때 置酒하고 주악을 담당해야 합니다. 楚國의 四會 인원 17인, 巴郡의 악인 12인, 銚國(요국, 냄비 요)의 12인, 齊의 19인, 蔡(채)의 唱 담당 3인, 齊의 가수 6인, 竽(우), 瑟(슬), 鐘(종), 磬(경) 담당 5인은 모두 鄭聲이니 파직할 수 있습니다. 사부에게 학습 중인 142인 중 72인은 (造酒 담당) 大官에게 挏馬酒(동마주, 馬乳酒)를 제조 헌상하는데 그중 70명을 파직할 수 있습니다. 전체적으로 829인 중 388명은 파직할 수 없습니다. 그들은 大樂令의 관할로 소속을 옮기고 나머지 441인은 일상 법도에 맞지 않거나 아니면 鄭과 衛의 음악에 해당하니 모두 파직할 수 있습니다.」

상주는 可하다고 하였다.

그러나 백성들은 오랫동안 그렇게 길들여졌고 또 正樂의 제작 보급으로 時俗을 변화시키지도 못했으며, 부호나 관리들은 그런 일에 아주 익숙하여 불변하였기에 점차 무너지다가 왕망에 의해 완전 파괴되었다.

原文

今海內更始, 民人歸本, 戶口歲息, 平其刑辟, 牧以賢良, 至於家給, 旣庶且富, 則須庠序, 禮樂之敎化矣. 今幸有前

聖遺制之威儀, 誠可法象而補備之, 經紀可因緣而存著也.

孔子曰,「殷因於夏禮, 所損益可知也. 周因於殷禮, 所損益可知也. 其或繼周者, 雖百世可知也.」

今大漢繼周, 久曠大儀, 未有立禮成樂, 此賈誼,仲舒,王吉,劉向之徒所爲發憤而增嘆也.

〖 국역 〗

지금[351] 海內의 질서가 잡히고(更始, 경시), 民人이 본업에 충실하고, 戶口가 해마다 늘어나며, 형벌도 고르고,[352] 현량한 자가 牧民(목민)하여 백성 살림과 인구도 많아지고 부유하니, 바로 庠序(상서)를 세워 교육하며 禮樂에 의한 교화를 실천할 때이다.

지금 다행히 前聖 遺制(유제)의 위엄이 남았으니 진실로 옛 법도를 본받고, 또 보완할 시점으로[353] 나라의 기강을 여기서부터 바로잡아야 할 것이다.[354]

공자는 「殷은 禮에 바탕을 두었으니 그 損益(손익, 加減)을 가히 알 수 있다. 周는 殷의 禮를 바탕으로 하였으니 그 손익도 알 수 있다. 이후 혹 周를 계승하는 나라가 있다면 비록 百世 뒤라도 그 禮를 알 수 있을 것이다.」라고 말했다.[355]

---

351 今 – 班固가 이 〈禮樂志〉를 저술하는 후한 明帝와 章帝 在位 중.

352 원문 平其刑辟 – 刑辟(형벽)은 刑法. 辟은 법 벽. 法律.

353 원문 誠可法象而補備之 – 法象은 效法. 본받다. 모방하다.

354 원문 經紀可因緣而存著也 – 經紀는 法度, 綱常(강상). 因緣(인연)은 이어가다(承襲, 승습).

355 《論語 爲政》의 구절.

지금 大漢은 周를 계승하였으나 오래도록 예악제도가 不在하여[356] 아직도 예악에 의한 교화가 이뤄지지 못했기에, 이에 賈誼(가의), 董仲舒(동중서), 王吉(왕길), 劉向(유향) 같은 사람들이 발분하며 탄식했었다.[357]

---

356 大儀(대의) - 禮樂 制度.

357 增歎(증탄) - 感嘆(감탄).

형법지
刑法志

卷二十三 刑法志 第三
〔23권 〈형법지〉 제3¹〕

一. 序

原文

夫人宵天地之貌, 懷五常之性, 聰明精粹, 有生之最靈者
也. 爪牙不足以供耆欲, 趨走不足以避利害, 無毛羽以禦寒
暑, 必將役物以爲養, 用仁智而不恃力, 此其所以爲貴也.
故不仁愛則不能群, 不能群則不勝物, 不勝物則養不足. 群
而不足, 爭心將作, 上聖卓然先行敬讓博愛之德者, 衆心說
而從之. 從之成群, 是爲君矣, 歸而往之, 是爲王矣.

〔국역〕

대체로 인간은 天地(천지)의 모습을 닮았기에,² 五常의 본성을 가

---

1 〈刑法志〉는 古代 이후 漢代에 이르는 군사제도와 백성 동원, 刑政과 형벌
  의 이론 등 司法制度의 시대적 변화를 서술했다.

졌으며[3] 聰明(총명)하고 純粹(순수, 精粹)하여 생명을 가진 만물 중 가장 영험하다. (그러나) 인간의 손발로는 원하는 것을 다 가질 수 없고,[4] 빨리 달린다 하여도 짐승의 공격을 벗어날 수 없으며,[5] 추위나 더위를 막아줄 털도 없고, 힘써 일을 해야만 먹을 수 있으며, 어진 마음과 지혜가 있고 힘에 의지하지 않으니 이 때문에 인간은 고귀하다. 그래서 인간이 仁愛하지 않는다면 무리를 이룰 수 없고, 무리를 이루지 못하면 다른 동물을 이길 수 없으며, 이기지 못한다면 먹고 살 수가 없다. 무리를 지었어도 물자가 부족하다면, 뺏으려는 마음이 생기기에, 前代의 聖人은 특별히 공경과 겸양, 박애의 덕을 실천하여 인간의 마음을 기쁘게 하고 따라오게 하였다. 따르는 자들이 많았기에 主君이고,[6] 歸附(귀부)하거나 찾아오기에 王이라[7] 하였다.

---

2 원문 夫人宵天地之類 - 宵는 밤 소. 닮다(類也). 작다. 類는 모양 모. 貌의 古字. 머리가 둥근 것은 하늘을 닮았으며, 발이 네모진 것은 땅을 닮았다는 주석이 있다.

3 五常 - 仁, 義, 禮, 智, 信.

4 원문 爪牙不足以供耆欲 - 爪(조아)는 손톱 조. 牙는 어금니 아. 耆欲(기욕)은 嗜慾(기욕), 耆(늙은이 기)는 嗜(좋아할 기)와 通.

5 원문 趨走不足以避利害 - 趨走(추주)는 무리를 쫓아 달아나다. 避利害는 避害(해악을 피하다). 이때 利는 무리(類)를 따라가다.

6 원문 從之成群, 是爲君矣 - 君은 그 무리(群)를 잃지 않는 者란 뜻으로 해석.

7 원문 歸而往之, 是爲王矣. - 天下가 歸之하니, 王이라 한다. 往으로 王을 뜻을 풀이했다. '王者는 往也.'

〈洪範〉曰,「天子作民父母, 爲天下王.」 聖人取類以正名,
而謂群爲父母, 明仁,愛,德,讓, 王道之本也. 愛待敬而不敗,
德須威而久立, 故制禮以崇敬, 作刑以明威也. 聖人旣躬明
哲之性, 必通天地之心, 制禮作敎, 立法設刑, 動緣民情, 而
則天象地. 故曰, 先王立禮,「則天之明, 因地之性.」也. 刑
罰威獄, 以類天之震曜殺戮也. 溫慈惠和, 以效天之生殖長
育也.

《書》云「天秩有禮」,「天討有罪」. 故聖人因天秩而制五
禮, 因天討而作五刑. 大刑用甲兵, 其次用斧鉞, 中刑用刀
鋸, 其次用鑽鑿, 薄刑用鞭撲. 大者陳諸原野, 小者致之市
朝, 其所繇來者上矣.

[국역]

《書經 周書 洪範》에서는 「天子는 백성의 부모가 되었기에 천하의
왕이 되었다.」고 하였다. 聖人은 무리를 모아 명분을 바로 세웠기에
무리들의 부모라 하였으며, 仁과 愛, 德과 겸양을 분명히 실천하는
것은 王道의 근본이었다. 공경하는 마음으로 愛民하였기에 패망하
지 않았고, 은덕을 베풀면서 위엄을 지켜 오래 존속할 수 있었기에,
예법을 제정하여 공경을 존숭하였으며, 형벌을 실행하여 위엄을 분
명히 하였다. 聖人은 몸소 明哲한 품성을 실천하였고 天地의 본심에
확실하게 상통하였으며, 禮를 만들어 교화하고, 法을 제정하고 형벌
을 집행하며 백성들의 정서에 따랐으니, 이는 천지의 본성을 따른

것이었다.[8]

그래서 先王은 立禮하면서 「하늘의 명석함을 본받고 땅의 본성을 따랐다.」고 하였다. 刑罰과 무서운 감옥은 하늘이 천둥과 번개로 살육하는 것과 같으며, 온화와 자애, 은택과 화해는 하늘이 만물을 낳고 키우는 것을 본받은 것이다.

그래서 《書經》에서도 「禮를 따르는 자는 하늘이 복을 내린다.」

또 「죄를 지은 자에게는 하늘이 벌을 내린다.」고[9] 하였다.

그래서 聖人은 하늘의 질서에 따라 五禮를[10] 제정하였으며, 하늘의 징벌에 따라 五刑을 실행하였다. 큰 형벌에는 무장한 군사를 동원하였고,[11] 그 다음 형벌은 도끼를 썼으며,[12] 중간 형벌로 칼이나 톱(鋸, 톱 거)을,[13] 그 다음에는 끌(鑽鑿, 찬척)을,[14] 가벼운 형벌로는 채찍과 곤장으로 때렸다.[15] 큰 형벌(반역죄)을 받은 자는 (시신을)

---

8 원문 而則天象地 - 則은 법으로 삼다(法也).

9 원문 《書》云 「天秩有禮」, 「天討有罪」. - 《書》는 《書經 虞書 皐陶謨(고요모)》. 天秩의 秩은 敍也, 하늘이 앞에 내세우다. 표창하다. 복을 내리다. 討는 討治.

10 五禮 - 吉, 凶, 賓, 軍, 嘉禮.

11 원문 大刑用甲兵 - 반역, 반란 같은 죄는 무장한 군사를 동원하다.

12 원문 其次用斧鉞 - 斧鉞(부월)은 도끼. 斬刑(참형)을 뜻함.

13 원문 中刑用刀鋸 - 刀鋸(도거)는 칼이나 톱. 刀는 割刑(할형). 鋸(톱 거)는 刖刑(월형). 발꿈치를 자르는 형벌.

14 원문 其次用鑽鑿 - 鑽(끌 찬, 木工 도구 이름)은 髕(종지 뼈)를 자르는 형벌(臏과 同). 鑿(뚫을 착)은 黥刑(墨刑할 경).

15 원문 薄刑用鞭撲 - 薄刑(박형)은 경미한 형벌. 鞭은 채찍 편. 撲은 칠 박. 杖刑(장형).

들판에 버렸고,[16] 작은 죄를 지었으면 마을 거리나 조정에서 여러
사람에게 보였으니 이렇듯 형벌의 유래는 아주 오래되었다.[17]

---

16 원문 大者陳諸原野 - 大者는 반역, 반란 같은 죄로 처형된 자. 陳은 버려
두다. 諸는 之於의 축약. 原野는 들판.

17 원문 其所繇來者上 - 繇來(유래)는 由來. 上은 尙. 오래되다.

二. 軍制와 用兵

原文

　自黃帝有涿鹿之戰以定火災, 顓頊有共工之陳以定水害. 唐,虞之際, 至治之極, 猶流共工, 放讙兜, 竄三苗, 殛鯀, 然後天下服.

　夏有甘扈之誓, 殷,周以兵定天下矣. 天下旣定, 戢臧干戈, 敎以文德, 而猶立司馬之官, 設六軍之衆, 因井田而制軍賦.

　地方一里爲井, 井十爲通, 通十爲成, 成方十里. 成十爲終, 終十爲同, 同方百里. 同十爲封, 封十爲畿, 畿方千里. 有稅有賦. 稅以足食, 賦以足兵. 故四井爲邑, 四邑爲丘. 丘, 十六井也, 有戎馬一匹, 牛三頭. 四丘爲甸. 甸, 六十四井也, 有戎馬四匹, 兵車一乘, 牛十二頭, 甲士三人, 卒七十二人, 干戈備具, 是謂乘馬之法.

　一同百里, 提封萬井, 除山川沈斥, 城池邑居, 園囿術路, 三千六百井, 定出賦六千四百井, 戎馬四百匹, 兵車百乘, 此卿大夫采地之大者也, 是謂百乘之家.

　一封三百一十六里, 提封十萬井, 定出賦六萬四千井, 戎馬四千匹, 兵車千乘, 此諸侯之大者也, 是謂千乘之國.

　天子畿方千里, 提封百萬井, 定出賦六十四萬井, 戎馬四萬匹, 兵車萬乘, 故稱萬乘之主. 戎馬,車徒,干戈素具, 春振

旅以搜, 夏拔舍以苗, 秋治兵以獮, 冬大閱以狩, 皆於農隙以
講事焉. 五國爲屬, 屬有長, 十國爲連, 連有帥. 三十國爲卒,
卒有正, 二百一十四爲州, 州有牧. 連師比年簡車, 卒正三
年簡徒, 群牧五載大簡車,徒, 此先王爲國立武足兵之大略
也.

〔국역〕

黃帝(황제)가 涿鹿(탁록, 山名)의 싸움에서 神農氏 후손을 진압한
이후,[18] 顓頊(전욱)은 共工(공공)의 군진을 무찔러 水德을 받은 자의
해악을 평정하였다.[19] 唐(堯), 虞(우, 舜)의 재위 기간에는 통치가 극
히 안정되었지만, 그래도 共工氏(공공씨)를 (幽州로) 流配하였고, 讙
兜(환두)를 방축했으며, 三苗(삼묘)를 내쫓았고, 鯀(곤)을 죽인 뒤에야
비로소 천하가 안정되었다.[20]

夏에서는 (啓 재위 중에) 甘(감)에서 有扈(유호)씨와 서약을 맺었
고,[21] 殷과 周는 군사력으로[22] 천하를 안정시켰다. 천하가 안정된 뒤

---

18 원문 自黃帝有涿鹿之戰以定火災 – 黃帝는 軒轅氏(헌원씨). 涿鹿(탁록)은
山名. 今 河南省 涿鹿縣 소재. 火災는 炎帝 神農氏. 火德으로 왕이 되었
다. 그 후손이 포악했는데(火災), 黃帝가 원정했다.

19 원문 顓頊有共工之陳以定水害 – 顓頊(전욱)은 高陽氏. 共工(공공)은 主水
之官, 水德을 얻었다. 少昊(소호)씨가 쇠락하자 공공이 정권을 잡고, 해악
을 저지르자 전욱이 진압하였다(定水害).

20 放讙兜, 竄三苗, 殛鯀, 然後天下服 – 放은 放逐(방축)하다. 讙兜(환두)를 崇
山(숭산)으로 방축했다. 竄은 숨을 찬. 달아나다. 三苗(삼묘)를 三危山으
로 내쫓았다. 殛은 죽일 극. 鯀(물고기 이름 곤)을 羽山에서 죽였다.

21 원문 夏有甘扈之誓 – 夏의 王 啓와 有扈(유호)氏가 甘水의 벌판에서 싸운

에 방패와 창 등 무기를 거둬들였고,[23] 文德으로 백성을 교화하면서
도 (군사를 담당하는) 司馬의 관직을 임명하고 六軍의 군사를 배치
하였으며,[24] 井田制로[25] 군비를 충당케 하였다.

사방 1리의 땅을 井(정)이라 하고,[26] 10井이 通(통)이고, 10通이 成
(성)이 되니, 成은 사방 十里이다. 10成이 1終(종)이고, 10終이 1同
(동)이니, 1同은 사방 1百里이다. 10同이 1封(봉), 10封이 1畿(기)이
니, 畿는 사방 1千里이다.

稅(세)와 賦(부)를 징수했다.[27] 稅는 군량 충족을 위하여, 賦는 군
사 유지(足兵)에 충당했다.

그리고 4井을 邑(읍), 4邑을 丘(구)라 한다. 丘는 16井이다. (1丘,
이론상 128戶)에 戎馬(융마, 군마) 1匹(필) 소 3마리를 부담한다. 4丘
가 1甸(전)이다. 1甸(전)은 64井이고 군마 4필, 兵車 1乘(승), 소 12마
리, 甲士 3人, 병졸 72인,[28] 방패와 창으로 군비를 갖추는데, 이를 乘

뒤에 甘誓(감서)를 지었는데, 이는 《書經 夏書》에 수록되었다. 啓(계, 前
2084 - 2006년)는 夏朝의 두 번째 왕. 禹의 아들. 재위 39년.

22 殷의 桀王(걸왕) 정벌. 周 武王의 紂王(주왕) 정벌을 지칭.

23 원문 戢臧干戈 - 戢은 거둘 즙(斂也). 臧은 감출 藏(장). 干은 방패 간. 戈는
창 과.

24 원문 設六軍之衆 - 12,500명이 1軍이다. 王은 6軍을 거느렸다.

25 因井田而制軍賦 - 井田制는 理想的인 (실현 여부에 의문이 많은) 토지제
도. 여기 井田은 貢法(공법)의 井田制. 軍賦는 軍費 충당을 위한 賦稅.

26 원문 地方一里爲井 - 地方一里는 1平方里의 뜻. 곧 가로 1里, 세로 1里.

27 원문 有稅有賦 - 稅는 토지에 부과하는 조세. 賦은 人頭稅 성격이나 軍費
충당이 목적.

28 甲士는 수레를 타고 싸우는 병사. 卒은 步卒.

馬之法(승마지법)이라[29] 한다.

1同 100里에는 총 1萬의 井(정)인데, 山川이나 鹽地(염지)와 沈留地(침류지)를 제외하고,[30] 城池나 거주 마을, 정원이나 街路(도로)로[31] 3,600井을 공제하면 6,400井에 賦(부)를 부과하고, 군마 4백 필, 兵車 1백 승을 동원할 수 있는데, 이것이 卿, 大夫의 采地(채지, 食邑) 중에 大者이니, 이를 百乘之家(백승지가)라 한다.

1封은 316里이니 모두 10만 井이고, 정해진 대로 64,000井에 부과하면 군마 4천 필, 兵車 1천 乘이니, 이는 諸侯의 大者로 千乘之國이라 한다.

天子의 땅(畿, 기)은 사방 1천 리이니 모두 1百萬 井이며, 규정대로 64만 井에 부세하면 軍馬 4만 필, 兵車 1만 乘이니, 이를 萬乘之主(만승지주)라 한다. 戎馬(융마, 軍馬), 車徒(거도, 車卒), 干戈(간과)를 평소에 갖추고, 봄에는 봄 사냥(搜, 찾을 수)으로 군사를 훈련하고, 여름에는 草地에 야영하면서 사냥을 연습하고,[32] 가을에는 군사훈련과 수렵을 병행하고, 겨울에는 수렵을 통해 군사를 검열하는데,[33] 모두 농한기를 이용하여 연습하고 훈련한다.[34]

---

29 乘馬之法(승마지법)은 일종의 토지와 백성과 군사의 통합 조직.

30 원문의 斥(물리칠 척)은 소금기가 많은 땅.

31 원문 園囿術路 – 園囿(원유)는 동산, 또는 정원. 術은 大路.

32 원문 春振旅以搜, 夏拔舍以苗 – 振旅(진려)는 군사의 작전이나 陳法, 동작을 연습하다. 搜(수)는 봄철의 사냥을 지칭. 암컷이 아닌 수컷 동물을 찾는다는 뜻. 拔舍는 草地에 숙영하다. 苗(묘)는 여름철 사냥.

33 원문 秋治兵以獮, 冬大閱以狩 – 獮은 가을 사냥 선. 大閱(대열)은 大調練. 大訓練, 狩는 겨울 사냥 수. 에워싸고 몰아서 하는 사냥.

34 원문 皆於農隙以講事焉 – 農隙(농극)은 농한기. 講事는 講武.

(제후국) 5國을 屬(속)이라 하고 屬에는 首長을 두며, 10國을 連(련)이라 하고, 連에는 統帥(수, 장수 수)를 둔다. 30國을 卒(졸)이라 하고, 卒에는 卒正(졸정)을 둔다. 210국을 州로 삼고,[35] 州에는 牧官(목관)를 보낸다. 連師는 매년 戰車를 검열하고,[36] 모든 牧에서도 매년 전거를 점검하며, 卒正은 3년마다 인원(徒)을 점검하고, 모든 牧官은 5년마다 대대적으로 전거와 軍士를 검열하는데, 이상은 先王이 나라의 군사를 유지하고 병력을 잘 관리하는 大略이다.

原文

周道衰, 法度墮, 至齊桓公任用管仲, 而國富民安.

公問行伯用師之道, 管仲曰, "公欲定卒伍, 修甲兵, 大國亦將修之, 而小國設備, 則難以速得志矣."

於是乃作內政而寓軍令焉, 故卒伍定虖里, 而軍政成虖郊. 連其什伍, 居處同樂, 死生同憂, 禍福共之, 故夜戰則其聲相聞, 晝戰則其目相見, 緩急足以相死. 其教已成, 外攘夷狄, 內尊天子, 以安諸夏.

齊桓既沒, 晉文接之, 亦先定其民, 作被廬之法, 總帥諸侯, 迭爲盟主. 然其禮已頗僭差, 又隨時苟合以求欲速之功, 故不能充王制. 二伯之後, 浸以陵夷, 至魯成公作丘甲, 哀

---

35 원문 二百一十四爲州 – 二百一十國의 착오.

36 원문 比年簡車 – 比年은 매년. 簡車(간거)는 戰車를 검열하다.

公用田賦, 搜,狩,治兵,大閱之事皆失其正.

《春秋》書而譏之, 以存王道. 於是師旅亟動, 百姓罷敝, 無
伏節死難之誼.

孔子傷焉, 曰,"以不敎民戰, 是謂棄之."故稱子路曰,
"由也, 千乘之國, 可使治其賦也."而子路亦曰,"千乘之國,
攝虖大國之間, 加之以師旅, 因之以饑饉, 由也爲之, 比及三
年, 可使有勇, 且知方也."治其賦兵敎以禮誼之謂也.

〔국역〕

周의 王道가 쇠퇴하면서 法度도 墮落(타락)하였는데,[37] 齊 桓公(환
공, 재위 前 685 - 643)은 管仲(관중)을[38] 등용했고 나라는 부강했으며
백성은 평온했다. 이에 환공이 覇者(패자)로서 用武하는 방도를 물
었고,[39] 관중이 대답했다.

"公께서 군졸을 안정시키고,[40] 武備를 완전히 갖추려 한다면 큰
나라도 또한 그렇게 정비하고, 작은 나라라도 그렇게 대비할 것이
니, 공의 뜻을 쉽게 성취하지 못할 것입니다."

---

37 원문 法度墮 – 墮는 떨어질 타. 墮落.

38 管仲(前 725 - 645年), 姬姓에 管氏. 名은 夷吾(이오), 字는 仲, 諡는 敬, 齊
桓公의 相. 春秋時代 法家 대표 인물. 中國 역사상 宰相의 典範. 내정을
改革하면서 商業도 중시. 九合 諸侯하며 兵車에 의지하지 않았다.《史記
管晏列傳》에 입전.《論語》에는 공자의 管仲에 대한 언급이 많다. 곧《論
語 八佾》子曰,"管仲之器小哉!"~.

39 원문 行伯用師之道 – 行伯의 伯는 우두머리 패(霸와 同). 用師는 用武.

40 원문 欲定卒伍 – 군사 편제, 5인을 伍(오), 100人을 卒이라 한다.

그러면서 관중은 內政의 정비에 맞춰 軍令도 바로 세웠으며,[41] 마을에서 卒伍(졸오)의 제도를 확정하였고[42] 封邑에서의 軍政도 바로 세웠다. 군졸 조직을 하나로 연결하여[43] 같은 거처에서 同樂하고 死生을 함께 걱정하며, 禍福(화복)을 함께 누리게 하였는데, (그리하여) 夜戰에서는 그 목소리를 서로 알고, 낮의 전투에서는 그 눈짓으로 서로 통하여 긴급 상황에서는 동료를 위해 죽을 정도가 되었다.[44] 이러한 (백성에 대한) 교육이 완성되자, (桓公은) 밖으로는 외적을 물리치고 안으로는 천자를 받들어[45] 중국을 안정시켰다.[46]

齊 桓公(환공)이 죽은 뒤, 晉(진) 文公이 패자가 되었는데[47] 역시 먼저 백성을 안정시킨 뒤에 被廬之法(피려의 법)을 제정하였으며,[48] 모든 제후를 거느리고 (환공에 이어) 맹주가 되었다. 그러나 晉 문

41 원문 作內政而寓軍令焉 – 寓는 머무를 우. 여기서는 의탁하여.

42 원문 故卒伍定虖里 – 卒伍는 사졸 최하 단위 조직. 定은 확정하다. 虖(울부짖을 호)는 乎와 同.

43 원문 連其什伍 – 5인을 伍. 二伍는 什(열 사람 십). 5인씩 10인을 최소 단위로 하여 함께 생활하게 하다.

44 원문 緩急足以相死 – 緩急(완급)은 緊急(긴급). 서로 상대적인 말이나 뜻은 하나로 통하는 말. 이를 偏義復詞라고 한다. 相死는 동료를 위해 죽다.

45 원문 外攘夷狄, 內尊天子 – 外攘夷狄는 攘夷(양이). 攘은 물리칠 양. 內尊天子는 存王. 춘추시대 패자가 會盟의 구호로 내세운 것이 尊王攘夷였다.

46 원문 以安諸夏 – 諸夏는 여러 제후국. 夏는 여름 하.

47 원문 晉文接之 – 晉 文公(名 重耳. 前 636 – 628년 재위) 춘추5패의 한 사람.

48 원문 作被廬之法 – 被廬(피려)는 晉의 지명. 피려에서 사냥을 하면서 禮儀을 시범하였고, 軍에서도 예의를 지키게 하였고, 執秩官(집질관)을 임명하여 六軍의 질서를 확립하였다.

공은 이미 분수를 넘어선 예를 거행했고, 상황에 따라 영합하며 신속히 큰 공을 세우려 했기에 先王의 법제를 더 확충하지는 못했다. 환공과 문공의 두 패자 이후 왕도는 점점 타락하였고, 魯 成公(성공, 재위 前 590 - 573)은 丘(구)에서는 甲兵을 부담케 하였으며,[49] 哀公은 田賦를 부과하고, 搜(수, 봄 사냥)와 狩(수, 가을 사냥), 治兵과 大閱(대열)의 행사 등이 모두 정도를 벗어났다.

때문에 《春秋》에서는 이를 기록하여 비난하며 王道을 보전하려 했다. 그러나 군사를 자주 출동케 하면서,[50] 백성은 피폐하였으며,[51] 절의를 지켜 죽거나 위난에 목숨을 바치는 대의도 사라졌다.[52]

이에 孔子는 이를 가슴 아파하며 말했다.

"백성을 교화하지 않고 전투에 내모는 것은 백성을 버리는 것이다."[53]

그리고 子路(자로)를 두고[54] "由(子路)는, 千乘之國에서 그 군비를

---

49 원문 魯成公作丘甲 - 4井을 邑(읍), 4邑을 丘(구)라 한다. 丘는 16井이다. (1丘, 이론상 128戶)에 戎馬(융마, 군마) 1匹(필) 소 3마리를 부담한다. 그런데 丘에서도 甲兵을 부담케 하는 법을 시행했다. - 백성에게 무리한 부담을 주었다는 뜻.

50 원문 於是師旅亟動 - 於是는 이에. 師旅(사려)는 대군의 편제. 다수의 군사. 亟는 자주 기. 빠를 극.

51 원문 百姓罷敝 - 罷는 고달플 피. 방면할 파, 그만둘 파. 敝는 해질 폐.

52 원문 無伏節死難之誼 - 伏節은 절의를 지키다. 死難은 국난 또는 난관을 목숨을 버리면서 타개하다. 誼(옳을 의)는 의리.

53 以不教民戰, 是謂棄之 - 이는 《論語 子路》편의 구절이다.

54 子路(자로) - 본명은 仲由(중유), 季路(계로)로 표기. 공자보다 9세 연하. 과감하고 용기 있었기에 《論語》에는 여러 기록이 많음. 솔직하고 직선적인 사람으로 공자를 잘 섬기며 공자와 많은 대화를 나누었다. 孔門十哲

바로잡을 만하다."고 칭찬하였으며, 子路도 "兵車 千乘을 낼 나라가 큰 나라 사이에 끼어서 침략을 받고 기근에 시달리는데, (만약) 제가 나라를 맡아 다스려 3년 정도면 나라를 강하게 만들고 (백성들로 하여금) 바른 방도를 알게 할 것입니다."라 하였다.[55] 이는 군비를 잘 조달하며 동시에 백성을 예의로 교도하겠다는 말이었다.

春秋之後, 滅弱呑小, 並爲戰國, 稍增講武之禮, 以爲戲樂, 用相夸(誇)視. 而秦更名角抵, 先王之禮沒於淫樂中矣.

雄桀之士因勢輔時, 作爲權詐以相傾覆, 吳有孫武, 齊有孫臏, 魏有吳起, 秦有商鞅, 皆擒敵立勝, 垂著篇籍. 當此之時, 合縱連衡, 轉相攻伐, 代爲雌雄. 齊愍以技擊强, 魏惠以武卒奮, 秦昭以銳士勝. 世方爭於功利, 而馳說者以孫,吳爲宗.

〔국역〕

春秋 이후로 약소국을 없애거나 병탄하며[56] 천하가 戰國 시대로

중 政事에 뛰어났다. 기원 前 480년, 衛國 蒯聵(괴외)의 난에 휘말려 자로는 전투를 벌였고 전투와중에 冠이 떨어지자, 이를 바로 고쳐 쓰다가 포로가 되었고 "君子는 죽더라도 관을 벗을 수 없다(君子死冠不免)." 면서 관을 바로 쓴 채 처형되었다. 공자보다 1년 먼저 죽었는데, 그때 자로는 63세였다. 공자가 매우 비통해 하였다. 《論語》의 13번째 편명.

55 이는 《論語 先進》의 구절. 攝은 당길 섭. 끼다(夾也). 虜는 乎. 加之以師旅 ─ 군사의 침략을 받다. 饑饉(기근)은 굶주림.

56 원문 滅弱呑小 ─ 약소국을 멸망시키거나 倂呑(병탄)하다. 呑은 삼킬 탄.

이행했는데, 講武의 禮儀가 조금은 늘어났지만,[57] 즐기는 오락으로
생각하면서 이를 상대방에게 과시하려 했다.[58] 秦에서는 角抵(각저)
로 이름을 바꿨으며,[59] 先王의 禮樂은 음란한 음악에(淫樂) 묻혀 사
라졌다.

비범하고 걸출한 인재들은 時勢를 타면서 각국의 政事를 보필하
였는데, 임시방편과 거짓으로 상대방을 타도하려 하였으니, 吳에는
孫武(손무),[60] 齊에는 孫臏(손빈),[61] 魏에는 吳起(오기),[62] 秦에는 商鞅
(상앙)이 있어,[63] 모두가 적군을 사로잡으며 승리하였다. 이런 때에

---

57 원문 稍增講武之禮 – 稍는 조금씩. 벼줄기 끝 초. 講武는 무예 훈련과 시범.

58 원문 用相夸視 – 夸視(과시)는 誇示(과시). 夸는 자랑할 과. 誇(자랑할 과)와
동.

59 角抵(각저) – 角抵(각저)는 角力遊戲. 捽跤(솔교). 또는 相撲(상박, すもう,
sumō). 우리말로 씨름. 레슬링. 맨몸으로 하는 경기. 兵士의 체력 단련의
한 종목. 角은 '나란하다' 는 의미, 抵는 서로 힘으로 밀어내다. 秦나라 때
부터 角抵란 명칭을 사용.

60 孫武 – 孫武(손무, 前 545 – 470년, 字 長卿) – 春秋 時期 齊國人. 저명 軍事
專門家, 兵家 대표 인물. 兵書《孫子兵法》의 저자. 後人이 孫子, 兵聖, 東
方兵聖으로 존칭.

61 孫臏 – 孫臏(손빈, 前 382 – 316년)의 原名 孫伯靈. 臏刑(빈형, 정강이뼈를 베
는 형벌)을 받았기에 孫臏이라 칭했다. 戰國 中期의 군사 전략가. 孫武의
후손.

62 吳起 – 吳起(오기, 前 440 – 381년)는 戰國 초기 군사 전문가. 衛國 출신.
魯, 魏, 楚에서 등용. 兵家, 法家, 儒家 사상에 두루 박통.《吳子兵法》을
남김.

63 商鞅 – 商鞅(상앙, 前 390 – 338년)은 戰國 시대 정치가, 法家의 대표적 인
물. 衛國 國君의 후예라 衛鞅(위앙)으로도 호칭. 또 公孫鞅. 봉읍이 商(상)
이라서 商君, 商鞅(상앙)으로도 호칭.

서로 合縱連衡(합종연횡)하며,[64] 서로를 공격 정벌하면서 雌雄(자웅)
을 다투었다. 齊의 湣王(민왕, 閔王)은 兵家의 技巧(기교)를 바탕으로
강국을 공격했고,[65] 魏의 惠王(혜왕)을 무력으로 갑자기 흥기하였으
며,[66] 秦 昭王(소왕)은 정예 군사로 승리를 차지하였다. 온 천하가 바
야흐로 전공과 戰利를 다투었고, 遊說(유세)하는 자들은 손무와 오
기를 宗師(종사)로 받들었다.[67]

時唯孫卿明於王道, 而非之曰,

"彼孫,吳者, 上勢利而貴變詐. 施於暴亂昏嫚之國, 君臣
有間, 上下離心, 政謀不良, 故可變而詐也. 夫仁人在上, 爲
下所卬, 猶子弟之衛父兄, 若手足之扞頭目, 何可當也? 鄰
國望我, 歡若親戚, 芬若椒蘭, 顧視其上, 猶焚灼仇讎. 人情
豈肯爲其所惡而攻其所好哉? 故以桀攻桀, 猶有巧拙. 以桀

---

64 合縱連衡(합종연횡) – 전국시대 각국 외교, 군사의 대처 방법으로 合縱策
(齊, 楚, 韓, 魏, 燕, 趙가 합종하여 秦에 대항. 蘇秦의 주장)과 連衡策(연횡
책, 육국이 秦과 連橫해야 평화 유지. 張儀의 주장). 衡은 가로 횡. 저울대 형.

65 원문 齊湣以技擊强 – 齊의 湣王(민왕, 재위 前 301 – 283년). 以技擊强은 勇
力技巧(용력기교)로 강적을 공격하다.

66 원문 魏惠以武卒奮 – 魏 惠王(재위 前 371 – 335, 梁惠王)은 무력으로 갑
자기 奮起(분기, 盛起)하였다.

67 원문 而馳說者以孫,吳爲宗 – 馳(달릴 치)는 각국을 찾아다니다. 說者는 說
客(세객).

詐堯, 若卵投石, 夫何幸之有!《詩》曰,「武王載斾, 有虔秉
鉞, 如火烈烈, 則莫我敢遏.」言以仁誼綏民者, 無敵於天下
也.

若齊之技擊, 得一首則受賜金. 事小敵脆, 則偸可用也.
事巨敵堅, 則煥然離矣. 是亡國之兵也. 魏氏武卒, 衣三屬
之甲, 操十二石之弩, 負矢五十個, 置戈其上, 冠胄帶劍, 嬴
三日之糧, 日中而趨百里, 中試則復其戶, 利其田宅. 如此,
則其地雖廣, 其稅必寡, 其氣力數年而衰. 是危國之兵也.

秦人, 其生民也狹厄, 其使民也酷烈. 劫之以勢, 隱之以
厄, 狃之以賞慶, 道之以刑罰, 使其民所以要利於上者, 非戰
無由也. 功賞相長, 五甲首而隸五家, 是最爲有數, 故能四
世有勝於天下. 然皆干賞蹈利之兵, 庸徒鬻賣之道耳, 未有
安制矜節之理也. 故雖地廣兵强, 鰓鰓常恐天下之一合而共
軋己也.

至乎齊桓, 晉文之兵, 可謂入其域而有節制矣. 然猶未本
仁義之統也. 故齊之技擊不可以遇魏之武卒, 魏之武卒不可
以直秦之銳士, 秦之銳士不可以當桓,文之節制, 桓,文之節
制不可以敵湯,武之仁義."

〔국역〕
이 시기에 오직 孫卿(손경)만이[68] 王道를 이해하고 그런 시대 풍조

---

68 孫卿(손경,? 前 316 - 237년) - 孫卿(손경)은 荀子. 姓은 荀(풀이름 순), 名은

를 비난하였다.

"저 孫武나 吳起 같은 자들은 권세와 재물의 이득만을 숭상하고 임시 변통과 교활한 詐欺(사기)조차 중히 여긴다.[69] 난폭하고 우매한 나라를 찾아다니며 君臣을 이간하고, 상하의 마음을 분리시키며 불량한 정치적 음모를 꾸미고 수시로 말을 뒤바꾸며 속인다. 대개 仁人이 在上하여 아랫사람의 추앙을 받는 것은[70] 子弟가 父兄을 保衛(보위)하고, 手足이 頭와 目을 지키는 것과 같은데, 어찌 이럴 수가 있겠는가? 鄰國이 나를 대하기를 친척을 대하듯 좋아하고, 椒蘭(초란)의 향기처럼 생각해야 하나, (孫吳와 같은 무리들은) 윗사람 보기를 마치 불에 델 것처럼 또 원수처럼 생각한다.[71] 人情이 어찌 미워하는 자를 위하고, 좋아하는 것을 공격할 수 있겠는가? 그렇지만 桀(걸)을 시켜 桀(걸) 같은 사람을 공격한다면, 그래도 巧拙(교졸)하다고 할 수 있다. 그러나 桀(걸)을 시켜 堯(요)를 속이려 한다면, 이는 계란을 돌에 던지는 것이니(以卵投石) 어찌 요행이 있을 수 있겠는가![72]

況(황), 荀卿(순경)은 존칭. 孫卿(손경)으로도 호칭, 戰國 시대 儒學者. 본래 趙國人. 齊國 稷下學宮(직하학궁)의 祭酒 역임. 楚國 蘭陵令 역임. 子思, 孟子 등 유학자와 墨家, 道家 등을 비판. 韓非(한비), 李斯(이사) 등의 제자를 두었다. 《荀子》를 남김.

69 원문 上勢利而貴變詐 - 上은 숭상하다. 勢利는 권세와 財利. 變은 權變(권변). 詐는 巧詐(교사).

70 원문 爲下所卬 - 피동의 문장이다. (爲~所~). 卬은 나 앙. 오르다. 仰(우러러볼 앙)과 通.

71 원문 顧視其上, 猶焚灼仇讎 - 顧視는 돌아보다. 上은 상관, 주군. 焚灼(분작)은 불에 타다. 불에 델 듯 싫어한다는 뜻. 仇讎(구수)는 원수.

72 원문 夫何幸之有! - 어떤(何) 僥倖(요행)이 있겠는가!(有) - 있을 수 없다. 강력한 부정.

그래서 《詩經》에서도 말했다.[73]

「武王(湯王)께서 깃발을 세우고, 공경의 마음으로 도끼를 잡으니, 불꽃처럼 뜨거워서 우리 왕을 막아설 자 없도다.」[74]

이는 仁誼(인의, 仁義)로 백성을 편안케 하는(綏民) 者는 천하에 맞설 자가 없다(無敵)는 뜻이다.

齊에서는 武의 기교로(武技) 공격하여 적군 首級 하나를 잘라오면 상금을 받았다. 전투가 소규모거나 적이 약하다면[75] 이런 방법을 쓸 수 있다.[76] 그러나 전투가 대규모이거나 적이 강하다면 분명히 흩어져 도주할 것이다(離矣). 그렇다면 이는 亡國의 군대이다.

魏나라에서 武卒은 3겹의 갑옷(三屬之甲)을 입고, 12石 무게의 弩(쇠뇌)를 들고, 화살 20개를 등에 졌으며(負矢) 그 위에 창을 얹었고(置戈其上), 투구를 썼으며(冠胄, 관주), 칼을 차고(帶劍), 3일치 양식을 메고서,[77] 日中에[78] 1백 리를 달려야 했는데, 시험에 합격하면 그 家戶의 부세를 면제하고, 田地나 住宅에도 우대하였다.

이런 식으로 그 토지가 넓어지고 賦稅가 경감된다지만, 그런 氣力은 몇 년 지나면 쇠약해진다. 그렇다면 이는 나라를 위태롭게 하

---

73 《詩經 商頌 長發》의 구절.

74 원문의 武王은 周 무왕이 아니다. 商頌이니 商의 湯王(탕왕)이다. 旆는 깃발 패. 虔은 공경할 건. 秉鉞(병월)은 도끼를 잡다. 莫은 아무도 없다. 遏은 막을 알.

75 敵脆의 脆는 무를 췌. 약하다.

76 원문 則偸可用也 – 偸(훔칠 투)는 苟且(구차). 억지로.

77 원문 贏三日之糧 – 贏은 이득이 남을 영. 메다. 짊어지다. 羸(찰 영, 가득 차다)이 아님.

78 원문 日中을 반나절 또는 해가 있을 때(하루)로 해석할 수도 있다.

는 군대이다.

秦나라는 그 백성들의 거주지가 좁고도 땅도 가팔랐으며 그 백성을 가혹하게 동원하였다. 권세로 백성을 겁주고, 치사한 방법으로 졸라매었으며,[79] 칭찬과 상으로 압력을 넣고,[80] 형벌로 강요하였기에 (道는 導) 그 백성들이 윗사람에게 인정을 받으려면 전투 아니면 다른 방법이 없었다. 功과 賞은 함께 따랐으니, (적의) 무장한 병사 5인의 수급을 잘라오면 다른 5家를 (노예로) 부릴 수 있었는데, 이 것이 최고 효율적인 법도였기에,[81] (秦은) 四世 만에 천하를 차지할 수 있었다. 그렇지만 모두가 상을 받고 이득만을 얻으려 하는 군대는[82] 고용된 자가 품팔이하는 방도였지,[83] 안정된 절제에 긍지를 가진 조직은 아니었다. 그리하여 비록 넓어진 영토에 강력한 군사조직이었지만, 전전긍긍하며 천하가 하나로 뭉쳐 자신과 싸울지를 늘 걱정하였다.[84]

齊 桓公이나 晉 文公의 군사는 그래도 그 나라 안에서는 어느 정도 節制(절제)가 있었다. 그렇지만 그 군대에 仁義를 바탕으로 한 통

---

79 원문 隱之以厄 – 隱(숨길 은)은 隱括(은괄) 표가 안 나게 조이다. 은근히 쪼다. 厄은 재앙 액.

80 원문 狃之以賞慶 – 狃는 친압할 유(뉴). 바로잡다. 묶다. 본래는 개를 길들인다는 뜻.

81 원문 是最爲有數 – 有數는 法度로 行하다.

82 원문 皆干賞蹈利之兵 – 干賞은 求償(구상). 蹈利(답리)는 이득만을 따라가다(逐利).

83 원문 庸徒鬻賣之道耳 – 庸徒(용도)는 품팔이꾼, 머슴. 鬻賣(죽매)는 팔다.

84 원문 鰓鰓常恐天下之一合而共軋己也 – 鰓鰓(시시)는 두려워하는 모양. 鰓는 아가미 새. 두려워할 시. 軋은 삐걱거릴 알. 軋轢(알력).

솔은 없었다. 그래서 齊의 무기에 의한 공격은 魏의 武卒을 당할 수 없었고, 魏의 武卒은 秦의 銳士(예사, 精兵)를 당할 수 없었을 것이며, 秦의 銳士는 齊桓, 晉文의 절제된 군사를 이기지 못할 것이고, 桓, 文의 節制는 湯王과 武王의 仁義에 상대가 되지 않을 것이다."

原文

故曰, "善師者不陳, 善陳者不戰, 善戰者不敗, 善敗者不亡."

若夫舜修百僚, 咎繇作士, 命以 "蠻夷猾夏, 寇賊姦軌." 而刑無所用, 所謂善師不陳者也. 湯, 武征伐, 陳師誓衆, 而放禽桀, 紂, 所謂善陳不戰者也. 齊桓南服强楚, 使貢周室, 北伐山戎, 爲燕開路, 存亡繼絶, 功爲伯首, 所謂善戰不敗者也.

楚昭王遭闔廬之禍, 國滅出亡, 父老送之. 王曰, "父老反矣! 何患無君?" 父老曰, "有君如是其賢也!" 相與從之. 或奔走赴秦, 號哭請救, 秦人爲之出兵. 二國並力, 遂走吳師, 昭王返國, 所謂善敗不亡者也. 若秦因四世之勝, 據河山之阻, 任用白起, 王翦豺狼之徒, 奮其爪牙, 禽獵六國, 以並天下. 窮武極詐, 士民不附, 卒隸之徒, 還爲敵仇, 焱起雲合, 果共軋之. 斯爲下矣.

凡兵, 所以存亡繼絶, 救亂除害也. 故伊, 呂之將, 子孫有國, 與商, 周並. 至於末世, 苟任詐力, 以快貪殘, 急城殺人盈城, 爭地殺人滿野. 孫, 吳, 商, 白之徒, 皆身誅戮於前, 而國滅亡於後. 報應之勢, 各以類至, 其道然矣.

〚국역〛

그래서 말하지만, "군사를 잘 통솔하는 자는 군진을 치지 않고,[85] 군진을 잘 치는 자는 싸우지 않고도 승리하였으며, 전투에 능한 자는 패하지 않았고, 좋은 패배를 당한 사람은 망하지 않는다."고 하였다.

舜(순)은 백관을 거느리면서, 咎繇〔구요, 皐陶(고요)〕를 형법 전담의 士師에 임명하며 말했다.

"蠻夷(만이)들이 華夏(화하, 中國)를 어지럽히나니, 도적질하고 살인하는 간악한 자들이다."[86]

그러면서도 형벌을 집행하지 않았으니, 이것이 이른바 군사를 잘 통솔하여 군진을 치지 않은 것이다.

(殷) 湯王(탕왕)과 (周) 武王이 征伐(정벌)하면서 군진을 친 다음에, 군사들과 맹서하고서[87] 사로잡은 桀(걸)과 紂(주)를 방출하였으니, 이른바 군진을 잘 마련하고서도 전투하지 않은 것이다. 齊 桓公은 남쪽으로 강한 楚를 굴복시킨 뒤, (楚로 하여금) 周 王室에 공물을 바치게 하였다. 북쪽의 山戎(산융)을 정벌하면서 燕(연)나라로 하여금 도로를 개통케 하고, 망한 나라를 존속케 하였으며, 단절된 世系를 잇도록 하였으니, 그 공적은 패자(伯, 音은 패)의 으뜸이었으며,

---

85 원문 善師者不陳 - 陳은 베풀 진. 진열하다. 늘어놓다의 뜻. 여기에 본래 戰陣, 軍陣(군진)이라는 뜻이 있었는데, 陣이 軍陣을 뜻하는 글자로 쓰이기 시작했다.

86 원문 "蠻夷猾夏, 寇賊姦軌" -《書經 虞書 舜典》의 구절. 猾은 교활할 활. 어지럽히다(亂也). 夏는 諸夏. 寇는 노략질, 도적질하다. 賊은 살인하다. 姦은 在外하며 불법을 저지르다. 軌(길 궤)는 在內하며 불법을 자행하다.

87 원문 陳師誓衆 - 이는《書經 商書 湯誓》,《書經 周書 泰誓》,《書經 周書 牧誓》에 있다.

이는 善戰하여 不敗한 者이다.

楚 昭王(소왕, 재위 前 515 – 489년)은 (吳) 闔廬(합려)의 禍(화, 國都 함락)를 당하여, 나라가 망하게 되어 도주할 때(소왕 10년, 前 506, 冬) 父老들이 소왕을 전송했다. 소왕이 부로들에게 말했다.

"어른들께서는 돌아가십시오! 주군이 없다 하여 무얼 걱정하시겠습니까?"

그러자 부로들이 말했다.

"이처럼 현명한 군왕이 또 어디 있겠는가!"

그러면서 함께 따라왔다. (신하 중) 어떤 자는 달아나고 또 어떤 자는 秦에 가서 통곡하며 구원을 요청하자,[88] 秦에서는 楚를 위해 출병하였다. 二國이 국력을 모아 결국 吳의 군사를 몰아내고 昭王은 楚나라로 돌아왔으니, 이른바 좋은 패배를(善敗) 당하고서 망하지 않은 경우이다.

秦은 四世에 걸친 승리에, 험한 산천에 의거하면서 白起(백기)나 王翦(왕전) 등[89] 豺狼(시랑, 승냥이나 이리) 같은 무리들을 등용하였고,

---

88 원문 號哭請救 – 통곡하며 구원을 요청하다. 이는 昭王의 신하 申包胥(신포서)였다. 申包胥(신포서)는 春秋時 楚國 大夫, 기원 前 506년, 伍子胥가 이끄는 吳國 軍이 楚의 都邑을 점령하고 楚 平王의 능을 파내 시신을 매질한다. 오자서와 교분이 있던 신포서는 오자서를 비난했다. 楚 昭王은 신포서를 秦에 보내 원병을 요청하나 秦에서는 응답이 없었다. 신포서는 秦 왕궁 밖에서 7일 밤낮을 통곡하여 秦 哀王을 감동시켰고, 秦의 원병을 데리고 귀국하여 吳軍을 격파하고 楚를 다시 세웠다. 신포서는 모든 封賞을 거부하고 가족을 데리고 입산하여 은거한다. 신포서는 중국에서 忠賢의 典範으로 일컬어진다.

89 白起(백기, ? – 前 257) – 公孫起라고도 한다. 百萬敵軍을 죽였다 하여 '人

그 앞잡이 등을 분발하게 하여 六國을 사냥하고 천하를 차지하였다. 그러나 秦은 무력과 姦計를 다 동원하였기에, 관리나 백성들은 秦에 귀부하지 않았으며, 노예와 같은 무리들은[90] 오히려 秦을 원수로 여겨 갑자기 봉기하고 크게 무리를 이뤄[91] 결과적으로 모두 함께 秦을 멸망시켰다. 이는 최하의 用兵이었다.

　　모든 군대는 망한 나라를 존속시키거나 단절한 世系를 이으며 혼란을 그치게 하거나 해악을 제거할 수도 있다. 그래서 (商의) 伊尹(이윤), (周의) 呂尙(여상, 姜太公) 같은 장수의 자손은 제후국을 세워 商과 周와 함께 존속하였다. 그러나 그들의 末世에 이르러, 거짓이

屠'라는 별명으로도 불리는 秦의 장군.《千字文》에서도 '起翦頗牧, 用軍最精' 라 하여 白起, 王翦(왕전), 廉頗(염파)와 李牧(이목)을 戰國시대 四名將으로 꼽고 있다.

90 원문 卒隸之徒 - 卒隸(졸예)는 前 209년에 최초로 봉기한 陳勝과 吳廣, 그리고 나중에 漢王의 신하가 된 英布(영포) 같은 사람을 말한다. 陳勝(진승)의 字는 涉으로 陽城 사람이다. 吳廣(오광)의 字는 叔으로 陽夏 사람이다. 진승이 젊었을 적에 다른 사람과 함께 품팔이 농사일을 하다가 두둑에 앉아 쉬면서 크게 한숨을 쉬며 말했다. "만약 부귀해지더라도 서로 잊지는 말자!(苟富貴, 無相忘!)" 일꾼들이 웃으며 말했다. "너는 품팔이나 하면서 어떻게 부귀를 누리겠는가?' 진승이 크게 탄식하며 말했다. "아! 제비나 참새가 어찌 큰 기러기나 고니의 뜻을 알겠는가!("嗟乎, 燕雀安知鴻鵠之志哉!)" 이는 참으로 절실한 말이다. 秦 二世 원년(前 209) 가을 7월에 陳勝(陳涉, ? - 前 208)은 蘄縣(기현)에서 起義하였고, 陳縣에 이르러 楚王(張楚)으로 자립하였다.《史記》에서는 陳勝의 사적을 〈陳涉世〉로 기록했다.《漢書》 31권, 〈陳勝項籍傳〉에 입전.

91 원문 猋起雲合 - 猋起(표기)는 갑자기 재빠르게 봉기하다. 猋는 개가 달리는 모양 표. 雲合은 아주 성대하게 일어나다. 진말 反秦 세력의 봉기를 설명한 말.

나 위력에 의지하거나 쾌락, 그리고 탐학과 잔인한 짓으로 城市를 빼앗으며 성 안에 가득 사람을 죽이거나, 땅을 차지하려고 벌판에 널리도록 사람을 죽였다. 孫武, 吳起, 商鞅(상앙), 白起(백기)의 같은 자들은 먼저 자신의 육신을 도륙 당했고, 그런 뒤 나중에 그 나라가 멸망하였다. (그렇다면) 應報(응보)의 모습이 모두 비슷하게 나타난 것은 그들이 살았을 때의 도덕이 그러했기 때문일 것이다.

原文

漢興, 高祖躬神武之材, 行寬仁之厚, 總擥英雄, 以誅秦, 項. 任蕭,曹之文, 用良,平之謀, 騁陸,酈之辯, 明叔孫通之 儀, 文武相配, 大略擧焉.

天下旣定, 踵秦而置材官於郡國, 京師有南,北軍之屯. 至 武帝平百粵, 內增七校, 外有樓船, 皆歲時講肄, 修武備云. 至元帝時, 以貢禹議, 始罷角抵, 而未正治兵振旅之事也.

[국역]

漢이 건국된 뒤, 高祖는 神武의 능력을 몸소 발휘하고(躬), 후덕 한 寬仁을 실천하였으며, 영웅들을 모두 휘어잡고,[92] 秦나라와 項羽 (항우)를 멸망시켰다. 그리고 蕭何(소하)와[93] 曹參(조참)의 文才에 (행

---

92 원문 總擥英雄 – 擥은 잡을 남(람), 攬(잡을 남)과 同.

93 蕭何(소하, 前257 – 193) – 漢朝 초기의 丞相, 漢初三杰.《漢書》39권,〈蕭 何曹參傳〉에 입전. 유방이 처음 봉기할 당시 蕭何(소하)는 현의 主吏(功 曹)이었고, 曹參(조참)은 獄椽(옥연)이었다.

정을) 一任했고,[94] 張良과 陳平의[95] 策謀를 수용했으며, 陸賈(육가)와 酈食其(역이기)의 뛰어난 달변을 발휘케 했고,[96] 叔孫通(숙손통)의 儀禮를 명백하게 실천하며, 文武를 상호 배합하여 나라의 큰 틀을 갖추었다.

天下가 안정된 뒤에, 秦의 제도를 이어 받아 (踵)材官(무관)을 郡國에 배치하였으며,[97] 京師에는 南,北軍을 배치하였다.[98] 武帝에 이르러 百粵(백월) 땅을[99] 평정한 뒤에, 장안에 七校의 부대를 증치하

94 원문 任蕭,曹之文 - 文은 律令에 정통함. 曹參(조참, ? - 前 190)은 漢 개국 공신으로, 漢 6년(前 201)에 齊王의 相에 임명되었다. 前 193년에, 소하 의 뒤를 이어 漢 승상이 되어 無爲의 정치를 구현하였다. '蕭規曹隨(소규 조수)' 成語의 주인공.

95 陳平(진평, ? - 前 178) - 여러 번 奇計로 高祖 劉邦을 도왔다. 反間計와 離間計가 그의 특기. 《漢書》40권, 〈張陳王周傳〉에 입전.

96 원문 騁陸,酈之辯 - 騁은 달릴 빙. 마음대로 하게 하다. 발휘하다. 辯은 達辯(달변). 辯才(변재). 陸賈(육가, 前 240 - 170)는 《新語》를 저술하여 漢代 儒學의 기초 마련, 賈誼(가의), 董仲舒(동중서)에 영향을 주었다. 陸生 이라 호칭. 빈객으로 고조의 천하 평정을 수행하였는데 口辯으로 이름이 있어 고조의 측근으로 제후에게 자주 사신으로 나갔다. 그때는 중원이 겨우 안정이 될 때였는데 尉佗(위타, 趙佗)가 南越(남월)을 평정하고 그곳 왕이 되었다. 高祖는 위타에게 王印을 하사하고 南越王에 봉하려고 육가 를 사신으로 보냈다. 육가는 위타를 설득하여 漢에 稱臣케 하였다.
酈食其(역이기, Lì yì jī, 前 268 - 204)는 별명이 高陽酒徒(고양주도), 漢王의 謀臣. 食其는 배불리 먹는다는 뜻. 《漢書》43권, 〈酈陸朱劉叔孫傳〉에 입전.

97 원문 踵秦而置材官於郡國 - 踵은 발꿈치 종. 따라가다. 답습하다. 材官은 武官, 23세에 입대하여 正卒, 1년이 지나면 衛士(위사), 또 1년이 지나면 材官이나 騎士로, 郡國에서 능력을 평가받고, 하급 무관이 되었다.

98 北軍은 미앙궁과 장락궁의 북쪽을 방어. 남군에 비해 전력이 강했다.

99 百粵(백월) - 粵(말 내킬 월, 종족 이름)은 越(넘을 월). 모든 越人. 長江 하류

였고,[100] 지방에는 (水軍인) 樓船(누선)을[101] 설치했으며, 모든 부대가 歲時에 맞춰 講武하고 훈련하였는데(肄, 익힐 이) 이로써 나라의 武備(무비)가 갖춰졌다. 元帝 재위 연간에(前 48 – 33년), 貢禹(공우)의[102] 건의를 받아들여 角抵(각저)를 폐지하였다.[103] 그렇지만 治兵과 군사 업무(振旅之事)의 正道가 갖춰지지는 않았다.

지역(今 浙江省, 福建省) 및 五嶺 산맥 이남 越人의 총칭.

100 七校 – 漢代 北軍의 단위부대, 校는 단위부대. 이 校를 거느리는 사람이 將校(장교)이다. 漢代 校의 지휘관을 校尉(교위)라고 했다. 北軍 8校尉는 武帝 때 처음 설치. 질록 2천석. 교위 아래 丞과 司馬의 속관을 두었다. 中壘校尉(중루교위)는 壘門(누문)의 안과 장안성 서쪽의 경계와 방어를 담당. 屯騎校尉는 騎士를 관리. 步兵校尉는 上林苑門의 屯兵을 관장. 越騎校尉는 越人騎兵을 관할. 長水校尉는 흉노족 기병을 관리하는 교위. 胡騎校尉도 흉노족 기병을 관리, 장수교위와는 흉노족의 출신이 다르다. 射聲校尉의 射聲은 야간에 소리만 듣고 활을 쏠 정도로 활솜씨가 뛰어나다는 뜻, 待詔射聲士를 관장. 虎賁校尉는 輕車兵을 담당했다. 본래 8校이었지만 胡騎校尉가 상비군은 아니었기에 7校라 하였다.

101 樓船(누선)은 망루가 있는 戰船. 곧 水軍. 때로는 수군 부대를 의미, 또 수군의 지휘관의 직명으로 사용.《漢書》에 등장하는 樓船將軍 楊僕(양복)은 90권, 〈酷吏傳〉에 입전. 나중에 수군을 이끌고 衛滿朝鮮(위만조선) 공격에 참여했다.《漢書》65권, 〈西南夷兩粤朝鮮傳〉참고.

102 貢禹(공우, 前 124 – 44) – 字는 少翁. 琅邪郡(今 山東 諸城縣) 사람. 宣帝時 諫大夫. 初元 5년(前 44) 어사대부가 되었다가 그 해에 죽었다. 공우는 〈奏宜仿古自節〉을 상주하여 절약을 강조하였다. 王吉과 貢禹는 벗이었는데 세상에서는 '王子陽이 在位하니 貢公도 벼슬하려 하네.' 라고 말할 정도로 취향이 같았다. 元帝가 처음 즉위하고서 사자를 보내 공우와 왕길을 徵召(징소)하였다. 안길은 연로하여 도중에 죽었는데 원제가 애도하며 다시 사자를 보내 조문하였다고 한다.

103 元帝 初元 五年 – 前 44년의 일이었다.

三. 古代의 司法

古人有言, ‘天生五材, 民並用之, 廢一不可, 誰能去兵?

鞭撲不可弛於家, 刑罰不可廢於國, 征伐不可偃於天下.
用之有本末, 行之有逆順耳.

孔子曰, "工欲善其事, 必先利其器." 文德者, 帝王之利
器, 威武者, 文德之輔助也. 夫文之所加者深, 則武之所服
者大, 德之所施者博, 則威之所制者廣. 三代之盛, 至於刑
錯兵寢者, 其本末有序, 帝王之極功也.

[국역]

옛사람의 말에 ‘하늘이 五材를 내었고[104] 백성은 그 모두를 이용
하기에 하나라도 없앨 수 없거늘, 누가 兵事를 폐할 수 있겠나? 라
고 하였다.

집안에서도 채찍으로 때리기를 안할 수 없고,[105] 나라에서는 형벌
을 없앨 수 없으며, 천하를 다스리며 정벌을 그만둘 수 없다.[106] 모든
용도에 그 本末이 있고, 그 시행에 逆(역)과 順(순)이 있다. 이에 孔子

---

104 원문 天生五材 − 五材는 金, 木, 水, 火, 土. 오행에 해당하는 물질.

105 원문 鞭撲不可弛於家 − 鞭撲은 매질. 鞭은 채찍 편. 撲은 때릴 박. 弛는
　　　 늦출 이. 없애다. 손을 떼다.

106 원문 征伐不可偃於天下 − 偃은 쓰러질 언. 뉘여 놓다. 사용하지 않다.
　　　 이 4句는《呂氏春秋 蕩兵》에 있는 말이다.

가 말했다.

"자기 일을 잘 하려는 工匠(공장, 기술자)은 꼭 연모를 잘 정비한
다."[107]

文德은 帝王의 利器이고, 威武(위무)란 文德의 보조 수단이다. 禮
樂敎化(文)의 영향이 크다면,[108] 그만큼 무력에 복종하는 사람도 많
을(大) 것이며, 덕을 베풀어 혜택을 입는 사람이 많다면 위엄만으로
통제되는 범위도 넓을 것이다. (夏, 殷, 周) 三代의 전성기에 형벌이
나 정벌을 쓰지 않은 것은[109] 그 본말에 차례가 있었던 것이며, 이는
(三代) 帝王의 큰 공덕일 것이다.

原文

昔周之法, 建三典以刑邦國, 詰四方.

一曰, 刑新邦用輕典, 二曰, 刑平邦用中典, 三曰, 刑亂邦
用重典. 五刑, 墨罪五百, 劓罪五百, 宮罪五百, 刖罪五百,

---

107 원문 工欲善其事, 必先利其器 ─《論語 衛靈公》의 원문은 子貢問爲仁. 子
曰, "工欲善其事, 必先利其器." ~이다. 기술자는 자신의 연모를 최상의
상태로 늘 준비한다. 利는 날카로울 이, 동사로 쓰여 날카롭게 하다는
뜻이다. 벼(禾)를 베는 칼(刂, 刀)은 날카로워야 한다. 器는 연모, 연장이
다. 지금 이 말은 어떤 사업이나 업무에서 '철저한 사전 준비'란 뜻으로
널리 통용된다.

108 원문 夫文之所加者深 ─ 여기서 文은 文治. 禮樂에 의한 敎化. 深은 영향
이 많다(深).

109 원문 至於刑錯兵寢者 ─ 刑은 형벌. 錯는 둘 조. 폐지하다. 섞일 착. 兵은
무력 정벌. 寢(잠잘 침)은 그치다. 멈추다. 刑錯兵寢은 제도나 규정은 있
지만 적용하지 않다.

殺罪五百, 所謂刑平邦用中典者也.

凡殺人者踣諸市, 墨者使守門, 劓者使守關, 宮者使守內,
刖者使守囿, 完者使守積. 其奴, 男子入於罪隸, 女子入春
槁. 凡有爵者, 與七十者, 與未齔者, 皆不爲奴.

[국역]
　옛날 周의 法律은 (輕, 中, 重의) 3종의 법전(三典)으로 나라의 형
벌을 적용하고 사방 이민족을 규찰하였다.[110]
　첫째, 새로 편입된 지역의 형벌은 輕典(경전)을 적용하고, 둘째 평
온한 지역의 형벌은 中典을, 셋째, 혼란한 지역의(亂邦) 형벌에는 重
典을 적용했다. 五刑 중에서, 墨刑에 해당하는 범죄가 5백이고, 劓
刑(의형)에 해당하는 범죄가 5백,[111] 宮刑의 죄가 5백, 刖刑(월형)의
罪가 5백,[112] 사형에 해당하는 죄가 5백 종류나 되었기에 平邦의 형
벌에는 中典을 적용한 것이다.
　사람을 죽인 자는 모두 거리에서 처형, 梟首(효수)하고,[113] 墨刑(묵
형)을 받은 자는 守門하고, 劓刑(의형)을 받은 자는 (변방) 관문을 守
禦(수어)하고, 宮刑을 받은 자는 關內(궐내)에서 일하고, 발꿈치를 자
른 자른 죄인(刖者)은 苑囿(원유)를 지키게 하며, 머리를 깎인 자는[114]

---

110 원문 詰四方 – 詰은 詰責(힐책)하다. 詰은 물을 힐. 따지다, 꾸짖다.
111 원문 劓罪五百 – 劓는 코를 벨 의.
112 원문 刖罪五百 – 刖은 발꿈치를 자를 월.
113 원문 殺人者踣諸市 – 踣은 梟首(효수)할 복, 넘어질 복(부).
114 원문의 完者는 髡者(곤자, 머리 깎을 곤)가 되어야 한다. 머리를 강제로

(은폐된 곳에서) 모아둔 물자(창고)를 지키게 한다. 죄수 중,[115] 남자는 죄수 노예로 일하고, 女子 죄수는 방아를 찧거나 (관아의) 부엌일을 시켰다.[116] 작위를 가진 자, 나이 70이 넘은 자와 아직 이를 갈지 않은 어린아이는[117] 죄수로 만들지 않았다.

原文

周道既衰, 穆王眊荒, 命甫侯度時作刑, 以詰四方. 黑罰之屬千, 劓罰之屬千, 髕罰之屬五百, 宮罰之屬三百, 大辟之罰其屬二百. 五刑之屬三千, 蓋多於平邦中典五百章, 所謂刑亂邦用重典者也.

[국역]

周의 王道가 쇠약해진 뒤, 穆王(목왕)이 늙고 분별력이 없자[118] 甫侯(보후)에 명하여 時宜(시의)에 맞춰 형벌을 적용케 하여 사방을 다스렸다.[119] 그때 墨刑에 해당하는 죄 1천 가지, 劓刑(의형)에 해당하

깎는 것도 형벌의 한 종류였다.

115 其奴의 奴는 죄수의 총칭.

116 원문 入舂槁 – 舂은 방아 찧을 용. 槁는 마를 고. 불을 때다. (부대나 관아의) 부엌일.

117 원문 與未齔者 – 齔은 이를 갈 츤. 남자아이는 8개월에 이가 나기 시작하여 8세에 이를 간다(영구치가 나옴)고 하였다.

118 원문 穆王眊荒 – 穆王은 재위가 1백 년에 가까웠다고 한다. 眊는 늙을 모, 荒은 어두울 황. 어리석다. 분별력이 없다. 눈이 어둡다.

119 원문 命甫侯度時作刑 – 甫侯(보후)는 당시 司寇(사구)였다. 甫는 侯國名.

는 죄 1천, 髕罰(빈벌)에 해당하는 죄 5백,[120] 宮罰(궁벌)에 속하는 죄 3
백, 大辟(대벽, 사형)에 해당하는 죄가 2백 종류이었다. 五刑에[121] 해당
하는 죄가 모두 3천 종류라서 대부분의 平邦에 적용하는 中典 5百 章
을 적용하였으며, 亂邦(난방)에는 重典 형벌을 적용했을 것이다.

　春秋之時, 王道浸壞, 教化不行, 子産相鄭而鑄刑書.

　晉叔嚮非之曰, "昔先王議事以制, 不爲刑辟. 懼民之有爭
心也, 猶不可禁禦. 是故閑之以誼, 糾之以政, 行之以禮, 守
之以信, 奉之以仁. 制爲祿位以勸其從, 嚴斷刑罰以威其淫,
懼其未也. 故誨之以忠, 竦之以行, 敎之以務, 使之以和, 臨
之以敬, 莅之以强, 斷之以剛. 猶求聖哲之上, 明察之官, 忠
信之長, 慈惠之師. 民於是乎可任使也, 而不生禍亂. 民知
有辟, 則不忌於上, 並有爭心, 以徵於書, 而徼倖以成之, 弗
可爲矣.

　夏有亂政而作禹刑, 商有亂政而作湯刑, 周有亂政而作九
刑. 三辟之興, 皆叔世也. 今吾子相鄭國, 制參辟, 鑄刑書,
將以靖民, 不亦難乎!《詩》曰,「儀式刑文王之德, 日靖四

　　度은 헤아릴 탁.

120 髕罰(빈벌) – 종지뼈 빈. 刖刑(월형).

121 五刑 – 墨, 劓, 髕, 宮, 大辟.

方.」又曰,「儀刑文王, 萬邦作孚.」如是, 何辟之有? 民知爭
端矣, 將棄禮而徵於書. 錐刀之末, 將盡爭之, 亂獄滋豐, 貨
賂並行. 終子之世, 鄭其敗虖!'

子産報曰, "若吾子之言, 僑不材, 不能及子孫, 吾以救世
也."

偸薄之政, 自是滋矣. 孔子傷之, 曰, "道之以德, 齊之以
禮, 有恥且格. 道之以政, 齊之以刑, 民免而無恥. 禮樂不興,
則刑罰不中. 刑罰不中, 則民無所錯手足."

孟氏使陽膚爲士師, 問於曾子, 亦曰, "上失其道, 民散久
矣. 如得其情, 則哀矜而勿喜."

[국역]

春秋 시대에 王道가 점차 붕괴되었고, 敎化가 不行하자, 子産(자
산)은 鄭나라의 宰相으로[122] 刑書를 (鼎에) 새겨넣었다. 이에 晉(진)
나라 叔嚮〔숙향, 羊舌肹(양설힐)〕이 서신을 보내 이를 비난하였다.

"옛날의 先王들은 범죄의 정황을 토론하고 형벌을 판정하였지만

---

122 子産(자산, ?-前 522년, 姬은 姓, 國氏. 名은 僑, 字는 子産)-又稱 公孫僑(공
손교), 東里子産, 鄭喬. 춘추 말기에 鄭國의 政治家. 子産이 執政하는 시
기에 내정을 개혁하고, 외교에 공을 들여 衛의 침략을 막아내며 국익을
지켜 鄭나라 백성의 존경을 받았다. 중국 역사에서 宰相의 典範으로 추
앙된다. 자산은 前 536년에 鄭國의 刑法을 鼎(정)에 주조하였는데, 이는
중국의 최초 성문법이라 알려졌다. 공자는 鄭나라의 子産(자산)을 유능
한 정치가로 공경하였다.

형량을 정해놓지 않았습니다.[123] 이는 백성들이 다투는 마음을 가질까 걱정한 것이며 백성의 爭心(쟁심)을 금할 수 없기 때문이었습니다. 이 때문에 상황에 適宜(적의)하게 예방하고 정령으로 규제하며, 禮로 실천하고 신의로 지키며 仁으로 교화하였습니다. 관록의 지위를 제정하여 백성의 복종을 권장하였으며, 형벌로 엄단하면서 위엄으로 백성의 방종을 막으려는 뜻이나 (혹시) 그렇게 되지 않을까 걱정하였습니다. 그래서 백성이 충성을 다하도록 깨우치고, 두려움을 갖고 실행케 하였으며, 임무 수행을 가르치고, 溫和로 백성을 부리며, 공경하도록 대하고, 강력하게 감시하며 과감하게 형량을 결단하였습니다.[124] 그러면서도 뛰어난 도덕을 가진 公侯와 명철한 관리와 충성과 신의를 다하는 官長이나 자애로운 스승을 널리 구하였습니다. 이에 백성을 뜻대로 부릴 수 있게 되었으며 禍亂(화란)도 발생하지 않았습니다. 백성은 형법(辟)을 알았지만 官長을 두려워하지 않았으며, 모두가 辯爭하려는 마음이 있어도 법 규정에서 증거를 찾으려 하고, 요행히 피할 수 있어도 그렇게 하지는 못할 것입니다.

夏에서는 政事가 혼란하자 禹刑(우형)을 제정했고, 商에서는 亂政에 湯刑(탕형)이 제정되었으며, 周에선 亂政에 九刑을[125] 실행하였습니다. 이러한 3가지 법의 제정은 모두 말기에 이루어졌습니다.[126]

---

123 원문 議事以制, 不爲刑辟 – 형벌의 대원칙이야 있지만 그런 규정을 선포하지는 않았다는 뜻.

124 원문 莅之以强, 斷之以剛 – 莅는 다다를 이. ~로 군림하다(自上臨下). 다스리다. 斷은 斷案.

125 九刑 – 五刑에 流(유배), 贖(속전을 바침), 鞭(채찍 편, 매질), 扑〔칠 복, 笞刑(태형)〕.

지금 당신(吾子)은 鄭國의 재상으로 參辟(삼벽)을 제정하고,[127] 鼎(정)에 刑書를 새겼으며, 장차 이로써 백성을 다스리려 하니[128] 어렵지 않겠습니까?

《詩經》에서는,[129] 「文王의 법도를 본받아 날마다 사방을 잘 다스리네.」라고 하였으며, 또 「文王을 본받아 따르면, 萬邦이 믿고 따르리라.」[130] 하였습니다. 이와 같다면 무슨 법이 있어야 하겠습니까? 백성이 이를 알면 다툼의 단서가 될 것이며 앞으로 禮를 버리고 법 조문에만 의지할 것입니다. 송곳이나 칼끝 같은 조그만 일을 갖고서 끝까지 논쟁을 할 것이며 혼란스러운 사안은 더욱 많아질 것이고 뇌물도 함께 오갈 것입니다. 당신의 생이 끝나면 鄭나라도 망할 것입니다."[131]

이에 鄭 子産(자산)이 회답을 보냈다.

"당신의 말과 같이 僑(교, 자산의 이름)는 재능이 없어 내 후손까지 내려가지 못하겠지만, 나는 이로써 세상을 구원하려고 합니다."

이에 구차하고 천박한 政事나 爭論은[132] 이로부터 더욱 많아졌

---

126 원문 皆叔世也 – 叔世(숙세)는 末世. 晩時.

127 원문 制參辟 – 삼벽은 夏, 殷, 周의 말세에 제정된 형법.

128 원문 將以靖民 – 靖民은 安民, 治民, 靖은 고요할 정. 다스리다.

129 《詩經 周頌 我將》의 시.

130 이는 《詩經 大雅 文王》의 구절이다. 孚는 믿을 부. 믿음직하다. 信也.

131 鄭 나라는 周 宣王 前 806년에 子爵으로 건국된 나라로, 前 375년 鄭 康公때 韓에 멸망되었다. 《史記 鄭世家》가 있다. 鄭의 국도는 처음에, 今 陝西省 華縣의 동북이었다가 나중에 新鄭(今 河南省 중부 新鄭市, 河南省의 省會)으로 옮겨갔다.

132 원문 偸薄之政 – 偸薄(투박)은 輕薄. 偸는 훔칠 투. 경박하다.

다. 공자는 이를 마음 아파하며 말했다.

"덕으로 인도하고 禮로써 濟度하면 (백성은) 부끄러움을 알고 바르게 될 것이다. 그러나 政令으로 이끌고 형벌로 제도하면 백성은 (법망을) 빠져나가고 부끄러워하지도 않을 것이다. 禮樂이 不興하면 刑罰(형벌)이 바로 서지 않는다(不中). 刑罰이 不中하면 백성은 손발을 어디 둬야할 지 모를 것이다."¹³³

(魯의) 孟氏(孟孫氏)는¹³⁴ 陽膚(양부, 曾子의 제자)를 士師(獄官)에

---

133 이는《論語 爲政》의 구절. 위 원문에서 道는 導이니 '인도하다, 앞서 이끌다(先之).'의 뜻이다. 政은 法制와 禁令이다. 齊는 하나로 만들다(所以一也)의 뜻이니, 이끌어서 따르지 않는 자는 형벌을 써서 따라오게 한다는 뜻이다. 그렇게 되면 백성들이 형벌을 빠져나가 부끄러움도 모른다. 그런 다음에는 누가 악행을 아니하겠는가? 악행을 저지르려는 마음이 사라지지 않을 것이다. 禮는 制度와 형식, 그리고 품위와 지조를 지키는 절차이다. 格(이를 격, 틀 격)은 이른다는 뜻이다. 백성에 솔선하여 바르게 이끌면 백성이 보고 느끼게 된다. 그리고 深淺厚薄(심천후박)의 차이가 있던 백성의 품성이 禮를 지키며 따라오게 된다. 그래서 무례한 행동에 부끄러움을 느끼고, 부끄러움을 알기에 不善을 저지르지 않고 다음에 善에 이르게(格)게 된다. 결국 政이란 백성을 이끌되 채택하는 방법에 관한 문제이다. 형벌도 분명 그 방법 중 하나이다. 그러나 그 형벌은 어디까지나 보조이고 또 일시적 방편이다. 德은 禮를 행하는 근본이니 덕정과 禮讓(예양)으로 백성을 이끌면 백성이 악행을 마음에서 멀리하게 된다. 비록 한때의 잘못도 뉘우치면서 부끄러움을 알아 악을 멀리하게 될 것이다. 물론 형벌로 이끌면 가시적 효과가 금방 나타난다. 모든 백성의 속마음까지 형벌로 이끌 수 없다. 바탕에 악을 행하려는 마음이 있다면 언제든지 악행을 저지르니 '民免而無恥'가 더 큰 문제이다.

134 孟氏 - 춘추시대 魯의 국가 권력은 周의 國姓인 姬姓인 孟氏, 叔氏, 季氏가 나눠 장악했고, 이를 三家라고 칭했다. 魯 桓公(환공, 前 712 - 694년

임명했는데 양부가 曾子에게 묻자, 증자가 말했다.

"위에서 正道를 잃어 백성의 마음이 떠난 지 오래다. 범죄의 실상을 밝혀내더라도 죄인을 불쌍히 여기며 잡아냈다고 기뻐하지 말라!"[135]

原文

陵夷至於戰國, 韓任申子, 秦用商鞅, 連相坐之法, 造參夷之誅, 增加肉刑, 大辟, 有鑿顚, 抽脅, 鑊亨之刑.

至於秦始皇, 兼吞戰國, 遂毀先王之法, 滅禮誼之官, 專任刑罰, 躬操文墨, 晝斷獄, 夜理書, 自程決事日縣石之一. 而姦邪並生, 赭衣塞路, 囹圄成市, 天下愁怨, 潰而叛之.

〔국역〕

왕도가 점차 무너져 전국시대가 되었는데, 韓에서는 申子(신자, 申不害)를[136] 등용했고, 秦에서는 商鞅(상앙)을 임용하여, (1인의 犯法

재위) 이후 이들을 三桓(삼환)이라고 불렀다. 魯 환공 이후 莊公(장공, 전 693 – 662년 재위)이 계위하였지만 국가 권력은 여전히 仲孫氏(뒷날 孟孫氏), 叔孫氏, 季孫氏에 이어졌는데, 이들은 魯國 卿(경)의 신분으로 司徒(사도), 司空(사공), 司馬(사마)의 관직을 거의 독점하였다. 이들 삼환 중 季孫氏의 권한이 가장 컸다.

135 《論語 子張》의 구절이다. 관리들이 백성 위에 군림하고, 判官이 죄인과 백성 위에 군림하면서, 가혹한 형벌로 죄인의 자백을 받아내면 일이 성공했다고 喜喜樂樂(희희낙락)하지 말고 죄를 지을 수밖에 없었던 백성을 불쌍히 긍휼히 여기라는 가르침이다.

에) 相坐(연좌)하여 처벌하는 법이 시행되었고, 三族을 주살하는[137] 법령도 시행되면서 肉刑과 사형이 증가하였고, 정수리를 뚫거나(鑿顚, 착전), 갈비뼈를 분질러 뽑고(抽脅, 추협), 솥에 삶아 죽이는(鑊亨, 확팽) 형벌도 늘어났다.[138]

秦始皇(진시황)은 戰國의 여러 나라를 모두 兼呑(겸탄)하였고 결국 先王의 예법을 모두 훼손하였으며, 禮誼(예의) 담당 관리도 없애고 오로지 刑罰(형벌)에만 의지하면서 직접 법안을 만들거나(躬操文墨), 獄案(옥안)을 결단하였으며 밤늦게까지 문서를 처리하였는데, 하루에 결재하는 문서(木簡)가 120근으로 정해져 있었다.

그런데 간악과 사익한 범죄가 한꺼번에 발생하였고, (죄인의 옷인) 붉은 자색 옷이 거리를 메웠으며, 감옥이 시장처럼 붐비었다.[139] 천하 모든 사람이 근심과 원한을 품어 결국 진은 궤멸하였고, 백성은 반기를 들었다.

---

136 申子(신자, 申不害. 前 420 – 337년) – 申子는 존칭. 鄭國이 韓國에 합병된 이후 신불해는 法家學說로 韓 昭侯의 재상이 되었다. 先秦 諸子百家 중 法家의 '術'을 내세웠다. 著作에 《申子》가 있다.

137 원문 造參夷之誅 – 參夷(삼이)는 삼족을 모두 죽이다. 夷는 죽여 없애다. 夷平은 일가일족을 모두 죽여 없애다. 誅는 벨 주.

138 원문 有鑿顚,抽脅,鑊亨之刑 – 鑿은 뚫을 착. 顚은 이마 전, 엎어질 전. 抽는 뺄 추. 脅은 갈비뼈 협. 옆구리. 鑊은 발 없는 솥 확. 가마솥. 亨은 형통할 형. 삶을 팽(烹과 通).

139 원문 囹圄成市 – 囹圄(영어)는 감옥. 감옥 영, 감옥 어. 가두다.

四. 漢代의 司法

漢興, 高祖初入關, 約法三章曰, "殺人者死, 傷人及盜抵
罪." 蠲削煩苛, 兆民大說. 其後四夷未附, 兵革未息, 三章
之法不足以禦姦, 於是相國蕭何攈摭秦法, 取其宜於時者,
作律九章.

當孝惠, 高后時, 百姓新免毒蠚, 人慾長幼養老. 蕭, 曹爲相,
塡以無爲, 從民之欲而不擾亂, 是以衣食滋殖, 刑罰用稀.

국역

漢이 흥기할 때, 高祖(劉邦)가 처음 關中에 들어가면서,[140] 約法
三章으로, "殺人者는 죽이고, 사람을 다치게 한 자와 도적질을 한 자
는 지은 죄만큼 벌을 받는다."고[141] 말했다. (漢王이 秦의) 번잡하고
가혹한 법을 모두 없애버리자[142] 백성(兆民, 조민)이 크게 기뻐하였

---

140 關中은 동 函谷關, 남 武關, 서 散關, 북 蕭關(소관)으로 둘러싸인 땅. 沃
野千里의 땅. 秦 二世三年(전 207) 8월, 패공은 武關을 공격하고 秦에
진입하였다. 武關은, 今 陝西省 商洛市 丹鳳縣 동쪽. 函谷關, 蕭關, 大散
關과 함께 '秦의 四塞.' 關中에 들어가는 南門. 漢 元年(前 206) 冬十月,
패공은 霸上(패상)에 도착했다. 秦王 子嬰(자영)은 백마가 끄는 素車를
몰아 목에 실 밧줄을 매고 황제의 國璽(국새)와 兵符(병부)와 持節(지절)
을 바치며 枳道(지도)의 亭에서 투항하였다.

141 원문 傷人及盜抵罪 – 抵罪(저죄)는 죄에 따라 그에 상당한 벌을 받다. 抵
는 거스를 저. 해당하다. 다다르다.

다(大說, 대열).

그 이후 四夷들은 굴복하지 않았고, 전투도 끝나지 않아 三章의 法으로는 간악한 무리를 방어할 수 없었는데, 이에 相國인 蕭何(소하)는 秦法을 이리저리 모으고,[143] 시의에 적합한 것을 골라 9章의 법률을 만들었다.

孝惠帝(재위 前 194 - 188년)와 高后(前 187 - 180년) 때, 백성들은 악독한 학정을 겨우 면했기에,[144] 백성들은 어린아이를 키우고 노인을 봉양하였다. 소하와 조참이 이어 승상이 되었고, 無爲의 정치로 안정시켰고,[145] 백성의 욕구를 따르면서 요란히 거둬들이지 않아 衣食은 넉넉했고 형벌도 거의 집행하지 않았다.

原文

及孝文卽位, 躬修玄黙, 勸趣農桑, 減省租賦. 而將相皆舊功臣, 少文多質, 懲惡亡秦之政, 論議務在寬厚, 恥言人之過失. 化行天下, 告訐之俗易. 吏安其官, 民樂其業, 畜積歲增, 戶口浸息. 風流篤厚, 禁罔疏闊. 選張釋之爲廷尉, 罪疑

---

142 원문 蠲削煩苛 - 蠲削(견삭)은 깨끗하게 없애다. 蠲은 밝을 견. 제거하다. 削은깎을 삭. 煩苛(번가)는 번잡하고 가혹하다.

143 攗摭(군척) - 攗은 주울 군. 摭은 주울 척. 주워 모으다.

144 원문 新免毒蠚 - 新免(신면)은 겨우 면하다. 毒은 악독. 蠚은 독을 쏠 학. 秦의 虐政(학정).

145 원문 塡以無爲 - 塡은 메울 전. 채우다. 안정시키다. 漢 개국공신인 曹參(조참, ?- 前 190)은 前 193년에 소하의 뒤를 이어 漢 승상이 되어 無爲의 정치를 구현하였다. '蕭規曹隨(소규조수)' 成語의 주인공.

者予民, 是以刑罰大省, 至於斷獄四百, 有刑錯之風.

[국역]

　孝文帝가 즉위한 뒤(재위 前 179 - 157년), 清靜無爲의 정치를 실천하며,[146] 농업과 길쌈을 장려하고[147] 租賦(조부)를 감면하였다. 당시 將相은 모두 옛 功臣들이라서 文才는 적었지만 질박하였고, 멸망한 秦의 정사를 懲治(징치)하며 증오하여, 政事 의논에서도 관용을 강조하며 남의 過失에 대한 언급조차 부끄럽게 여겼다. 천하에 교화가 이뤄지며 밀고하는 습속도 바뀌었다.[148] 관리들은 그 관직을 잘 수행했고 백성은 본업을 즐겼으니, 비축 물자는 해마다 늘어났고 호구도 조금씩 불어났다(戶口浸息). 풍속도 篤實溫厚(독실온후, 篤厚)하였고 법망도 느슨해졌다.[149] 文帝는 張釋之(장석지)를 廷尉(정위)로 등용했고,[150] 죄의 유무가 의심스러우면 백성의 편이었기에 형벌이 크게 줄었고[151] 斷獄(단옥, 유죄 판결)도 (1년에) 4백 건 정도였으니

---

146 원문 躬修玄默 - 躬修는 몸소(躬, 몸 궁) 修行하다. 玄默(현묵)은 조용하고(沈靜, 침정) 말이 적음(寡言, 과언). '老子가 玄默하니, 孔子가 師之했다.'는 말이 있다. 노자의 無爲 정치를 의미.

147 원문 勸趣農桑 - 勸은 권장하다. 趣은 재촉할 촉. 달릴 취.

148 원문 告訐之俗易 - 告는 밀고. 고발. 訐은 들추어낼 알. 易은 바뀔 역.

149 원문 禁罔疏闊 - 禁罔(금망)은 法禁의 그물. 罔은 그물 망(網과 同). 疏闊(소활)은 듬성듬성하고 넓다. 축구 네트와 탁구 네트를 비교하면 된다.

150 廷尉 張釋之 - 廷尉는 9卿의 하나. 수사 및 재판 담당. 질록은 中二千石. 張釋之(장석지, 생졸년 미상) -《史記 張釋之馮唐列傳》참고.《漢書》50권, 〈張馮汲鄭傳〉에 입전.

151 원문 罪疑者予民, 是以刑罰大省 - 予民(여민, 줄 여)은 백성 편이 되다.

(가급적) 형벌을 집행하지 않으려는 풍조가 있었다.

卽位十三年齊太倉令淳于公有罪當刑, 詔獄逮繫長安. 淳于公無男, 有五女, 當行會逮, 罵其女曰, "生子不生男, 緩急非有益!"

其少女緹縈, 自傷悲泣, 乃隨其父至長安, 上書曰, 「妾父爲吏, 齊中皆稱其廉平, 今坐法當刑. 妾傷夫死者不可復生, 刑者不可復屬, 雖後欲改過自新, 其道亡繇也. 妾願沒入爲官婢, 以贖父刑罪, 使得自新.」

書奏天子, 天子憐悲其意, 遂下令曰,

「制詔御史, 蓋聞有虞氏之時, 畫衣冠, 異章服以爲戮, 而民弗犯, 何治之至也! 今法有肉刑三, 而姦不止, 其咎安在? 非乃朕德之薄而敎不明與? 吾甚自愧. 故夫訓道不純而愚民陷焉,《詩》曰, '愷弟君子, 民之父母.' 今人有過, 敎未施而刑已加焉, 或欲改行爲善, 而道亡繇至, 朕甚憐之. 夫刑至斷支體, 刻肌膚, 終身不息, 何其刑之痛而不德也! 豈爲民父母之意哉! 其除肉刑, 有以易之. 及令罪人各以輕重, 不亡逃, 有年而免. 具爲令.」

형벌의 조항 중 가벼운 쪽으로 판결하다. 省은 줄다, 줄이다. 살필 성.

【국역】

(文帝) 즉위 13년(前 167), 齊國의 太倉令인 淳于公(순우공)이[152] 죄를 지어 형벌을 받아야 했기에, 詔獄(조옥)이 있는 長安으로 이송 되었다.[153] 순우공은 아들이 없고 딸만 5명이었는데, 출발에 앞서 묶인 채로 딸들에게 푸념을 했다.

"자식을 두었으나 아들이 없으니, 이런 큰일에 도움이 안 된다!"

그의 막내딸 緹縈(제영)은[154] 마음이 아파 울면서 부친을 따라 장안에 와서 상서하였다.

「저의 부친은 관리로 재직하며, 齊國에서는 청렴하고 공평한 사람이라며 모두가 칭찬하였지만, 이번에 법에 연루되어 형벌을 받아야 합니다. 제가 슬퍼하는 것은 죽은 자는 살아날 수 없고, 형벌을 받은 자는 원상회복이 안 되니, 비록 뒷날 잘못을 고쳐 새사람이 되려고 해도 그럴 방도가 없는 것입니다.[155] 저를 官婢(관비)로 沒入(몰입)하고, 부친의 형벌을 自贖(자속)하여, 부친이 自新할 수 있기를 바

---

152 淳于公 - 淳于意(순우의, 前 205 - 150년, 淳于는 성씨, 名은 意) - 齊 臨淄 人〔今 山東省 중동부 淄博市(치박시)〕. 漢初 저명 名醫. 齊國 太倉令(太倉長) 역임. 世稱 '倉公.'《史記 扁鵲倉公列傳》에 입전.

153 원문 詔獄逮繫長安 - 詔獄(조옥)은 詔命에 따른 獄案에 관련된 자를 가두는 감옥. 장안의 정위부 및 상림원에도 조옥이 있었다. 逮繫(체계)는 체포되어 이송되다.

154 淳于緹縈(순우제영) - 名醫 倉公의 딸, 成語 '緹縈救父(제영구부)'의 주인공. 司馬遷은 〈倉公傳 贊〉에서 '緹縈의 상소가 통하여, 부친은 그 뒤에 평안했다.(緹縈通尺牘, 父得以後寧.)'고 하였다. 班固는 五言古詩 〈詠史〉에서 '百男何憒憒, 不如一緹縈.'이라 읊었다. 憒는 심란할 궤.

155 원문 其道亡繇也 - 道는 방법. 亡는 없을 무(無와 同). 繇(부릴 요)는 由也.

랍니다.」

상서가 올라가자, 天子는 그 뜻을 딱하게 생각하며 담당 관리에게 명령했다.

「制詔御史(제조어사)도 아마 알고 있겠지만, 有虞氏(유우씨, 舜) 시절에 衣冠을 그려놓고 복색을 달리하여 戮屍(육시)라고 말하여도 백성들이 법을 어기지 않았거늘, 지금 같은 안정된 시대에서야! 지금 형법에 肉刑이 3종류인데도[156] 간악한 범죄가 그치지 않는 이유가 무엇인가? 혹 朕(짐)의 德이 부족하거나 교화가 不明하기 때문 아니겠는가? 나는 매우 부끄럽도다.[157] 아마도 訓道(훈도)가 不純(불순)하여 愚民(우민)이 죄에 빠지는 것이니,《詩經》에서도,[158] '화락, 공손한 君子는 백성의 부모로다.' 고 하였다. 지금 백성이 죄를 지었다 하여 교화를 베풀지도 않고 형벌에 처하는데, 혹 잘못을 뉘우치고 선행을 하려 해도 그 길이 없는 것을 짐은 매우 불쌍히 여기고 있다. 형벌이 손발을 자르고 피부에 먹물로 새긴다면 죽을 때까지도 (고통이) 멈출 수 없는 것이니, 그 고통이 얼마나 마음 아프고, 또 부덕한 짓이 아니겠는가! (그러고서도) 어찌 백성의 부모와 같은 마음이라 하겠는가! 肉刑을 폐지하고, 다른 형벌로 바꾸도록 하라.[159] 그리고 죄인으로 하여금 각자 (죄의) 경중을 살펴, 도망하지 않고 햇수를 채우면 면제하여 서인이 되게 하라. 이 모두를 법령으로 제정하라.」

---

156 원문 今法有肉刑三 – 墨刑(묵형), 劓刑(의형), 刖刑(월형).

157 원문 朕甚自愧 – 甚은 심할 심. 매우. 愧는 부끄러워할 괴.

158 《詩經 大雅 泂酌(형작)》의 시. 愷弟(개제)는 愷는 화락, 온화. 弟는 悌.

159 원문 其除肉刑, 有以易之 – 其는 ~하기 바란다. ~하라. 除는 폐지.

丞相張蒼,御史大夫馮敬奏言,

「肉刑所以禁姦,所由來者久矣.陛下下明詔,憐萬民之一有過被刑者終身不息,及罪人慾改行爲善而道亡繇至,於盛德,臣等所不及也.臣謹議請定律曰,諸當完者,完爲城旦舂,當黥者,髡鉗爲城旦舂,當劓者,笞三百,當斬左止者,笞五百,當斬右止,及殺人先自告,及吏坐受賕枉法,守縣官財物而卽盜之,已論命復有笞罪者,皆棄市.罪人獄已決,完爲城旦舂,滿三歲爲鬼薪,白粲.鬼薪,白粲一歲,爲隸臣妾.隸臣妾一歲,免爲庶人.隸臣妾滿二歲,爲司寇.司寇一歲,及作如司寇二歲,皆免爲庶人.其亡逃及有罪耐以上,不用此令.前令之刑城旦舂歲而非禁錮者,完爲城旦舂歲數以免.臣昧死請.」

制曰,「可.」

是後,外有輕刑之名,內實殺人.斬右止者又當死.斬左止者笞五百,當劓者笞三百,率多死.

丞相인 張蒼(장창),[160] 御史大夫인 馮敬(풍경)이[161] 상주하였다.

---

160 張蒼(장창, 前 253 - 152) - 秦漢 시기의 儒學者, 陰陽家의 대표적 인물. 뒷날 賈誼에게 영향. 文帝 때 승상 역임.《史記》96권〈張丞相列傳〉참고.《漢書 張周趙任申屠傳》에 立傳.

「肉刑은 불법행위를 금지하려는 뜻으로 그 유래가 오래 되었습니다. 陛下(폐하)께서 明詔를 내리시어, 백성 중 한 명이라도 형벌을 받아 평생 겪어야 하는 고통과, 또 죄인이 행실을 고쳐 착한 사람이 되려고 해도 길이 없는 것을 불쌍히 여기시는 크신 盛德을[162] 臣 등은 따라가지 못할 것입니다.

臣이 삼가 의논하여 율법을 개정하고 주청 하옵나니, 육형을 받지 않는 완전한 죄수는[163] 城旦舂(성단용)에[164] 처하고, 黥刑〔경형, 墨刺(묵자)〕에 해당하는 자는 머리를 깎고(髡), 목에 칼을 쓴 채(鉗, 칼겸) 성벽에서 축성과 방아 찧기 노역에 종사하게 하고, 코를 베어야 할 자(劓者, 코를 벨 의)는 3백 대의 笞刑(태형)에 처하고, 좌측 발꿈치를 자를 자는(當斬左止者, 止는 趾)는 태형 5百, 오른쪽 발을 잘라야 할 자 및 殺人하고 먼저 자수한 자, 그리고 관리로 뇌물을 받고 법 적용을 잘 못한 자, 나라의 재물을 관리하며 도적질을 한 자,[165] 이미 판결을 받고 도주한 뒤(命) 태형에 해당하는 죄를 지은 자는 모두 棄市(기시)형에 처합니다. 罪人으로 옥안이 이미 판결났거나 城旦舂(성단용)의 노역을 마친 자는, 3년 동안 (종묘에 쓸) 나무를 하거

---

161 馮敬(풍경, ? – 前 142年) – 前漢 文帝 때 御史大夫로 10년 재임. 漢 景帝 後元 2年(前 142) 馮敬은 雁門郡 太守로 나가 匈奴와 싸우다 戰死.

162 원문 於盛德 – 여기서 於는 감탄사이다.

163 원문 諸當完者 – 完은 육형을 받지 않아 완전한 신체를 가진 자. 곧 머리를 깎는 형벌을 받은 髡者. 髡은 머리 깎을 곤. 강제 삭발도 형벌의 한가지였다.

164 城旦舂(성단용) – 城에서 남자는 築城(축성)하는 노역에 종사하고, 여자는 방아 찧기(舂) 노역.

165 원문 守縣官財物而卽盜之 – 守는 지키다. 縣官(현관)은 나라. 국가의 뜻.

나〔鬼薪(귀신), 장작 공급〕白粲(백찬, 나라의 제사에 쓸 쌀을 고르는 형
벌)에 처합니다. 鬼薪(귀신)과 白粲(백찬)에 1년간 복역하면, 官奴(隷
臣, 예신)나 官婢(관비, 臣妾)로 복무하게 합니다. 관노비 1년을 채우
면, 죄를 면제하여 庶人(서인)이 되게 합니다. 관노비로 2년을 복무
한 자는 (변방 관문의) 보초(司寇, 사구)가 됩니다. 司寇(사구) 1년 및
司寇 2년의 복무를 마친 자는 모두 면제하여 서인이 됩니다. 그중에
도주하거나 또 수염을 깎는 형벌(耐, 내) 이상의 죄를 지은 자는 이
규정을 적용하지 않습니다. 앞서 시행한 城旦舂(성단용) 형벌은 1년
이상, 禁錮(금고) 형벌에 해당하지 않은 자는 城旦舂의 햇수를 마친
것으로 간주하여 면제합니다. 臣은 죽음을 각오하고 주청합니다.」

制書는 「可」라고 하였다.

이후로, 외적으로는 형벌을 완화하였지만 내적으로는 실제로 殺
人과 같았다. 오른쪽 발을 자르는 형벌은 사형으로 환원하였다. 왼
쪽 발을 자르는 형벌 대신 태형 5백 대, 코를 베는 형벌로 태형 3백
대를 맞은 죄수는 거의 다 죽어나갔다.

原文

景帝元年, 下詔曰, 「加笞與重罪無異, 幸而不死, 不可爲
人. 其定律, 笞五百曰三百, 笞三百曰二百.」

獄尙不全. 至中六年, 又下詔曰, 「加笞者, 或至死而笞未
畢, 朕甚憐之. 其減笞三百曰二百, 笞二百曰一百.」又曰,
「笞者, 所以敎之也, 其定箠令.」

丞相劉舍,御史大夫衛綰請, 「笞者, 箠長五尺, 其本大一

寸, 其竹也, 末薄半寸, 皆平其節. 當笞者, 笞臀. 毋得更人,
畢一罪乃更人.」

自是笞者得全, 然酷吏猶以爲威. 死刑旣重, 而生刑又輕,
民易犯之.

〔국역〕

景帝 원년(前 156), 조서를 내렸다.

「笞刑(태형)은 사형과 다름이 없으니[166] 요행으로 죽지 않아도 사
람 노릇을 할 수 없다. 그 형량에 5백 대를 3백으로,[167] 3백 대를 2백
으로 낮추도록 하라.」

그런데도 治獄은 여전히 똑같았다. 中元 6년에(前 144), 다시 조
서를 내렸다.

「태형을 가하는 자가 죄수가 죽어도 매질을 멈추지 않는다는데,
짐은 이것이 매우 안타깝도다. 태형 3백 대를 2백 대로, 2백 대를 1
백 대로 낮추기 바란다.」

또 조서에서 「태형은 백성을 가르치려는 뜻이니, 形具를 법으로
규정하라.」[168]

이에 승상 劉舍(유사), 御史大夫인 衛綰(위관)이[169] 주청하였다.

---

166 원문 加笞與重罪無異 – 여기서 重罪는 死刑.

167 원문 其減笞三百曰二百 – 여기서 曰은 '개정하라', '고치라'는 뜻.

168 원문 其定箠令 – 箠는 채찍 추. 태형 도구의 길이나 굵기를 제정하라는
뜻.

169 衛綰(위관, ? – 前 131) – 中郎將, 太子太傅, 御史大夫, 丞相 역임. 문제 –
경제 – 무제를 섬겼다.

「笞刑의 곤장은 길이 5척, 두께는 1촌에 대나무로 하되 그 얇기가 半寸은 되어야 하며, 대나무의 마디는 모두 깎아야 합니다. 태형을 담당하는 자는 臀部(둔부)만[170] 때려야 하며, 때리는 사람을 바꿀 수 없고, 죄수가 다르면 사람을 교체합니다.」

이후부터 태형을 받은 자가 살 수 있었지만, 酷吏(혹리)는 여전히 위협적이었다. 중죄만을 사형에 처하다 보니, 생존할 형벌은 형량이 너무 가벼워 백성들이 쉽게 죄를 범했다.

原文

及至孝武卽位, 外事四夷之功, 內盛耳目之好, 徵發煩數, 百姓貧耗, 窮民犯法, 酷吏擊斷, 姦軌不勝. 於是招進張湯, 趙禹之屬, 條定法令, 作見知故縱,監臨部主之法, 緩深故之罪, 急縱出之誅.

其後姦猾巧法, 轉相比況, 禁罔浸密. 律,令凡三百五十九章, 大畫四百九條, 千八百八十二事, 死罪決事比萬三千四百七十二事. 文書盈於幾閣, 典者不能遍睹. 是以郡國承用者駁, 或罪同而論異. 姦吏因緣爲市, 所欲活則傅生議, 所欲陷則予死比, 議者咸冤傷之.

---

170 當笞者, 笞臀 – 臀은 볼기 둔. 둔부는 엉덩이. 그렇다면 이전에는 등짝이나 허리도 때렸다는 뜻. 그러니 2백 대를 맞고 어찌 살 수 있겠는가?

孝武帝(재위 前 140 – 87년) 즉위 이후로, 대외적으로는 四夷 정벌에 치중하였고, 대내적으로는 화려한 豪奢(호사)를 추구하였기에 백성에 대한 징발이 빈번하여[171] 백성은 가난해졌고, 가난에 몰린 백성은 犯法했으며, 酷吏(혹리)는 이를 엄단하였지만 불법은 근절되지 않았다. 이에 (廷尉에) 張湯(장탕),[172] 趙禹(조우)[173] 등을 등용하여

---

171 원문 徵發煩數 – 徵發은 부세나 노동력의 동원. 煩數(번삭)은 번잡하고 자주 징발하다.

172 張湯(장탕, ? – 前 115) – 武帝 때 유명한 酷吏(혹리). 한때 '天下事皆決湯'이란 말이 유행할 정도로 武帝의 신임을 받았다. 《漢書》59권, 〈張湯傳〉에 입전. 《史記》에는 〈酷吏列傳〉에 실렸다. 장탕은 趙禹(조우)와 함께 여러 율령을 함께 제정하면서 법을 엄격하게 고쳤다. 조우는 少府卿이 되었고, 장탕은 정위가 되어 두 사람이 아주 가까웠는데 장탕은 조우를 형으로 섬겼다. 장탕은 죄를 평결하면서 무제가 처벌할 의도가 있다면 속관 중에서 각박한 사람에게 사건을 배정하였고, 만약 무제가 용서할 뜻이 있으면 가볍게 평결하는 자에게 맡기었다. 치죄할 사람이 세력가이면 기어이 법조문을 농간해서라도 죄에 얽어매었지만 평민이나 힘 없는 사람이라면 법대로 처리한다고 말하면서도 무제에게 상신하였다. 그러면 자주 장탕의 뜻대로 풀려나기도 했다. 장탕이 비록 고관이었지만 그 사생활은 엄격했는데 손님에게 음식을 접대하거나 친우의 자제로 관리가 된 사람, 또는 가난한 집안 형제들에 대해서는 아주 후하게 도와주었으며 여러 고관을 찾아 문안해야 한다면 춥고 더운 것을 따지지 않았다.

173 趙禹(조우) – 《漢書》90권, 〈酷吏傳〉에 입전. 조우는 장탕과 함께 율령을 협의 개정하였는데, 見知法을 제정하여 관리가 법으로 서로를 감시해야 하는 일은 모두 이때부터 시작되었다. 조우도 廷尉를 역임했다. 처음에 條侯(조후, 주아부)는 조우가 너무 교활 가혹하다고 하였는데 조우가 少府로 九卿이 되었어도 가혹하였다. 관리들은 엄격 준엄하게 되었지만 조우의 일 처리는 점차 완화되었기에 공평하다는 명성을 얻었다.

법령을 다시 제정하였는데, 불법을 인지하고서도 신고하지 않으면 처벌하는 법(見知故縱), 관리 불법을 감독하는 상관을 연좌하여 처벌하는 법(監臨部主之法), 관리가 법조문 적용을 고의로 바꾸는 죄(緩深故之罪), 고의로 서둘러 방면하거나 서둘러 처형하는 죄(急縱出之誅) 등이 신설되었다.

그 이후로도 간사 교활하게 법의 빈틈을 농간하거나 서로 비교하면서 법망은 더욱 조밀해졌다. 형법(律)이나 행정에 관한 명령(令) 등이 모두 359章이었고, 사형에 해당하는 조문이 409조, 사안이 1,882건이었고 전에 비하여 사형 판결이 13,472건이나 늘었다. 이와 관련한 문건도 건물 몇 채에 가득 찼고, 판결 업무 담당자도 관련 문건 전체를 다 읽지도 못했다. 이러한 상황에서 각 군국마다 적용 조항이 틀리거나(駁, 어긋날 박), 때로는 같은 범죄에 판결이 다른 경우도 있었다. 姦吏(간리)는 이런 틈을 타 거래를 하였으니(因緣爲市), 살리고자 하면 살아날 수 있는 조항을 적용하고, 죄에 빠트리려면 사형에 가까운 조항을 준용하였기에, 이를 논하는 사람들 모두가 원망하거나 상심하였다.

原文

宣帝自在閭閻而知其若此. 及卽尊位, 廷史路溫舒上疏, 言秦有十失, 其一尙存, 治獄之吏是也. 語在〈溫舒傳〉. 上深愍焉, 乃下詔曰,

「間者吏用法, 巧文浸深, 是朕之不德也. 夫決獄不當, 使有罪興邪, 不辜蒙戮, 父子悲恨, 朕甚傷之. 今遣廷史與郡

鞫獄, 任輕祿薄, 其爲置廷平, 秩六百石, 員四人. 其務平之, 以稱朕意.」

於是選于定國爲廷尉, 求明察寬恕黃霸等以爲廷平, 季秋後請讞. 時上常幸宣室, 齋居而決事, 獄刑號爲平矣. 時涿郡太守鄭昌上疏言,

「聖王置諫爭之臣者, 非以崇德, 防逸豫之生也. 立法明刑者, 非以爲治, 救衰亂之起也. 今明主躬垂明聽, 雖不置廷平, 獄將自正, 若開後嗣, 不若删定律令. 律令一定, 愚民知所避, 姦吏無所弄矣. 今不正其本, 而置廷平以理其末也, 政衰聽怠, 則廷平將招權而爲亂首矣.」

宣帝未及修正.

〔국역〕

宣帝(선제, 재위 前 74 - 49)는 閭閻(여염)에 살면서[174] 이런 상황을

---

174 원문 宣帝自在閭閻 - 宣帝는 무제의 曾孫이었다. 初名 病已. 즉위 이후에 詢(순)으로 改名. 태어난 지 수개월에 巫蠱(무고)의 禍(화)가 일어나 (前 92년) 太子(선제의 조부), 皇孫(선제의 생부)과 모친 王夫人이 모두 목숨을 잃었다. 이는 〈武五子傳〉에 있다. 皇曾孫은 그때 襁褓(강보)에 쌓인 어린애로 郡邸獄(군저옥)에 갇혀 있었다. 邴吉(병길, 丙吉)은 廷尉監으로 군저에서 무고에 관련된 자를 조사하고 있었는데, 皇曾孫이 아무런 죄도 없는데 갇힌 것을 불쌍히 여겨 여자 죄수의 형구를 벗겨주어 淮陽郡의 趙徵卿(조징경)과 渭城(위성)의 胡組(호조)로 하여금 교대로 젖을 먹여 키우게 하였고 사재로 황증손의 衣食을 대주며 돌보는 큰 은혜를 베풀었다. 선제는 민간 마을에서 생활했고, 18세에 즉위했다. 閭閻은 마을. 閭은 里門 여. 閻은 里門 염. 거리. 큰 길.

알고 있었다. 제위에 즉위하자 廷史(정사, 廷吏) 路溫舒(노온서)가[175] 上疏(상서)하여 秦(진)에 10가지 失策이 있었는데, 그중 한 가지는 지금도 남아 있으니, 바로 治獄하는 관리라고 말했다.[176] 이는 《漢書》 〈路溫舒傳〉에 실렸다. 선제는 매우 안타깝게 생각하며 바로 조서를 내렸다.

「요즈음 獄吏가 법을 적용하면서 문서를 아주 교묘하게 꾸민다 하니(巧文, 법률 조문을 玩弄하다.) 이는 朕(짐)의 不德이다. 대체로 決獄(결옥, 判決)이 不當하여, 有罪인 자가 사악한 짓을 하고 무고한 백성이 처형당하여[177] 父子가 슬퍼 원한을 품는다 하니, 짐은 매우 마음이 아프다. 지금 廷史와 郡의 鞫獄(국옥)이[178] 담당하나, (이들의) 임무가 중요하지도 않고 질록도 낮으니, 이에 廷平(정평)의 직위

---

175 廷史路溫舒 – 廷史(정사)는 廷尉史. 廷尉 소속, 決獄이나 治獄을 담당. 史는 史官, 日官, 獄官 등의 관직 이름. 하급 관리란 뜻으로 吏와 通. 路溫舒(노온서)의 생졸년 미상. 元鳳(원봉) 연간에, 廷尉 李光이 詔命에 따른 옥사를 심리하면서 노온서를 廷尉史에 임명하였다. 그 무렵 昭帝가 죽고 昌邑王 劉賀가 폐위되고 宣帝가 즉위하였는데, 노온서는 上書하여 (〈言宜尙德緩刑書〉) 응당 덕을 숭상하고 형벌을 완화해야 한다고 말하였다. 《漢書》 51권, 〈賈鄒枚路傳〉에 입전.

176 〈言宜尙德緩刑書〉「~그래서 속어에 '땅에 줄을 그어 감옥이라 하여도 들어가선 안 되고 나무를 세워 옥리라 해도 쳐다보지도 말라.' 하였습니다. 이 모두가 옥리들을 질시하는 풍조이며 비통한 말입니다. 그래서 천하의 걱정거리는 감옥보다 더 한 것이 없고 나쁜 법은 正道를 어지럽히며 친족을 흩어지게 하고, 正道를 막기로는 治獄하는 관리보다 더 심한 것이 없습니다. 이것이 秦의 폐단으로 아직도 남아 있는 하나입니다.~」

177 원문 不辜蒙戮 – 辜는 허물 고. 不辜(불고)는 無辜. 蒙은 입을 몽. 戮은 죽일 육(륙).

178 郡鞫獄 – 鞫은 심문할 국, 공 국. 獄은 獄案. 事案.

를 신설하고, 질록은 6백석, 정원은 4인으로 하여 공평한 판결로 짐
의 뜻에 부응하기 바란다.」

그리고 于定國(우정국)을 廷尉로 選任(선임)하였고,[179] 明察하면서
도 너그러운 黃霸(황패) 등을 廷平(정평)에 임명하여,[180] 季秋(9월) 이
후에 請讞(청언)하게 하였다.[181] 그때 황제는 늘 (未央宮의) 宣室閣
(선실각)에 행차하여 머물면서 결재를 하였는데, 옥안에 대한 평결이
공평하다는 평판을 들었다.

그때 涿郡(탁군) 太守인 鄭昌(정창)이[182] 상소하였다.

「聖王이 諫爭(간쟁)하는 신하를 둔 것은 그로써 崇德(숭덕)하려는
뜻이 아니라 안락한 생활에 안주하는 습성을 예방하려는 뜻이었습
니다. 立法하여 형벌을 명확히 한 것은 治國의 목표보다는 사회의
혼란을 예방하려는 뜻입니다. 지금 明主께서 친히 明聽을 실천하신

---

179 于定國(우정국, ?- 前 40) - 宣帝 地節 원년(前 69)부터 정위로 18년 근무,
　　　甘露 2년(前 52)에 御史大夫. 선제 甘露 3년에 승상으로 西平侯. 元帝
　　　永光 원년(前 43)에 致仕. 71권, 〈雋疏于薛平彭傳〉에 입전.

180 원문 明察寬恕黃霸等以爲廷平 - 寬恕(관서)는 너그러이 용서하다. 穎川
　　　(영천)太守로 유명한 循吏(순리)인 黃霸(황패)는 89권, 〈循吏傳〉에 입전.
　　　관리로 근무 중, 업무상 실수로 옥에 갇히자 황패는 옥중에서 夏候勝(하
　　　후승)으로부터 《尙書》를 전수받았고 두 번이나 겨울을 넘기고 3년째에
　　　출옥하였는데, 이는 〈夏侯勝傳〉(眭兩夏侯京翼李傳)에 실려 있다.

181 請讞 - 판결한 사안을 奏請(주청, 보고)하다. 讞은 죄의 경중을 논할 언.

182 鄭昌 - 鄭昌의 字는 次卿으로 역시 호학하였으며 동생 鄭弘과 함께 경
　　　학에 밝고 법률과 정무에 통달했다. 鄭昌은 太原郡과 涿郡(탁군)의 태수
　　　를 역임했고 정홍은 南陽太守를 지냈는데, 모두 백성을 잘 다스렸고 법
　　　도를 잘 지켜 후세 사람들의 칭송을 들었다. 66권, 〈公孫劉田王楊蔡陳
　　　鄭傳〉鄭弘의 기록 참고.

다면, 비록 廷平을 설치하지 않더라도 옥안은 저절로 공정할(自正) 것이며, 만약 후세에도 공평한 평결을 원하신다면 율령을 줄여나가는 것만 못할 것입니다. 律令이 한 문구로 확정된다면, 愚民(우민)도 피할 방도를 알아 姦吏가 농간을 부릴 수 없습니다. 지금 그 근본을 바로잡지 않고 廷平의 관직을 설치한 것은 말단을 처리하는 것이니, 정치가 물러지고 민의를 제대로 듣지 못한다면 廷平이 권력을 잡고 혼란을 불러올 것입니다.」

그러나 宣帝는 방책을 바꾸지 않았다.

原文

至元帝初立, 乃下詔曰,「夫法令者, 所以抑暴扶弱, 欲其難犯而易避也. 今律令煩多而不約, 自典文者不能分明, 而欲羅元元之不逮, 斯豈刑中之意哉! 其議律,令可蠲除輕減者, 條奏, 唯在便安萬姓而已.」

〔국역〕

元帝(前 75 - 33)가 막 즉위하면서 조서를 내렸다.

「法令이란 포악을 억제하고 약자를 도와주며, 위법을 어렵게 만들고 쉽게 벗어날 수 있도록 도와주는 것이다. 지금 나라의 律令(율령)이 煩多(번다)하고 간략하지 않아 법조문을 담당하는 자도 分明하지 못하는데, 율령을 알지 못하는 백성을 법으로 통제하려 한다면,[183] 그것이 어찌 형벌의 참뜻에 맞을 수 있겠나! 백성의 경미한 죄

---

183 원문 而欲羅元元之不逮 - 羅는 그물 나(라), 벌릴 나. 網과 通. 元元은

가 면제될 수 있도록 율령의 조문을 논의하고 조목별로 상주하여 백성을 편안케 하기 바란다.」[184]

原文

至成帝河平中, 復下詔曰,

「〈甫刑〉云. '五刑之屬三千, 大辟之罰其屬二百', 今大辟之刑千有餘條, 律,令煩多, 百有餘萬言, 奇請它比, 日以益滋, 自明習者不知所由, 欲以曉喩衆庶, 不亦難乎! 於以羅元元之民, 夭絕亡辜, 豈不哀哉! 其與中二千石,二千石,博士及明習律,令者議減死刑及可蠲除約省者, 令較然易知, 條奏.《書》不云乎? '惟刑之恤哉!' 其審核之, 務準古法, 朕將盡心覽焉.」

有司無仲山父將明之材, 不能因時廣宣主恩, 建立明制. 爲一代之法, 而徒鉤擿微細, 毛擧數事, 以塞詔而已. 是以大議不立, 遂以至今. 議者或曰, 法難數變, 此庸人不達, 疑塞治道, 聖智之所常患者也. 故略擧漢興以來, 法令稍定而合古便今者.

───────

백성. 不逮는 (지식이) 미치지 못하다. 알지 못하다.

184 원제 初元 5년(前 42)에, 70여 건의 형벌 罪目을 삭제하였다. 또 光祿大夫 이하 郎中까지의 관리는 부모와 형제에 대한 연좌를 폐지하였다.《漢書 元帝紀》

[국역]

　成帝(재위 前 33 - 前 7년) 河平 연간에(前 28 - 24년) 다시 조서를 내렸다.

　「〈甫刑〉의[185] 기록에 '五刑에 속한 罪目이 3千, 大辟(대벽, 死刑)의 죄목이 2백'이라 하였는데,[186] 지금 大辟에 해당하는 죄목이 1천여 조항이며, 율령이 煩多(번다)하여 1백여 만 자나 되며, 正文 이외의 奇請(기청)이나 它比(타비, 일종의 附記) 등이[187] 날마다 늘어나서 율령을 배운 자라도 그 근원을 알 수 없고, 백성을 깨우치려 해도 이 또한 어렵지 않겠는가! 그런 율령으로 나라의 근본이 되는 백성을 얽어매어(羅) 亡辜(무고)한 사람이 夭絶(요절)한다면 어찌 애통하지 않겠는가! 中二千石(九卿)이나 二千石, 博士 및 법률에 밝은 관원이 함께 논의하여 사형을 줄이거나 모면할 수 있는 방법 등을 비교하여 쉽게 알 수 있도록 조목별로 상주하기 바란다.《書經》에도 있지 않은가?[188] '응당 형벌은 걱정해야 한다!' 그 본질을 심의하여 힘써 古法에 맞춘다면 짐도 정성으로 읽어볼 것이다.」

　그러나 업무 담당자(有司) 중에 仲山父(중산보) 같이 明察하고 유능한 인물이 없어,[189] 그 상황에서 주상의 은덕을 널리 시행하거나

---

185 〈甫刑〉은《書經 周書 呂刑》.

186 〈周書 呂刑〉의 원문「墨罰之屬千, 劓罰之屬千, 剕罰之屬五百, 宮罰之屬三百, 大辟之罰, 其屬二百, 五刑之屬三千.」

187 원문 奇請它比 - 奇請(기청)은 正文 이외의 보고나 조례. 它比(타비)는 다른 율령과 상관되는 附記(부기).

188 《書經 虞書 舜典》의 기록.

189 원문 有司無仲山父將明之材 - 有司는 직분이나 성명을 명시하지 않은

시대 상황에 맞는 법률로 명확하게 법제화하지 못했고, 다만 미세하고 牛毛 같은 작은 사례를 열거하여[190] 조서에 맞춰 상주하였다. 이 때문에 조서의 큰 뜻은 논의도 되지 않은 채 지금까지 내려왔다. 이를 의론하는 或者(혹자)는 법이 어려운 것은 자주 바뀌기 때문이며, 이는 보통 사람이 알 수도 없으며, 치국의 대도를 자주 저해하는(塞) 일은 성인이나 현인도 늘 걱정하는 것이라고 말한다.

　그래서 漢의 건국 이후, 법령이 차츰 확정되고 옛 대의에 맞으면서 현실에 편리하게 된 대략을 열거하였다.[191]

官吏. 設官하고 담당 職務를 구분하기에 事有專司의 뜻. 담당자. 담당 관청이나 담당 부서의 뜻. 仲山父와 中山甫는 周 宣王의 신하. 將은 실천하다(行也). 明은 불선한 일을 명백히 밝히다.

190　원문 而徒鉤摭微細, 毛擧數事 – 徒는 무리 도. 한낱, 鉤摭(구척)은 갈고리에 꿰다. 작은 일을 열거하다.

191　위의 '업무 담당자(有司) 중에 仲山父(중산보) 같이 ~'에서 본 〈刑法志〉끝까지는 모두 班固의 논평이다.

五. 漢代의 刑罰

原文

漢興之初, 雖有約法三章, 網漏吞舟之魚. 然其大辟, 尙
有夷三族之令. 令曰, 「當三族者, 皆先黥, 劓, 斬左右止, 笞
殺之, 梟其首, 菹其骨肉於市. 其誹謗詈詛者, 又先斷舌.」
故謂之具五刑. 彭越, 韓信之屬皆受此誅.

至高后元年, 乃除三族罪, 祅言令.

孝文二年, 又詔丞相, 太尉, 御史, 「法者, 治之正, 所以禁暴
而衛善人也. 今犯法者已論, 而使無罪之父, 母, 妻, 子, 同產
坐之及收, 朕甚弗取. 其議.」

左, 右丞相周勃, 陳平奏言, 「父, 母, 妻, 子, 同產相坐及收, 所
以累其心, 使重犯法也. 收之之道, 所由來久矣. 臣之愚計,
以爲如其故便.」

文帝復曰, 「朕聞之, 法正則民愨, 罪當則民從. 且夫牧民
而道之以善者, 吏也. 旣不能道, 又以不正之法罪之, 是法
反害於民, 爲暴者也. 朕未見其便, 宜熟計之.」

平, 勃乃曰, 「陛下幸加大惠於天下, 使有罪不收, 無罪不
相坐, 甚盛德, 臣等所不及也. 臣等謹奉詔, 盡除收律, 相坐
法.」

其後, 新垣平謀爲逆, 復行三族之誅. 由是言之, 風俗移
易, 人性相近而習相遠, 信矣. 夫以孝文之仁, 平, 勃之知, 猶

有過刑謬論如此甚也, 而況庸材溺於末流者乎?

[국역]

漢이 건국된 초기에, 비록 約法 三章이 있었지만 그 법망은 배 (舟)를 삼킬 大魚도 빠져나갈 정도로 허술했다. 그러나 大辟(死刑) 에는 여전히 三族을 죽이는[192] 법령이 있었다. 그 令에는 「三族에 해 당하는 자는 먼저 모두를 墨刺(묵자)하고, 코를 자르며(劓, 의), 좌우 의 다리를 자르고, 笞杖(태장)으로 때려죽인 뒤, 그 머리를 매어달고 (梟首, 효수), 저잣거리(市)에서 그 骨肉을 소금에 절였다.[193] 그중에 誹謗(비방)하거나 저주하는 자는[194] 먼저 혀를 잘랐다.」

그래서 5刑을 다 당한다고 하였다. 彭越(팽월)과[195] 韓信(한신)[196] 같은 무리가 모두 이런 형벌을 받았다.

---

192 夷三族 - 夷는 平也.

193 원문 菹其骨肉於市 - 菹는 채소를 절일 저. 醢(젓갈 해)와 通.

194 원문 其誹謗詈詛者 - 誹謗(비방)은 헐뜯다. 誹는 헐뜯을 비. 謗은 헐뜯 을 방. 詈詛(이저)는 빗대어 욕하다. 저주하다. 詈는 꾸짖을 이. 빗대어 욕하다. 詛는 저주할 저.

195 彭越(팽월, ?- 前 196) - 異姓 諸侯를 없애는 정책에 희생당했다. 그 시신 으로 젓을 담가 여러 제후에게 보내졌다. 《漢書》34권, 〈韓彭英盧吳傳〉 에 입전.

196 韓信(前 230 - 196) - 漢 開國名將. 漢初 三傑의 한 사람. 國士無雙(국사 무쌍)의 주인공. 高祖보다 26세나 어렸다. 韓信에 관한 속언 중 '成敗一 蕭何, 生死兩婦人' 이란 말이 있는데, 두 사람의 婦人이란 漂母(표모, 빨 래할 표)와 呂后를 의미한다. 淮陰(회음)은, 今 江蘇省 중부 淮安市. '狡 兔死, 良狗亨' 은 지금도 통하는 말이다. 《漢書》34권, 〈韓彭英盧吳傳〉 에 입전.

高后 원년(前 187)에야 三族을 멸하는 죄와 祅言令(요언령)이[197] 폐지되었다.

孝文帝 2년(前 178), 다시 丞相, 太尉, 御史大夫에게 조서를 내렸다.

「法이란 천하통치의 바른 방법이며; 이로써 포악을 금하고 善人을 지켜준다. 지금 범법자는 형벌에 처하지만, 죄가 없는 부모나 처자 형제들이 연좌되거나 관노비로 몰수되는 것을[198] 짐은 허용할 수 없다. 이를 논의하기 바란다.」

左, 右丞相인 周勃(주발)과 陳平(진평)이 상주하였다.

「父母, 妻子, 형제들이 함께 연좌, 몰수하는 것은 그들의 생각을 거듭 훈계하여 그들로 하여금 다시는 범법하지 못하게 하려는 뜻입니다. 일족을 관노비로 몰수하는 일은 그 유래가 오래되었습니다. 전처럼 그대로 시행하는 것이 臣들의 어리석은 계책입니다.」

이에 文帝가 다시 조서를 내렸다.

「朕(짐)이 알기로, 法이 바르면 백성이 행실을 삼가고[199] 형벌이 합당하면 백성이 따른다고 하였다. 또 백성을 다스리면서 善으로 이끌어야 할 사람은 관리들이다. 관리가 선도하지 못하고, 거기다가 부정한 법으로 백성을 벌한다면, 이는 법이 오히려 백성을 해치는 것이며 포악한 짓이다. 짐은 그것이 편하다고 생각지 않으니 의당 숙의하기 바란다.」

---

197 祅言令(요언령) - 祅는 재앙 요. 妖(괴이할 요)와 通.

198 원문 同産坐之及收 - 同産은 형제. 坐는 연좌되다. 收는 몰수하다. 관노비가 되다.

199 원문 法正則民慤 - 慤은 성실할 각.

진평과 주발이 다시 말했다.

「폐하께서 천하 백성들에게 큰 은혜를 베푸시니, 죄를 짓고도 몰수되지 않거나, (가족이나) 무죄이기에 연좌되지 않는 것은 아주 성대하신 은덕으로 臣들이 따라갈 수 없습니다. 신들은 조서를 받들어 몰수하거나 함께 연좌하는 법을 모두 폐지하겠습니다.」

그 뒤에, 新垣平(신원평)이[200] 모의 반역하자 다시 삼족을 멸하였다.

이를 본다면 風俗은 바뀔 수 있고, 人性은 相近하나 習性은 크게 차이가 난다는 말은 사실이다.[201] 孝文帝의 인자함과 진평과 주발의 良志로도 지나친 형벌이나 잘못된 논리가 이처럼 심했는데, 하물며 보통 재능에 末流에[202] 탐닉하는 자라면 어찌 하겠는가?

原文

《周官》有五聽,八議,三刺,三宥,三赦之法. 五聽, 一曰辭聽, 二曰色聽, 三曰氣聽, 四曰耳聽, 五曰目聽. 八議, 一曰議親, 二曰議故, 三曰議賢, 四曰議能, 五曰議功, 六曰議貴,

---

200 新垣平(신원평) - 인명. 趙人. 점술가. 그전에 渭水에서 周代의 寶鼎(보정)이 나왔는데, 신원평은 문제에게 묘당을 건립하고 周代의 寶鼎을 맞이해야 한다는 주장도 했으나, 거짓이 드러나자 文帝 後元 원년(前163)에 詐欺(사기)와 모반죄로 멸족되었다.

201 원문 人性相近而習相遠 - 《論語 陽貨》子曰, "性相近也, 習相遠也." 子曰, "唯上知與下愚不移."

202 末流는 末世의 弊習(폐습).

七曰議勤, 八曰議賓. 三刺, 一曰訊群臣, 二曰訊群吏, 三曰訊萬民. 三宥, 一曰弗識, 二曰過失, 三曰遺忘. 三赦, 一曰幼弱, 二曰老眊, 三曰惷愚.

凡囚,「上罪梏拲而桎, 中罪桎梏, 下罪梏. 王之同族拲, 有爵者桎, 以待弊.」

高皇帝七年, 制詔御史,「獄之疑者, 吏或不敢決, 有罪者久而不論, 無罪者久繫不決. 自今以來, 縣道官獄疑者, 各讞所屬二千石官, 二千石官以其罪名當報之. 所不能決者, 皆移廷尉, 廷尉亦當報之. 廷尉所不能決, 謹具爲奏, 傅所當比律, 令以聞.」

上恩如此, 吏猶不能奉宣. 故孝景中五年復下詔曰,「諸獄疑, 雖文致於法而於人心不厭者, 輒讞之.」其後獄吏復避微文, 遂其愚心. 至後元年, 又下詔曰,「獄, 重事也. 人有愚智, 官有上下. 獄疑者讞, 有令讞者已報讞而後不當, 讞者不爲失.」

自此之後, 獄刑益詳, 近於五聽三宥之意. 三年復下詔曰,「高年老長, 人所尊敬也. 鰥, 寡不屬逮者, 人所哀憐也. 其著令, 年八十以上, 八歲以下, 及孕者未乳, 師, 朱儒當鞠繫者, 頌繫之.」

至孝宣元康四年, 又下詔曰,「朕念夫耆老之人, 發齒墮落, 血氣既衰, 亦無逆亂之心, 今或羅於文法, 執於囹圄, 不得終其年命, 朕甚憐之. 自今以來, 諸年八十非誣告,殺傷

人, 它皆勿坐.」

至成帝鴻嘉元年, 定令, 「年未滿七歲, 賊鬪殺人及犯殊死者, 上請廷尉以聞, 得減死.」合於三赦幼弱,老眊之人. 此皆法令稍近古而便民者也.

〖국역〗

《周官》에[203] 五聽(5청), 八議(8의), 三刺(3척), 三宥(3유), 三赦(3사)의 법이 있다.[204] 五聽(5청)은 첫째 辭聽(사청), 둘째 色聽(색청), 셋째 氣聽(기청), 넷째 耳聽(이청), 다섯째 目聽(목청)이다.[205] 八議(8의)는 첫째 議親, 둘째 議故, 셋째 議賢, 넷째 議能, 다섯째 議功, 여섯째 議貴, 일곱째 議勤, 여덟째 議賓(의빈)이다.[206] 三刺(삼척)은 첫째 群臣에

---

203 《周官》은 《周禮》 혹은 《周官經》이라 부르는데, 대체적으로 戰國時代에 이루어진 책으로 알려졌다. 이 책의 내용과 周代의 관직은 꼭 부합되지 않으며, 다만 이상적인 관제와 백관의 직무를 기록하였다. 이 책은 漢初에도 알려지지 않았는데, 河間獻王인 劉德(유덕)이 이 책을 구입한 뒤 조정에 바쳤고, 조정에서는 秘府에 보관하였다. 전한 말기 劉歆(유흠)은 이 책을 《周禮》라 하였다가 왕망 때에 《周官》을 다시 《周禮》라 바꾼 뒤, 博士를 두고 授業하여 내용이 공개되었다.

204 三刺(3척)의 刺은 죽이다. 刺殺(척살). 三宥(3유)의 宥(용서할 유)는 너그러운 처분(寬宥, 관유), 三赦(3사)는 赦免(사면), 釋放(석방).

205 이 설명은 범인의 조사 과정에서 느낌에 의한 사실 여부의 파악이다. 辭聽(사청)은 말을 들어볼 때 정직하지 않으면 많은 말을 하게 된다. 안색을 살펴보면(色聽), 不直하면 안색이 변한다. 氣息을 살펴보면, 不直하면 기침을 자주한다(氣聽). 말을 들어보면 어조가 일정치 않고(耳聽), 거짓말을 하면 이곳저곳을 두리번거린다(目聽).

206 八議(8의)는 고려할 사항이다. 議親의 황제, 황후, 황태후, 태황태후의

게 물어보고, 둘째 여러 신하에게 물어보며, 셋째 萬民에게 물어서 판결에 참작한다.[207] 三宥(3유)는, 첫째 弗識(불식, 인지하지 못함), 둘째 過失(과실), 셋째 遺忘(유망)이다.[208] 三赦(삼사)는 첫째 幼弱者(유약자), 둘째 老旄(노모, 노인), 셋째 惷愚(용우, 저능아, 정신박약아)이다.[209]

모든 죄인은 「上罪人(重罪人)은 桎梏(곡공)에 桎(질, 차꼬), 中罪에는 桎桎(곡질), 下罪에는 桎(곡)을 채운다.[210] 王의 同族은 梏(공), 작위가 있는 자는 桎(질, 차꼬)을 차고 판결을 기다리게 한다.」고 기록했다.[211]

高皇帝(高祖) 7년(前 200), 御史에게 조서를 내렸다.

「獄案의 판결에 의문이 있거나, 담당자로서 판결을 결단할 수가 없다 하여 죄수를 오랫동안 가둬두고 판결하지 않거나, 無罪者에 대

___

친족 여부. 議故는 왕의 舊故, 義賢은 有德行者, 議能은 有道藝者, 議功은 大功을 세운 자, 議貴는 작위가 높은 자, 議勤(의근)은 국사에 헌신한 자, 議賓(의빈)은 前朝의 후손은 王도 不臣하니 특별히 고려해야 한다는 뜻.

207 三刺(삼척)은 척살 여부를 3번 물어본다는 뜻. 訊은 물을 신. 訊問(신문).

208 三宥(3유)는 寬宥, 곧 너그러이 용서한다는 뜻. 弗識(불식)은 정말 알지 못했다. 不審. 過失은 실수, 본의가 아니었다. 遺忘(유망)은 忽忘(홀망). 깜박 잊고 있었다는 뜻.

209 三赦(3사)는 赦免(사면, 放免)할 대상자이다. 幼弱(유약)은 7세(또는 8세) 이하의 어린아이, 老旄(노모)는 80세 이상 노인, 旄는 눈 흐릴 모. 惷愚(용우)는 저능아. 惷은 바보 용. 天癡(천치). 蠢(꿈틀거릴 준, 바보)과 同. 愚는 어리석을 우.

210 원문 上罪桎梏而桎, 中罪桎桎, 下罪桎. - 上罪는 重罪, 桎은 쇠고랑 곡. 梏은 수갑 공. 하나의 나무 수갑에 두 손을 채우다. 桎은 차꼬 질. 족쇄.

211 원문 以待弊 - 弊는 斷罪하다.

한 판결을 오랫동안 미룰 수 없다. 오늘 이후로 縣이나 道의 옥관으로 판결에 의문이 있다면,[212] 각각 소속의 二千石官(郡守, 太守)에게 죄의 評決(평결)을 문의할 것이며(讞은 평의할 얼, 언), 태수는 그 죄명을 꼭 보고해야 한다. 그래도 판결할 수 없는 옥안은 모두 廷尉府에 이관하고, 정위 또는 보고해야 한다. 정위가 판결할 수 없다면, 모든 문서를 갖춰 보고하되, 참고해야 할 율령을 첨부하여 짐에게 상주토록 하라.」

皇上의 은덕이 이처럼 상세했는데도 관리들은 뜻을 받들어 실천하지 못했다. 그래서 孝景帝 中元 5년(前 145, 9월)에 다시 조서를 내렸다.

「의혹이 있을 만한 모든 사건이나 法文에 맞는 사안일지라도 백성이 불복한다면 즉시 재심의 하라.」

그 이후로 옥리들은 다시 세밀한 법조문의 적용을 피하였기에 결국 스스로 우매해진 것과 같았다. (景帝) 後元 원년(前 143), 다시 조서를 내렸다.

「獄案(옥안)은 중대한 일이다. 사람은 어리석은 자와 현명한 자가 있고, 관직에는 상하가 있다. 판결에 의심이 간다면 응당 평결을 물어야 하고, 보고하여 평결한 뒤에 (판결을 뒤바꿀) 새로운 증거가 나타났다 하여 (앞서) 평결을 물은 것이 잘못은 아니다.」

이로부터 형옥의 판결은 더욱 상세해져서 五聽과 3宥(유)의 대의에 가까웠다. (景帝) 後元 3년에, 다시 조서를 내렸다.

---

212 縣道官獄疑者 – 縣은 郡의 하급 행정단위, 현령 또는 縣長(1만호 이하)이 행정을 담당. 道는 중국인과 蠻夷(만이)가 混居(혼거)하는 지역. 縣과 同級.

「나이가 많은 長老는 모두의 존경을 받아야 한다. 홀아비(鰥)와 과부(寡)로 자식이 없는 사람은 모두가 가엽게 여겨야 한다. 이를 법령으로 명시하되 나이 80 이상, 8세 이하, 그리고 아직 출산하지 않은 임신부,[213] (장님의) 악사, 난장이(朱儒)로 심문을 받으며 갇혀 있는 자는 形具를 채우지 말라.[214]」

孝宣帝 元康 4년(前 62), 또 조서를 내렸다.

「朕(짐)이 생각할 때 耆老(기로, 70세)는 치아가 모두 빠졌고 혈기도 쇠약하여 반역 반란의 마음도 없을 것인데, 혹 법 조문에 얽혀 옥에 갇혀 있다면 수명을 다 누릴 수도 없을 것이라서, 짐은 이를 매우 가엽게 생각한다. 오늘 이후로 80세 노인은 誣告(무고)나 사람을 殺傷(살상)하지 않았다면, 다른 사건에 연좌시키지 말라.」

成帝 鴻嘉(홍가) 원년(前 20) 법령으로 제정하였는데,「나이 7세 미만, 도적과 싸우다가 살인한 자 및 참수할 자를 죽인 자가 있다면 정위에게 요청하여 사형을 감면받도록 하라.」

이는 (《周禮》의) 三赦(3사)의 幼弱(유약), 老眊(노모)에 근접한 것이다. 이처럼 모든 법령이 점차 고대의 이념과 백성의 便益(편익)에 접근했다고 볼 수 있다.

原文

孔子曰,「如有王者, 必世而後仁. 善人爲國百年, 可以勝

---

213 원문 孕者未乳 - 孕은 아이 밸 잉. 乳는 출산하다. 生育하다.
214 원문 當鞠繫者, 頌繫之 - 鞠은 鞠問(국문), 繫는 繫囚(계수). 옥에 갇힌 죄수. 頌은 얼굴 용, 조용할 용, 용서할 용. 칭송할 송. 寬容.

殘去殺矣.」言聖王承衰撥亂而起, 被民以德教, 變而化之,
必世然後仁道成焉. 至於善人, 不入於室, 然猶百年勝殘去
殺矣. 此爲國者之程式也.

今漢道至盛, 歷世二百餘載, 考自昭,宣,元,成,哀,平六世
之間, 斷獄殊死, 率歲千餘口而一人, 耐罪上至右止, 三倍有
餘. 古人有言, '滿堂而飮酒, 有一人鄕隅而悲泣, 則一堂皆
爲之不樂.' 王者之於天下, 譬猶一堂之上也, 故一人不得其
平, 爲之凄愴於心. 今郡,國被刑而死者歲以萬數, 天下獄二
千餘所, 其冤死者多少相覆, 獄不減一人, 此和氣所以未洽
者也.

〖국역〗

공자가 말했다.

"王道政治를 하는 자가 있더라도 한 세대가 지나야 仁이 정착될
것이다. 善人이 나라를 다스리기 1백 년이면 잔악한 짓과 살육을 없
앨 수 있다."[215]

---

215 子曰, "如有王者, 必世而後仁." 子曰, "'善人爲邦百年, 亦可以勝殘去殺
矣.' 誠哉是言也!" 두 구절 모두 《論語 子路》의 말이다. 王道로 백성을
이끄는 王者는 霸者(패자)의 상대적인 말이다. 世는 한 세대이니 30년을
의미한다. 아무리 훌륭한 왕자가 출현하여 백성을 교화한다 하더라도
弊風(폐풍)을 바로잡아 仁의 기풍이 나라 안에 널리 행해지려면 한 세대
가 흘러야 한다는 뜻이다. 공자가 볼 때도 시대 풍조의 改變(개변)이 결
코 쉬운 일이 아니었다. 30년이면 父에서 子로 이어지기에 보통 1世가
30년이다. 지금은 1世가 아닌 1代로 쓴다. 唐 太宗(李世民) 이름의 世를

이는 聖王이 쇠퇴풍조 뒤에 혼란을 바로잡아 일어서서 백성에게 德教를 베풀고 변화시키더라도 필히 1세대가 지나야만 仁道가 성립할 수 있다는 말이다.[216] 善人이 출현하여 入室의 경지에 들지는 못하더라도,[217] 1백 년은 지나야 잔악한 자를 이기고 살육을 제거할 수 있다. 이는 나라를 다스리는 자가 거쳐야 할 법식일 것이다.[218]

지금 漢道가 아주 盛하고 여러 대 2백여 년을 지났는데, 昭帝로부터 宣帝, 元帝, 成帝, 哀帝, 平帝의 6세가 재위하면서 獄案으로 참수형을 받은 자가[219] 매년 1천여 명 중 1인의 비율이었으며, 수염을 깎는 형벌 이상 오른쪽 발을 자르는 형벌을 받은 자는[220] 그 3배 남

피휘하여 이후 代로 고쳐 쓰기 시작했다고 한다.

216 그러면서 공자는 정말 누군가가 자신을 등용하여 정치를 맡긴다면 1년이 지나면 가능성을 보여주고, 3년이면 성과를 낼 수 있다고 자신감을 말했다. 《論語 子路》子曰, "苟有用我者, 期月而已可也, 三年有成."

217 원문 至於善人, 不入於室 - 《論語 先進》에 子張이 善人之道를 물었다. 이에 공자는 "성인의 자취를 따르지 않는다면 입실할 수 없다.(不踐迹, 亦不入於室)"고 말했다. 善人이라도 옛 성인의 자취를 본받고 실천해야 한다는 뜻이다. 마당에서 섬돌을 딛고 마루에 올라선다. 마루에 올라온 뒤 入室한다. 마루까지 올랐다면 상당한 경지에 올랐다는 비유이다. 입실은 학문이나 기예가 최고의 심오한 경지에 도달했다는 뜻이다.(升堂入室. 登堂入室.) 子曰, "由也升堂矣, 未入於室也."

218 원문 此爲國者之程式也 - 爲國者는 統治者, 程式은 法式. 정해진 과정.

219 원문 斷獄殊死 - 斷獄은 재판의 결과. 殊死(수사)는 머리와 몸이 분리되는 참수형. 가령 교수형은 육신의 형체는 그대로이다. 교수형보다 참수형이 더 무거운 형벌이다.

220 원문 耐罪上至右止 - 耐는 참을 내, 수염을 깎을 형벌 내. 髬(구레나룻 깎을 내, 구레나룻 이)와 同.

짓이었다.(1천 명에 3명 꼴).

古人이 有言했으니, '滿堂에 모여 飮酒(음주)할 때, 한 사람이 모퉁이를 향해 돌아앉아 슬피 운다면,[221] 모든 사람들이 즐거울 수가 없다.'고 하였다. 王者는 天下에 대하여 비유하자면 一堂에 모인 사람들의 윗사람이니, 그래서 어느 한 사람이라도 마음이 편치 않다면 그 사람을 위하여 같이 슬퍼해야 한다. 지금 각 郡이나 제후국에서 형벌을 받아 죽는 사람을 1년에 萬 단위로 세어야 하며, 온 나라에 감옥이 2천여 所이니,[222] 그중 원통하게 죽는 사람이 얼마나 많을 것이며, 옥중에서 (처형할) 1인이라도 줄이지 않는다면(곧 그대로 처형한다면), 이 때문에 천하에 和氣가 부족한 것이다.

原文

原獄刑所以蕃若此者, 禮敎不立, 刑法不明, 民多貧窮, 豪傑務私, 姦不輒得, 獄豻不平之所致也.

《書》云「伯夷降典, 悊民惟刑.」, 言制禮以止刑, 猶堤之防溢水也. 今堤防凌遲, 禮制未立, 死刑過制, 生刑易犯. 饑寒並至, 窮斯濫溢. 豪傑擅私, 爲之囊橐, 姦有所隱, 則狃而寖廣, 此刑之所以蕃也.

---

221 원문 有一人鄕隅而悲泣 – 有一人은 어떤 한 사람. 鄕은 向. 隅는 모퉁이 우.

222 원문 天下獄二千餘所 – 〈地理志〉에 말단 행적구역인 縣, 邑, 道, 侯國이 1,587개이고, 郡이 1백여 소였으니 2천은 어림수이다.

孔子曰,「古之知法者能省刑, 本也. 今之知法者不失有
罪, 末矣.」又曰,「今之聽獄者, 求所以殺之. 古之聽獄者,
求所以生之.」與其殺不辜, 寧失有罪. 今之獄吏, 上下相驅,
以刻爲明, 深者獲功名, 平者多患害. 諺曰, '鬻棺者欲歲之
疫.' 非憎人慾殺之, 利在於人死也. 今治獄吏欲陷害人, 亦
猶此矣. 凡此五疾, 獄刑所以尤多者也.

〔국역〕

獄刑이 이처럼 많아진 까닭을 따져본다면,[223] 禮敎가 不立하고,
刑法이 不明하며, 많은 백성이 가난에 쪼들리고, 豪傑(호걸, 세력가)은
私益만을 추구하며, 간악한 자를 단번에 잡아낼 수 없는 데다가[224]
감옥 관련 업무가 공정하지 않기 때문이다.[225]

《書經》에서도「伯夷(백이)는 禮典을 널리 형벌로부터 백성을 지
켰다.」하였다.[226] 이는 禮制로 형벌을 막은 것이니, 마치 제방이 홍

---

223 원문 原獄刑所以蕃若此者 – 原은 근본, 근원. 살피다. 추리하다. 所以는
까닭, 이유. 蕃은 우거질 번. 많다(多). 若此者는 이와 같이.

224 원문 姦不輒得 – 姦는 간악한 자. 輒은 문득 첩. 갑자기. 得은 잡다, 얻
다.

225 원문 獄犴不平之所致也 – 獄犴(옥안)은 감옥. 獄은 국가의 감옥. 犴은
옥 안, 들개 안. 개가 지키기에 獄의 의미로 통한다. 犴(옥 안)과 같음. 鄕
이나 亭에 있는 유치장.

226 원문 伯夷降典, 悊民惟刑 –《書經 周書 呂刑》의 구절. 悊은 哲의 古字.
알다. 백성이 형벌에 대한 예를 알아 형벌로 벗어나게 했다. 또는 悊이
아닌 折로 새기는 주석도 있다.

수를 막은 것과 같다.

지금 그런 제방이 무너졌고,[227] 禮制는 확립되지 못했으며(未立), 死刑은 制限을 넘었고, 生民에 대한 형벌을 너무 쉽게 집행한다. 굶주림과 추위를 한꺼번에 견뎌야 하는 궁색은 넘쳐난다.[228] 세력가들은 오로지 자기 이익만을 챙기면서, 백성을 자신들의 주머니 속 물건처럼 생각하고,[229] 간악한 짓은 보이지 않게 숨어들었으며, 일상이 된 범법은 점점 널리 퍼졌으니,[230] 이에 형벌 조항은 번잡하게 많아졌다.

孔子가 말했다. 「고대의 知法者는 형벌을 줄이려 했으니(省刑), 이는 근본이다. 지금의 知法者는 有罪한 백성을 놓치지 않으려 하니, 이는 末(말)이다.」[231] 또 「지금 聽訟(청송)하는 자는 형벌에서 사형을 없애려 한다. 그러나 옛날 청송하는 사람은 백성의 살 길을 마련하려고 했다.」고 하였다.[232]

---

227 원문 今堤防凌遲 – 堤防(제방)은 둑으로 막다. 凌遲(능지)는 점차 쇠퇴하다. 사지를 찢는 극형.

228 원문 窮斯濫溢 – 窮은 窮塞(궁색). 窮乏(궁핍). 斯는 이 사. 이처럼. 이에. 濫溢(남일)은 넘쳐나다.

229 원문 爲之囊橐 – 爲는 以爲. 생각하다. 여기다. 之는 백성. 囊橐(낭탁)은 주머니나 전대(橐).

230 원문 狃而寖廣 – 狃는 개 버르장이 나올 유, 익힐 유. 습관. 寖廣(침광)은 점점 넓어지다. 널리 스며들다.

231 이는 《孔叢子 論烈篇》에 구절을 변형한 글이다. 《孔叢子(공총자)》는 공자와 공자 후손들의 언행을 기록한 책으로 모두 21편이다. 지은이 孔鮒(공부, 字는 子魚)는 孔子의 八世孫으로 秦末 陳涉(陳勝)을 섬겨 博士가 되었다.

232 聽獄 – 聽訟과 同. 공자는 魯의 司寇(사구)로 재임하면서 공자는 "백성

無辜(무고)한 백성을 죽이기보다는 차라리 죄인을 놓치는 것이 낫다.[233] 지금의 옥리들은 아래 위에서 서로 몰아대기에 刻薄(각박)한 것이 明哲한 것이고, 죄인을 엄하게 다루어야 공명을 얻고, 공평하게 다루면 후환만 생긴다고 생각한다.

속담(諺, 상말 언)에, '棺을 파는 자는 해마다 전염병이 돌기를 바란다.'는 말이 있다.[234] 사람을 미워하여 죽이려는 뜻은 아니지만, 그래도 사람이 죽어야만 이득이 있다. 지금 옥에서 근무하는 관리가 백성을 해치려는 마음은 이와 마찬가지이다. 이상 5개의 폐습(五疾)이[235] 바로 獄刑이 번잡하게 많아지는 까닭이다.

의 소송을 처리하는 것은 나도 다른 사람과 마찬가지이다. 다만 나는 백성이 소송을 하는 일이 없도록 만들겠다.(《論語 顏淵》 子曰, "聽訟, 吾猶人也. 必也使無訟乎!")"라고 말했다. 말하자면, 소송을 제기하고 재판으로 처리하는 것보다는 백성이 법을 지키고 禮를 따라 생활하며, 나라에서는 백성을 원만하게 교화하여, 소송을 제기하지 않고도 안온하게 살게 하는 것이 더 중요하고, 그러한 정사를 펴야 한다는 공자의 희망사항이었다. 국가 권력에 의한 횡포를 없애는 것, 好戰的 군주에 의한 전쟁의 살육에서 구하기, 그리고 백성이 소송하지 않고서도 화목하게 살 수 있도록 덕정을 펴는 이런 일들이 바로 爲政以德(위정이덕)이라 할 수 있다.

233 원문 與其殺不辜, 寧失有罪 – 與其~, 寧~. ~하느니 차라리 ~이 낫다. 不辜는 無辜. 辜는 허물 고.

234 원문 鬻棺者欲歲之疫 – 鬻은 팔 죽. 값을 받고 물건을 주다. 棺은 관 관. 疫은 돌림병 역. 전염병.

235 5가지 폐단 – ○禮教不立, ○刑法不明, ○民多貧窮, ○豪傑務私, 姦不輒得, ○獄犴不平.

自建武,永平,民亦新免兵革之禍, 人有樂生之慮, 與高,惠
之間同, 而政在抑强扶弱, 朝無威福之臣, 邑無豪傑之俠.
以口率計, 斷獄少於成,哀之間什八, 可謂淸矣. 然而未能稱
意比隆於古者, 以其疾未盡除, 而刑本不正.

〖국역〗

(後漢 光武帝의) 建武(서기 25 – 57),[236] (明帝) 永平(서기 58 – 75)
연간에, 백성은 兵革의 화란을 겨우 면했고, 백성은 삶을 즐길 수 있
었으니, 이는 (前漢) 고조와 혜제의 재위 기간과 비슷하였으며, 정사
는 抑强扶弱(억강부약)에 중점을 두었고, 조정에는 作威作福(작위작
복)으로 행세하는 자가 없었으며, 향읍에는 俠氣(협기)를 부리는 豪
傑(호걸)도 없었다. 인구수로 추정할 때, 재판을 받은 백성은 (前漢
말 成帝(前 32 – 前 7년), 哀帝(前 6 – 前 1년) 재위 기간에 비하면 10
분의 8 정도였으니 태평한 시절이었다고 할 수 있다. 그러나 古代 태
평세월에 비하면 만족할 수 없었으니, 그 이유는 폐단이 완전히 제
거되지 못했고 刑政의 근본이 확립되지 않았기 때문이다.

---

236 光武帝의 연호는 보통 建武로 통하지만, 서기 56 – 57년은 建武中元이
라 하였다.

六. 結語

原文

善乎! 孫卿之論刑也, 曰,

「世俗之爲說者, 以爲治古者無肉刑, 有象刑, 墨黥之屬, 菲履赭衣而不純, 是不然矣. 以爲治古, 則人莫觸罪邪, 豈獨無肉刑哉, 亦不待象刑矣. 以爲人或觸罪矣, 而直輕其刑, 是殺人者不死, 而傷人者不刑也. 罪至重而刑至輕, 民無所畏, 亂莫大焉. 凡制刑之本, 將以禁暴惡, 且懲其未也. 殺人者不死, 傷人者不刑, 是惠暴而寬惡也. 故象刑非生於治古, 方起於亂今也. 凡爵列官職, 賞慶刑罰, 皆以類相從者也. 一物失稱, 亂之端也. 德不稱位, 能不稱官, 賞不當功, 刑不當罪, 不祥莫大焉. 夫徵暴誅悍, 治之威也. 殺人者死, 傷人者刑, 是百王之所同也, 未有知其所由來者也. 故治則刑重, 亂則刑輕, 犯治之罪故重, 犯亂之罪故輕也.《書》云「刑罰世重世輕」, 此之謂也.」

所謂 '象刑惟明'者, 言象天道而作刑, 安有菲履赭衣者哉?

[국역]

훌륭하도다! 孫卿(손경, 荀子)의 論刑이여! 그 글은 다음과 같다.[237]

237《荀子 正論篇 第十八》의 글이다.

「세상에 자기 주장을 펴는 자는[238] 上古 시대에 肉刑이 없었고 象
刑(상형)이나 墨黥(묵경, 墨刺) 같은 형벌만 있었으며, (象刑은) 짚신
을 신게 하고 목깃이 없는 붉은색 옷을 입게 하였다고 말하지만,[239]
이는 그렇지 않을 것이다. 상고시대의 정치라 하여 죄를 범하는 자
가 없지 않았을 터인데, 어찌 肉刑이 없었겠으며 또 상징적 형벌(象
刑)만 있지도 않았을 것이다. 죄를 범한 사람에게 직접 그 형벌을 경
감하여 살인한 자도 죽이지 않고 사람을 다치게 해도 형벌이 없었
다. (그렇다면) 罪가 아주 무거워도 형벌은 아주 가벼웠고, 백성은
두려울 바가 없었을 것이니, 이보다 더 큰 혼란은 없었을 것이다. 모
든 형벌의 근본 취지는 포악한 행위를 금지하는 것이고, 그 벌(懲罰,
징벌)은 그 말단에 해당한다(其末也). 殺人者를 사형에 처하지 않
고, 남을 다치게 한 자에게 형벌이 없다면, 포악한 행위에 대한 혜택
이며 관용일 뿐이다. 그러니 象刑은 고대 시기에 생기지도 않았으
며, 혼란한 지금 시대에 생겨난 것이다.(그런 주장이 지금 시대에 나
왔다는 뜻). 모든 작위와 官職, 賞慶과 刑罰은 모두 그 종류에 맞춰
시행되는 것이다.[240] 한 분야(一物)에서 균형을 잃는 것은(失稱), 혼
란의 시작이다(亂之端也). 德이 그 직위에, 능력이 그 관직에 相稱
(상칭)하지 않고, 상이 그 공적에, 형벌이 그 죄에 합당하지 않다면

---

238 원문 世俗之爲說者 – 爲說者는 자기주장을 말하는 자. 論者.

239 원문 菲履赭衣而不純 – 菲履(비리)는 짚신. 菲는 엷을 비, 채소 이름 비.
履는 신 리. 赭는 붉은 흙 자. 不純은 목깃에 테가 없다. 純은 緣(가장자
리 연), 이런 옷을 입는 자체가 죄인의 표시라서 부끄러워했다는 뜻.

240 원문 皆以類相從者也 – 類類相從. 곧 잘한 사람에게는 포상을, 나쁜 짓
을 한 사람에게는 형벌이 따라간다는 뜻.

그 악폐는(不祥) 이보다 더 심한 것이 없을 것이다. 포악 패륜한 자를 징벌하고 주살하는 것은 통치의 위엄이다. 殺人者를 죽이고 傷人者를 형벌에 처하는 것은 모든 王들에게 똑같았다. 그 유래가 언제부터 그러했는지는 알 수 없다. 하여튼 治世에서도 형벌을 중시했으나, 난세에는 형벌 집행을 경시하였으니, 治世의 형벌은 무거웠고 난세의 형벌은 가벼웠다. 그러하기에 《書經》의 「刑罰은 어떤 때는 무거웠고 어떤 시대에는 가벼웠다.」는 말은[241] 이를 두고 한 말이다.」

이른바(所謂) '象刑이 명철하다.'는 말은 天道를 본떠 형벌을 적용했다는 뜻이지, 어찌 짚신을 신기고 붉은빛 옷을 입게 했겠는가?[242]

原文

孫卿之言旣然, 又因俗說而論之曰,

"禹承堯,舜之後, 自以德衰而制肉刑, 湯,武順而行之者, 以俗薄於唐,虞故也. 今漢承衰周暴秦極敝之流, 俗已薄於三代, 而行堯,舜之刑, 是猶以鞿而御駻突, 違救時之宜矣.

且除肉刑者, 本欲以全民也, 今去髡鉗一等, 轉而入於大辟, 以死罔民, 失本惠矣. 故死者歲以萬數, 刑重之所致也. 至乎穿窬之盜, 忿怒傷人, 男女淫佚, 吏爲姦臧, 若此之惡, 髡鉗之罰又不足以懲也. 故刑者歲十萬數, 民旣不畏, 又曾

---

241 《書經 周書 呂刑》의 구절.

242 이는 班固의 말이다.

不恥, 刑輕之所生也.

故俗之能吏, 公以殺盜爲威, 專殺者勝任, 奉法者不治, 亂
名傷制, 不可勝條. 是以罔密而姦不塞, 刑蕃而民愈嫚. 必
世而未仁, 百年而不勝殘, 誠以禮樂闕而刑不正也. 豈宜惟
思所以淸原正本之論, 刪定律令, 籑二百章, 以應大辟. 其
餘罪次, 於古當生, 今觸死者, 皆可募行肉刑. 及傷人與盜,
吏受賕枉法, 男女淫亂, 皆復古刑, 爲三千章. 詆欺文致微
細之法, 悉蠲除.

如此, 則刑可畏而禁易避, 吏不專殺, 法無二門, 輕重當
罪, 民命得全, 合刑罰之中, 殷天人之和, 順稽古之制, 成時
雍之化. 成,康刑錯, 雖未可致, 孝文斷獄, 庶幾可及.”

《詩》云「宜民宜人, 受祿於天」.《書》曰「立功立事, 可以
永年.」言爲政而宜於民者, 功成事立, 則受天祿而永年命,
所謂「一人有慶, 萬民賴之.」者也.

[국역]

孫卿(손경, 荀子)의 말이 이와 같으니, 세속의 말로 이를 論한다.[243]

“禹王(우왕)은 堯(요)와 舜(순)의 뒤를 이었는데, 德政이 이미 쇠퇴
했다고 생각하여 肉刑을 시행했고, 商湯(상탕)과 武王(무왕)은 전례
를 이어(順) 육형을 실행하였으니, 요, 순 시대에 이미 세속이 각박
했다고 생각할 수 있다. 지금 漢은 쇠락한 周와 포악한 秦(진)의 극

---

243 이는 班固의 평론이며, 〈刑法志〉이 결론이다. 篇末까지 해당.

단적 폐단의 끝을 이었으니, 세속은 이미 三代부터 각박하였고, 堯舜의 형벌은 실행은 마치 재갈을 물려 사나운 말을 제어하듯[244] 어긋난 시속의 변이에 따른 구제와는 달랐다.

또 肉刑의 폐지는 그 근본 목적이 백성을 보전하겠다는 뜻이지만, 지금 髡(곤, 머리 깎을 곤), 鉗(칼 겸, 刑具)에서 1등급만 낮추면 바로 大辟(대벽, 사형)으로 굴러 떨어지니 사형으로 백성을 통제한다면, 이는 근본 혜택이 아니다. 그리고 1년에 처형되는 자를 萬 단위로 세어야 한다면 형벌이 무겁기 때문이다. 남의 집 담을 뚫거나 넘은 도적,[245] 忿怒(분노)로 사람을 다치게 하고, 음란한 남녀, 관리의 간악과 뇌물 수수와 같은 범죄에 머리나 깎는 형벌은 징벌로 부족하다. 그래서 형벌을 받은 자를 1년에 십만 단위로 세더라도 백성들은 두려워하지 않으며 부끄러워하지도 않나니, 이는 형벌이 너무 가볍기 때문이다.

그래서 세속의 유능한 관리는 公的으로 도적을 처형하여 위엄을 보이고, 사형에 專心하면 임무를 잘 수행하는 것이고, 법규만을 따르는 자는 治理에 무능하다 하니, 요란한 명성을 얻으면서 법제를 손상하는 자를 이루 다 열거할 수도 없다. 이처럼 조밀한 法網(법망)으로는 불법을 막을 수 없고, 형벌이 번다할수록 백성은 법을 더욱 경시하거나 깔보게 된다. 이렇게 되면 한 세대가 지나도 仁政은 이뤄지지 않고 백 년이 지나도 잔악한 범죄는 없어지지 않을 것이니,

---

244 원문 是猶以羈而御駻突 – 猶는 같을 유. 羈는 재갈 기. 말고삐. 御는 通御, 제어하다. 駻은 사나운 말 한. 突(돌)은 갑자기. 돌출하다.

245 원문 至乎穿窬之盜 – 穿은 뚫을 천. 窬는 협문 유. 넘다.

정말로 禮樂에 의한 교화가 없다면 형벌도 바로 설 수가 없다. 그러니 근원을 맑게 하지(淸) 않고서 어찌 근본을 바로 세우겠다는 논의를 할 수 있으며, 율령을 삭제하고 2백 章의 조항을 편찬하여[246] 사형에 대체할 수 있겠는가? 그 나머지 형벌의 등급은 예전 응당 생존할 수 있는 조항이었으나, 지금 사형에 해당하는 형벌은 모두 재물로 自贖(자속)하거나 육형에 해당하는[247] 조항이었다. 사람을 상해한 죄와 절도죄, 관리가 뇌물을 받고 법을 어기거나,[248] 남녀의 음란행위 등은 모두 3千 章의 古法으로 환원해야 한다. 誣告(무고)나 詐欺(사기), 문서를 꾸며 죄로 얽어매는 등 미세한 법 조항의 사형은 모두 폐지하여야 한다.[249]

이와 같다면 형벌을 두려워하고, 法禁은 쉽게 피할 수 있으며, 관리는 사형만을 주장할 수 없고, 法 적용에 二門이 없으며, 輕罪나 重罪 모두 처벌할 수 있고, 백성은 생명을 보전할 수 있으며, 天人의 조화를 이뤄 옛 법제를 상고하여 따를 수 있고, 계절에 맞춰 조화를 이룰 것이다. 옛날 (周의) 成王과 康王 시절처럼 형벌 집행이 없을 수는 없지만, 그래도 (漢) 孝文帝의 斷罪(단죄) 정도는 거의 이룰 수 있을 것이다."

《詩經》에서는 「백성의 뜻에 순응하니 하늘의 복을 받는다.」고 하

---

246 원문 纂二百章 - 纂은 반찬 찬. 撰(지을 찬)과 通.

247 원문 募行肉刑 - 募行은 재물로 자속하다.

248 원문 吏受賕枉法 - 賕는 뇌물 구. 枉法(왕법)을 왜곡 적용하다.

249 원문 誣欺文致微細之法, 悉蠲除 - 誣는 꾸짖을 저. 誣告(무고). 欺는 속일 기. 詐欺. 文致는 舞文弄法하여 죄에 빠트리다. 悉은 다 실. 모두. 蠲除(견제)는 제거하다.

였다.[250] 또,

《書經》에서는「功業을 이루니 영원히 지속한다.」고 하였다.[251]

이는 爲政에 백성의 뜻에 맞춰야 하고 功業을 성취한다면, 天祿
(천록)을 받고 천수를 누릴 수 있다는 뜻이니, 그래서「一人의 선행
에 萬民이 혜택을 입는다.」고 하였다.[252]

250《詩經 大雅 假樂》의 구절.

251 지금《書經》에 없는 구절.

252 원문「一人有慶, 萬民賴之」－－一人은 天子. 有慶은 行善. 萬民은 백성.
賴之는 은덕을 받다.

식화지
食貨志

卷二十四 食貨志 第四 上
〔24권 〈식화지〉 제4 상[1]〕

一. 序

原文

〈洪範〉八政, 一曰食, 二曰貨. 食謂農殖嘉穀可食之物,
貨謂布帛可衣, 及金,刀,龜,貝, 所以分財布利通有無者也.
二者, 生民之本, 興自神農之世. 「斲木爲耜燥木爲耒, 耒耨

---

1 〈食貨志〉 상, 하권에는 〈洪範〉의 八政으로 서론을 시작하여 前漢의 경제
정책과 경제생활을 서술했는데, 여기에는 賈誼(가의), 晁錯(조조), 董仲舒(동
중서)와 前漢 말 蕭望之(소망지), 師丹(사단) 등의 주요 논의와 역대 황제 경
제 정책의 효과를 논했다. 상권은 역대 토지제도 같은 경제 정책과 경제학
의 원론과 학설을 소개 진술했고, 하권은 경제학의 각론과 실제를 논했다.
따라서 이 〈식화지〉는 前漢代까지의 經濟史이며, 토지제도, 상업, 화폐제
도에 관한 귀중한 사료를 제공하고 있다. 이 〈食貨志〉를 통하여, 봉건제
도의 변질과 사회혼란의 근본 원인을 추론할 수 있다. 이 〈食貨志〉에는
분량에 의거 상, 하권의 구분이 있지만, 수록 내용에 대한 소제목이나 次
序에 의한 구분이 하나도 없다. 본 〈食貨志〉의 내용에 따른 제목은 역자
가 구분한 것이다.

之利以教天下」, 而食足,「日中爲市, 致天下之民, 聚天下之
貨, 交易而退, 各得其所」, 而貨通. 食足貨通, 然後國實民
富, 而教化成.

〔국역〕

　〈洪範〉의 八政은 첫째가 식량이고, 둘째가 물자이다.[2] 食은 먹을
수 있는 좋은 곡물을 생산하는 일이고, 貨(物貨)는 입을 수 있는 布
帛(포백, 옷감)과 쇠붙이(金), 刀幣(도폐, 刀錢), 거북 등판(龜), 조개(貝)
등의[3] 재물을 거래하여 有無를 相通하는 것이다. 이 두 가지는 백성
을 살리는 근본으로 神農氏[4] 시대부터 이어졌다.

---

2 원문 〈洪範〉八政, 一曰食, 二曰貨. - 《書經 周書 洪範》. 洪은 크다. 範은
法, 規範, 홍범은 아홉 조목으로 구성되었기에, 이를 '洪範九疇(홍범구주)'
라 부른다. 周 무왕은 殷의 紂王(주왕)을 토벌한 뒤, 주왕의 동생 武庚(무
경)을 남겨 殷의 제사를 받들게 한다. 그리고 紂王의 동생 箕子(기자)를 데
리고 개선한다. 무왕이 기자에게 天道에 관하여 물었고, 기자는 이 홍범을
지었다. 이는 나라 정치의 대강과 원칙을 요약 설명한 글이다.
　〈洪範(홍범)〉의 九疇(구주)는 一曰 五行, 二曰 敬用五事, 三曰 農用八政(힘
써 八政을 실행하기), 四曰 協用五紀, 五曰 建用皇極, 六曰 乂用三德, 七曰
明用稽疑(계의, 점치는 일), 八曰 念用庶徵(서징, 자연과 인간의 기본관계), 九
曰 向用五福과 威用六極(6가지 불행)을 말한다.
　그리고 八政은 一曰食, 二曰貨, 三曰祀(사, 제사), 四曰司空(사공, 백성 안정),
五曰司徒(사도, 백성 교화), 六曰司寇(사구, 司法), 七曰賓(빈, 손님 접대, 외교),
八曰師(軍事)를 말한다.

3 金,刀,魚,貝 - 金은 五色의 金(쇠붙이). 곧 黃金, 白金(銀), 赤金(銅), 靑金
(鉛 납), 黑金(鐵). 刀(도)는 刀錢, 錢幣. 龜(거북 귀)는 龜甲. 卜占의 재료.
貝(조개 패)는 장식용으로 사용.

4 神農氏(신농씨, 烈山氏, 連山氏)는 신화 속 인물. 지금의 여러 이미지는 戰國

「나무를 깎아 보습을, 나무를 휘여서 쟁기를 만들며, 농경의 이로움을 천하 백성에게 알려주면」[5] 먹을 것이 풍족하며,「한낮에(日中) 시장을 열어 천하 백성을 모이게 하고, 천하의 物貨를 모아 交易(교역)한 다음에 돌아가면, 모두가 제자리를 찾게 되며」[6] 物貨가 유통하는데, 이런 연후에 나라가 充實하고 백성이 부유해지며 교화가 성취된다.

原文

黃帝以下「通其變, 使民不倦」. 堯命四子以「敬授民時」, 舜命后稷以「黎民祖饑」, 是爲政首. 禹平洪水, 定九州, 制土田, 各因所生遠近, 賦入貢棐, 楙遷有無, 萬國作乂. 殷周之盛,《詩》,《書》所述, 要在安民, 富而敎之.

시대의 기록으로 추정. '神農이 모든 초목을 맛보아(甞百草)' 의료와 농경을 가르친 사람. 그래서 '藥王', '五穀王', '五穀先帝', '神農大帝' 등으로 추앙. 地皇으로도 호칭.

5 원문 斲木爲耜煣木爲耒, 耒耨之利以敎天下 – 나무를 베어 보습을 만들고, 구부린 나무로 쟁기를 만들며, 농사의 이로움을 천하 백성에게 알려주다. 斲은 깎을 착. 斫(벨 작)과 同. 耜는 보습 사. 쟁기의 끝, 쟁기 날. 땅을 파는 부분. 煣木(유목)은 나무를 불로 구워 어떤 형태를 만들다. 煣는 휘여서 (형체를) 잡을 유. 屈也. 屈伸木也. 煣(주무를 유)가 되여야 한다는 주석이 있다. 耒는 쟁기 뇌(뢰), 耒耨(뇌누)는 쟁기로 농사를 짓다. 農耕. 耕田, 耕耘(경운). 耨는 김맬 누(루).

6 원문 日中爲市, 致天下之民, 聚天下之貨, 交易而退, 各得其所 – 日中은 한낮. 爲市는 시장을 개설하다. 各得其所는 필요한 곳에 쓰이다. 斲木爲耜부터 여기까지는《易 繫辭 下》의 益卦(익괘, 風雷益 ☴☳)를 설명한 말이다.

故《易》稱,「天地之大德曰生, 聖人之大寶曰位, 何以守位
曰仁, 何以聚人曰財.」財者, 帝王所以聚人守位, 養成群生,
奉順天德, 治國安民之本也. 故曰,「不患寡而患不均, 不患
貧而患不安. 蓋均亡貧, 和亡寡, 安亡傾.」

是以聖王域民, 築城郭以居之, 制廬井以均之, 開市肆以
通之, 設庠序以敎之, 士農工商, 四人有業. 學以居位曰士,
闢土殖穀曰農, 作巧成器曰工, 通財鬻貨曰商. 聖王量能授
事, 四民陳力受職, 故朝亡廢官, 邑亡敖民, 地亡曠土.

〔국역〕

黃帝 이후로 「백성이 變通하게 하여 게으르지 않고 즐겨 일하게
한다.」고 하였다.[7] 堯는 그 四子에게[8] 「삼가 백성에게 農時를 알려
주게」 하였고,[9] 舜은 命稷(후직)에게 명하여 「백성들이 처음으로 굶
주린다」 하였으니,[10] 이는 (食) 政事의 첫째이다. 禹(우)는 洪水를 다
스리고 九州를 확정했으며,[11] 토지제도를 마련하고, 산물이 생산되

---

7 원문 通其變, 使民不倦 – 물자를 변통케 하여 백성이 게을러지지 않게 한
다.《易 繫辭 下》의 구절. 倦은 게으를 권. 倦怠(권태).

8 堯의 四子는 羲仲(희중), 羲叔, 和仲, 和叔.《書經 虞書 堯傳》.

9 원문 敬授民時 – 敬授人時.《書經 虞書 堯傳》의 구절.

10 원문 黎民祖饑 – 黎民(여민)은 백성. 祖는 처음. 始也. 饑는 굶주릴 기.
《書經 虞書 舜傳》의 구절. 后稷(후직)은 棄(기), 周族의 시조. 后稷은 농업
담당 관직명.

11 원문 定九州 – 九州는 중국 古代의 지리적 구획 개념으로《尙書 夏書 禹
貢》에 기록되었다. 冀(기), 兗(연), 靑, 徐, 揚(양), 荊(형), 豫, 梁(양), 雍州(옹

는 원근에 따라 田賦(전부)를 공물 대바구니(貢棐, 공비)에 담아서, 유무에 따라 교환케 하니, 萬國이 잘 다스려졌다.[12]

殷과 周의 번영은《詩經》과《書經》에 서술되었는데, 그 요점은 安民하여 부유하게 한 뒤에 敎化에 있었다.

그래서《易經》에서는「天地의 大德을 生이라 하고, 聖人이 大寶를 位라 하는데, 仁으로 守位하고 재물로 사람을 모은다.」고 하였다.[13] 그러하니 財貨란 帝王이 백성을 모아 지위를 지키고, 백성을 양육하며 天德을 받들고, 治國安民하는 근본이라 할 수 있다.

「부족한 것을 염려하지 않고, 고르지 못한 것을 걱정하며, 가난을 걱정하지 않고 불안을 염려한다. 균등하다면 가난하지 않고, 화합한다면 부족하지 않으며, 안정되었다면 뒤집어지지 않는다.」[14]

이에 聖王은 백성의 거주 지역을 나눠(域民), 城郭(성곽)을 축조하여 살게 하였으며, 거처와 井田으로 백성을 균등케 하였고, 시장을 열어 물자를 유통케 하였고,[15] (교육기관) 庠序(상서)를 세워 백성을 교육하였으며, 士, 農, 工, 商의 四民이 자기 일에 종사케 하였다.

─────

주)를 지칭한다.

12 원문 賦入貢棐, 楙遷有無, 萬國作乂 - 賦는 田賦. 貢棐(공비)는 전조를 바치는 대나무 광주리. 棐(도지개 비)는 篚(대나무 광주리 비)와 同. 楙는 무성할 무. 茂(무성할 무)와 同. 勸勉하다. 遷는 옮기다. 교역하다. 作乂(작예)는 다스려지다. 乂(벨 예)는 다스리다. 治也.

13《易經 繫辭 下》의 구절.

14 이는《論語 季氏》편의 공자 말씀이다. "丘也聞有國有家者, ~." 나라를 다스리는 자가 유념해야 할 일이다.

15 원문 開市肆以通之 - 市肆(시사)는 시장. 肆는 늘어놓다. 가게. 점포. 방자할 사.

학식을 갖고 官位에 있으면 士라 하고, 토지를 개간하여(闢土, 벽
토) 곡식을 재배하면(殖穀, 식곡) 農民이며, 솜씨를 부려 연모를 만
들면 工人(工匠)이고, 재물과 물자를 유통하거나 팔면 商人(商賈,
상고)이라 하였으니, 聖王은 백성의 능력을 헤아려 일을 맡겼고, 四
民은 힘써서(陳力) 직분을 실천하였으니(受職), 나라가 망하면 관직
이 없어지고, 城邑이 없어지면 백성은 떠돌게 되며, 경작하지 않으
면 땅이 황폐해진다.[16]

---

16 원문 邑亡敖民, 地亡曠土 – 敖는 놀 오. 멋대로 놀다(放逸). 出遊. 敖民은
달아난 백성. 流民. 曠은 들판. 비다. 탁트여 넓다. 공허하다. 경작하지
않다.

二. 古代 土地制度와 稅制

原文

理民之道, 地著爲本. 故必建步立畮, 正其經界. 六尺爲
步, 步百爲畮, 畮百爲夫, 夫三爲屋, 屋三爲井, 井方一里,
是爲九夫. 八家共之, 各受私田百畝, 公田十畝, 是爲八百
八十畝, 餘二十畝以爲廬舍. 出入相友, 守望相助, 疾病相
救, 民是以和睦, 而敎化齊同, 力役生産可得而平也.

[[국역]]

백성을 다스리는 正道는 백성을 토지에 안착하여 살게 하는 일이
다.[17] 그래서 발걸음으로 이랑을 정하고 (경작지의) 경계를 확정하였
다.[18] 六尺을 1步(보)라 하고,[19] 1百 步를 畮(무 畝),[20] 1백 畮를 1夫

---

17 원문 地著爲本 — 地著(지착)은 安土.

18 원문 故必建步立畮 — 建步는 걸음을 세다. 畮는 이랑 무. 畝(이랑 무, 면적
단위)와 同.

19 이때의 步(보)는 양쪽 발 한 걸음. 우리가 생각하는 두 걸음.

20 畮 — 이랑 무. 지금은 畝(이랑 무)로 통용. 토지 면적 단위. 100무는 1頃(경).
전국시대 길이(度)는 1丈 =10尺, 1尺 =10寸, 1寸 =10分, 지금 m법으로는
1丈=231cm, 1尺=23.1cm, 1寸=2.31cm, 1分=0.231cm이다. 1척 23,1cm
은 秦과 前漢代까지 동일했다. 1步 6尺이면 138.6cm이다. 그 당시 좌, 우
측 발이 한 번씩 내딛는 것이 1보였으니, 지금 성인의 1보 약 70cm의 2배
이다. 100보가 1畝라는 말은 사방 100보씩이 아니라 1변 25보씩 4변의 면
적이다. 곧 23cm(1尺)×6보×25보 = 3,450cm. 곧 34m×34m =

(부), 3夫를 1屋(옥), 3옥을 1井이라 했으니, 1정은 사방 1리이며 9夫로 8家戶가 공유하니 각 가호마다 토지가 1백무이고 10무는 公田인데, 880무에 나머지 20무는 집(廬舍, 여사)을[21] 짓는다. 그래서 출입할 때 벗하며(友) 서로 보면서, 서로 지켜주고 도와주며 질병에 서로 구원하니, 백성은 화목하고 교화가 하나로 이뤄지니 힘써 생산하며 소득도 공평해진다.[22]

原文

民受田, 上田夫百畝, 中田夫二百畝, 下田夫三百畝. 歲耕種者爲不易上田, 休一歲者爲一易中田, 休二歲者爲再易下田, 三歲更耕之, 自爰其處.

農民戶人己受田, 其家衆男爲餘夫, 亦以口受田如比. 士, 工商家受田, 五口乃當農夫一人. 此謂平土可以爲法者也. 若山林藪澤原陵淳鹵之地, 各以肥磽多少爲差.

有賦有稅. 稅謂公田什一及工商,衡虞之人也. 賦共車馬, 兵甲,士徒之役, 充實府庫, 賜予之用. 稅給郊社,宗廟,百神之祀, 天子奉養, 百官祿食庶事之費.

民年二十受田, 六十歸田. 七十以上, 上所養也. 十歲以

1,156m² 정도의 면적이 1무이다. 참고로, 지금 중국 민간에서 통용되는 市制로, 1무는 666m²이다.

21 廬舍 - 廬舍는 집. 廬는 오두막집 려. 田中屋也.

22 원문 力役生産可得而平也 - 力役은 힘껏 일하다. 平은 공평.

下, 上所長也. 十一以上, 上所强也. 種穀必雜五種, 以備災
害. 田中不得有樹, 用妨五穀. 力耕數耘, 收穫如寇盜之至.
還廬樹桑, 菜茹有畦, 瓜瓠,果蓏殖於疆易. 雞豚狗彘毋失其
時, 女修蠶織, 則五十可以衣帛, 七十可以食肉.

〔국역〕

농민이 경작지를 받을 때, 上田은 1夫가 1백 畝(무), 中田은 2백
무, 下田은 3백 무였다. 매년 농사를 짓는 농부는 上田을 교체하지
않았고, 1년을 休耕(휴경)한 자는 1년을 中田으로 교체했으며, 2년을
농사짓지 않았다면 다시 하전으로 교체하여 3년간 경지를 교체해야
본래의 땅으로 돌아온다.

농가 民戶의 1人(戶主)이 이미 경작지를 받았으면 그 家戶의 다
른 남자는 餘夫(여부)가 되어, 마찬가지로 일정한 비율로(25畝) 토지
를 받았다. 士人과 工匠과 商人도 토지를 받았는데 人口 5인에 농부
1인 만큼의 땅을 받았다. 이는 평야 지대에서 시행할 수 있는 제도
였다. 山林 지역이나 늪지(藪澤, 수택), 구릉지(原陵, 원릉), 소금기
가 많은 지역에서는[23] 비옥한 땅(肥)과 척박한 땅(磽, 메마른 땅 교,
돌밭)에 따라 차이를 두었다.

賦(부)와 稅(세)를 징수하였다. 稅는 公田의 10분의 1이고 工, 商
人이나 기타 雜人(衡虞, 형우)이 부담하였다.[24] 賦는 車馬, 兵甲을

---

23 원문 藪澤, 原陵, 淳鹵之地 − 藪는 늪 수. 澤은 못 택, 原陵(원릉)은 구릉지.
   淳은 순박할 순. 여기서는 온통(盡也). 鹵는 소금 노(로), 舄(염밭 석, 소금
   밭)과 同.
24 稅는 公田의 10분의 1 정도. 인구에 따라 부과. 인두세의 성격. 衡虞(형

제공하거나, 士徒의 力役(역역, 노동력 제공)이나, 府庫를 충실히 하거나 賜予(사여, 下賜)의 비용에 충당하였다. 稅는 郊社(교사), 宗廟, 百神에 대한 제사 비용으로 충당하며, 天子의 奉養이나 百官의 관록, 기타 비용으로 충당되었다.

백성은 나이 20에 受田했고, 60세에 토지를 반환하였다. 70세 이상이면 나라에서 給養(급양)했다(上所養也). 10세 이하도 나라에서 급양했다. 11세 이상도 나라에서 强壯토록 급양했다(上所强也). 곡식을 심을 때(種穀) 꼭 五穀(五種의 잡곡)을 심게 하여 재해에 대비하였다. 경작지에는 나무를 심을 수 없었는데, 5곡의 생장을 방해하기 때문이었다. 힘써 농사를 지었고 수확할 때는 마치 도적이 습격하는 듯 서둘렀다.[25] 가옥 주변에 뽕나무(桑, 상)를 심었고, 菜茹(채여, 채소)는 밭두둑(畦, 밭두둑 휴)에 심었으며, 瓜瓠(과호, 박, 바가지), 과일 나무는 마당가에 심었다.[26] 닭(鷄), 개와 돼지(狗彘, 구체, 彘는 돼지 체, 豕는 돼지 시)는 (교미시킬) 때를 놓치지 않으며, 여자는 누에치기와 베짜기(蠶織, 잠직)에 전념하면 50세에 비단 옷을 입고, 70세에 고기를(肉類) 먹을 수 있었다.[27]

우)는 山澤에서 수익을 얻는 자.

25 원문 力耕數耘, 收穫如寇盜之至 – 耕은 밭갈이. 數은 자주 삭. 耘은 김맬 운. 잡초 제거. 收穫(수확)은 추수. 穫은 베 벨 확. 如寇盜之至는 도적이 올 때처럼 서둘렀다는 뜻. 寇는 도둑 구. 盜는 훔칠 도.

26 원문 果蓏殖於疆易 – 果는 나무의 열매, 과일. 씨(核)가 들어 있는 과일. 蓏는 열매 나. 식물의 열매. 殖은 번성할 식. 植과 通. 疆은 疆界, 일정 지역과 타지역의 경계. 易는 場의 古字.

27 원문 鷄豚狗彘毋失其時 ~ 七十可以食肉 – 이는《孟子 梁惠王 下》의 글.

在壄曰廬, 在邑曰里. 五家爲鄰, 五鄰爲里, 四里爲族, 五
族爲常, 五常爲州, 五州爲鄉. 鄉, 萬二千五百戶也. 鄰長位
下士, 自此以上, 稍登一級, 至鄉而爲卿也. 於是里有序而
鄉有庠. 序以明教, 庠則行禮而視化焉.

春令民畢出在野, 冬則畢入於邑. 其《詩》曰, 「四之日舉
止, 同我婦子, 饁彼南畮.」又曰, 「十月蟋蟀, 入我床下」,
「嗟我婦子, 聿爲改歲, 入此室處.」所以順陰陽, 備寇賊, 習
禮文也.

春將出民, 里胥平旦坐於右塾, 鄰長坐於左塾, 畢出然後
歸, 夕亦如之. 入者必持薪樵, 輕重相分, 班白不提挈. 冬,
民旣入, 婦人同巷, 相從夜績, 女工一月得四十五日. 必相
從者, 所以省費燎火, 同巧拙而合習俗也. 男女有不得其所
者, 因相與歌詠, 各言其傷.

[국역]

들판에 있는 집은 廬(려, 오두막집)이고 읍에서는 里(리)라고 한
다.[28] 五家를 1鄰(린), 5鄰이 1里, 4里가 1族(100家), 5族이 1常, 5常
이 1州(2,500家), 5州가 1鄉(향)이다. 1鄉은 12,500戶이다. 鄰이 우두
머리는 官位는 下士이고, 하사부터 차츰 1급씩 올라 鄉의 우두머리
는 卿(경)에 해당한다. 이에 里에는 序(서)가 있고 鄉에도 庠(상, 학교

---

28 원문 在壄曰廬, 在邑曰里. – 壄는 들 야. 野와 同. 廬는 오두막집 려.

상. 鄕學)을 설치한다. 序에서는 敎化를 시행하고, 庠에서는 의례를
실행하여 교화를 示範(시범) 보인다.

春令으로 백성들은 집에서 나와 들에서 일하며 살다가[29] 겨울이
되면 모두 邑으로 들어간다. 그래서 《詩》에서 「4월에 밭갈이 할 때,
내 아내와 함께 남녘 밭에서 들밥을 먹네.」라 하였다.[30] 또 「十月에
귀뚜라미가 내 침상 아래에 숨었네.」[31] 또 「아! 나의 아내여, 해가 바
뀌려 하니, 방에 들어와 쉬어야지.」[32] 하였으니, 이는 음양의 변화에
순응하고 도적에 대비하며, 禮文(禮節)을 익히는 것이다.

春日에 백성들이 들에 나갈 때, 里胥(이서, 里吏)는 날이 밝을 때
(平旦, 평단) 右塾(우숙)에 나와 앉고, 鄕長(인장)은 左塾(좌숙, 塾은 글
방 숙. 방)에 앉았다가 돌아가는데, 저녁에도 그와 같이 한다. (마을
로) 들어오는 자는 필히 땔감을 들고 오는데,[33] 輕重에 따라 분담하
여 班白(반백) 노인은 끌거나 들지 않는다.[34]

겨울에 백성이 모두 (마을에) 들어와 생활할 때 同巷(동항, 同里. 같

---

29 원문 民畢出在野 − 畢은 마칠 필. 모두.

30 원문 四之日擧止, 同我婦子, 饁彼南畝 −《詩經 豳風(빈풍) 七月》의 시. 四
之日은 周의 4월. 擧止는 擧趾(거지). 발을 들어 쟁기를 밟으며 밭을 갈
다. 婦子는 아내. 饁은 들에서 먹는 밥 엽. 南畝(남무)는 南畝. 남녘의 밭.

31 「十月蟋蟀, 入我床下」− 蟋蟀(실솔)은 귀뚜라미.《詩經 豳風 七月》의 구절.

32 원문 「嗟我婦子, 聿爲改歲, 入此室處.」− 嗟는 탄식할 차. 감탄사. 婦子는
아내. 聿은 붓 율(筆也). 드디어, 마침내. 改歲는 해가 바뀌다.《詩經 豳風
七月》의 구절.

33 원문 入者必持薪樵 − 薪은 섶나무 신. 장작. 樵는 땔나무 초.

34 원문 班白不提挈 − 班白은 머리카락 절반은 희다는 뜻. 班은 나눌 반. 提
는 끌 제. 挈은 손에 들 설.

은 골목)의 부녀자들은 모두 함께 모여 밤에 길쌈을 하는데, 1월에는 여인들은 45일을 일하는 셈이다.[35] (부녀자들이) 꼭 서로 모여서 일하는 것은 불을 밝히는 비용을 아끼려는 뜻이며, 솜씨가 좋고 나쁜 사람이 함께 하면서 습속을 익히는 것이다.[36] 그러나 男女가 자기 할 일을 다 못할 경우에는 서로 함께 노래로 마음의 아쉬움을 달랜다.[37]

原文

是月, 餘子亦在於序室. 八歲入小學, 學六甲,五方,書計之事, 始知室家長幼之節. 十五入大學, 學先聖禮樂, 而知朝廷君臣之禮. 其有秀異者, 移鄕學於庠序. 庠序之異者, 移國學於少學. 諸侯歲貢小學之異者於天子, 學於大學, 命曰造士. 行同能偶, 則別之以射, 然後爵命焉.

孟春之月, 群居者將散, 行人振木鐸徇於路以采詩, 獻之大師, 比其音律, 以聞於天子. 故曰王者不窺牖戶而知天下.

---

35 원문 女工一月得四十五日 - 女工은 여인들의 일, 길쌈. 一月에는 밤이 길어 2일 밤이면 낮 하루의 일과 같다는 뜻.

36 원문 同巧拙而合習俗也 - 同은 함께 배우다. 巧는 재주가 좋을 교. 拙은 서툴 졸.

37 원문 各言其傷 - 傷은 마음의 상처, 아쉬움. 憂思.

이 달에, 餘子(여자)도 학당에서 배운다.[38] 8세에 小學에 들어가
六甲(四時, 六十甲子)와 五方位(地理), 六書(書體) 計算(九數, 구구
단) 등을 배우면서 처음으로 집안에 長幼의 질서를 알게 된다. 15세
가 되면, 大學에 입학하여 先聖의 禮樂을 배우고, 朝廷과 君臣의 禮
를 알게 된다. 특별하게 우수한 자가 있으면 鄕學에서 庠序(상서)에
진학한다. 庠序에서 우수한 자는 (중앙) 國學의 少學에 입학한다.
諸侯는 해마다 小學의 우수 학생을 천자에게 천거하여 大學(太學)
에 입학케 하는데, 이를 造士(조사)라 부른다. 동년배 중 우수한 자는
별도의 考試를 거쳐(以射試之) 爵位(작위)에 임명한다.

孟春의 月(正月)에는 함께 합숙 생활하던 자들이 각자 헤어지는
데, 行人은 큰 木鐸(목탁)을 흔들며 길을 오가면서 采詩(채시)하여 大
師(太師. 掌音律官)에게 올리고, (太師는 이를) 음률에 맞춰 노래로
불러 천자에게 들려준다. 그래서 王者는 일반 백성 집을 들여다보지
않고서도 천하의 돌아가는 實情을 알 수 있다.

原文

此先王制土處民, 富而敎之之大略也. 故孔子曰,「道千乘
之國, 敬事而信, 節用而愛人, 使民以時.」故民皆勸功樂業,
先公而後私. 其《詩》曰,「有渰淒淒, 興雲祁祁, 雨我公田,

---

38 원문 餘子亦在於序室 – 餘子는 勞役에 나가지 않는 어린 아이들. 庶子(서
자)라는 주석도 있으나 채택하지 않는다. 序室은 序의 방.

遂及我私.」民三年耕, 則餘一年之畜. 衣食足而知榮辱, 廉
讓生而爭訟息, 故三載考績.

孔子曰,「苟有用我者, 期月而已可也, 三年有成.」成此功
也. 三考黜陟, 餘三年食, 進業曰登. 再故曰「如有王者, 必
世而後仁.」繇此道也.

[국역]
　이상은 先王이 토지와 백성을 제어하며 부유하게 하며 백성을 교
화하는 대략이다. 그래서 공자가 말했다.
　「(兵車) 1千乘을 낼 수 있는 (제후) 나라를 다스리려면 할 일을 수
행하여 백성의 신임을 얻고, 비용을 절약하며 백성을 지켜주고, 부
역 동원에 때를 맞춰야 한다.」고 하였다.[39] 그러면 백성은 모두 자기
일을 하고 생업을 즐기며 先公하고 後私한다. 그래서 《詩》에 말했
다.
　「검은 구름 뭉게뭉게, 서서히 크게 피어나더니,
　우리 公田에 비가 내리고, 나중에 내 밭에도 내리네.」[40]
　백성이 3년이 경작하면 1년 치 비축이 생긴다고 하였다. 衣食이
풍족하면 (백성은) 榮辱(영욕)을 알고, 염치와 겸양의 마음이 (廉讓)

---

39 이는 《論語 學而》. 乘은 兵車, 곧 戰車이다. 千乘之國은 제후국을 지칭한
　다. 1만 대의 병거를 동원할 수 있는 王은 萬乘天子(만승천자)이고, 황제
　를 지칭하는 말이 되었다.

40 원문 有渰淒淒, 興雲祁祁, 雨我公田, 遂及我私. -《詩經 小雅 大田》의 詩.
　有渰은 비구름이 일어날 엄. 검은 구름. 淒淒(처처)는 구름이 피어오르는
　모양. 祁祁는 서서히, 祁는 성할 기. 많다. 조용히.

생기며 소송은 사라지니, 그래서 3년 단위로 관리 실적을 평가한다.[41]

孔子가 "만약 나를 등용하는 주군이 있다면 1년이면(期月) 그 성과가 나타날 것이고, 3년이면 탁월한 효과를 볼 수 있을 것이다."[42]라고 말한 것처럼 성공할 수 있다. (관리의 치적을) 3考하여 내치거나 승진시키며,[43] 3년 치 여분의 곡식이면 업적이 뛰어나니, 이를 짫이라 한다. 그래서 공자는 이에 「만약 王者가 출현하더라도 1世가 지나야 仁政이 이뤄진다.」라고 말했다.[44]

原文

周室旣衰, 暴君汚吏慢其經界, 繇(徭)役橫作, 政令不信, 上下相詐, 公田不治. 故魯宣公'初稅畝', 《春秋》譏焉. 於是上貪民怨, 災害生而禍亂作.

陵夷至於戰國, 貴詐力而賤仁誼, 先富有而後禮讓. 是時,

---

41 원문 故三載考績 – 三載는 3년. 考績은 관리의 치적을 평가하다.

42 원문 苟有用我者, 期月而已可也, 三年有成. –《論語 子路》에 나온다.

43 원문 三考黜陟 – 考는 考察(고찰). 평가하다. 3년 1考. 黜은 물리칠 출. 내치다. 陟은 오를 척. 승진시키다.

44 원문 如有王者, 必世而後仁. – 이는《論語 子路》의 구절이다. 王道로 백성을 이끄는 王者는 霸者(패자)의 상대적인 말이다. 世는 한 세대이니, 30년을 의미한다. 아무리 훌륭한 왕자가 출현하여 백성을 교화한다 하더라도 弊風(폐풍)을 바로잡아 仁의 기풍이 나라 안에 널리 행해지려면 한 세대가 흘러야 한다는 뜻이다. 공자가 볼 때, 시대 풍조의 改變(개변)이 결코 쉬운 일이 아니었다.

李悝爲魏文侯作盡地力之敎, 以爲地方百里, 提封九百頃,
除山澤,邑居參分去一, 爲田六百萬晦, 治田勤謹則晦益三
升, 不勤則損亦如之. 地方百里之增減, 輒爲粟百八十萬石
矣. 又曰, 糴甚貴傷民, 甚賤傷農. 民傷則離散, 農傷則國貧,
故甚貴與甚賤, 其傷一也.

善爲國者, 使民毋傷而農益勸. 今一夫挾五口, 治田百晦,
歲收晦一石半, 爲粟百五十石, 除十一之稅十五石, 餘百三
十五石. 食, 人月一石半, 五人終歲爲粟九十石, 餘有四十
五石. 石三十, 爲錢千三百五十, 除社閭嘗新,春秋之祠, 用
錢三百, 餘千五十. 衣, 人率用錢三百, 五人終歲用千五百,
不足四百五十. 不幸疾病死喪之費, 及上賦斂, 又未與此.
此農夫所以常困, 有不勸耕之心, 而令糴至於甚貴者也.

是故善平糴者, 必謹觀歲有上,中,下孰. 上孰其收自四,
餘四百石. 中孰自三, 餘三百石, 下孰自倍, 餘百石. 小饑則
收百石, 中饑七十石, 大饑三十石, 故大孰則上糴三而捨一,
中孰則糴二, 下孰則糴一, 使民適足, 賈平則止. 小饑則發
小孰之所斂, 中饑則發中孰之所斂, 大饑則發大孰之所斂而
糴之. 故雖遇饑饉,水旱, 糴不貴而民不散, 取有餘以補不足
也. 行之魏國, 國以富强.

[국역]

周 王室이 衰弱(쇠약)하자 暴君(폭군)과 汚吏(오리)들이 국가 경영

의 원칙조차 경시하였고, 요역을 멋대로 부과하였으니,[45] 政令은 불신 당했고, 상하가 서로 기만하였으며 公田도 관리되지 않았다. 그래서 魯 宣公(재위 前 608 - 591)의 '初稅畝(초세무)'는[46] 《春秋》에서도 비난하였다. 이처럼 윗사람의 탐욕에 백성은 원망했고, 재해가 발생하며 禍亂(화란)이 일어났다.

왕도의 쇠퇴는 戰國시대에 이르러 거짓(詐)과 武力을 귀하게 여기고 仁誼(인의, 仁義)를 천시하였으며, 富裕(부유)를 우선하자, 禮讓(예양)은 뒷전으로 밀렸다.

이때 李悝(이회)는[47] 魏 文侯(재위 前 445 - 396年)에게 등용되자, '盡地力之敎'를 제정하여,[48] 둘레 1백 리의 땅, 총(提封) 9백 頃(경)에서 山澤과 邑居地 등으로 3분의 1을 뺀 토지 6백만 畝(무, 畝)에 대하여 열심히 경작하면 1畝 당 3升의 곡식을 더 지급해주나,[49]

---

45 원문 繇役橫作 - 繇役은 徭役(요역). 백성의 노동력을 동원하기. 繇는 부리 요. 요역. 말미암을 유(由와 同). 徭는 구실 요. 役事.

46 初稅畝 - 初稅畝(초세무). 初는 始作. 농민 경작하는 토지에 대한 稅. 공전의 토지를 공동 경작하여 바치는 田租(전조) 외에 稅를 처음 부과하였다.

47 李悝(이회, 前 455 - 395, 李克) - 魏國 安邑人, 전국시대 魏이 相國. 重農과 法治를 위한 變法을 강력 추진, 성과를 거두었다. 뒷날 商鞅(상앙)과 韓非(한비)에 큰 영향. 보통 法家의 시조로 인정받고 있다. 이회는 貴族 世襲制를 폐지하고 능력에 따라 관리를 선발했고, 이른바 '盡地力之敎'를 시행하여 농사에 모범을 보인 자에게 상금을 지급했고, '平糴法(평적법)'을 시행하여 풍흉에 따른 곡가의 안정을 이룩했고 《法經》6篇을 저술하였다. 司馬遷著 《史記 魏世家》 참고.

48 '盡地力之敎' - 그 의미는 토지 자원을 최대로 이용한다는 뜻. 敎는 敎令.

49 3升이 아니라 3斗이어야 下文과 문리가 통한다는 주석이 있다.

勤農(근농)하지 않은 자는 1무 당 3두의 곡식을 더 징수하겠다고 명령했다. 그러자 地方百里의 增減이 갑자기 180만 石이 증산되었다. 이회는 또 곡물 가격이 너무 비싸면 士와 工, 商人에게 손해가 되고, 너무 싸면 농민이 손해를 본다고 생각하였다.[50] 商工人이 손해면 이들이 유랑하게 되고, 농민이 손해를 보면 나라가 가난해지니, 곡물 가격이 저렴하든 비싸든 나라에 손해가 되는 것은 마찬가지라고 생각하였다.

그래서 나라를 잘 다스리는 자는 士民을 다치지 않게 하면서 농민의 생산을 권장한다. 지금 一夫가 5인 가족을 거느리고(挾五口, 낄 협), 1백 畝(무)의 땅을 경작하여 1畝 당 1.5石[51] 총 150石을 수확하는데, 그 10분의 1인 15석을 조세로 제외하면 남는 것은 135석이다. 가족 1명이 매월 1.5석을 먹는다면 5인이 1년 동안에 곡식 90石을 먹고 45석이 남는다. 1석이 30전이면 금전으로 1,350전인데, 마을 사당에 嘗新(상신, 新穀을 薦新하는 제사)과 春秋의 제사 비용 3백전을 제외하면 1,050전이 남는다. 의복에 1인 평균 3백전을 계산하면 5인이 1,500전을 필요로 하기에 450전이 부족하다. 거기다가 불행으로 병이 나거나 장례비용이 나가거나, 위에서 賦稅를 징수한다면 그만큼 부족할 것이다. 이 때문에 농민은 늘 곤경에 처하기에 농사를 적극 장려하지 않는다면 곡물 가격이 매우 높아져야 한다.

이 때문에 곡물 가격을 고르게 잘 유지하려면 필히 해에 따라 풍

---

50 원문 糴甚貴傷民, 甚賤傷農 – 糴은 쌀 사들일 적. 곡물 가격. 여기 民은 士와 工, 商人.

51 전국시대 1石은 지금 m법으로 22.5ℓ (리터, 公升)라는 주석이 있다.

년, 보통 풍년, 약간 풍년인가를 잘 살펴야 한다.[52] 上孰(상숙, 大豊)인
해는 그 수확이 4배 정도가 되어[53] (1년 생활비를 다 쓰고도) 4백석
의 여분이 남고, 보통 풍년일(中孰) 경우 3배(약 4.5石)로 3백석 정
도의 여분이 있고, 약간 풍년일(下孰) 경우 2배로 약 1백석의 여분
이 있다. 그러나 약간 흉년에는 1호당 1백석을 수확하고 중간 흉년
에는 70석, 큰 흉년에는 30석을 수확하니, 대풍년에는 보통 해의 3
배를 국가에서 사들이고 平年作 만큼을 남겨두며,[54] 中孰에는 2배,
下孰에는 절반을 더 사들여 백성들에게 적합하고 곡가가 평균 정도
면 매입을 중지한다. 약간 흉년(小饑, 굶주릴 기)에는 약간 풍년의
해에(小孰) 사들인 만큼을 팔고, 중간 흉년(中饑)에는 中孰의 해에
매입한 분량을 풀고, 큰 흉년(大饑)에는 大豊(大孰)든 해 매입한 만
큼 곡식을 풀어준다. 그래서 비록 기근이나 수해, 旱害(한해)를 당하
더라도 곡식이 귀해 穀價가 올라가지 않아 백성들이 유랑하지 않나
니, 이는 남는 것을 모아 부족한 것을 보충하는 것이다. 이를 魏國에
서 시행하니 나라가 富強해졌다.

原文

及秦孝公用商君, 壞井田, 開阡陌, 急耕戰之賞, 雖非古

---

52 원문 必謹觀歲有上中下孰 – 謹觀은 예의 주시하다. 잘 살피다. 孰(누구
  숙)은 熟(숙). 익다. 여물다. 삶아지다. 풍흉의 정도.
53 원문 其收自四 – 1畝의 토지에 1.5石의 4배인 6石을 수확한다는 뜻.
54 원문 故大孰則上糴三而捨一 – 대풍의 해에는 1무 당 평년 수확량(1.5石)
  4배인 6석을 수확하니, 평균 수확량의 3배(1.5×3), 곧 4.5석을 매입한
  다. 그러면서 평균 수확량(一. 畝當 1.5石)을 농민 몫으로 남겨둔다는 뜻.

道, 猶以務本之故, 傾鄰國而雄諸侯. 然王制遂滅, 僭差亡度. 庶人之富者累巨萬, 而貧者食糟糠, 有國强者兼州域, 而弱者喪社稷. 至於始皇, 遂並天下, 內興功作, 外攘夷狄, 收泰半之賦, 發閭左之戍. 男子力耕不足糧餉, 女子紡績不足衣服. 竭天下之資財以奉其政, 猶未足以澹其欲也. 海內愁怨, 遂用潰畔.

〔국역〕

秦 孝公(효공, 재위 前 361 - 338년)이 商君(商鞅, 상앙, 前 390 - 338)을 등용하면서 井田制가 붕괴되었고 경작지가 확대되었으며,[55] 耕田과 戰功에 따른 포상을 서둘러 시행하였고, 古代의 正道는 아니지만 근본 문제 해결에 힘써서 이웃나라를 쇠약케 하면서 제후들의 패자가되었다. 그래서 고대의 王制는 완전히 없어졌으며, 僭越(참월)은 거의 無道에 가까웠다. 그래서 서인 중에서도 巨萬의 재산을 축적한 자가 나왔고, 빈자는 겨우 糟糠(조강, 지게미와 쌀겨)을 먹었으며 강대한 나라는 남의 州有나 城을 빼앗았고, 약자는 그 社稷(사직)을 잃었다. 始皇帝에 이르러 마침내 천하를 다 차지하고서, 안으로는 토목공사를 크게 일으켰고(內興功作), 대외적으로는 주변 이민족을 물리쳤는데(外攘夷狄), 백성들 수학의 泰半(태반, 3분의 2)을 징수했고 마을 좌측의 백성을 변방의 戍卒(수졸)로 징발하였다.[56] 男子는 힘써

---

55 원문 開阡陌 - 開는 開拓(개척). 阡陌은 경작지 사이의 길. 南北으로 뚫린 길은 阡(밭두렁 천). 동서로 뚫린 길은 陌(두렁 맥)이라 한다.

56 원문 發閭左之戍 - 發은 징발하다. 閭左의 閭는 마을의 里門. 이문의 좌

농사를 지어도 식량이 부족했고 여인이 紡績(방적)해도 의복이 부족했다. 천하의 모든 물자를 다 징발하여 그 정권을 떠받들어도 그 욕구를 충족할 수가 없었다.[57] 결국 海內에 愁怨(수원)이 가득 찼고, 결국 무너지면서 반란이 일어났다.[58]

측은 貧者의 거주지였다. 戍는 지킬 수. 防戍(방수). 戍卒(수졸).

57 원문 猶未足以澹其欲也. – 澹(담박할 담, 넉넉할 섬)은 贍(넉넉할 섬)과 通. 충족하다.

58 원문 遂用潰畔 – 潰는 무너질 궤. 아랫사람이 윗사람한테서 도망치는 것을 潰라 한다. 畔(두둑 반)은 叛(배반할 반)과 通.

三. 漢의 稅制와 重農

漢興, 接秦之敝, 諸侯並起, 民失作業而大饑饉. 凡米石
五千, 人相食, 死者過半. 高祖乃令民得賣子, 就食蜀,漢. 天
下旣定, 民亡蓋臧, 自天子不能具醇駟, 而將相或乘牛車.
上於是約法省禁, 輕田租, 十五而稅一, 量吏祿, 度官用, 以
賦於民. 而山川,園池,市肆租稅之入, 自天子以至封君湯沐
邑, 皆各爲私奉養, 不領於天子之經費. 漕轉關東粟以給中
都官, 歲不過數十萬石. 孝惠,高后之間, 衣食滋殖.

[국역]

漢이 건국되었지만, 秦나라 弊政(폐정)의 뒤끝이며, 제후들이 들
고 일어나면서, 백성은 본업을 잃었고 크게 굶주렸다. 쌀 1石이 5천
전이나 되었고,[59] 사람이 사람을 먹었으며 죽은 자가 과반이었다.

고조는 자식을 팔아버린 백성을 蜀이나 漢中郡으로 옮겨 살게 하
였다. 천하가 평정된 뒤에도 백성은 아무런 비축도 없었다.[60] 天子

---

59 원문 凡米石五千 – 여기 石은 漢代 무게 단위의 石이 아니다. 앞의 魏나
라 李悝(이회) 관련 기사 중, 1석이 현행 m법으로 22.5리터에 30전이라
는 내용을 참고하기 바람.

60 원문 民亡蓋臧 – 蓋臧은 비축, 여분. 蓋는 덮을 개. 臧은 착할 장. 藏(감출
장)과 通.

일지라도 똑같은 색의 말을 갖출 수 없었고,[61] 將相일지라도 때로는 牛車를 탔다. 고조는 이에 約法으로 法禁을 간략하게 시행하며 토지에 대한 조세(田租)를 경감하여 수확의 15분의 1을 납부케 했으며, 관리의 봉록과 관청의 수요를 헤아려 백성에게 부과하였다. 그리고 산천, 園池(원지), 市肆(시사, 市場)의 조세 수입과 천자로부터 封君에 이르기까지 湯沐邑의 수입에 의거 사적으로 봉양케 하면서 천자로부터는 아무런 경비 지원이 없었다. 그리고 漕運(조운)을 통하여 關東의 곡식을 長安의 각 관청에 공급케 하였지만[62] 1년에 겨우 수십만 석에 지나지 않았다.

惠帝와 高后 재위 중에야 衣食은 점차 늘어났다.

原文

文帝卽位, 躬修儉節, 思安百姓. 時民近戰國, 皆背本趨末, 賈誼說上曰,

「《筦子》曰, "倉廩實而知禮節." 民不足而可治者, 自古及今, 未之嘗聞. 古之人曰, '一夫不耕, 或受之饑, 一女不織, 或受之寒.' 生之有時, 而用之亡度, 則物力必屈. 古之治天下, 至孅至悉也, 故其畜積足恃. 今背本而趨末, 食者甚衆,

---

61 원문 天子不能具醇駟 – 醇은 진할 술 순. 純一(순일)하다. 駟는 사마 사. 수레에 말 4마리가 1組가 되는데 천자조차도 말 4마리의 털색이 달랐다는 뜻.

62 원문 粟以給中都官 – 粟은 조 속. 곡식 알갱이. 껍질을 벗기지 않은 곡식. 껍질을 벗긴 곡식은 米(미)이다. 中都官(중도관)은 京師의 각 관청.

是天下之大殘也. 淫侈之俗, 日日以長, 是天下之大賊也.
殘賊公行, 莫之或止, 大命將泛, 莫之振救. 生之者甚少而
靡之者甚多, 天下財産何得不蹶! 漢之爲漢幾四十年矣, 公
私之積猶可哀痛. 失時不雨, 民且狼顧, 歲惡不入, 請賣爵
子. 旣聞耳矣, 安有爲天下阽危者若是 而上不驚者!

世之有饑穰, 天之行也, 禹,湯被之矣. 卽不幸有方二三千
里之旱, 國胡以相恤? 卒然邊境有急, 數十百萬之衆, 國胡
以饋之? 兵旱相乘, 天下大屈, 有勇力者聚徒而衡擊, 罷夫
羸老易子而咬其骨. 政治未畢通也, 遠方之能疑者並擧而爭
起矣, 乃駭而圖之, 豈將有及乎?

夫積貯者, 天下之大命也. 苟粟多而財有餘, 何爲而不成?
以攻則取, 以守則固, 以戰則勝. 懷敵附遠, 何招而不至? 今
毆民而歸之農, 皆著於本, 使天下各食基力, 末技游食之民
轉而緣南晦, 則畜積足而人樂其所矣. 可以爲富安天下, 而
直爲此廩廩也, 竊爲陛下惜之!」

於是上感誼言, 始開籍田, 躬耕以勸百姓.

〔국역〕

文帝가 즉위한 뒤에(前 179년), 몸소 節儉(절검)을 실천하며 백성
의 안정을 걱정하였다. 그때 인구는 전국시대에 가까웠지만 대부분
이 농업을(本) 버리고 工商의 이득을(末) 따랐다. 이에 賈誼(가의)가
諫言(간언)을 올렸다.

「《筦子(관자)》에는[63] "창고(倉廩, 창름)가 가득 차야 (백성이) 예절을 안다."고 하였습니다. 백성의 물자가 부족하나 다스릴만하다는 말은 예로부터 지금까지 들어본 적이 없습니다. '一夫가 농사를 짓지 않으면 누군가는 굶주리며, 一女가 길쌈을 하지 않는다면 누군가는 추위에 떤다.'고 하였습니다.[64] 生産에는 때가 있지만(生之有時), 用에는 限度가 없기에(用之亡度), 物力은 반드시 그 끝이 있습니다.[65] 古代의 治天下는 아주 미세하고 상세하기에[66] 그때의 축적은 믿을 만 했습니다. 그러나 지금은 근본을(農) 버리고 末利(工商)

---

63 《筦子(관자)》- 筦은 피리 관. 管(피리 관)과 同. 대나무로 만든 악기의 총칭. 管子는 管仲(前 725 - 645年), 姬姓에 管氏. 名은 夷吾(이오), 字는 仲, 諡는 敬, 齊 桓公의 相. 春秋 시대 法家의 대표 인물. 中國 역사상 宰相의 典範. 내정을 改革하면서 商業도 중시. 九合 諸侯하며 兵車에 의지하지 않았다. 《史記 管晏列傳》에 입전. 《論語》에는 공자의 管仲에 대한 언급이 많다. 곧《論語 八佾》子曰, "管仲之器小哉!" ~. /《論語 憲問》問管仲. 曰, "人也. 奪伯氏騈邑三百, 飯疏食, 沒齒無怨言." /《論語 憲問》子路曰, "桓公殺公子糾, 召忽死之, 管仲不死." 曰, "未仁乎?" 子曰, "桓公九合諸侯, 不以兵車, 管仲之力也. 如其仁, 如其仁." /《論語 憲問》子貢曰, "管仲非仁者與? 桓公殺公子糾, 不能死, 又相之." 子曰, "管仲相桓公, 霸諸侯, 一匡天下, 民到于今受其賜. 微管仲, 吾其被髮左衽矣. ~." 管鮑之交(관포지교)의 주인공. 北宋 蘇洵(소순)의 〈管仲論〉이 유명하다. 관중의 저서《管子》- 書存. 〈藝文志〉에는 道家의 책으로 분류. 四庫全書에는 法家類로 분류. 24권 86편.

64 《管子 輕重甲》편의 글이라는 주석이 있다.

65 원문 則物力必屈 - 物을 계속 사용하면 없어진다. 屈(굽힐 굴)은 다하다(盡也).

66 원문 至孅至悉也 - 至는 지극히. 孅은 가늘 섬. 纖(가늘 섬)과 同. 悉은 다실. 詳細히 갖추다.

를 따르기에, 食者만 매우 많으니, 이는 天下의 큰 재앙(大殘, 대잔)
이 될 것입니다.[67] 음란과 사치 풍조는 날마다 크게 번져 나가니, 이
는 천하의 大賊〔대적, 患亂(환란)〕이 될 것입니다. 이렇듯 대잔과 대적
이 공공연히 횡행하는데 아무도 이를 막거나 제지하지 않으니, 나라
가 엎어진다 하여도 이를 돕거나 구원할 자가 없을 것입니다.[68] 곡
식을 생산하는 자는 아주 적은데, 소비자만 아주 많다면,[69] 천하의
財産이 어찌 부족하지 않겠습니까![70] 漢이 천하의 漢이 된 지 거의
40년인데, 나라나 개인이든 그 축적이 거의 애통할 지경입니다. 時
令이 때에 맞지 않거나 비가 내리지 않으면 백성은 이리가 뒤를 돌
아보듯 불안에 떨며,[71] 흉년이 들어 수입이 없으면[72] 백성은 民爵(민
작)이나[73] 자식을 팔려고 합니다. 이런 일은 이미 알고 계시지만(旣

---

67 원문 天下之大殘也 - 大殘은 大 傷害.

68 원문 大命將泛, 莫之振救 - 大命은 天命, 천명을 받은 나라. 泛(뜰 범)은
여기서는 엎어질 봉. 다하여 없어지다. 覂(엎을 봉)과 같음. 振救(진구)는
힘을 내게 하여 구원하다.

69 원문 靡之者甚多 - 靡는 쓰러질 미. 소비하다, 낭비하다. 甚은 심할 심.
아주.

70 원문 何得不蹶! - 蹶은 넘어질 궐. 탕진하다.

71 狼顧 - 狼은 이리 낭(랑). 顧는 돌아볼 고. 의심이 많은 이리는 도망치면
서도 계속 뒤를 돌아본다. 여기서는 백성이 불안에 떤다는 뜻.

72 원문 歲惡不入 - 歲惡은 흉년.

73 民爵(민작) - 秦에서는 백성의 戰功을 권장하는 의미에서 평민에게도 爵
位를 수여했다. 漢은 秦의 二十等爵을 그대로 답습하였다. 20등 작위는
다음과 같다. (최저) (1급) 公士 - 上造 - 簪裊(잠요) - 不更 - 大夫 - (6급)
官大夫 - 公大夫 - 公乘 - 五大夫 - 左庶長 - (11급) 右庶長 - 左更 - 中更
- 右更 - 少上造 - (16급) 大上造 - 駟車庶長 - 大庶長 - (19급) 關內侯 -

聞耳矣), 천하가 이처럼 위험한데도 오히려 놀라지 않으니 이런 일이 어찌 있을 수 있겠습니까![74]

세상에는 흉년과 풍년이 있으니,[75] 이는 하늘이 베푸는 것이라서, 禹(우), 湯王(탕왕) 같은 분도 당했습니다.[76] 가령 불행히도 2, 3천 리에 걸친 땅이 가물었다면 나라에서 어찌 서로를 구휼하겠습니까?[77] 거기다가 갑자기 변경에서 급박한 상황이라도 있다면 수십에서 백만에 이르는 백성을 나라가 어떻게 먹이겠습니까?(饋之, 먹일 궤) 병란과 가뭄이 한꺼번에 닥치면 천하는 크게 곤궁할 것이며, 勇力을 가진 者는 무리를 모아 멋대로 공격할 것이고, 지친 사내나 파리한 노인들을 자식을 바꿔 그 뼈를 씹어 먹을 것입니다. 그러면 政治가 이뤄질 수 없으며 먼 변방에서 의심하는 자들은 모두 들고 일어나 다툴 것이니, 그러면 조정에서는 놀라 대책을 세우겠지만 어찌 잘 해결하겠습니까?

(식량을) 모아 쌓아두는 것은 천하에 가장 중요한 일입니다. 곡식이 많고 재물도 여유가 있다면 무슨 일을 못하겠습니까? 공격하면

(20급) 徹侯(列侯)(최고). 公乘(8급 작위) 이하를 민작이라 하였다. 民爵 1급의 가격이 2천전에 해당했다는 주석이 있다. 전한 말 성제 때는 그 가격이 1천전으로 절반까지 떨어졌다. 물론 화폐의 가치도 달랐을 것이다.

74 원문 安有爲天下阽危者若是 而上不驚者! – 安은 어찌? 의문사. 阽危(점위)는 위태롭다. 위태로울 점, 위태로울 위. 이런 단어를 同義並列復詞라고 한다. 若是는 이와 같다. 上不驚者의 上은 尙, 오히려. 副詞로 쓰였다.

75 원문 世之有饑穰 – 饑는 굶주릴 기. 흉년. 穰은 볏짚 양. 풍족하다. 풍년.

76 禹(우)는 홍수를, 湯王(탕왕)은 큰 가뭄을 당했다.

77 원문 國胡以相恤? – 胡는 의문사. 어찌 호. 何와 通. 相恤은 서로 구휼하다. 恤은 구휼할 휼. 동정하다.

뺏을 수 있고, 방어한다면 굳건히 지킬 수 있으며, 싸우면 승리할 것
입니다. 적과 변방의 백성을 회유하려 한다면 불러서 어느 누가 오
지 않겠습니까? 지금 백성을 농사로 몰아가는 것은 모두를 본분에
돌아가게 하여 천하 모두를 자기 힘으로 먹게 하는 것이고, 末技(말
기, 工商)에 종사하거나 놀고 먹으려는 백성을 들판으로 돌아가게 하
여 식량을 충분히 비축케 하고 생업을 즐기게 하는 것입니다. 천하
를 부유하고 안전하게 할 수 있는데도, (지금은) 이렇게 위기에 처했
으니,[78] 폐하께서는 이를 안타깝게 여기셔야 합니다!」

이에 문제는 賈誼의 말에 감동하여 처음으로 籍田(적전)을 마련하
여 몸소 백성에게 농사를 권장하였다.

原文

晁錯復說上曰,

「聖王在上而民不凍饑者, 非能耕而食之, 織而衣之也, 爲
開其資財之道也. 故堯,禹有九年之水, 湯有七年之旱, 而國
亡捐瘠者, 以畜積多而備先具也. 今海內爲一, 土地人民之
衆不避湯,禹, 加以亡天災數年之水旱, 而畜積未及者, 何
也? 地有遺利, 民有餘力, 生穀之土未盡墾, 山澤之利未盡
出也, 游食之民未盡歸農也. 民貧, 則姦邪生. 貧生於不足,
不足生於不農, 不農則不地著, 不地著則離鄕輕家, 民如鳥
獸, 雖有高城深池, 嚴法重刑, 猶不能禁也.

---

78 원문 而直爲此廩廩也 - 直은 다만. 廩廩(늠름)은 위태롭다. 危機.

夫寒之於衣, 不待輕暖, 饑之於食, 不待甘旨, 饑寒至身, 不顧廉恥. 人情, 一日不再食則饑, 終歲不製衣則寒. 夫腹饑不得食, 膚寒不得衣, 雖慈父不能保其子, 君安能以有其民哉! 明主知其然也, 故務民於農桑, 薄賦斂, 廣畜積, 以實倉廩, 備水旱, 故民可得而有也.

民者, 在上所以牧之, 趨利如水走下, 四方忘擇也. 夫珠玉金銀, 饑不可食, 寒不可衣, 然而衆貴之者, 以上用之故也. 其爲物輕微易臧, 在於把握, 可以周海內而亡饑寒之患. 此令臣輕背其主, 而民易去其鄉, 盜賊有所勸, 亡逃者得輕資也. 粟米布帛生於地, 長於時, 聚於力, 非可一日成也, 數石之重, 中人弗勝, 不爲姦邪所利, 一日弗得而饑寒至. 是故明君貴五穀而賤金玉.」

[국역]

鼂錯(조조)도[79] 역시 文帝에게 상서를 올렸다.

「聖王이 在上하여 백성이 추위에 떨거나 굶주리지 않는 것은 (성

---

79 鼂錯(조조, 前 200 - 154) - '晁錯', '朝錯' 으로도 표기. 鼂는 아침 조.《史記》와《漢書》에는 鼂錯로 기록되었다. 鼂(아침 조)는 朝의 古字. 錯는 둘조('厝置의 厝 라는 註)에 따름. '錯雜(착잡)의 錯(착)으로 읽을 수 있으나 따르지 않는다.' 는《漢書補註》에 의거 '조조' 로 표기한다. 조조는 法家의 학문을 하였고, 문제에게 여러 건의를 많이 올렸고, 太子家令으로 근무하였기에 景帝가 즉위한 뒤, 경제의 신임이 두터웠다. 〈削藩策〉을 주장하여 吳楚七國의 亂의 원인을 제공하였다. 49권, 〈爰盎鼂錯傳〉에 입전.《史記 袁盎鼂錯列傳》참고.

왕이) 농사를 지어 먹이고 옷을 짜서 입히기 때문이 아니라[80] 곡물이나 자재를 비축하는 정책을 펴기 때문입니다. 그래서 堯(요)와 禹(우)가 9년의 홍수를 당하고, 湯王(탕왕)이 7년의 가뭄을 겪으면서도 나라에 굶어죽은 사람이 없었던 것은[81] 비축이 많았고 물자로 미리 대비했기 때문입니다. 지금은 海內가 하나가 되었고, 토지와 백성이 늘어나서 탕왕이나 禹王(우왕) 때보다 비교가 안 되게 많으며, 天災(천재)나 몇 년씩 계속되는 수해나 가뭄이 없는데도 비축이 그때만 못한 까닭은 무엇이겠습니까? 대지는 여전히 기름지고 백성은 여력이 있어도, 곡물을 심을만한 땅은 다 개간되지 않았으며, 山澤(산택)에서 얻을 수 있는 이득을 다 얻지 못하고, 놀며 먹는 백성을 농토로 돌려보내지 않기 때문입니다. 백성이 가난하면 흉악과 사악한 짓을 저지릅니다. 가난은 부족이고, 모자란 것은 농사를 짓지 않기 때문이며, 농사를 짓지 않으면 땅에 안주하지 못하고, 안주하지 못하면 고향을 떠나거나 가족을 경시하게 되어 백성이 새나 짐승과 같아지니, 안전한 성이 있어도, 또 엄격한 법과 형벌로도 금할 수가 없습니다.

추위에 떨 때는 옷이 가볍고 따뜻하기를 원하지 않고, 배고플 때는 음식이 맛있고 기름지기를 바라지 않으며, 추위와 굶주림에는 염치를 생각하지 못합니다(不顧廉恥). 사람의 감정으로 하루에 두 끼

---

80 원문 非能耕而食之, 織而衣之也 – 食之, 衣之는 백성(之)을 먹이다(食), 입히다(衣). 食은 먹을 식. 먹다. 밥 사. 먹이다〔飤(먹일 사)와 同〕. 사람 이름으로 쓰일 때는 이〔例 ; 酈食其(역이기)〕.

81 원문 國亡捐瘠者 – 亡는 없을 무. 捐은 버릴 연. 죽다. 죽은 사람을 묻지 못한 것. 瘠은 파리할 척. 여위다. 瘦病(수병).

를 먹지 못하면 굶주림이고, 일 년이 다 가도록 새 옷을 짓지 못하면 추위에 떨게 됩니다. 배고픈데도 먹을 수 없고, 몸이 추운데도 입을 옷이 없다면 비록 자애로운 부모라도 자식을 지켜줄 수 없는데, 군주가 어떻게 그 백성을 거느리겠습니까! 현명한 군주는 그러한 이치를 알기에 농사와 길쌈을 백성에 힘써 권장하고, 賦稅를 경감하며 비축을 늘려, 나라의 창고를 채우고 수해나 가뭄에 대비해야 하며, 백성은 그 덕으로 살아날 수 있습니다.

백성은 윗사람이 길러주지만, 백성이 이득을 따라가기는 물이 아래로 흘러가는 것과 같기에 사방 어디로든 떠날 수 있습니다.[82]

珠玉(주옥)이나 金銀은 배고프더라도 먹을 수 없고, 춥다 하여 입을 수도 없지만, 많은 사람이 귀하게 여기는 까닭은 상류 사람들이 사용하기 때문입니다. 그런 금은이나 주옥은 가볍고 작으며 쉽게 감춰둘 수 있고, 손에 잡고 있으면 海內 어디서든 통할 수 있으며 굶거나 추위에 떨 걱정이 없기 때문입니다. 이러하기에 아랫사람이 윗사람을 쉽게 배신할 수 있고, 백성들이 고향을 쉽게 떠날 수 있으며 도적들도 빼앗고 싶으며, 도망자에게도 가벼운 밑천(輕資)이 됩니다. 곡식(粟米)이나 옷감(布帛)은 땅에 심어야 하고, 시간이 걸려 재배하며, 힘을 모아야 하고, 하루에 이뤄질 수도 없으며, 돌 만큼이나 무거워 웬만한 사람(中人)은 갖고 다닐 수도 없어, 이런 곡식과 옷감은 간악한 무리에게 큰 이득이 되지는 않지만, 하루라도 없으면 배고픔과 추위에 떨어야 합니다. 이 때문에 明君은 오곡을 귀하게 여

---

82 원문 四方忘擇也 – 사방 어디를 고를지 모른다. 사방 어디든 택할 수 있다는 뜻.

기고 金玉을 천하게 여깁니다.」

「今農夫五口之家, 其服役者不下二人, 其能耕者不過
百晦, 百晦之收不過百石. 春耕,夏耘, 秋獲,冬藏, 伐薪樵,
治官府, 給徭役. 春不得避風塵, 夏不得避暑熱, 秋不得避
陰雨, 冬不得避寒凍, 四時之間亡日休息. 又私自送往迎來,
弔死問疾, 養孤長幼在其中. 勤苦如此, 尙復被水旱之災,
急政暴賦, 賦斂不時, 朝令而暮當具. 有者半賈而賣, 亡者
取倍稱之息, 於是有賣田宅,鬻子孫以償責者矣. 而商賈大
者積貯倍息, 小者坐列販賣, 操其奇贏, 日游都市, 乘上之
急, 所賣必倍. 故其男不耕耘, 女不蠶織, 衣必文采, 食必粱
肉, 亡農夫之苦, 有仟佰之得. 因其富厚, 交通王侯, 爲過吏
勢, 以利相傾. 千里游敖, 冠蓋相望, 乘堅策肥, 履絲曳縞.
此商人所以兼倂農人, 農人所以流亡者也.」

「지금 농부 一家 5식구에 나라의 요역을 부담하는 자가 2인 이하
가 아니며, 경작지는 1百 晦(무, 畝)에 불과하고, 1백 무의 수확이라
야 1백 石을 넘지 못합니다. 봄에 땅을 갈고(春耕), 여름에 김을 매
고(夏耘), 가을에 수확하고(秋獲), 겨울에 보관하면서(冬藏), 나무를
(땔감) 하고(伐薪樵, 벌신초), 관청 건물 보수 같은 徭役(요역)을 제

공해야 합니다. 봄에는 바람과 흙먼지를 피할 수 없고, 여름에는 더위와 열기를 피할 수 없으며, 가을에서 차가운 비를 피할 수 없고, 겨울 추위에 얼지 않을 수 없으니, 1년 4계절에 하루도 쉴 날이 없습니다. 또 사람에 따라 갈 사람은 보내고 올 사람을 맞이하며, 그러는 사이에 問喪하고 問病하며, 노인을 봉양하고 어린아이를 양육해야 합니다. 이처럼 힘들게 고생하는데 거기에 수해나 旱害(한해)라도 당하거나 관청의 촉박한 재촉이나 무거운 賦稅(부세), 불시에 닥치는 잡세와 징발은 아침에 명령하면 저녁에 납부해야 합니다. 조금이라도 있는 것이면 반값에라도 팔지만, 없는 것은 2배에 해당하는 이자를 물다가[83] 결국 田宅을 팔거나, 자손을 팔아 빚을 갚게 됩니다. 大商人은 물건을 쌓아두고 2배씩 이득을 남기고,[84] 소상인은 줄지어 앉아 판매하더라도, 특별한 이득을 얻을 수 있어 날마다 큰 시장(도시)에서 놀아도 급하게 납부하라는 재촉을 이용하면 판매하는 물건에 따라 2배의 이득을 얻습니다. 그러니 남자는 농사를 짓지 않고, 여인은 길쌈을 하지 않아도 무늬 놓은 채색 옷을 입고, 늘 좋은 밥에 고기를 먹으며, 농부처럼 고생하지 않아도 농사보다 千錢 百錢의 이득을 얻습니다.[85] 그런 부유한 재산을 바탕으로 王侯와 교제하거나

---

83 원문 亡者取倍稱之息 – 亡는 無. 倍稱은 取一償二. 2배의 利息(이식). 여기 息은 이식. 이득.

84 원문 商賈大者積貯倍息 – 商은 돌아다니면서 물건을 판매하는 사람. 賈(장사 고)는 坐板(좌판)하고 매매하는 사람. 그러니 行商이라는 말은 있지만 行賈(행고)라는 말은 없다. 積貯(축저)는 쌓아두다. 倍는 배. 息은 利息. 이익.

85 원문 有仟佰之得 – 仟은 千錢, 佰은 百錢.

관리의 힘을 빌려 이득을 몰이합니다. 그래서 천리 먼 곳까지 유람하는 사람의 관과 수레의 덮개가 길을 이었고, 튼튼한 수레에 살찐 말을 채찍질하며, 실로 만든 신발에 하얀 비단 옷이 땅에 끌립니다.[86] 이러하기에 상인이 농부를 부리고, 농부들은 유랑민이 됩니다.」

原文

「今法律賤商人, 商人已富貴矣. 尊農夫, 農夫已貧賤矣. 故俗之所貴, 主之所賤也. 吏之所卑, 法之所尊也. 上下相反, 好惡乖迕, 而欲國富法立, 不可得也. 方今之務, 莫若使民務農而已矣. 欲民務農, 在於貴粟. 貴粟之道, 在於使民以粟爲賞罰. 今募天下入粟縣官, 得以拜爵, 得以除罪. 如此, 富人有爵, 農民有錢, 粟有所渫. 夫能入粟以受爵, 皆有餘者也. 取於有餘, 以供上用, 則貧民之賦可損, 所謂損有餘補不足, 令出而民利者也. 順於民心, 所補者三, 一曰主用足, 二曰民賦少, 三曰勸農功. 今令民有車騎馬一匹者, 復卒三人. 車騎者, 天下武備也, 故爲復卒. 神農之敎曰, '有石城十仞, 湯池百步, 帶甲百萬, 而亡粟, 弗能守也.' 以是觀之, 粟者, 王者大用, 政之本務. 令民入粟受爵至五大

---

86 원문 履絲曳縞 ─ 履는 신발 이. 신다. 絲는 실로 짠 신발. 나막신이나 짚신이 아님. 曳는 끌 예. 옷이 땅에 끌리다. 縞는 하얀 비단 호.

夫以上, 乃復一人耳, 此其與騎馬之功相去遠矣. 爵者, 上
之所擅, 出於口而亡窮. 粟者, 民之所種, 生於地而不乏. 夫
得高爵與免罪, 人之所甚欲也. 使天下人入粟於邊, 以受爵
免罪, 不過三歲, 塞下之粟必多矣.」

〖국역〗

「지금 법률로는 商人이 賤하다지만,[87] 상인은 이미 부귀해졌고,
농부를 높이지만 농부는 이미 빈천합니다. 그래서 세상 사람이 귀하
게 생각한 것은 군주가 경시하는 것이고, 관리에게 천한 대상은 법
으로는 존귀합니다. 이처럼 상하가 서로 다르고, 好惡(호오)가 어긋
나기에[88] 나라의 부강과 법도 확립을 이룰 수가 없습니다. 지금 나
라에서 힘쓸 일은 백성이 농사에 전념케 하고 곡식을 소중히 하는
일보다 더 중요한 일은 없습니다.

곡식을 귀하게 여기는 방법은, 백성의 상벌을 곡식으로 대신하는
것입니다. 지금 천하의 곡식을 나라에 모으는 방법으로는[89] 곡식으
로 작위를 사고, 곡식으로 형벌을 면제해야 합니다. 그러면 부자는
작위를 얻고 농민은 돈을 벌 수 있으며, 곡식은 널리 분산될 것입니

---

87 원문 今法律賤商人 - 고조 8년에(前 199년), 賈人(고인, 商人)은 채색 비단
이나 수놓은 비단, 또는 극세사 비단이나 고운 갈포, 모시, 융단 옷을 입
을 수 없으며, 병기를 갖고 다니거나 말을 타고 다닐 수 없게 하였다.(賈
人毋得衣錦繡綺縠絺紵罽, 操兵, 乘騎馬.)

88 원문 好惡乖迕 - 惡는 미워할 오. 싫어하다. 乖는 어그러질 괴. 迕는 거스
를 오. 틀리다.

89 원문 今募天下入粟縣官 - 縣官은 나라, 국가. 때로는 황제를 지칭한다.

다.⁹⁰ 곡물을 나라에 납부하고 작위를 얻는다면 그 곡식은 모두 여
분의 곡식입니다. 여분의 곡식을 모으되 나라에서 쓸 수 있게 하면
빈민에 대한 부세를 경감할 수 있으니, 남는 곳에서 덜어내 부족한
곳에 보태주는 것이며, 작위를 내주는 것으로 백성을 이롭게 하는
것입니다. 이는 민심에 순응하면서 3곳을 보완하니, 첫째는 主君의
용도를 충족케 하고, 둘째는 백성의 부담을 경감케 하며, 셋째는 농
사를 장려할 수 있습니다. 현행 법령(今令)에 백성이 병기를 갖춘
戰車와 戰馬 1필을 보유하면, 병졸 3인의 賦稅를 면제합니다.⁹¹ 戰
車와 軍馬는 나라의 武備이기에 복역을 면제하는 것입니다.

神農氏의 가르침에 '石城이 十仞(10인)이고,⁹² 湯池(탕지)가 1백
步나 되며, 帶甲이 1백만 명이라도 군량이 없으면 지킬 수 없다.'고
하였습니다. 이를 본다면, 곡물은 王者의 大用이며 政治의 本務입니
다. 곡식을 납부하는 백성에게 五大夫 이상의 작위를⁹³ 내리면 1인
의 요역을 면제하는 것이니, 이는 騎馬를 비치하는 공과보다는 차이
가 많을 것입니다. 작위는 황제가 마음대로 수여할 수 있는 것으로
말씀만 하면 되는 것이기에 끝이 없습니다. 곡식은 백성이 농사지은
것으로 땅에서 자라기에 결코 궁핍하지 않습니다. 높은 작위를 얻는

---

90 원문 粟有所渫 – 粟은 조 속. 渫은 물 밑을 파낼 설. 흩어지다. 분산하다.

91 원문 復卒三人 – 復卒은 복무 중인 자는 복무를 면제하고(3인까지), 복무
할 병졸이 없다면 국가에 납부할 조세를 면제하다.

92 원문 石城十仞 – 1仞은 7尺(1척 23.1cm×7尺×10仞=1,617cm. 16m 높
이. 1仞은 8尺이라는 주석도 있다.

93 五大夫 – 漢代 20 작위 중 8급인 公乘(공승)까지는 평민의 작위이다. 五大
夫는 9급의 작위로 하급 관리의 작위이고, 관리는 요역이 면제된다.

것과 면죄는 백성의 간절한 욕구입니다. 천하의 백성으로 하여금 변방에 곡식을 납부하고 작위를 얻어 면죄 받게 한다면 3년이 지나지 않아 변방의 군량은 틀림없이 충족될 것입니다.」

於是文帝從錯之言, 令民入粟邊, 六百石爵上造, 稍增至四千石爲五大夫, 萬二千石爲大庶長, 各以多少級數爲差.

錯復奏言,「陛下幸使天下入粟塞下以拜爵, 甚大惠也. 竊恐塞卒之食不足用大漑天下粟. 邊食足以支五歲, 可令入粟郡,縣矣. 足支一歲以上, 可時赦, 勿收農民租. 如此, 德澤加於萬民, 民兪勤農. 時有軍役, 若遭水旱, 民不睏乏, 天下安寧. 歲孰且美, 則民大富樂矣.」

上復從其言, 乃下詔賜民十二年租稅之半. 明年, 遂除民田之租稅.

[국역]

이에 文帝는 鼂錯(조조)의 건의에 따라, 백성이 변방에 곡식을 납입할 경우 六百石은 上造(상조, 2급)의 작위를 수여하고, 차츰 올려 4천석이면 五大夫(9급), 1만2천석이면 大庶長(18급)을[94] 수여하되 각각 다소에 따라 급수에 차등을 두라고 명령하였다. 조조가 다시 상

---

94 大庶長 – 일반 관리가 받을 수 있는 가장 높은 작위였다. 18급. 이 위에는 19급 關內侯, 20급 徹侯(철후)는 諸侯로 분류한다.

주하였다.

「다행히 폐하께서 천하에 곡식을 변방에 납입하는 자에게 작위를 하사하시니 아주 큰 혜택입니다. 저는 변방 사졸의 군량 부족이라 하여 천하의 곡물을 모두 쓸어 모아 國用이 부족할까 걱정입니다. 변방 군량이 5년을 지탱할 수 있다면 식량을 군과 현에 납부하도록 하십시오. (군현의) 비축이 1년 이상을 지탱할 수 있다면 상황에 따라 면제하여[95] 농민의 전조를 징수하지 말아야 합니다. 이와 같이 시행하면 만민에게 은택이 돌아가고 백성은 더욱 근면하게 농사를 지을 것입니다.[96] 때에 따라 軍役이 부과되거나 수해나 旱害(한해)를 당하더라도 백성들은 睏乏(곤핍)하지 않아 천하는 평온할 것입니다. 만약 풍년이라도 들면 백성은 더욱 부유하고 쾌락할 것입니다.」

문제는 또 그 건의에 따랐고, 이어 조서를 내려 문제 12년(前 167)의 농민 전조의 절반을 면제해 주었다. 다음 해에는 드디어 民田의 租稅를 면제하였다.

原文

後十三歲, 孝景二年, 令民半出田租, 三十而稅一也.

其後, 上郡以西旱, 復修賣爵令, 而裁其賈以招民, 及徒復作, 得輸粟於縣官以除罪. 始造苑馬以廣用, 宮室列館, 車馬益增修矣. 然婁敕有司以農爲務, 民遂樂業.

---

95 원문 可時赦 – 赦(용서할 사)는 田租 납부를 면제하다.

96 원문 民兪勤農 – 兪(성시 유)는 그러할 유. 進也. 나아가. 愈(나을 유)의 古字.

至武帝之初七十年間, 國家亡事, 非遇水旱, 則民人給家足, 都鄙廩庾盡滿, 而府庫餘財. 京師之錢累百巨萬, 貫朽而不可校. 太倉之粟陳陳相因, 充溢露積於外, 腐敗不可食. 衆庶街巷有馬, 阡陌之間成群, 乘牸牝者擯而不得會聚. 守閭閻者食粱肉, 爲吏者長子孫, 居官者以爲姓號. 人人自愛而重犯法, 先行誼而黜愧辱焉.

於是罔疏而民富, 役財驕溢, 或至幷兼, 豪黨之徒以武斷於鄉曲. 宗室有土, 公卿大夫以下爭於奢侈, 室廬車服僭上亡限. 物盛而衰, 固其變也.

〖국역〗

그 이후 13년(12년), 孝景帝 2년(前 155), 백성의 田租를 절반인 (수확의) 30분의 1을 납부케 하였다.

그 뒤로 上郡(상군)의[97] 서쪽 지역에 가뭄이 들자, 다시 賣爵令(매작령)을 시행하였는데, (납입할) 가격을 낮춰 백성을 불러 모았고,[98] 죄수를 다시 사면하였으며[99] 나라에 곡식을 납부하면 형벌을 면제하였다. 그리고 처음으로 牧馬場(苑)을 설치하고 말을 사육하여 용도를 확대하였으며,[100] 宮室과 여러 건물을 지었고, 車馬는 더욱 늘

---

97 上郡 – 郡治는 膚施縣(부시현), 今 陝西省 북단 楡林市(유림시) 남쪽.

98 원문 而裁其賈以招民 – 裁는 마름질 할 재. 옷감을 재다. 낮추다. 깎다. 賈는 價格.

99 원문 及徒復作 – 刑具를 착용하지 않고 복역하는 죄수.

100 원문 始造苑馬以廣用 – 始는 처음으로, 造苑馬는 牧馬場을 설치하다.

어났다. 그러면서도 자주 담당 관리에게 명하여 勸農케 하였으며 백성은 생업을 즐겼다.

(建國 이후) 武帝(재위 前 140 - 87) 초기까지 70여 년간에 나라가 무사하고 수해나 가뭄도 없어 백성의 살림이 넉넉하였으며 수도나 지방의 곡물창고가 모두 찼으며[101] 조정의 창고에도 재물이 남아돌았다. 京師(長安)의 누적된 錢幣(전폐)는 巨萬(거만, 1億)에 이르렀고 꿰미가 썩어 셀 수가 없었다.[102] 太倉(태창, 나라의 창고)의 곡식은 매년 누적되었기에, 외부 노천에 쌓아야 했으며 썩어서 먹을 수가 없었다. 일반 백성의 마을에도 말을 길렀고 경작지 사이에 떼를 지어 돌아다녔으며, 암컷이 끄는 수레를 탄 사람은 밀려나 모임에 갈 수도 없었다.[103] 마을을 지키는 자도(守閭閻者) 쌀밥에 고깃국을 먹었으며, 관리의 장자나 장손으로 태어나서 관직에 오른 자는 관직을 姓으로 사용했다.[104] 사람마다 自愛하며 犯法을 죄악으로 멀리하였으며, 바른 예의를 우선하였고 추악한 행위를 부끄럽게 여겼다.

이에 법망은 느슨해졌고 백성은 부유하였으니, 점차 재물을 중시하면서 교만도 넘쳐났으며, 토지 兼倂(겸병)도 진행되었고 부호나

---

101 원문 都鄙廩庾盡滿 - 都鄙(도비)는 도성과 지방. 廩庾(늠유)는 창고. 곳집. 廩은 곳집 름(창고). 庾는 곳집 유.

102 원문 貫朽而不可校 - 貫은 꿸 관. 돈 꿰미. 朽는 썩을 후. 校는 헤아리다. 계산하다. 조사하다. 計量.

103 원문 乘牸牝者擯而不得會聚 - 牸牝(자빈)은 암컷. 牸는 암컷 자. 牝은 암컷 빈. 擯은 물리칠 빈. 배척하다. 會聚는 모이다. 모임. 암말이 수컷 말에게 물리거나 차여서 모임에 나갈 수 없다는 주석이 있다.

104 원문 居官者以爲姓號 - 관직명을 성씨로 정하다. 倉氏(창씨), 庾氏(유씨, 곳집 유)가 대표적인 例이다.

그런 무리들은 농촌 향읍에서 위세를 부렸다.[105] 宗室도 토지를 늘렸고, 公卿大夫 이하 모두가 경쟁적으로 사치하였으며, 분수에 넘는 주택과 수레 복장은 끝이 없었다. 만물이 極에 달하면 쇠퇴하듯 결국은 변화할 수밖에 없었다.

原文

是後, 外事四夷, 內興功利, 役費並興, 而民去本. 董仲舒說上曰,

「《春秋》它穀不書, 至於麥禾不成則書之, 以此見聖人於五穀最重麥與禾也. 今關中俗不好種麥, 是歲失《春秋》之所重, 而損生民之具也. 願陛下幸詔大司農, 使關中民益種宿麥, 令毋後時.」

又言, 「古者稅民不過什一, 其求易共, 使民不過三日, 其力易足. 民財內足以養老盡孝, 外足以事上共稅, 下足以蓄妻子極愛, 故民說從上. 至秦則不然, 用商鞅之法, 改帝王之制, 除井田, 民得賣買, 富者田連阡陌, 貧者無立錐之地. 又顓川澤之利, 管山林之饒, 荒淫越制, 逾侈以相高. 邑有人君之尊, 里有公侯之富, 小民安得不困? 又加月爲更卒, 已, 復爲正, 一歲屯戍, 一歲力役, 三十倍於古. 田租口賦,

---

105 원문 武斷於鄕曲 - 武斷은 위세를 이용하여 옳고 그름을 판단하다. 鄕曲은 鄕村.

鹽鐵之利, 二十倍於古. 或耕豪民之田, 見稅什五. 故貧民
常衣牛馬之衣, 而食犬彘之食. 重以貪暴之吏, 刑戮妄加,
民愁亡聊, 亡逃山林, 轉爲盜賊, 赭衣半道, 斷獄歲以千萬
數. 漢興, 循而未改. 古井田法雖難卒行, 宜少近古, 限民名
田, 以澹不足, 塞並兼之路. 鹽鐵皆歸於民. 去奴婢, 除專殺
之威. 薄賦斂, 省徭役, 以寬民力. 然後可善治也.」

仲舒死後, 功費愈甚, 天下虛耗, 人復相食.

〖국역〗

이후에 밖으로는 四夷와 싸웠고 안으로는 功名과 이익을 추구하
자, 勞役 동원과 비용이 함께 늘어났고 백성은 농사를 포기하였다.
이에 董仲舒(동중서)가[106] 武帝에게 건의하였다.

「《春秋》에 다른 곡식을 기록하지 않았어도, 보리(麥)와 벼(禾)가
잘 익지 않으면 이를 기록하였는데, 이를 본다면 성인은 오곡 중에
서도 보리와 벼를 가장 중요시하였습니다. 지금 關中 지역의 습속이
보리 심기를 좋아하지 않기에, 올해에는 《春秋》에서 所重히 하는 보
리가 흉년이라 백성 생활에 손실을 보았습니다. 폐하께서는 關中 지
역의 백성이 보리를 많이 심고[107] 이후 파종 시기를 놓치지 않도록

---

106 董仲舒(동중서, 前 179 - 104) - 유학자. 《春秋公羊傳》 전공. 今文經의 大
師, 孔安國과 나란한 명성, 司馬遷의 經學 사상에도 영향을 주었다. 《漢
書 董仲舒傳》에 입전. 《史記 儒林列傳》 참고.

107 원문 民益種宿麥 - 益은 많이. 늘리다. 種은 播種(파종)하다. 宿麥(숙맥)
은 겨울을 난 보리. 가을에 콩을 수확한 뒤에 보리씨를 뿌려 싹이 터 자

大司農에게¹⁰⁸ 분부해 주시기를 바라옵니다.」

또 상서하였다.

「옛날에 백성의 세액은 (수확량의) 10분이 1이라서 이는 쉽게 납부할 수 있었고¹⁰⁹ 백성의 노역은 (1년에) 3일에 불과하였기에 力役(역력)도 쉽게 해결되었습니다. 백성의 재물은 家內에서 노친을 봉양하며 효도를 다하고, 밖으로는 나라에 賦稅(부세) 바칠 수 있었으니, 아래로는 처자를 마음껏 사랑하며 부양하고 위로는 기꺼이 나라의 명령을 따를 수 있었습니다. 그러나 秦代에는 그렇지 않았으니, (秦에서) 商鞅(상앙)의 變法을 채택하고 帝王의 法制를 바꾸며, 井田法을 폐지하고, 백성이 토지를 매매할 수 있게 하자, 富者의 토지는 종횡으로 늘어났지만 貧者는 송곳을 세울만한 땅도(立錐之地) 없었습니다. 또 川澤의 이익도 독점하였고,¹¹⁰ 山林의 豊饒(풍요)도 주도

란 뒤에 겨울을 지낸 보리. 겨울이 지난 봄에 씨앗을 뿌리는 봄보리가있다. 우리나라에서는 겉보리(barley)와 쌀보리(裸麥, 나맥. rye)로 대별한다. 이는 종자 자체가 다르다. '겉보리 서 말만 있으면 처가살이 하랴.'는 속담이 있다. 밀은 小麥(소맥, wheat)이라 한다.

108 大司農(대사농) − 국가의 穀物과 재화, 국가재정 담당. 질록 中二千石. 景帝 後元 원년 治粟內史(치속내사)를 大農令으로 개칭했다가, 武帝 太初 원년 대농령을 大司農으로 개칭. 屬官으로 太倉令, 均輸令, 平準令, 都內令, 籍田令의 5令과 그 아래 丞을 두었다. 郡國의 모든 창고에 農監, 都水長 등 65명의 長과 丞이 있었다. 그 외에도 騈粟都尉(수속도위)라는 軍官이 있었으나 상설직은 아니었다. 王莽(왕망)은 大司農을 義和(희화)라 개칭했다가 다시 納言(납언)으로 개칭했다.

109 원문 其求易共 − 求는 徵求(징구). 易는 쉬울 이. 共은 供(바칠 공). 납부하다.

110 원문 顓川澤之利 − 顓은 오로지 전. 專斷할 전. 專과 同.

하면서, 荒淫(황음)은 법제를 넘어섰고 서로 경쟁하듯 사치를 부렸습니다. 城邑에 人君 같은 尊者가 있고, 마을에는 公侯만한 부자가 있었으니, 힘없는 백성(小民)이 어찌 困窮(곤궁)하지 않겠습니까? 또 거기다가 매달 보졸로 변경에 근무를 해야 하고, 그것이 끝나면(已) 다시 장안의 관청에 1년을 服役(복역)하였으니,[111] 1년은 (변방에) 보초를 서고, 1년은 力役(역역)하기에 옛날의 30배가 됩니다. 田租(전조)와 人口에 따른 부역(口賦), 그리고 鹽鐵(염철) 전매의 이득은 옛날의 20배는 될 것입니다. (백성이) 혹 豪民(호민)의 토지를 경작(小作)하면 소득의 10분의 5를 稅로 부담했습니다.[112] 그래서 빈민은 늘 소나 말에 씌우는 덕석을 입고 살면서, 개나 돼지의 먹이 같은 음식을 먹어야만 했습니다.[113] 거기다가 탐욕하고 포악한 관리가 형벌을 마음대로 重課(중과)하니 백성의 수심은 의지할 데도 없어[114] 山林으로 도망쳐 숨거나 아니면 도적으로 전락하였으며, 붉은 흙색의 옷을 입은 백성(죄인)이 길에 절반이었고, 1년에 죄수로 형벌을 받는 백성이 천이나 만으로 세어야만 했습니다. 漢이 건국되었지만 이런 폐단은 그대로 답습되었습니다. 고대의 井田法을 비록 갑자기 시행할 수는 없지만, 적어도 옛 제도에 가깝도록 백성의 토지를 겸병을 제한하여,[115]

---

111 원문 復爲正 - 長安의 중앙관서(中都官)에서 1년간 잡역을 담당하다.

112 원문 見稅什五 - 見은 피동의 뜻. 稅는 소작료. 什五은 10의 5, 곧 절반.

113 원문 而食犬彘之食 - 犬彘(견체)는 개와 돼지. 彘는 돼지 체.

114 원문 民愁亡聊 - 亡聊(무료)는 의지할 데가 없다. 聊는 즐기다. 바라다. 두려워하다. 멋대로. 애오라지.

115 원문 限民名田 - 限는 제한하다. 民은 일반 백성. 名田은 占田. 토지를 소유하다.

부족분을 채워주며 (豪民의) 토지겸병을 막아야 합니다. 또 염철 전매의 이득도 백성에게 돌려주어야 합니다. 노비제도를 폐지하되(去奴婢), 주인 마음대로 죽이는 전횡을 없애야 합니다. 부세를 경감하고 요역을 줄여나가 백성의 노동력을 회복시켜줘야 합니다. 이런 연후에야 善治가 이뤄질 것입니다.」

동중서가 죽은 뒤에, 재정 지출은 더욱 늘어났고, 헛 지출로 천하는 가난해졌고, 다시 사람이 사람을 먹는 지경이 되었다.

原文

武帝末年, 悔征伐之事, 乃封丞相爲富民侯. 下詔曰,「方今之務, 在於力農.」以趙過爲搜粟都尉. 過能爲代田, 一晦三甽. 歲代處, 故曰代田, 古法也. 后稷始甽田, 以二耜爲耦, 廣尺, 深尺曰甽, 長終晦. 一晦三甽, 一夫三百甽, 而播種於甽中. 苗生葉以上, 稍耨隴草, 因隤其土以附苗根. 故其 《詩》曰,「或芸或芓, 黍稷儗儗.」芸, 除草也. 芓, 附根也. 言苗稍壯, 每耨輒附根. 比盛暑, 隴盡而根深, 能風與旱, 故儗儗而盛也. 其耕耘下種田器, 皆有便巧. 率十二夫爲田一井一屋, 故晦五頃, 用耦犁, 二牛三人, 一歲之收常過縵田晦一斛以上, 善者倍之.

〔국역〕

武帝 말년에, 무제는 정벌의 役事(역사)를 뉘우치면서 승상 田千秋

(전천추)를 富民侯(부민후)에 책봉하였다.[116] 무제가 조서를 내렸다.

「지금 힘써야 할 직무는 농업 장려이다.」

武帝는 趙過(조과)를 搜粟都尉(수속도위)에 임명하였다.[117] 조과는 쉽게 경작할 수 있도록 一晦(무, 畝)의 땅에 3개의 밭도랑을 만들게 했다.[118] 해마다 밭 도랑의 위치를 바꾸게(易) 하였기에 代田(대전)이라고도 했는데,[119] 옛날부터 내려온 농사법이었다. 后稷(후직)이 처음 甽田(견전)을 시작했고 2개의 보습(耜, 보습 사)을 한 짝(耦)으로 하여 도랑을 넓고 깊게 갈았는데, 이를 甽(밭도랑 견)이라 하였다. 도랑의 길이는 경작지와 같게 하였는데 1무에 보통 3개의 도랑을 만들었다. 1무 3견이니 1夫(100畝一夫)에 3백견이고 그 도랑에 파종케 하였다. 곡식이 싹터 잎이 나오면, (곡식이) 자라는 대로 밭이랑의 풀을 매며(稍耨隴草), 이랑의 흙으로 곡식 뿌리를 북돋아 주었다.(흙을 모아 뿌리 부분에 덮어주다.) 그래서 《詩經》에서도 「김을 매고 북돋아주니, 黍稷(서직, 기장)이 무성하다.」고 하였다.[120] 芸(김

116 富民侯 - 田千秋(전천추, ?- 前 77) - 前 89년 丞相에 임명되었다. 전천추는 大鴻臚(대홍려)를 거쳐 몇 달 뒤, 승상이 되었고 富民侯에 봉해졌다. 전천추는 별다른 재능이나 학식, 또는 문벌이나 공로도 없었지만, 武帝와 昭帝의 승상으로 12년을 재직하였다. 昭帝 즉위 후 田千秋가 年老하여 坐車하여 上朝할 것을 허용하자, 이후 백성들은 車丞相 또는 車千秋라고 불렀다. 66권, 〈公孫劉田王楊蔡陳鄭傳〉에 입전.

117 원문 趙過爲搜粟都尉 - 趙過(조과)는 人名. 搜粟都尉(수속도위)는 관직명. 軍糧 조달 책임자.

118 원문 三甽 - 甽은 밭도랑 견. 田中有溝. 畎(밭도랑 견)과 同.

119 이는 地力 회복을 위한 방법이었다. 유럽 중세 莊園의 삼포제에 休耕地(휴경지)가 있었던 것과 같은 이치이다.

120 원문 或芸或芓, 黍稷儗儗 - 《詩經 小雅 甫田》의 구절. 芸은 김맬 운. 芓

맬 운)은 잡초를 제거하는 것이고, 耔(북돋을 자)는 뿌리에 흙을 덮어
주는 것이다. (곡식) 싹이 점차 자라면서 김을 맬 때마다 뿌리에 흙
을 덮어준다. 그리하여 한여름에 이랑의 흙이 모두 (밭고랑에 쌓여)
뿌리가 흙 속에 깊이 있기에 바람이나 가뭄을 견딜 수 있어 무성하
게 자란다.

그리고 밭을 갈고 파종할 農器를 모두 편리하게 개량하였다. 대
개 12夫가 田 一井이나 一屋(옥)을 농사짓는데,[121] 1畮(무) 5頃(경)에,
보습이 2개인 쟁기를 써서(用耦犁), 2牛에 3人이 농사지었는데, 1년
의 수확량이 도랑이 없는 밭(縵田, 만전)보다 1畝에 1斛(곡, 10斗)이
상이었고, 농사를 잘 짓는 농부는 2배를 수확하였다(善者倍之).

過使敎田太常,三輔, 大農置工巧奴與從事, 爲作田器. 二
千石遣令長,三老,力田及里父老善田者受田器, 學耕種養苗
狀. 民或苦少牛, 亡以趣澤, 故平都令光敎過以人挽犁. 過
奏光以爲丞, 敎民相與庸挽犁. 率多人者田日三十畮, 少者
十三畮, 以故田多墾闢. 過試以離宮卒田其宮壖地, 課得穀
皆多旁田, 畮一斛以上. 令命家田三輔公田, 又敎邊郡及居

는 북돋울 자. 黍稷(서직)은 곡식 이름. 儵는 무성할 의. 薿(무성할 의)와
같음.

121 1百 步를 1畮(무 畝), 1백 무를 1夫(부), 3夫를 1屋(옥), 3옥을 1井이라 했
으니 1정은 사방 1리이며 9夫로 8家戶가 공유하니 각 가호마다 토지가
1백 무이다.

延城. 是後邊城,河東,弘農,三輔,太常民皆便代田, 用力少
而得穀多.

[국역]

趙過(조과)는 太常의 관할 陵縣(능현)과 三輔 지역에도 관리를 보
내 가르쳤고,[122] 大司農은 솜씨가 좋은 노비를 거느리고 농기구를
제작케 하였다. (지방의) 二千石(郡 太守)은 縣令이나 縣長 또는 三
老, 力田(역전)[123] 및 里의 父老 중 善田者를 보내 농기구를 수령하고
밭갈이와 播種(파종), 養苗(양묘)의 實狀(실상)을 배우게 하였다. 백성
중에 혹 소(牛)가 부족하거나 토양이 쓸려 없어져 고생을 했는데, 前
平都縣令인 光(광)은 趙過(조과)에게 사람이 쟁기를 끌게 하라고 일
러 주었다. 조과는 光(광)을 (수속도위의 副職인) 丞(승)에 추천하였
고, 백성들은 서로 품앗이 하여 쟁기를 끌도록 가르쳤다. 대개의 경
우 많은 사람들이 하루에 30무의 땅을 적은 경우에 13무의 땅에 밭
도랑을 내었으며, 새로운 땅도 많이 개간하였다.

조과는 (궁궐을 수비하고) 귀향할 士卒을 모아 궁궐 사이의 빈터
(壖地, 壖은 빈터 연, 空地 연)에서 시범을 보였는데, 그렇게 해서 결

---

122 원문 敎田太常, 三輔 – 太常은 皇陵 관리와 종묘 제사를 주관하는 9卿의
   한 사람이다. 황릉 주변의 현을 특별히 陵縣이라 하였고, 이 능현의 관
   리는 태상의 권한이었다. 三輔는 장안 주변의 특별 행정구역으로 京兆
   (경조), 右扶風, 左馮翊(좌풍익)을 말한다. 이는 郡級이나 그 관장은 질록
   이 9경과 같았다.

123 力田은 모범적 농민. 일종의 鄕職. 본인은 身役이 면제되었다. 孝弟는
   윤리적 모범 농민.

과적으로 1무에 1斛 이상의 수확을 더 거두었다, 조과는 작위를 받은 농가(命家)에게 三輔 지역의 公田을 경작케 하였고, 또 변방의 郡이나 居延城(거연성)에서도[124] 시범을 보였다. 이후로 변방의 城邑이나 河東郡, 弘農郡, 三輔 일대 및 太常 소속의 陵縣 백성들이 모두 代田의 농법을 익혀 노동력을 절감했고 곡물 생산은 많아졌다.

原文

至昭帝時, 流民稍還, 田野益辟, 頗有蓄積.

宣帝卽位, 用吏多選賢良, 百姓安土, 歲數豐穰, 穀至石五錢, 農人少利. 時大司農中丞耿壽昌以善爲算能商功利, 得幸於上, 五鳳中奏言.

「故事, 歲漕關東穀四百萬斛以給京師, 用卒六萬人. 宜糴三輔,弘農,河東,上黨,太原郡穀, 足供京師, 可以省關東漕卒過半.」

又白增海租三倍, 天子皆從其計.

[국역]

昭帝(소제, 재위 前 86 - 74) 재위 중에 流民은 점차 돌아와, 田野는 더욱 넓어졌고 제법 비축량도 많아졌다.

---

124 居延 - 縣名. 今 內蒙古 阿拉善盟 관할하의 額濟納旗(盟과 旗는 내몽고 지역의 행정 단위임). 寧夏回族自治區의 서쪽 내몽고 지역. 漢代에는 '居延澤' 후세에는 '西海', 唐代 이후로는 '居延海' 로 불렸다.

宣帝(재위 前 73 - 49년)가 즉위하며 현량한 자를 관리로 많이 등용했고 백성이 토지에 안착하고 해마다 풍년이 들어 곡식 1石이 五錢으로 농민의 이득이 매우 적었다. 이때 大司農의 속관으로 中丞인 耿壽昌(경수창)은[125] 계산과 功利를 헤아리는데 뛰어나 선제의 총애를 받고 있었는데, 五鳳 연간에 상주하였다.

「전례를 보자면, 해마다 關東의 곡식을 4백만 斛(곡) 이상을 漕運(조운, 漕는 배로 실어 나를 조)하여 京師에 공급하는데 士卒 6萬 명을 동원합니다. 三輔와 弘農郡, 河東, 上黨, 太原郡에서 생산되는 곡식을 사들여 京師에 충분히 공급할 수 있으니 관동의 漕卒(조졸) 절반 이상을 줄일 수 있습니다.」

또 해안 지역의 租를 3배 이상 증액하자고 상서하였는데, 선제는 그 건의를 모두 채용하였다.

原文

御史大夫蕭望之奏言,

「故御史屬徐宮家在東萊, 言往年加海租, 魚不出. 長老皆言武帝時縣官嘗自漁, 海魚不出, 後復予民, 魚乃出. 夫陰陽之感, 物類相應, 萬事盡然. 今壽昌欲近糴漕關內之穀, 築倉治船, 費値二萬萬餘, 有動衆之功, 恐生旱氣, 民被其

---

125 大司農은 조세 징수와 국가 재정 담당. 中丞은 속관의 직명, 좌우 중승, 질록 1천석. 耿壽昌(경수창)은 인명. 耿은 빛날 경, 성씨. 常平倉(상평창)을 설치 및 운영으로 국가 재정과 물가 안정에 기여했다.

災. 壽昌習於商功分銖之事, 其深計遠慮, 誠未足任, 宜且
如故.」

上不聽. 漕事果便, 壽昌遂白令邊郡皆築倉, 以穀賤時增
其賈而糴, 以利農, 穀貴時減賈而糴, 名曰常平倉. 民便之.
上乃下詔, 賜壽昌爵關內侯. 而蔡癸以好農使勸郡國, 至大
官.

[국역]

이에 御史大夫인 蕭望之(소망지)가¹²⁶ 上奏하였다.

「작고한 어사대부의 속관인 徐宮(서궁)의 집은 東萊郡(동래군)에
있었는데, 예전에 나라에서 연안 여러 郡의 漁夫(어부)에 대한 조세
海租(해조)를 증액하자 고기가 잡히지 않았습니다. 長老들은 모두
武帝 때 나라에서(縣官) 어부의 稅을 올리자 바다 생선이 잡히지 않
았지만 나중에 백성들을 면제하자 생선이 다시 잡히기 시작했다고
말했습니다. 이처럼 陰陽은 사물에 따라 감응하고, 만사가 다 그러
합니다. 지금 耿壽昌(경수창)이 가까운 關中이나 河東 지역의 곡식을
사들여 조운하자고 주장하는데, 창고를 짓고 선박을 준비하는데 그
비용이 거의 2억 전(二萬萬錢)에 해당하고, 많은 인력을 동원하는데
따라 혹 旱害(한해)의 기운을 불러온다면 백성들이 그 재해를 당할
것입니다. 경수창은 공적을 이루려 아주 작은 일을 헤아리는데 익숙

---

126 蕭望之(소망지, ?-前 46) - 元帝의 사부. 經學者로 五經과 《齊詩》, 《論
語》에 박통. 78권 〈蕭望之傳〉에 입전. 소망지는 太傅로서 《論語》와 《禮
記 服制》를 황태자(元帝)에게 전수하였다.

하고,[127] 그 深計遠慮(심계원려)라 하지만 정녕 大任을 맡을 수 없으
니 이전과 같이 시행해야 합니다.」

선제는 허락지 않았다. 경수창의 조운은 예상대로 편리하였다.
경수창은 마침내 변방 각지의 郡에 창고를 신축케 하였고, 곡물 가
격이 쌀 때 그 가격을 올려 구매하여[128] 농민을 이롭게 하였고, 곡식
이 귀할 때 가격을 낮춰 팔게 하니,[129] 이를 常平倉(상평창)이라 하였
다. 이는 백성에게 유익했다. 선제는 이에 조서를 내려 경수창에게
關內侯의[130] 작위를 하사하였다.

蔡癸(채계)는 농사를 좋아하여 각 郡國을 돌며 勸農했는데 大官까
지 승진하였다.[131]

原文

元帝卽位, 天下大水, 關東郡十一尤甚. 二年, 齊地饑, 穀
石三百餘, 民多餓死, 琅邪郡人相食. 在位諸儒多言鹽鐵官
及北假田官,常平倉可罷, 毋與民爭利. 上從其議, 皆罷之.

---

127 원문 壽昌習於商功分銖之事 – 習은 익숙하다. 商功은 공적을 商量(상
　량)하다. 分銖之事(분수지사)는 아주 미세한 일.

128 원문 以穀賤時增其賈而糴 – 賤은 가격이 저렴하다. 賈는 價格. 糴은 쌀
　사들일 적.

129 원문 穀貴時減賈而糶 – 糶는 쌀을 내어 팔 조.

130 關內侯 20 작위 중 列侯 다음으로 높은 19등 작위. 食邑은 없고, 봉해진
　戶數 만큼의 租稅 수입을 받았다.

131 〈藝文志〉에 의하면, 蔡癸(채계)가 弘農太守를 역임했고, 저서《蔡癸(채
　계)》1편이 있다.

又罷建章,甘泉宮衛,角抵,齊三服官, 省禁苑以予貧民, 減諸
侯王廟衛卒半. 又減關中卒五百人, 轉穀賑貸窮乏. 其後用
度不足, 獨復鹽鐵官.

成帝時, 天下亡兵革之事, 號爲安樂, 然俗奢侈, 不以蓄聚
爲意. 永始二年, 梁國,平原郡比年傷水災, 人相食, 刺史守
相坐免.

〔국역〕

元帝가 즉위하고(前 48 - 33년), 천하가 홍수를 당했는데, 關東
지역 11개 郡의 피해가 더욱 심했다. 2년, 齊郡 지역에 흉년이 들어
곡식 1石이 3백여 전이나 되었고, 많은 백성이 굶어 죽었으며 琅邪
郡(낭야군)에서는 사람을 잡아먹었다. 재위 중인 여러 儒者들은 나라
의 鹽鐵官(염철관)과 (五原郡) 北假(북가)의 田官,[132] 常平倉 등을[133]
모두 폐지하고 백성과 이득을 다퉈서는 안 된다고 주장하였다. 원제
는 의론에 따라 모두 革罷(혁파)하였다. 또 建章宮과 甘泉宮의 衛士
(위사)와 角抵(각저) 행사와[134] 齊郡의 三服官을[135] 폐지했으며 禁苑
(금원)을 풀어 빈민에게 대여했고, 제후왕 廟堂(묘당)의 衛卒(위졸)도

---

132 北假(북가)는, 수 내몽고 河套(하투) 지구 북쪽. 이곳에 대규모 집단 농장
  을 설치했다. 田官은 北假 지구에서 水利와 개간 사업을 담당하는 관리.

133 鹽鐵官, 常平倉 - 鹽鐵官은 무제 때, 常平倉은 宣帝 때 설치했었다.

134 角抵(각저) - 角抵(각저)는 레슬링. 씨름. 撲跤(솔교). 角은 '나란하다' 는
  의미, 抵는 서로 힘으로 밀어내다. 秦나라 때부터 角抵란 명칭을 사용.
  한에서는 군부대 사열 행사 겸 체력 단련 행사로 매년 개최되었다.

135 三服官 - 齊郡 臨淄(임치)에 설치한 황실용 복장을 제조하여 공급하던

절반으로 줄였다. 또 각 관문의 士卒 5백 명을 감축하였고 곡식을
풀어 궁핍한 백성에게 賑恤(진휼) 대출하였다. 그러나 뒤에 재정이
부족하자 다시 염철관을 부활시켰다.

　成帝(재위 前 32 - 前 7년) 때 천하에 전쟁도(兵革之事) 없어 安樂
한 시절로 불리었지만, 세속은 사치했고 곡물의 축적에는 뜻이 없었
다. 成帝 永始 2년(前 15)에 梁國과 平原郡 일대가 매년 수재를 당하
면서 사람이 사람을 먹었고, 刺史(자사)와 태수, 相 등이 이와 연관하
여 파면되었다.

原文┃

　哀帝卽位, 師丹輔政, 建言.

「古之聖王莫不設井田, 然後治乃可平. 孝文皇帝承亡周
亂秦兵革之後, 天下空虛, 故務勸農桑, 帥以節儉. 民始充
實, 未有並兼之害, 故不爲民田及奴婢爲限. 今累世承平,
豪富吏民訾數巨萬, 而貧弱愈困. 蓋君子爲政, 貴因循而重
改作, 然所以有改者, 將以救急也. 亦未可詳, 宜略爲限.」

　天子下其議. 丞相孔光, 大司空何武奏請.

「諸侯王,列侯皆得名田國中. 列侯在長安, 公主名田縣道,
及關內侯,吏,民名田, 皆毋過三十頃. 請侯王奴婢二百人,
列侯,公主百人, 關內侯,吏民三十人. 期盡三年, 犯者沒入

　　관청. 齊에서 생산되는 비단으로 봄에 바치는 首服, 여름에는 夏服, 겨
　　울에 冬服을 지어 바쳤다.

官.」

時田宅奴婢賈爲減賤, 丁,傅用事, 董賢隆貴, 皆不便也.
詔書,「且須後」, 遂寢不行. 宮室,苑囿,府庫之臧已侈, 百姓
訾富雖不及文,景, 然天下戶口最盛矣.

[국역]

哀帝가 즉위하자(재위 前 6-前 1), 師丹(사단)이[136] 輔政(보정)하며
건의하였다.

「古代의 英明한 君王으로 井田制를 시행하지 않은 분이 없었으
며, 그런 연후에 가히 太平을 이룰 수 있었습니다. 孝文皇帝는 멸망
한 周室과 난폭한 秦의 전쟁 참화 뒤끝을 계승하여 천하가 空虛(공
허)했기에 농사와 길쌈을 적극 장려하며 절검을 몸소 실천하였습니
다. 그래서 백성은 모처럼 충실해졌고 (토지) 겸병의 피해도 없었으
므로, 民田의 소유나 노비에 아무런 제한도 없었습니다. 지금은 여
러 세대에 걸쳐 承平(승평)이 이어지면서 부호나 관리의 자산은 수
억에 이르지만[137] 빈약한 백성은 더욱 곤궁해졌습니다. 대개 政事에
관여하는 君子는 전례의 답습을 귀하게 여기고 개혁을 몹시 어려워
하지만[138] 고쳐야 할 것이 있다면 서둘러 救援(구원)해야 합니다. 전

---

136 師丹(사단, ?-서기 3년) - 哀帝 때 王莽(왕망)의 권한 박탈을 강력 주장.
애제 때 개혁 시도는 외척의 반대로 실패했다. 86권, 〈何武王嘉師丹傳〉
에 입전.

137 원문 豪富吏民訾數巨萬 - 豪富는 富豪(부호). 訾는 헐뜯을 자, 흉볼 자,
재물 자. 貲(재물 자)와 同. 巨萬은 億(萬의 萬).

138 원문 貴因循而重改作 - 因循(인순)은 따라가다. 답습하다. 重은 어려워

면적 개혁이 아니라도[139] 응당 대략적이나마 제한해야 합니다.」

애제는 이를 토론케 하였다. 丞相(승상)인 孔光(공광)과[140] 大司空인 何武(하무)가[141] 주청하였다.

「諸侯王이나 列侯 모두가 그 나라 안에 名田(占田)을 가질 수 있습니다. (封地에 가지 않고) 長安에 사는 列侯는 물론, 公主의 縣이나 道(도)에 있는 名田, 關內侯나 관리의 名田도 모두 30頃(경)을 넘을 수는 없습니다. 侯王의 노비는 2백 명, 列侯나 公主는 1백 명, 關內侯나 관리는 30명을 초과할 수 없습니다. 3년 기한을 두고 이 규정을 어기는 자는 모두 국가에 몰수하겠습니다.」

그때 田宅이나 노비의 가격은 떨어지며 낮았지만, 외척인 丁氏(丁明 등)나 傅氏(부씨, 애제 祖母의 친정, 傅晏 등)들이 정권을 잡았고, 董賢(동현)이[142] 아주 높은 자리에 올랐는데, 이들이 이런 제한을 싫

하다. 改作은 개혁.

139 원문 亦未可詳 – 모두를 다 바꾸지는 못하더라도(未可盡改).

140 孔光(공광, 前 65 – 서기 5) – 字는 子夏로, 孔子의 14세손. 어사대부, 승상 역임.

141 何武(하무, ? – 서기 3년) – 前 8년 御史大夫(大司空) 역임. 나중에 왕망의 모함으로 자살.

142 董賢(동현, 前 23 – 前 1) – 哀帝의 同性愛 파트너. 관직이 20대에 大司馬에 이르렀다. 애제가 죽는 그날 바로 자살했다. 한번은 동현이 낮잠을 자며 애제의 소매를 베고 잠이 들었는데 애제가 일어나려 했으나 동현은 아직 자고 있어 동현을 깨우지 않으려고 옷소매를 자르고 일어났다.(斷袖之好란 成語가 있다.) 동현에 대한 애제의 은총과 사랑이 이 정도였다. 동현 또한 그 천성이 온유하고 비위를 잘 맞추는 성격이라 아첨으로 지위를 공고히 하였다. 93권, 〈佞幸傳〉에 立傳.

어했다. 그래서 조서로 「일단 뒷날을 기다리라.」했고, 결국 미뤄놓고 실행하지 않았다. 宮室, 苑囿(원유, 정원, 유락처), 府庫에 저장한 재물이 너무 많았고 백성의 財富도 비록 文帝 景帝 때만은 못했지만 천하의 戶口는 가장 많았다.[143]

平帝崩, 王莽居攝, 遂纂位. 王莽因漢承平之業, 匈奴稱藩, 百蠻賓服, 舟車所通, 盡爲臣妾, 府庫百官之富, 天下晏然. 莽一朝有之, 其心意未滿, 狹小漢家制度, 以爲疏闊. 宣帝始賜單于印璽, 與天子同, 而西南夷鉤町稱王. 莽乃遣使易單于印, 貶鉤町王爲侯. 二方始怨, 侵犯邊境. 莽遣興師, 發三十萬衆, 欲同時十道並出, 一舉滅匈奴. 募發天下囚徒丁男甲卒轉委輸兵器, 自負海江淮而至北邊, 使者馳傳督趣, 海內擾矣. 又動欲慕古, 不度時宜, 分裂州郡, 改職作官, 下令曰, 「漢氏減輕田租, 三十而稅一, 常有更賦, 罷癃咸出, 而豪民侵陵, 分田劫假, 厥名三十, 實十稅五也. 富者驕而爲邪, 貧者窮而爲姦, 俱陷於辜, 刑用不錯. 今更名天下田曰王田, 奴婢曰私屬, 皆不得賣買. 其男口不滿八, 而田過一井者, 分餘田與九族鄕黨.」

---

143 원문 然天下戶口最盛矣 – 平帝 元始 2년(서기)에 전국 戶數는 12,233,062 戶였고, 인구는 59,594,978명이었다. 이는 《漢書 地理志 下》에 수록되었다.

犯令, 法至死, 制度又不定, 吏緣爲姦, 天下警警然, 陷刑
者衆.

〔국역〕

平帝(재위 서기 1 - 5년)가 붕어하자, 王莽(왕망)은 섭정(居攝, 거
섭, 섭위, 서기 6 - 8년)하다가 마침내 (漢 제위를) 찬탈하였다.(서기
8년). 왕망은 漢의 承平한 치적을 이어받았는데, 흉노도 藩臣(번신)
을 칭했고, 많은 夷狄(이적, 百蠻)이 賓服(빈복)하였으며, 수레와 배가
통하는 곳 모두가 왕망의 신하처럼 되었고, 府庫와 百官의 재물로
천하는 태평하였다. 왕망은 하루아침에 천하를 차지하였지만 그 욕
구는 만족하지 못했고 漢室의 여러 제도는 협소하고 정밀하지 못하
다고 생각하였다.

宣帝 때, 稱臣(칭신)한 흉노 單于(선우)에게 처음으로 印璽(인새)를
하사했었는데 天子와 동격이었고, 西南夷인 鉤町(구정)도[144] 稱王했
다. 왕망은 사자를 보내 선우의 인새를 교체하였으며, 鉤町王을 侯
(후)로 폄하하였다. 이에 흉노와 구정은 원한을 품고 변방을 침략했
다. 왕망은 대규모로 30만 군사를 징발 동원하고 10道로 동시에 出
征(출정)하여 一擧(일거)에 흉노를 멸망시키려 했다.

온 나라의 죄수, 丁男(成年 男子), 甲卒을 모두 동원하여 병기를
운송케 하였는데, 바다나 長江, 淮水 일대에서 출발하여 북변까지
운송하려고 사자를 보내 독려하자 온 나라가 소란하였다.

---

144 鉤町 ‒ 鉤町(구정)은 종족명. 牂柯郡(장가군) 일대 거주(今 雲南省 文山壯
　族苗族自治州 관할 廣南縣 일대). 그 추장인 毋波(무파)가 昭帝 때 처음
　臣服했다. 毋는 姓.

(왕망은) 또 고대 제도를 모방하는 조치를 취하면서 時宜(시의)를 고려하지 않고[145] 州郡을 나누고 職名을 바꾸었으며 관직도 신설하면서 말했다.

「漢室에서 田租를 경감하여 30분의 1로 정했지만, 늘 여러 更賦(代役稅)를 부담해야 했으며, 폐인이 속출하고[146] 세력자(豪民)에게 눌렸으며 公田을 침탈당하고 지조를 납부하여야 했으니,[147] 그 명목은 30분의 1이었지만 실제로는 10분의 5를 바쳐야 했다. 富者는 교만하며 사악한 짓을 저지르고, 貧者는 궁핍하여 법을 어기거나, 잘못도 없는데도 형벌에 처해지니, 이 때문에 나라에 형벌을 폐지할 수가 없었다.[148] 이제 천하의 토지 이름을 바꿔 '王田'이라 하고, 노비는 '私屬(사속)이라 하며, 토지나 노비는 매매할 수 없다. 그 집에 남자가 8명이 안 되며 토지가 一井(9百 畝)이 넘는 자는 여분의 토지를 친족(九族)이나 이웃(鄕黨)에게 나눠주어야 한다.」

이런 법령을 어기면 사형에 처해졌는데 법제가 일정하지 않아 관리들은 이를 이용하여 농간하였고,[149] 온 천하는 원성으로 시끄러웠

---

145 원문 不度時宜 – 度은 헤아릴 탁. 時宜(시의)는 당시의 사정에 맞음.

146 원문 罷癃咸出 – 罷는 방면할 파. 그만두다. 癃은 느른할 융. 몸이 쇠약해서 폐인이 되다.

147 원문 分田劫假 – 농민이 자영할 공전을 세력자에게 빼앗기고(分田), 소작으로 전락하여 수확량의 2분의 1을 지주에게 바쳤다. 그리고 본래 공전에 해당하는 田租를 나라에 바쳤는데(이를 假라 했다), 공전을 빼앗긴 뒤에는 이를 지주에게 바쳐야 했다.(劫假, 겁가)

148 원문 刑用不錯 – 형벌은 이 때문에 폐지할 수 없다. 用은 介詞(개사). 때문에, ~로 인하여. 不錯(부착)은 그만둘 수 없다.

149 원문 吏緣爲姦 – 緣은 옷의 가장자리 연. 이용하다.

으며,[150] 형벌에 처해지는 자가 많았다.

原文

後三年, 莽知民愁, 下詔諸食王田及私屬皆得賣買, 勿拘以法. 然刑罰深刻, 它政誖亂. 邊兵二十餘萬人仰縣官衣食, 用度不足, 數橫賦斂, 民愈貧困. 常苦枯旱, 亡有平歲, 穀賈翔貴.

末年, 盜賊群起, 發軍擊之, 將吏放縱於外. 北邊及青, 徐地人相食, 雒陽以東米石二千. 莽遣三公將軍開東方諸倉賑貸窮乏, 又分遣大夫謁者教民煮木爲酪, 酪不可食, 重爲煩擾. 流民入關者數十萬人, 置養贍官以廪之, 吏盜其廪, 饑死者什七八. 莽恥爲政所至, 乃下詔曰, 「予遭陽九之厄, 百六之會, 枯旱, 霜, 蝗, 饑饉荐臻, 蠻夷猾夏, 寇賊姦軌, 百姓流離. 予甚悼之, 害氣將究矣.」 歲爲此言, 以至於亡.

[국역]

그 3년 뒤, 王莽(왕망)은 백성의 처참한 실정을 알고 조서를 내려, 王田(토지, 공전)과 私屬(奴婢)을 매매하여도 법에 구애받지 않는다고 하였다. 그러나 형벌은 더욱 각박하였고 다른 政事도 크게 문란

---

150 원문 天下謷謷然 - 謷謷然은 불평과 원성으로 시끄러운 모양. 衆口愁聲也. 謷는 헐뜯을 오.

하였다.[151] 변방 20여 만의 군사가 나라(縣官)에 衣食을 기대하고 있었지만 用度가 부족했으며, 부세를 자주 멋대로 징수하여 백성은 더욱 빈곤하였다. 여전히 날이 가물어 평년작을 수확한 해가 없었으며 곡가는 날개를 단 듯 올라서 비쌌다.(翔貴)

末年에 (각지에서) 盜賊(도적)이 떼를 지어 봉기하자 군사를 내어 토벌했는데, 장군이나 軍吏들은 지방에서 방종하였다. 북쪽 변경과 靑州, 徐州 일대에서는[152] 사람이 사람을 먹었으며, 洛陽의 동쪽에서는 쌀 1石이 2천전이나 되었다.

왕망은 三公府의 將軍을 보내 東方의 모든 창고를 열어 궁핍한 백성에게 식량을 나눠주었고,[153] 다시 大夫와 謁者(알자) 등을 보내 백성에게 草木을 삶아 酪(진한 우유 죽 낙)을 만들어 먹으라고 가르쳤지만[154] 그런 죽은 먹을 수도 없어 소란만 피웠다. 關中에 들어오는 유랑민 수십만 명에게 養贍官(양섬관)을 임명해 곡식을 나눠주려 했으나, 관리들이 그런 창고를 도적질하여 餓死者(아사자)가 10에 7, 8이었다. 왕망은 자신의 정치 현실을 보고 부끄럽게 여겨 조서를 내렸다.

---

151 원문 佗政誖亂 — 佗는 다를 타, 他. 他. 誖는 어지러울 패. 어긋나다(乖也).

152 靑州는 지금 山東省 북부 해안 지대. 徐州는, 今 山東省 동남부와 江蘇省 북부 지역.

153 賑貸窮乏 — 賑貸(진대)는 곡식이나 돈을 빌려줘 구휼하다. 窮乏(궁핍)은 가난.

154 煮木爲酪 — 煮는 삶을 자. 酪(낙)은 젖으로(乳) 만든 진한 죽. 떠먹는 요구르트. 치즈와 같은 것을 말함. 왕망은 초근목피를 삶아 유목민의 酪과 같은 대체식품을(救荒食品) 만들려 했다.

「나는 陽九之厄(陽九의 액운)과 百六之會(백육지회)를 만났고,[155] 枯旱災(고한재, 가뭄), 霜災(상재, 서리가 일찍 내림), 蝗災(황재, 蟲害)로 인한 기근이 닥쳤으며, 蠻夷(만이)가 華夏(화하, 中原)를 어지럽히고, 寇賊(구적)이 불법을 자행하여(姦軌) 백성이 유랑하였다. 나는 이를 심히 애도하나니, 이런 나쁜 氣數는 곧 끝날 것이다.」[156]

해마다 이런 말을 하였기에 결국 멸망에 이르렀다.[157]

---

155 원문 予遭陽九之厄, 百六之會 - 간단히 '百六陽九' 라 합칭. 術士의 계산 방법과 근거를 다 설명할 수는 없으나 재난이나 액운이 닥치는 해.

156 원문 害氣將究矣 - 究는 궁구할 구. 끝나다, 다하다. 竟盡也.

157 원문 以至於亡 - 왕망은 地皇 4년(서기 23년) 10월 3일, 庚戌日에 피살되었다. 商(상) 사람 杜吳(두오)는 왕망을 죽이고 그 인수를 손에 쥐었다. 校尉인 동해군 사람 公賓就(공빈취)는 그전에 大行治禮(대행치례)를 역임했었는데, 두오를 보고 "그 인수 주인은 어디에 있는가?"라고 물었다. 두오가 "방안 서쪽 모퉁이 사이에 있다."고 대답하였는데, 공빈취는 왕망을 알아보고 그 목을 잘랐다. 亂兵이 모여 들어 왕망의 몸을 찢어가졌다. 팔다리와 피부와 뼈까지 셀 수 없이 찢겨졌고, 난병은 서로 차지하려 싸우다가 죽은 자가 수십 명이었다.

卷二十四 食貨志 第四 下
〔24권 〈식화지〉 제4 하[158]〕

四. 古代의 화폐

原文

凡貨, 金錢, 布帛之用, 夏, 殷以前其詳靡記云. 太公爲周立九府圜法, 黃金方寸而重一斤, 錢圜函方, 輕重以銖. 布帛廣二尺二寸爲幅, 長四丈爲匹. 故貨寶於金, 利於刀, 流於泉, 佈於布, 束於帛.

〔국역〕

모든 貨幣(화폐)는 金과 錢, 布와 帛(백)의 활용인데,[159] 夏와 殷代

---

158 《漢書 食貨志》상권이 중국 역대 왕조의 經濟史이고 원론적 서술이고, 아울러 漢朝 역대 皇帝의 경제 정책에 대한 요약이라면, 하권은 화폐론을 중심으로 한 각론이며 광업, 염철, 교역, 수송 등 경제 일반과 실물 경제에 대한 서술이다.

159 원문 凡貨, 金錢, 布帛之用 – 여기서 貨는 物貨라는 일반적 개념이 아닌

이전에는 그 상세한 기록이 없다.[160] 太公(太公望, 呂尙)은 周에서 九府圜法을 제정하였는데,[161] 黃金으로 四方 1寸에 무게는 1斤이었으며, 錢의 밖은 둥글고 안에는 사각형 구멍이 있고[162] 무게는(輕重) 銖(수)라 하였다.[163] 布와 帛의 넓이(廣)는 폭(幅)이 2尺2寸이고, 길이(長) 4丈(장)을 1匹(필)이라 했다. 그래서 화폐는 金처럼 보배이며, 칼처럼(刀, 刀錢) 이롭고(便利), 샘물처럼(泉) 흐르며(流通), 천처럼(布, 布錢, 농기구 모양) 널리 퍼지며(流布), 비단처럼(帛) 묶어둘(束, 곧 貯蓄) 수도 있었다.[164]

교환 수단으로서의 화폐이다. 우리는 화폐를 金錢과 같은 뜻으로 사용하지만, 교환 수단으로서 金(귀금속)과 錢(구리나 철로 가공한 圓形方孔의 돈), 布(일반 옷감)과 帛(백, 비단, 고급 옷감)은 각각 다르다. 用은 '활용', '쓰임'의 뜻.

160 원문 夏,殷以前其詳靡記云 – 일반적으로 夏의 禹王, 殷의 湯王 代에도 錢幣(전폐)를 주조, 사용했으나 다만 상세한 내용을 알 수 없어 기록이 없다는 뜻이다. 《史記 平準書》에는 高辛氏(고신씨, 五帝의 한 사람 顓頊(전욱)이 세운 나라를 물려받았다.〕 이전에는 그 기록이 없다고 하였다. 舜과 夏 禹 시대에 金은 三品(黃金, 白金, 赤金 또는 錢, 布, 刀)이 있었다고 한다.

161 원문 太公爲周立九府圜法 – 九府는 天官 총재 아래 大府, 玉府, 內府, 外府, ~, 職弊(직폐) 등 9개 부서. 업무를 분장했다. 圜法은 均等流通之法. 圜은 두를 환. 에워싸다. 둥글 원. 우리나라에서 화폐 단위로 한글 '원(WON)' 이 쓰이기 전에 화폐 단위로 '圜' 이 쓰였는데(1962년 이전), 한자로 표기할 때는 圜, 한글로는 '환' 으로 표기하다가 나중에 '원' 으로 표기한 적이 있었다.

162 원문 錢圜函方 – 錢의 外는 圜(圓形)이고 內에 方孔이 있다.

163 銖(수) – 重量 單位. 24銖가 1兩.

164 원문 貨寶於金, 利於刀, 流於泉, 佈於布, 束於帛 – 이는 화폐가 귀중하고 편리한 재물이며 유통과 저축의 수단임을 가장 극명하게 잘 설명하

太公退, 又行之於齊. 至管仲相桓公, 通輕重之權, 曰,

「歲有凶穰, 故穀有貴賤, 令有緩急, 故物有輕重. 人君不理, 則畜賈游於市, 乘民之不給, 百倍其本矣. 故萬乘之國必有萬金之賈, 千乘之國必有千金之賈者, 利有所並也. 計本量委則足矣, 然而民有飢餓者, 穀有所臧也. 民有餘則輕之, 故人君斂之以輕, 民不足則重之, 故人君散之以重. 凡輕重斂散之以時, 卽準平. 使萬室之邑必有萬鐘之臧, 臧繦千萬, 千室之邑必有千鐘之臧, 臧繦百萬. 春以奉耕, 夏以奉耘, 耒耜器械, 種餉糧食, 必取澹焉. 故大賈畜家不得豪奪吾民矣.」

[국역]

太公은 물러나 (封地) 齊國에 가서 다스렸다. (齊의) 桓公(환공)은 管仲을¹⁶⁵ 재상에 등용했고 경제에 관한 권한을 주며 말했다.¹⁶⁶

였다.

165 管仲(前 725 - 645年), 姬姓에 管氏. 名은 夷吾(이오), 字는 仲, 諡는 敬, 齊 桓公의 相. 春秋時代 法家 대표 인물. 中國 역사상 宰相의 典範. 내정을 改革하면서 商業도 중시. 九合 諸侯하며 兵車에 의지하지 않았다. 《史記 管晏列傳》에 입전. 《論語》에는 공자의 管仲에 대한 언급이 많다. 곧 《論語 八佾》子曰, "管仲之器小哉!" ~.

166 원문 通輕重之權 - 輕重은 물화 유통, 화폐 통용, 물가조절에 관한 논리. 權은 權變, 곧 裁量權(재량권). 《管子 輕重篇》도 있다.

「해마다¹⁶⁷ 豊凶(풍흉, 穰은 풍년)이 다르기에 穀價(곡가)가 비싸거나 싸며, 政令의 緩急(완급)에 따라 물가의 輕重이 달라진다.¹⁶⁸ 人君이 물가를 다스리지 않으면 畜賈(축가, 도매상인)가 시장에서 활개치고,¹⁶⁹ 백성이 자급하지 못하는 상황을 이용하여 본전의 백 배 이득을 취한다. 그래서 萬乘의 나라(황제의 나라)에서는 萬金을 벌어들이는 상인(賈, 장사 고)이 있고, 千乘之國에는 틀림없이 千金의 상인이 있어 그만한 이득을 얻는다.¹⁷⁰ 농업 생산량에 따라 비축이 되면 풍족하나,¹⁷¹ 굶주리는 백성이 있는 것은 감춰지는 곡식이 있기 때문이다.¹⁷² 농민이 여분이 비축이 있다면 물가가 낮기에 나라에서는 싼 가격에 사들이고, 백성에게 부족하면 물가가 비싸니 나라에서는 비싼 가격일 때 곡물을 판다. 물가 가격과 매입 매출의 시기가 곧 平準(평준, 물가의 안정)이다. (만약 평준이 이뤄지면) 1만 호의 성읍에 틀림없이 1만 鐘(종)의 비축(臧)이 있고,¹⁷³ 1천만의 금전 비축이 있으며,¹⁷⁴ 1千 호의 성읍에는 필히 1천 종의 비축이 있고, 1백만 전의

---

167 여기서부터는《管子 國蓄篇》의 글이다.

168 원문 令有緩急, 故物有輕重 – 나라에서 급박하게 물건을 사들이면 그 가격이 올라간다는 뜻.

169 원문 則畜賈游於市 – 畜賈(축가)는 물가 급등을 기다리며 買占賣惜(매점매석)하는 상인. 游於市는 시장에서 노닐다. 시장에서 물가를 조작하다.

170 원문 利有所並也 – 並은 아우를 병. 나란하다. 가려 막다(屏), 곧 감추다.

171 원문 計本量委則足矣 – 本量은 농업 생산량. 委는 비축(積也). 足은 풍족하다. 곧 물가가 안정되다.

172 원문 穀有所臧也 – 상인이 곡물을 매점매석한다는 뜻.

173 원문 必有萬鐘之臧 – 鐘은 용량 단위. 1鐘은 6斛4斗.

174 원문 臧繦千萬 – 臧은 착할 장. 거둬 보관하다. 藏(감출 장)과 通. 繦은

비축이 있을 것이다. 봄에는 밭갈이를 하고,[175] 여름에는 김을 매고, 쟁기와 보습(耒耜, 뇌사)과 같은 농기구와 종자와 양식을 제공해 준다면 틀림없이 넉넉해질 것이다.[176] 그러므로 大商이나 매점매석하는 상인(大賈畜家)이 나의 백성을 강탈하게 해서는 안 된다.」

桓公은 齊의 소소한 제후를 통합한 뒤 覇者(패자, 伯者)로 이름을 날렸다.

原文

其後百餘年, 周景王時患錢輕, 將更鑄大錢, 單穆公曰, "不可. 古者天降災戾, 於是乎量資幣, 權輕重, 以救民. 民患輕, 則爲之作重幣以行之, 於是有母權子而行, 民皆得焉. 若不堪重, 則多作輕而行之, 亦不廢重, 於是乎有子權母而行, 小大利之. 今王廢輕而作重, 民失其資, 能無匱乎? 民若匱, 王用將有所乏, 乏將厚取於民, 民不給, 將有遠志, 是離民也. 且絶民用以實王府, 猶塞川原爲潢洿也, 竭亡日矣. 王其圖之."

弗聽, 卒鑄大錢, 文曰「寶貨」, 肉好皆有周郭. 以勸農澹不足, 百姓蒙利焉.

띠 강. 굵은 실 끈. 돈 꿰미(錢貫也).

175 원문 春以奉耕 – 奉은 일을 하다.(供事也).

176 원문 必取澹焉 – 取澹(취담, 澹은 담백할 담, 넉넉할 섬)은 取贍(취섬)과 同. 取贍은 넉넉해지다.

〖국역〗

그 1백여 년 뒤, 周 景王(재위 前 544-520年)은 전폐의 적은 가치를 걱정하여[177] 다시 大錢(重錢)을 주조하려 하자, 單穆公(선목공)이[178] 말했다.

"不可합니다. 古者에 하늘이 재해를 내리자,[179] 이에, 財幣(재폐)를 헤아려[180] 백성을 구제하려 했습니다. 백성이 화폐가치가 적어 싫어한다면, 백성을 위해 더 무거운 전폐를 발행하여 통용해야 하니,[181] 이는 母錢과 子錢을 통용하는 것이라서 백성 모두가 이로울 것입니다. 만약 重錢만으로 통용이 불편하다면 輕錢을 더 많이 주조하여 통용하되, 곧 輕錢이 母錢을 대신하면서 重錢을 폐지하지 않아야 다소 모두 편리할 것입니다. 지금 王께서 輕錢을 폐지하고 重錢만을 발행한다면 백성들은 資産을 잃는 것이니 궁핍하지 않겠습니까?[182] 백성 재물이 부족하다면 곧 왕의 財用도 궁핍할 것이니, 백성 중 많이 가진 자에게서 취해야 하나[183] 백성이 공급할 수 없다면, 백

---

177 원문 患錢輕 - 錢幣(전폐)의 가치가 적은 것을 걱정하여. 이하의 내용은 《國語 周語 下》에 있다. 곧 魯 昭公 18년(前 524)의 기록이다.

178 單穆公(선목공) - 周 大夫 單旗(선기). 單의 音은 선.

179 天降災戾 - 災戾(재려)는 재해와 惡氣. 戾는 어그러질 려. 至也.

180 원문 於是乎量資幣 - 於是乎는 이에. 量은 商量하다. 資幣는 財幣(재폐).

181 원문 於是有母權子而行 - 母는 大錢, 重幣. 權은 중전과 경전 간의 일정한 가치 비례. 權은 等과 同.

182 원문 能無匱乎? - 匱乏(궤핍)이 없겠습니까? 匱乏(궤핍)은 (물건을 보관하는) 匱(함 궤)가 궁핍하다. 재물이 부족하다.

183 원문 乏將厚取於民 - 乏은 가난할 핍. 厚는 많다. 重也.

성은 멀리 이산할 마음을 가질 것이니,[184] 이는 곧 流民(유민)입니다. 거기다가 民用을 絶斷하여 王府(나라의 창고, 재물)를 채운다면, 이는 물의 근원을 막은 웅덩이와 같을 것이니,[185] 곧 고갈될 날입니다. 왕께서는 그 점을 유의하십시오."

(그러나 왕은) 따르지 않았고(弗聽), 결국 大錢을 주조하였는데 표면에 '寶貨'라 표기했고 형태와 方孔에 모두 테를 둘렀다.[186]

백성에게 권농하여 부족한 살림이 넉넉해졌으니[187] 백성은 혜택을 입었다.

原文

秦兼天下, 幣爲二等, 黃金以溢爲名, 上幣, 銅錢質如周錢, 文曰 '半兩', 重如其文. 而珠玉,龜貝,銀錫之屬爲器飾寶臧, 不爲幣, 然各隨時而輕重無常.

---

184 원문 將有遠志 - 遠志는 離鄕하여 멀리 도망하려는 마음.

185 원문 猶塞川原爲潢洿也 - 猶는 ~ 같다. 塞은 막을 색. 川原은 川源. 潢洿(황오)는 웅덩이 황, 웅덩이 오. 大曰 潢, 小曰 洿. 원천이 없는 웅덩이는 마르게 된다.

186 원문 肉好皆有周郭 - 肉은 동전의 外形. 好는 方孔. 郭은 볼록한(凸, 철) 윤곽. 周 경왕 때는 鑄錢은 윤곽이 없으니, 이 설명은 착오라는 주석이 있다.

187 원문 以勸農澹不足 - 澹(담박할 담, 넉넉할 섬)은 贍(넉넉할 섬)과 同. 勸農으로 살림이 나아졌다는 뜻이지, 大錢을 주조 통용한 덕택은 아니라는 뜻.

〖국역〗

　秦이 천하를 겸병한 뒤, 錢幣(전폐)는 2등급이 있었으니, 黃金으로
주조하여 溢(일, 鎰)이라 하면서 上幣로 통용했고,[188] 銅錢은 周錢과
같은 재질에 '半兩(반냥)'이라 하였고,[189] 무게는 그 글자와 같았다.
그리고 珠玉(주옥), 龜(귀), 貝(패), 銀, 錫(주석 석) 등으로 기물을 장식
하면서 보배로 보관되었으나 화폐처럼 유통되지는 않았으며, 수시
로 경중이 바뀌는 등 일정하지 않았다.

---

188 黃金以溢爲名 - 溢(넘칠 일)은 鎰(중량 단위 일). 20냥, 또는 24냥이 1鎰.
　　爲名은 이름으로 하다. 불리다.

189 半兩(반냥) - 半兩錢(반냥전). 戰國時代에서 前漢 시대까지 광범위하게
　　사용되었던 銅制 貨幣, 圓形方孔이라서 方孔錢(방공전)이라고도 불렸
　　다. 전국에 강제로 통용케 했다. 이 반냥전의 시작은 秦 惠文王 2년(前
　　336)의 '初行錢'이 원형이고, 국가에서 발행권을 가졌다. 이 무게는 약
　　8g 정도였고 주조기술이 좋지 않아 평면이 매끈하지도 않았다. 秦始皇
　　이 통일 후 반냥전을 강제 통용시키며 6국의 화폐를 대체하게 하였는
　　데, 이때는 지방 관아에서도 주조권을 갖고 있었으며 전국적으로 크기
　　와 무게도 통일되지 않았다. 劉邦이 漢朝 건립 이후 반냥전을 주조 통
　　용하였는데 그때 반냥전 무게는 약 2g 내외였다. 이후 점차 무게가 늘
　　고 커졌는데 漢文帝 때에는 四銖(4수)의 半兩錢이 주조되었다. 이후 武
　　帝 元狩 5년(前 118), 上林苑에 조폐 공장을 설치하고 五銖錢(오수전)을
　　제조 통용하면서 반냥전은 퇴장하였다.

五. 漢代의 화폐

原文

漢興, 以爲秦錢重難用, 更令民鑄莢錢. 黃金一斤. 而不
軌逐利之民蓄積餘贏以稽市物, 痛騰躍, 米至石萬錢, 馬至
匹百金. 天下已平, 高祖乃令賈人不得衣絲乘車, 重稅租以
困辱之. 孝惠高后時, 爲天下初定, 復弛商賈之律, 然市井
子孫亦不得宦爲吏. 孝文五年, 爲錢益多而輕, 乃更鑄四銖
錢, 其文爲'半兩'. 除盜鑄錢令, 使民放鑄.

[국역]

漢이 건국된 뒤, 秦錢이 무거워 사용에 불편하다고 생각하여 백
성도 莢錢(협전)을 주조할 수 있게 政令을 개정하였다.[190] 黃金 一斤
을 一金이라 하였다.[191] 그러나 법을 어기며(不軌, 불궤) 이득을 쫓
는 백성들은 자신의 잉여물 외 시장의 물건까지(市物) 매입 비축하
여(稽), 물가가 크게 급등케 하였으니 쌀 1石이 1만 전, 1백 金에 달
했다. 天下가 평정된 뒤, 高祖는 賈人(고인, 商人)은 비단옷을 못 입고
수레를 탈 수 없다고 명령했으며 稅租(세조)를 무겁게 부과하여 상

---

190 원문 更令民鑄莢錢 – 莢錢은 楡莢錢(유협전). 楡는 느릅나무 유. 莢은 열
매 꼬투리 협. 무게가 3銖, 4銖, 5銖 등 크기와 무게가 달랐다는 주석이
있다.

191 원문 黃金一斤 – 一黃金은 一斤. 곧 '황금 1斤을 一金'이라 했다. 秦 '以
一鎰爲一金'과 같은 구조. 1斤은 16兩.

인을 困辱(곤욕)에 처하게 하였다. 그러나 孝惠帝와 高后 때에는 천하가 안정되었기에 商賈(상고)에 대한 율령을 다시 완화하였지만, 市井 상인의 子孫은 벼슬에 올라 관리가 될 수 없었다.[192]

孝文帝 5년(前 175), 錢이 더욱 많이 유통되었지만 가치가 적었기에[193] 다시 四銖錢을 주조했으나 글자는 '半兩'이라 하였다.[194] 盜鑄錢 禁令을 폐지하여[195] 민간에서도 鑄錢(주전)토록 방치했다.[196]

原文

賈誼諫曰,

「法使天下公得顧租鑄銅錫爲錢, 敢雜以鉛鐵爲它巧者, 其罪黥. 然鑄錢之情, 非殽雜爲巧, 則不可得贏, 而殽之甚微, 爲利甚厚. 夫事有召禍而法有起姦, 今令細民人操造幣之勢, 各隱屛而鑄作, 因欲禁其厚利微姦, 雖黥罪日報, 其勢

---

192 원문 亦不得宦爲吏 – 亦不得爲官吏(관리가 될 수 없다)의 뜻.

193 楡莢錢(유협전)은 그 크기가 1.2cm에서 0.8cm까지 작아졌고 가치도 그만큼 줄었다.

194 半兩이면 12銖가 되어야 한다. 곧 전폐의 표시와(名目價値) 실물의 무게가 불일치했다.

195 원문 除盜鑄錢令 – 除는 폐지하다. 盜鑄錢(도주전)은 몰래 私的으로 鑄錢하다.

196 문제 때 개인 주전이 허용되자 吳王 劉濞(유비)는 천자보다도 더 부자였으며, 上大夫 鄧通(등통)은 제후 왕보다도 더 부유했다. 이런 현상은 景帝 때 吳楚七國亂을 겪은 뒤에 鑄錢僞黃金棄市律을 반포하며 사전의 주조를 금지하자 사라졌다.

不止. 乃者, 民人抵罪, 多者一縣百數, 及吏之所疑, 榜笞奔
走者甚衆. 夫縣法以誘民, 使入陷阱, 孰積如此! 曩禁鑄錢,
死罪積下, 今公鑄錢, 黥罪積下. 爲法若此, 上何賴焉?

又, 民用錢, 郡縣不同, 或用輕錢, 百加若干, 或用重錢,
平稱不受. 法錢不立, 吏急而壹之虖, 則大爲煩苛, 而力不
能勝. 縱而弗呵虖, 則市肆異用, 錢文大亂. 苟非其術, 何鄉
而可哉!」

〖 국역 〗

이에 賈誼(가의)가 諫言(간언)하였다.

「國法에는 天下에 구리(銅)나 주석(錫)을 차용하여 공개적으로
주전하되, 감히 납(鉛)이나 쇠(鐵)를 섞어 잔재주를 피우는 자는 그
죄가 墨黥(묵경)에 해당합니다. 그러나 鑄錢의 실정을 보면, 여러 금
속을 섞지 않으면 이득을 얻을 수 없고,[197] 아주 조금을 섞어도 큰 이
득을 얻을 수 있습니다.

그런 일이 禍(화)를 초래하고 법을 어기는 것이지만, 지금 가난한
백성이 전폐를 제조할 수만 있다면, 각자 은밀한 곳에 숨어서 주조
하는데, (나라에서는) 작은 불법으로 큰 이득을 얻는 행위를 금하면
서, 비록 매일 묵형에 처하더라도 그 추세를 막을 수가 없습니다. 근
래에 백성이 죄를 지어, 많을 때는 1개 현에서 1백여 명이나 되는데,

---

197 원문 非殽雜爲巧, 則不可得贏 - 殽는 섞일 효. 구리에 다른 광물을 용해
하여 무게를 늘리다. 雜은 여러 가지 광물. 爲巧은 교묘히 만들다. 贏은
利가 남을 영.

관리들조차 회의하는 것은 태형에 처하더라도 (형을 받지 않고) 도 망자가 많다는 것입니다. 설령 법령을 내세워(縣은 懸) 유인하여 함 정에 빠트렸다 해도 어찌 이리 많을 수 있겠습니까! 그전에(曩者) 鑄錢을 법으로 금할 때, 死罪에 해당하는 자가 이보다 적었는데, 지 금 공식적으로 주전을 허용했어도 묵형에 처할 자가 이렇듯 많아졌 습니다. 법의 실제가 이러하다면, 皇上께서는 무엇을 믿을 수 있겠 습니까?

또 백성이 주전하게 되면 郡縣마다 다를 것이고, 或 중량이 모자란 錢을 사용하게 되면, 1백 개에 몇 개를 더 보태어야 하며,[198] 혹시 重 錢을 통용할 경우에 무게가 맞지 않으면 (重錢을) 받지 않을 것입니 다. 法錢이 不立하면,[199] 관리들이 서둘러 한가지로 맞추려 하여도[200] 크게 번잡하여 힘들어 감당하지 못하며, (이런 鑄錢을) 방임하여 징 벌하지 않으면[201] 시장에서는 전폐가 서로 달라 크게 혼란할 것입니 다. 이는 진실로 바른 통치가 아니오니 백성이 어찌 하겠습니까!」

原文

「今農事棄捐而採銅者日蕃, 釋其耒耨, 冶熔炊炭, 姦錢日

---

198 원문 百加若干 – 함량이 모자라는 輕錢 1백 개에 몇 개를 더 보태어 무 게를 맞춘다는 뜻.

199 원문 法錢不立 – 法錢은 법령에 규정된 표준에 맞는 전폐.

200 원문 吏急而壹之虖 – 壹은 統一. 한가지로 정하다. 虖는 탄식하는 소리 호. 乎와 同.

201 원문 縱而弗呵虖 – 縱은 放縱(방종). 弗呵虖는 질책하지 않는다면. 呵는 꾸짖을 가.

多, 五穀不爲多. 善人怳而爲姦邪, 愿民陷而之刑戮, 將甚不詳, 奈何而忽! 國知患此, 吏議必曰禁之. 禁之不得其術, 其傷必大. 令禁鑄錢, 則錢必重. 重則其利深, 盜鑄如雲而起, 棄市之罪又不足以禁矣! 姦數不勝而法禁數潰, 銅使之然也. 故銅佈於天下, 其爲禍博矣.

今博禍可除, 而七福可致也. 何謂七福? 上收銅勿令布, 則民不鑄錢, 黥罪不積, 一矣. 僞錢不蕃, 民不相疑, 二矣. 採銅鑄作者反於耕田, 三矣. 銅畢歸於上, 上挾銅積以御輕重, 錢輕則以術斂之, 重則以術散之, 貨物必平, 四矣. 以作兵器, 以假貴臣, 多少有制, 用別貴賤, 五矣. 以臨萬貨, 以調盈虛, 以收奇羨, 則官富實而末民困, 六矣. 制吾棄財, 以與匈奴逐爭其民, 則敵必懷, 七矣. 故善爲天下者, 因禍而爲福, 轉敗而爲功. 今久退七福而行博禍, 臣誠傷之.」

〔국역〕

「지금 農事를 포기하고 구리를 채굴하는 자들은 날로 늘어나고,[202] 쟁기를 손에서 놓고[203] 쇠를 녹이고 숯을 풀무질하여[204] 불법 주전은 날마다 많아지나 五穀은 많아지지 않습니다. 善人은 두려워하면서

---

202 원문 棄捐而採銅者日蕃 - 棄捐(기연)은 포기하다. 棄는 버릴 기. 捐은 버릴 연. 蕃은 우거질 번. 번성하다.

203 원문 釋其耒耨 - 釋은 놓을 석. 풀어놓다. 耒는 쟁기 뇌(뢰). 耨는 김맬 누.

204 원문 冶熔炊炭 - 冶는 불릴 야. 금속을 精鍊(정련)하다. 熔은 녹일 용. 鎔解(용해). 炊는 불 땔 취. 炭은 숯 탄. 木炭과 石炭.

불법을 자행하고 소심한 백성은 함정에 빠져 형벌을 받으니[205] 아주 不善한 이런 실정을 어찌 소홀히 할 수 있겠습니까![206] 나라가 이런 환난을 안다면 관리들은 이를 논의하고서 꼭 엄금할 것을 건의해야 합니다. 鑄錢(주전)의 금지에 바른 방법을 알지 못한다면 그 손상도 클 것입니다. 법령으로 금지하면, 重錢을 많이 주조할 것입니다. 重錢은 그 이득이 많기에 불법 주전은 구름처럼 일어날 것이니, 棄市(기시)의 형벌에 처하더라도 완전 금지는 어려울 것입니다! 계속되는 불법을 억제하지 못하면 법금은 붕괴될 것인데, 이는 구리(銅) 때문입니다. 그리고 구리의 유포에 따른 禍亂(화란) 또한 커질 것입니다.

지금 널리 퍼진 禍亂을 없애고 7福을 불러올 수 있습니다. 무엇이 7福이겠습니까? 나라에서 구리를 거둬들이며 유통을 금하면 백성은 鑄錢할 수가 없어 묵형 처벌이 늘지 않으니, 이것이 첫 번째 복입니다. 僞錢(위전)이 많아지지 않아 백성 상호간 의심하지 않으니, 두 번째 이로움입니다. 구리를 채굴하거나 주전하던 백성이 농사를 지을 것이니, 세 번째 이득입니다. 구리를 모두 나라에 집적하면 나라에서는 구리를 가지고 화폐가치의 변화에(輕重) 대응할 수 있으니 가치가 떨어지면(輕) 정책적으로 회수하고[207] 화폐가치가 올라가면

---

205 원문 善人怵而爲姦邪, 愿民陷而之刑戮 – 怵은 두려워할 출. 슬퍼하다. 愿은 삼갈 원. 성실하다. 질박한. 陷은 빠질 함. 刑戮(형륙)은 형벌.

206 원문 將甚不詳, 奈何而忽! – 不詳(불상)은 不善의 뜻. 不平의 뜻으로 해석한 주석도 있다. 奈何(내하)는 어찌, 어찌하여. 忽은 소홀히 여겨 잊어버리다(忽忘). 忽視(홀시)하다.

207 원문 錢輕則以術斂之 – 錢輕은 전폐의 함량이 부족하다. 術은 法術. 나라에서 의도하는 대로. 斂은 수렴하다. 거둬들이다.

(重) 정책적으로 화폐를 풀어 물가가 안정될 것이니, 네 번째 이득입니다. (구리로) 각종 兵器를 제조하여 貴戚(귀척)과 重臣에 공급하여, 다소를 통제하고 이로써 귀천을 구별할 수 있으니,[208] 이는 다섯 번째 이득입니다. (나라의 鑄錢으로) 세상 재화를 내려다보아 차고 빈 것을 조절하며, 이윤을 회수하여[209] 나라는 부유해지고 末民(말민, 商人)이 곤궁해지니, 여섯 번째 이득입니다. 우리가 남아 버리는 재물을 통제하여(制吾棄財), 흉노와 싸우며 그 백성을 유인하면 적은 필히 붕괴될 것이니, 일곱 번째 복입니다. 그래서 천하를 잘 다스리려는 자는 禍를 福으로 바꾸고, 실패하더라도 성공을 거두는 것입니다. 지금 오랫동안 이러한 七福을 멀리하고 禍亂을 따르기에 臣은 정말 마음이 아픕니다.」

原文

上不聽. 是時, 吳以諸侯卽山鑄錢, 富埒天子, 後卒叛逆.
鄧通, 大夫也, 以鑄錢, 財過王者. 故吳鄧錢布天下.

[국역]

文帝는 받아들이지 않았다. 이때 吳는 제후국이지만 산에서 (구

---

208 원문 多少有制, 用別貴賤 – 여기 用은 以의 뜻. 이것으로 귀천을 달리하다(別).

209 원문 以臨萬貨, 以調盈虛, 以收奇羨 – 臨은 위에서(居其上) 감시하다. 萬貨는 모든 財貨. 盈은 가득 찰 영, 넘치다. 虛는 빌 허. 모자라다. 奇羨(기선)은 많아서 남아도는 것. 利潤(이윤). 羨은 부러워할 선. 탐내다.

리를 캐고) 주전하여 천자와 대등하게 부유했지만[210] 결국은 반역했다.[211]

鄧通(등통)은 大夫이었는데 鑄錢으로 제후 왕보다 부유했다.[212] 그래서 吳와 등통의 錢幣(전폐)가 천하에 유통되었다.

原文

武帝因文景之蓄, 忿胡粤之害. 卽位數年, 嚴助朱買臣等招徠東甌, 事兩粤, 江淮之間蕭然煩費矣. 唐蒙司馬相如始開西南夷, 鑿山通道千餘里, 以廣巴蜀, 巴蜀之民罷焉.

彭吳穿穢貊朝鮮, 置滄海郡, 則燕,齊之間靡然發動. 及王

---

210 원문 富埒天子 - 埒은 낮은 담 날. 같다(等也).

211 吳王 劉濞(유비, 前 215 - 154) - 고조 둘째 형의 아들이니, 고조의 조카. 35권, 〈荊燕吳傳傳〉에 立傳. 濞는 물소리 비. 유비를 오왕에 제수하고서 고조가 유비를 불러 말했다. "너에게 反相이 있구나." 그리고서는 등을 두드리며 말했다. "漢 건국 후 50년에 동남방에서 반란이 있을 거라는데, 네가 어찌 그러겠느냐? 더군다나 천하는 同姓一家이니, 너는 삼가 반역을 생각지 말라." 吳의 鄣郡(장군)에는 구리 광산이 있어 온 나라의 도망자들을 불러들여 사적으로 주전을 했고, 동쪽에서는 바닷물을 끓여서 소금을 제조하여 세금을 부과하지 않고서도 國用이 풍족하였다. 오왕 유비는 제후의 세력 약화를 주장하는 鼂錯(조조)의 削地(삭지) 정책에 반대한다는 명분으로 景帝 3년(前 154)에 반역하였다(吳楚七國의 난). 《漢書》 35권, 〈荊燕吳傳〉 참고.

212 鄧通(등통)은 文帝의 寵臣(총신)이었는데, 文帝의 악성 종기를 입으로 빨아 신임을 얻었다. 문제는 蜀의 구리(銅) 광산을 등통에게 주었으며, 私錢(鄧通錢)의 발행과 유통을 허용하여 등통은 大富가 되었다. 景帝가 즉위하여 등통의 재산을 몰수했고, 등통은 餓死(아사)했다.

恢謀馬邑, 匈奴絶和親, 侵擾北邊, 兵連而不解, 天下共其勞. 干戈日滋, 行者繼, 居者送, 中外騒擾相奉, 百姓抏獘以巧法, 財賂衰耗而不澹. 入物者補官, 出貨者除罪, 選擧陵夷, 廉恥相冒, 武力進用, 法嚴令具. 興利之臣自此而始.

〔국역〕

　　武帝는 文帝와 景帝의 비축을 이어 받았는데, 胡(흉노)와 粤(월, 越)의[213] 侵害(침해)에 분노했다. 즉위 뒤 몇 년 내에 嚴助(엄조)와[214] 朱買臣(주매신)[215] 등을 시켜 東甌(동구)를 회유 초빙하고,[216] 兩粤(양월)의 땅을 정벌하니, 長江과 淮水(회수) 일대가 蕭然(숙연)해지며 軍費가 많이 나갔다. (武帝는) 唐蒙(당몽)과[217] 司馬相如(사마상여)를 보

213 閩粤(민월) – 閩越(민월), 또는 無諸國이라고도 부른다. 종족 이름이면서 나라 이름으로도 통용. 전국시대에 楚나라에 의해 쫓긴 越國人들이 열악한 남방으로 도주하여 토착민과 연합하여 형성된 정치집단이었다. 대략 기원전 330년대에서 前 110년까지 유지되었는데, 前 200년 이후 前 130년경까지 국력이 왕성했으며 도성은 無諸王의 城村(今 福建省 북쪽의 武夷山市)로 알려졌다.

214 嚴助(엄조) – 무제의 신하, 辭賦 작자로도 유명. 본명 莊助. 朱買臣, 淮南王 劉安과 교우. 劉安 謀反에 연루되어 처형. 64권, 〈嚴朱吾丘主父徐嚴終王賈傳〉에 입전.

215 朱買臣(주매신, ?-前 115) – 《漢書》64권, 〈嚴朱吾丘主父徐嚴終王賈傳〉에 입전. 《史記 酷吏列傳》참고. 성어 '覆水難收(복수난수)' 의 주인공.

216 東甌(동구) – 越王 勾踐(구천)의 후예인 東甌王의 封地이었던 땅. 今 浙江省(절강성) 남부 溫州市 일대의 小國. 甌는 사발 구.

217 唐蒙(당몽) – 漢 武帝 때 番陽令(파양령)이었다가 建元 6년(前 135)에 郎中將이 되어 군졸 1,000명을 거느리고 夜郎國(야랑국)에 들어가 漢 국위

내 西南夷를 원정, 회유하면서[218] 산을 뚫고 1천여 리나 길을 개통하여 巴郡(파군)과 蜀郡을 넓혔지만 巴, 蜀의 백성은 피폐하였다.

彭吳(팽오)는 穢貊(예맥, 濊貊)과 朝鮮(조선)을 정벌하고 滄海郡(창해군)을 설치하였는데,[219] 燕(연)과 齊(제) 지역에서 순풍에 풀이 눕듯 동원하였고,[220] 王恢(왕회)의 馬邑(마읍)에서 작전 실패로[221] 흉노와

를 선양했다. 夜郎은 西南夷의 나라 이름. 今 貴州省 서북부와 雲南省, 四川省 일부를 차지.

218 司馬相如(사마상여) - 唐蒙(당몽)이 사자로 夜郎國과 僰中(북중)과 교통하려고 巴郡과 蜀郡의 吏卒 1천 명을 징발하고, 郡에서는 군수품을 운반할 1만여 명을 동원했는데, 당몽은 군사를 지휘하면서 법 규정에 따라 백성 우두머리를 주살하자 巴蜀의 백성들이 매우 놀라고 두려워하였다. 무제가 이를 알고 사마상여를 보내 당몽을 견책하면서 파촉의 백성들에게, 이는 황제의 뜻이 아니라고 諭告(유고)하게 하였다. 사마상여의 회유 檄文(격문, 〈諭巴蜀檄〉)은 《漢書 司馬相如傳 下》에 수록되었다.

219 滄海郡(창해군) - 한반도 동북부에 위치. 존속기간 漢 武帝 元朔 원년(前 128) - 3년(前 126) 韓半島 東部에 설치. 元封 3년(前 108年) 위만조선 멸망 후에 그 지역은 臨屯郡(임둔군) 관할이 되었다. 《史記》에는 「彭吳賈(팽오가)가 穢(예)와 朝鮮을 정벌하고 滄海郡을 설치했다.」고 기록했다. 《漢書 食貨志》의 본문 외, 范曄(범엽)의 《後漢書》에는 「(무제) 元朔元年, 濊君南閭等畔右渠, 率二十八萬口詣遼東內屬. 武帝以其地爲蒼海郡, 數年乃罷」라고 기록되었다.

220 원문 靡然發動 - 靡然(미연)은 바람에 쏠리듯 눕다.

221 王恢 - 馬邑은 雁門郡(안문군)의 현명, 今 山西省 북부의 朔州市. 漢의 馬邑 사람 聶壹(섭일)은 몰래 허가 없이 흉노와 교역을 했었는데, 섭일은 거짓으로 마읍성을 들어 배반하는 것처럼 선우를 유인하였다. 선우는 섭일을 믿고 마읍의 재물을 탐내어 10만 기병을 거느리고 漢에 들어왔다. 漢은 복병 30여만을 마읍 주변에 배치하였고 韓安國(한안국)은 護軍將軍(호군장군)으로 4명의 장군을 데리고 선우를 기다렸다. 장군인

和親이 단절되었고, 흉노가 북변을 침략하자 해마다 원정을 하였지만 해결되지 않아 온 천하가 그 때문에 고생하였다. 干戈(간과, 전쟁)는 날로 많아졌지만, (그래도) 먼 길 가는 여행자는 계속 이어졌고 (行者繼), 남아 있는 자는 전송했으며(居者送), 나라 안팎이 소란해도 서로 왕래하였는데(中外騷擾相奉), 백성은 피폐하면서도 교묘히 형벌을 피했고[222] 물자 소모가 많아 생활이 어려웠다.(不澹, 不贍). 나라에 물자를 바치는 자는 관리가 되었으며, 재화를 내고 형벌을 면제 받았으며, 인재 선발 제도는(選擧) 무너졌고(陵夷, 능이), 廉恥(염치)를 무시했고 武力이 통하였으며, 법령은 엄격 조밀하였다. 이러한 분위기에서 나라의 수익을 증대시키려는 관리들이 처음으로 등장하였다.[223]

王恢(왕회)는 군사를 거느리고 代國을 나서 흉노의 輜重(치중)부대를 공격하려 했으나, 선우는 이미 돌아갔고 병력이 많아 감히 출격하지 못했다. 漢에서는 본래 왕회의 주장에 따라 본 작전을 계획했고, 왕회가 치중부대를 공격하지 않았다 하여 왕회를 처형하였다. 이후로 흉노와의 화친은 단절되었고 교통 요지를 공격하거나 가끔 변경에 침입하여 도둑질을 하였는데 이루 다 셀 수 없었다. 그러나 흉노는 탐욕이 있어 關市(관시)를 통한 거래를 여전히 좋아하였고 漢에서도 관시를 열어 거래를 이어주며 그들의 요구를 충족시켰다.

222 원문 抗敝以巧法 – (살림이) 줄어들고 피폐했으나(抗敝). 抗은 꺾을 완. 가지고 놀다. 敝는 해질 폐. 부서지다.

223 원문 興利之臣自此而始 – 興利之臣의 대표적 인물이 桑弘羊(상홍양)이다. 桑弘羊(상홍양, 前 152 – 80)은 武帝 때 財政 전문가. 鹽, 鐵, 酒 專賣를 주장.

六. 對外 원정과 財政 궁핍

其後, 衛青歲以數萬騎出擊匈奴, 遂取河南地, 築朔方.
時又通西南夷道, 作者數萬人, 千里負擔饋餉, 率十餘鐘致
一石, 散幣於邛, 僰以輯之. 數歲而道不通, 蠻夷因以數攻,
吏發兵誅之. 悉巴蜀租賦不足以更之, 乃募豪民田南夷, 入
粟縣官, 而內受錢於都內. 東置滄海郡, 人徒之費疑於南夷.
又興十餘萬人築衛朔方, 轉漕甚遠, 自山東咸被其勞, 費數
十百巨萬, 府庫並虛. 乃募民能入奴婢得以終身復, 爲郎增
秩, 及入羊爲郎, 始於此.

〔국역〕

그 뒤로, 衛青(위청)은²²⁴ 해마다 수만의 기병을 거느리고 흉노를
공격하여 마침내 河南〔하남, 河套(하투)〕의 땅을 확보하고 朔方郡(삭방
군)을 설치하였다.²²⁵ 그 무렵 또 西南夷의 거주 지역에 도로를 개통
하였는데 동원된 인부가 수만 명에 천리 먼 길에서 군량을 운송하였

---

224 衛青(위청, ?-前 106) - 字는 仲卿. 衛子夫의 남동생. 노비 출신. 위자부
가 나중에 무제의 황후(衛后, 衛思后로 추존)가 되자 크게 출세, 흉노 토
벌에 공이 많아 대장군이 되었다. 《漢書》55권, 〈衛青霍去病傳〉에 입전.

225 朔方(삭방) - 군명. 지금 내몽고 지역의 황하 유역. 朔方은 북방이란 뜻.
元朔 2년(前 127)에 삭방군을 설치하고 옛 秦(진) 시절에 蒙恬(몽염)이
축조했던 요새를 정비하여 황하를 경계로 굳게 방어하였다.

는데, 10여 鐘(종)을 운송하더라도 도착하는 것은 1石 정도였으며, 邛(공)과[226] 莋(북)[227] 지역에서 전폐를 뿌려 인부를 모았다. 數歲에 걸쳐 도로가 불통하였으며 蠻夷(만이)는 이를 기회로 자주 공격해 왔고, (漢) 관리는 군사를 동원하여 서남이들을 토벌하였다. 巴郡과 蜀郡의 租賦로도 비용이 부족했지만 계속 진행하면서(更之), 豪民 (호민)을 모아 서남이 지역에서 농사를 짓게 하여 군량을 나라에 납입했고,[228] (大司農의 속관) 都內令에게 가격을 계산해 받았다.

동쪽으로 滄海郡(창해군)을 설치하였는데, 동원된 인부의 비용이 西南夷와 비슷하였다.[229] 또 10여만 명을 동원하여 삭방군을 지킬 성을 축조하였는데, 漕運(조운)이 아주 원거리에 달했으니 崤山(효산) 동쪽(山東) 지역이 노역에 동원되었고, 그 비용이 수십 내지 1백의 巨萬(億)에 달하여 나라의 府庫가 모두 비었다(並虛). 이에 인부를 모집하면서 노비를 납입하는 자는 종신토록 조세와 요역이 면제되었고 낭관은 질록이 올랐으며, 羊을 바치는 자는 낭관에 임명하였으니,[230] 그 시작은 여기에 있었다.

---

226 邛(공) – 邛都(공도)는 부족 이름. 현명, 수 四川省 서남부의 西昌市에 해당.

227 莋族(북족) – 羌族(강족)의 한 갈래, 수 雲南省 일대에 분포. 성질이 온순하고 문화가 발달했었다고 한다.

228 원문 入粟縣官 – 粟(조, 속)은 곡식, 군량, 식량. 縣官(현관)은 나라. 행정구역인 縣이 아니다.

229 원문 人徒之費疑於南夷 – 疑는 擬(혜아리다. 비슷하다)와 通.

230 이는 무제 때 卜式(복식)을 지칭한다. 58권, 〈公孫弘卜式兒寬傳〉에 입전.

此後四年, 衛青比歲十餘萬衆擊胡, 斬捕首虜之士受賜黃
金二十餘萬斤, 而漢軍士馬死者十餘萬, 兵甲轉漕之費不與
焉. 於是大司農陳臧錢經用賦稅旣竭, 不足以奉戰士. 有司
請令民得買爵及贖禁錮免減罪, 請置賞官, 名曰武功爵, 級
十七萬, 凡値三十餘萬金. 諸買武功爵'官首'者試補吏, 先
除'千夫'如五大夫, 其有罪又減二等, 爵得至'樂卿', 以顯
軍功. 軍功多用超等, 大者封侯,卿大夫, 小者郎. 吏道雜而
多端, 則官職秏廢.

[국역]

이후 4년, 衛青(위청)은 해마다 1여만 군사를 거느리고 흉노를 원
정하였는데, 적을 죽이거나 수급을 베어오는 사졸에게 황금을 (총)
20여만 斤을 하사하였으며, 죽은 漢 군사와 군마도 10여만 이나 되
었지만, 병사의 무장이나 조운 비용은 계산하지 않았다. 이에 (국가
재정을 담당하는) 大司農은 그간 보관 중인 전폐와 정상적 수입인
賦稅(부세)가 모두 바닥이 나서 戰費가 부족하다고 상주하였다.

그러면서 담당 관리는 백성이 작위를 사거나 禁錮(금고) 이상의
형벌의 죄를 사면 받을 수 있도록, 이를 담당할 賞官(상관)의 설치를
주청하였는데, 이런 작위를 武功爵(무공작)이라 하였으며, 每級에 17
만 전이었고, (賣爵한 대금이) 모두 30여만 金에 다다랐다.[231]

---

231 원문 凡値三十餘萬金 – 1만 전을 1金이라 하였다.

武功爵을 사들이면 '官首(관수)' 라 하여 시험 삼아 관리에 보임하였고, 먼저 '千夫' 에 보임하였는데, 이는 제후왕의 속관 大夫와 같았으며, 죄를 지은 사람은 (형벌에서) 2등급을 감형하였으며, '樂卿' 의 작위를 받으면[232] 그 軍功을 칭송해 주었다. 또 軍功이 많은 자는 등급을 초월하여 등용되었는데, 제후에 봉해지거나 卿大夫의 반열에 올랐고, 낮으면 郎官이 되었다. 이렇게 되자 관리가 되는 길은(吏道) 막 뒤섞여 여러 갈래가 있었으며, 관직은 크게 혼란하였다.

原文

自公孫弘以《春秋》之義繩臣下取漢相, 張湯以峻文決理爲廷尉, 於是見知之法生, 而廢格,沮誹窮治之獄用矣. 其明年, 淮南,衡山,江都王謀反跡見, 而公卿尋端治之, 竟其黨與, 坐而死者數萬人, 吏益慘急而法令察. 當是時, 招尊方正賢良文學之士, 或至公卿大夫. 公孫弘以實相, 布被, 食不重味,爲下先,然而無益於俗, 稍務於功利矣.

[국역]

公孫弘(공손홍)은[233] 《春秋》를 논술하여 신하로서 승상의 지위에 올랐는데, (이는) 張湯(장탕)이 엄격한 법 적용과 판결로 廷尉(정위)

---

232 '樂卿(악경)' 은 武功爵(무공작)으로 8급에 해당하였다.

233 公孫弘(공손홍, 前 200 - 121) - 獄吏에서 출세. 武帝 時 御史大夫, 丞相 역임. 平津侯.《漢書》58권,〈公孫弘卜式兒寬傳〉에 입전.《史記 平津侯主父列傳》이 있다.

에 오른 것과 같았으며, 이후 見知之法(견지지법)이 나왔고,[234] 詔令(조령)을 방치하고 실천하지 않거나(廢格), 정부 시책을 비방하거나 저해하는 자는 철저히 처벌한다는 법을 시행하였다.

그 다음 해(元狩 원년) 淮南王, 衡山王, 江都王 등의 모반이 드러나서,[235] (연관된) 公卿의 단서를 찾아 治獄하여 그와 한 편(黨與)이라 하여, 이에 연좌되어 죽은 자가 수만 명이었으며, (이후) 관리들은 더욱 참혹 엄격하게 법령을 적용하였다. 이러한 시기에 方正, 賢良한 文學之士를 초치 등용하였는데, 이들 중 公이나 卿大夫에 올랐다. 公孫弘(공손홍)은 검소하게 생활하였으니 무명 이불을 덮고 살면서 식사에 2가지 고기를 먹지 않았으며, 아랫사람보다 먼저 솔선하였지만 시속의 변화에는 도움이 되지 못했으며 차츰 功利를 얻으려 힘썼다.

原文

其明年, 票騎仍再出擊胡, 大克獲. 渾邪王率數萬衆來降, 於是漢發車三萬兩迎之. 既至, 受賞, 賜及有功之士. 是歲費凡百餘巨萬.

先是十餘歲, 河決, 灌梁,楚地, 固已數困, 而緣河之郡堤塞河, 輒壞決, 費不可勝計. 其後番係欲省底柱之漕, 穿汾,

---

234 見知之法 – 관리가 다른 사람의 부정이나 죄를 알면서도 이를 고발하지 않으면 같은 범죄로 처벌한다는 법.

235 淮南, 衡山謀反 – 淮南王 劉安, 衡山王 劉賜의 반란. 武帝 元狩 원년(傳 122). 44권, 〈淮南衡山濟北王傳〉 참고.

河渠以爲漑田. 鄭當時爲渭漕回遠, 鑿漕直渠自長安至華
陰, 而朔方亦穿漑渠. 作者各數萬人, 歷二三期而功未就,
費亦各以巨萬十數.

〔국역〕

　그 다음 해(元狩 2년, 前 121), 票騎將軍(霍去病)은[236] 전처럼 다
시 흉노를 원정하여 크게 이겼다. (흉노) 渾邪王(혼야왕)이 수만의 무
리를 거느리고 漢에 투항하자,[237] 한에서는 전거 3만 兩(輛)을 내어

---

236 票騎將軍－驃騎將軍인 霍去病(곽거병) 元狩 2년 驃騎將軍 霍去病(곽거
　　병, 前 140－117, 衛子夫와 衛靑의 생질)은 隴西郡에서 출병하여 흉노를 격
　　파하면서 수만 명을 죽였고, 祁連山(기련산)까지 진출하였다. 곽거병은
　　사람이 말수가 적고 감정을 드러내지 않았으며 기개가 있고 과감하였
　　다. 무제가 곽거병을 위해 좋은 집을 마련하고 가보라고 하였으나 곽거
　　병은 "흉노를 없애지도 못했는데 집을 꾸밀 수가 없습니다."라고 말했
　　다. 이 때문에 무제는 더욱 중히 여기고 신임하였다. 그러나 곽거병은
　　젊어 시중이 되었고 높은 자리에 오른 뒤로는 사졸을 돌보지 않았다.
　　그가 출정하면 무제가 太官을 보내 수십 수레의 음식을 보냈는데 귀환
　　할 때 짐수레에 남은 곡식과 고기가 있어 버리기도 했지만 굶주린 사졸
　　들이 있었다. 변경 밖에서 식량이 부족해 혹 제 발로 서지도 못하는 사
　　졸이 있어도 곽거병은 땅을 파게 하여 蹴鞠(축국)을 즐겼다.

237 渾邪王(혼야왕, 昆邪王, ?－前 120)－漢代 匈奴 單于 아래 諸王의 하나. 張
　　掖郡〔장액군, 今 甘肅省 張掖市(장액시)〕일대를 차지하고 있다가 武帝 元
　　狩 2년(前 121)에 霍去病(곽거병)의 원정으로 격파되어 그 무리 4만여
　　명(號 十萬)이 투항하였다. 혼양왕은 1만호의 식읍을 받고 漯陰侯(습음
　　후, 漯陰侯(탑음후)〕에 봉해졌으나 封을 받은 해에 죽었다. 그 무리들은
　　隴西郡, 北地郡 등 5개 郡에 분산 수용되었다. 漢은 이들의 원 거주지에
　　酒泉郡〔今 甘肅省 서북부 河西走廊(하서주랑)의 서쪽 酒泉市〕을 설치하

영접하였다. 혼야왕은 귀순하여 상을 받았고, 유공한 將士는 하사품을 받았다. 이 해에 戰費가 모두 1백여 巨萬(億)에 달했다.

이보다 10여 년 전에[238] 황하 제방이 터져서 梁(량)과 楚(초) 지역이[239] 물에 잠겼는데, 이는 본래 여러 번 닥친 재난이었으며(固已數困), 황하에 맞닿은 郡에서는 제방을 쌓아 막아도 번번이 무너지거나 터졌는데, 그 비용을 이루 다 계산할 수도 없었다.

그 뒤에 (河南太守인) 番係(번계, 人名)는 底柱山(저주산)을[240] 지나는 조운의 비용을 절약하고자, 汾河(분하)를 뚫고 황하의 인공수로(河渠)를 만들어 灌漑(관개)하려 했다.(이 계획은 실패했다.) 鄭當時(정당시)는[241] 渭水(위수)의 조운이 너무 먼 거리를 돌아가야 한다며, 漕直渠(조직거)를 開鑿(개착)하여 長安에서 華陰縣에 바로 통하려 했고, 朔方郡(삭방군)에서도 인공수로를 뚫으려 했다. 여기에 동원된 인부가 각각 수만 명이었는데, 2, 3년이 지나도 완공하지 못했으며 그 비용 역시 수십 억에 이르렀다.

고 통치하였다. 그해 가을 흉노의 渾邪王(혼야왕)은 무리를 이끌고 漢에 투항하였는데 金城郡과 河西 지역, 그리고 南山의 鹽澤(염택)에 이르기까지 텅 비어 흉노가 없었다. 그 2년 뒤 漢軍은 흉노의 單于(선우)를 사막 북쪽으로 축출하였다.

238 무제 元光 3년(前 132), 황하가 瓠子(호자)란 곳에서 터졌다. 〈溝洫志〉 참고.

239 今 河南省 동부, 山東省 서남부. 江蘇省 북부 지역에 해당.

240 底柱山(저주산) - 今 河南省 서부 三門峽市 黃河 急流에 서있던 산 이름. 조운하는 선박이 여기를 통과할 때 손실이 많았다고 한다.

241 鄭當時(정당시) - 무제 때 대사농을 역임. 50권, 〈張馮汲鄭傳〉에 입전.

天子爲伐胡故, 盛養馬, 馬之往來食長安者數萬匹, 卒掌者關中不足, 乃調旁近郡. 而胡降者數萬人皆得厚賞, 衣食仰給縣官, 縣官不給, 天子乃損膳, 解乘輿駟, 出御府禁臧以澹之.

其明年, 山東被水災, 民多饑乏, 於是天子遣使虛郡國倉廩以振貧. 猶不足, 又募豪富人相假貸. 尚不能相救, 乃徙貧民於關以西, 及充朔方以南新秦中, 七十餘萬口, 衣食皆仰給於縣官. 數歲貸與産業, 使者分部護, 冠蓋相望, 費以億計, 縣官大空. 而富商賈或蹛財役貧, 轉轂百數, 廢居居邑, 封君皆氐首仰給焉. 冶鑄煮鹽, 財或累萬金, 而不佐公家之急, 黎民重困.

[국역]

天子의 흉노 정벌 때문에 말을 많이 길렀는데, 長安을 오가면서 먹여야 할 말이 수만 필이라서[242] 사육 담당 병졸이 關中 사람으로 부족하여 가까운 이웃 郡에서 차출하였다.

흉노족 투항자 수만 명 모두 후한 상을 받았는데, 이들의 의식을 나라에(縣官) 의지하였기에, (경비가 부족하여) 天子까지 반찬을 줄였으며 (天子가) 타는 수레의 곁말(駟)까지 풀었으며, 御府(어부)의 황실용 재산까지 國用으로 썼다.[243]

---

242 원문 馬之往來食長安者~-食의 音은 사. 먹이다. 먹이. 飤(먹일 사)와 同.

그 다음 해(元狩 3년, 前 120) 山東지역이 水災를 당하여, 많은 백성이 굶주렸는데, 이에 天子는 使者를 보내 각 군국의 창고를 비워 빈민을 구제케 하였다. 그래도 부족하여 다시 부자들을 불러 (나라에) 임시 대여하게 하였다.²⁴⁴ 그래도 구제할 수 없자, 빈민들을 함곡관 서쪽 지역으로 이주시키거나, 삭방군 이남의 新秦中에²⁴⁵ 70여만 명을 이주시켰는데, 그들은 衣食을 나라에서 해결해야만 했다.

數歲에 걸쳐 나라의 공사에(産業) 대여하거나, 使者를 각 업무분야에 따라 파견하니 출장 가는 관리들이 길에 이어졌고,²⁴⁶ 그 비용이 億 단위로 계산해야 했기에 나라(縣官) 살림이 완전히 바닥났다(大空). 그러나 부유한 상인들은(富商賈) 비축한 재물로 빈민을 고용하여²⁴⁷ 식량을 운송하는 수레를 百 단위로 세어야 했고, (식량을) 빈집이나 거주지 성읍에 쌓아두었는데, 제후라도(封君, 公主나 列侯) 모두 머리를 숙여가며 베풀어주기를 바랐다. (대상인들은) 광산 개발이나 소금을 제조하여,²⁴⁸ 재물이 수억씩 비축되었어도 나라의

---

243 원문 出御府禁臧以澹之 - 御府는 少府. 황실의 비용을 공급 담당. 禁臧(금장)은 황실용 개인 자산. 澹은 贍(넉넉할 섬). 돕다.

244 원문 又募豪富人相假貸 - 부자들을 불러 모아 임시 대여케 하였다. 相은 지시하는 뜻. 假貸(가대)는 임시 대여하다. 나라에 대여한다는 뜻.

245 新秦中 - 황하가 내몽고 지역에서 ∩ 모양으로 꺾어져 흐르는데 그 서쪽지역. 보통 내몽고 '河套(하투) 지역'이라 칭한다. 진시황 때 蒙恬(몽염)이 흉노를 축출하고 개척한 1천 리 沃野.

246 원문 冠蓋相望 - 출장 관리의 冠과 타고 가는 수레 덮개(蓋, 덮을 개)가 앞뒤로 이어졌다.

247 원문 埒財役貧 - 埒은 저축할 절. 축적된 재산을 바탕으로 빈민들을 고용하여 농사짓게 했다는 뜻.

위급을 돕지 않았고,[249] 백성들은 더욱 곤궁하였다.

於是天子與公卿議, 更造錢幣以澹用, 而摧浮淫並兼之
徒. 是時禁苑有白鹿而少府多銀錫. 自孝文更造四銖錢, 至
是歲四十餘年, 從建元以來, 用少, 縣官往往卽多銅山而鑄
錢, 民亦盜鑄, 不可勝數. 錢益多而輕, 物益少而貴.

有司言曰, "古者皮幣, 諸侯以聘享. 金有三等, 黃金爲上,
白金爲中, 赤金爲下. 今半兩錢法重四銖, 而姦或盜摩錢質
而取鋊, 錢益輕薄而物貴, 則遠方用幣煩費不省."

乃以白鹿皮方尺, 緣以繢, 爲皮幣, 値四十萬. 王侯, 宗室
朝覲, 聘享, 必以皮幣薦璧, 然後得行.

[국역]

이에 天子는 公卿과 함께 논의하여 다시 錢幣(전폐)를 주조하여
國用을 보충하면서(澹用, 贍用), 浮薄(부박)하고 사치하며 兼倂(겸병)
을 일삼는 무리의(大商) 세력을 꺾기로 하였다. 이 무렵에 禁苑(上
林苑)에는 白鹿(백록)이, 少府에는 銀과 주석이 많이 있었다. 孝文帝
가 四銖錢(사수전)을 제조한 이래, 이때까지 40여 년, 建元(서기 140,

---

248 원문 冶鑄煮鹽 - 冶鑄(야주)는 광산에서 구리나 鐵을 캐다. 煮鹽(자염)은
바닷물을 끓여 소금을 제조하다.

249 원문 不佐公家之急 - 佐는 도울 좌.

무제 즉위) 이래로, 별로 용도가 없었으며, 나라에서도 가끔 구리가 많이 나오는 산에 가서 鑄錢하였고, 백성 역시 몰래 주전하는 자를 다 셀 수도 없었다. 화폐가 많을수록 가치는 떨어졌고,[250] 물자는 부족하면서 비싸졌다.

이에 有司가 말했다.

"古者의 皮幣(피폐)는 제후가 이를 가지고 朝聘(조빙)하였습니다. 金에는 3등급이 있으니, 黃金이 상등이고, 白金(銀)이 中, 赤金(銅)이 하등입니다. 지금 半兩錢은 法으로 무게가 4銖(수)이지만, 간악한 자들은 사수전의 뒷면 바탕을(質) 갈아서 그 가루를 빼가기에[251] 돈은 더욱 가볍고 물가는 올라가므로 먼 지방에서는 전폐 사용이 번거롭고 비용도 절약되지 않습니다."

이에 사방 1자 넓이의 흰 사슴 가죽(白鹿皮)의 가장자리(緣, 가장자리 연)에 (五彩로) 수를 놓아(繢, 수놓을 궤), 이를 皮幣(피폐)라 하였는데, 그 가치가 40만 전이었다. 王侯와 宗室의 朝覲(조근)과 聘享(빙향)에[252] 반드시 이 皮幣(피폐)에 둥근 옥(璧, 둥근 옥 벽)을 싸서 (곧 예물을 갖춘 뒤) 出行케 하였다.

---

250 원문 錢益多而輕 - 여기 輕은 賤하다. 돈의 가치가 떨어지다.

251 원문 姦或盜摩錢質而取鋊 - 姦은 奸惡人. 摩는 갈다. 磨耗(마모)시키다. 사수전이나 오수전의 앞면은 글자가 양각되었지만(이를 文이라 한다), 뒷면은 글자가 없는 맨 바닥이다(質은 바탕 질. 또는 裏). 이 뒷면을 더 단단한 쇠로 갈아 그 가루(鋊은 구리가루 욕)를 얻는다.

252 朝覲(조근)은 제후가 입조하여 황제를 알현하다. 聘享(빙향)의 聘은 제후와 제후의 通好나 방문. 享(누릴 향, 드리다)은 제후가 입조하여 지방 특산물을 헌상하는 일.

原文

又造銀錫白金. 以爲天用莫如龍, 地用莫如馬, 人用莫如龜, 故白金三品. 其一曰重八兩, 圜之, 其文龍, 名'白撰', 值三千. 二曰以重差小, 方之, 其文馬, 值五百. 三曰復小, 橢之, 其文龜, 值三百. 令縣官銷半兩錢, 更鑄三銖錢, 重如其文. 盜鑄諸金錢罪皆死, 而吏民之犯者不可勝數.

〔국역〕

또 銀과 錫의 합금을 白金(백금)이라 불렀다. 하늘에서는 龍만한 신령이 없고, 땅에서는 말(馬)보다 유용한 것이 없으며, 인간에게는 거북(龜)만큼 귀한 것이 없다고 생각하여, 白金(銀과 錫의 합금)으로 三品(龍, 馬, 龜)을 제조하였다. 그 첫째는 무게 8兩에 둥근 모양으로 龍 무늬인데, 이를 '白撰(백찬)'이라 하였고 가치는 3천 냥이었다. 두 번째는 그 중량은 조금 적은데,[253] 사각형에 말(馬) 文樣(문양)으로 가치는 5백 량이다. 세 번째는 더 적은데(4兩) 타원형(橢는 길쭉할 타)에 거북 문양에 가치는 3백 냥이었다. 담당 부서에 명하여 반량전을 녹여 三銖錢(삼수전)을 주조케 하였으며 무게는 文字(三銖)와 같았다. 여러 가지 전폐를 위조하는 자는 모두 사형에 처했지만 관리나 백성의 범법자는 이루 다 셀 수 없을 정도였다.

---

253 원문 二曰以重差小 – 重은 重量. 무게. 差는 차이를 두다. 6兩이라는 주석이 있다.

七. 鹽鐵 專賣

　於是以東郭咸陽, 孔僅爲大農丞, 領鹽鐵事, 而桑弘羊貴幸. 咸陽, 齊之大煮鹽, 孔僅, 南陽大冶, 皆至産累千金, 故鄭當時進言之. 弘羊, 洛陽賈人之子. 以心計, 年十三侍中. 故三人言利事析秋豪矣.

　法旣益嚴, 吏多廢免. 兵革數動, 民多買復及五大夫, 千夫, 徵發之士益鮮. 於是除千夫, 五大夫爲吏, 不欲者出馬, 故吏皆適令伐棘上林, 作昆明池.

　其明年, 大將軍, 票騎大出擊胡, 賞賜五十萬金, 軍馬死者十餘萬匹, 轉漕車甲之費不與焉. 是時財匱, 戰士頗不得祿矣.

　有司言三銖錢輕, 輕錢易作姦詐, 乃更請郡國鑄五銖錢, 周郭其質, 令不可得摩取鋊.

〔국역〕

이에 東郭咸陽(동곽함양)과 孔僅(공근)은[254] (大司農의 副職인) 大農丞(대농승)이 되어 鹽鐵(염철) 관련 업무를 담당하였고, 桑弘羊(상

---

254 東郭咸陽, 孔僅 - 2人. 人名. 東郭이 성씨 咸陽(함양)이 이름. 僅은 겨우 근. 조금.

홍양)은[255] 무제의 총애를 받았다. 동곽함양은 齊郡에서 크게 製鹽
(제염)하였고, 공근은 南陽郡에서 크게 광물을 제련하여 모두 수천
金을 생산하였기에 鄭當時(정당시)가 천거하였다. 상홍양은 洛陽 상
인의 아들이었는데, 心計(암산)에 능해 13살에 侍中(시중)이 되었
다.[256] 이들 3인은 이득을 논하면서 아주 미세한 이득을 따졌다.[257]

　나라의 法禁은 더욱 엄정하여 많은 관리들이 파직이나 면직되었
다. 大軍이 자주 출동하게 되면서 백성 중에서도 관직을 구매하여 전
조나 부역을 면제받고, 五大夫나 千夫가 되었기에 징발할 사졸은 더
욱 적었다(益鮮). 이에 千夫나 五大夫에게 관직을 수여하였고, 원하
지 않는 자는 馬匹(마필)을 바쳐야 했으며, (죄 지은 전직) 관리는 상
림원에서 가시나무를 베거나 昆明池(곤명지)를[258] 파내는 노역에 종

---

255 桑弘羊(상홍양, 前 152－80. 桑이 성씨) - 武帝 때 財政 전문가. 鹽, 鐵, 酒
　　의 專賣를 주장. 후에 均輸法, 平準法 실시. 上官桀(상관걸, 상관이 성씨)
　　謀反에 연루 피살. 桑弘羊은 어사대부로 8년을 근무했는데 스스로 국
　　가를 위하여 전매하는 이득을 올렸다고 생각하였다. 당세의 실권자로
　　서 시대 변화에 따라 국가 권력의 책략을 숭상하려 했으니 그 주장이 정
　　당하지 않고, 또 巨儒나 宿學을 이해시키지 못했지만 현실 문제에는 통
　　달한 사람이었다. 그렇지만 公卿을 통솔할 권한을 가진 위치에서 옛 법
　　을 본받지 아니하고 末利를 추구했다. 분수에 넘는 자리를 차지하고 正
　　道가 아닌 일을 꾸며 결국 자신의 생명을 잃었다.

256 侍中은 列侯 이하 郎中이 받을 수 있는 加官의 직명. 시중은 궁중에 출
　　입할 수 있고 황제의 측근으로(秘書) 정사에 관여할 수도 있었다. 위엄
　　있는 복장을 했으며 여러 시중 중 僕射(복야) 1인이 대표 역할을 했다.

257 원문 故三人言利事析秋豪矣 - 析은 가를 석. 分析(분석)하다. 秋豪는 秋
　　毫(추호). 아주 미세한 것.

258 謫吏(적리)는 죄를 짓고 노역에 종사하는 관리. 昆明池는 水軍 조련을
　　위한, 今 西安市 서남쪽의 인공 호수.

사했다.

그 다음 해,[259] 大將軍(衛靑, 위청)과 票騎將軍 곽거병은 대군을 거느리고 흉노를 원정하였고, 그 상금이 50만 金이나 되었는데, 죽은 軍卒과 10여만 마리의 말, 그리고 漕運(조운)에 동원된 인부나 車甲의 비용은 계산하지도 않았다. 이때 재정이 궁핍하였기에 많은 戰士들이 그 秩祿(질록)을 받지 못했다.

담당 관리(有司)가 三銖錢이 가벼워 쉽게 위조할 수 있다면서, 다시 각 郡國에서 五銖錢을[260] 주조하되, 바탕에 테두리를 둘러 뒷면을 갈아 구리 가루(鉛은 구리가루 욕. 銅屑(동설))를 빼내는 것을 막아야 한다고 주청했다.

原文

大農上鹽鐵丞孔僅咸陽言,「山海, 天地之臧, 宜屬少府, 陛下弗私, 以屬大農佐賦. 願募民自給費, 因官器作煮鹽, 官與牢盆. 浮食奇民欲擅斡山海之貨, 以致富羨, 役利細民.

---

259 其明年 – 元狩 4년(前 119).

260 五銖錢 – 錢의 무게에 따른 이름(1兩은 15.5g, 1兩은 24銖. 1銖는 0.65g. 五銖는 3.25g) 무제 元狩(원수) 5년(前 118) 처음 발행되었다. 이 화폐의 주조권은 처음에 각 郡國에 분산되었다가 元鼎 4년(前 113)에 중앙으로 귀속시켜 上林三官(水衡都尉 소속의 鐘官, 技巧官, 辨銅官)이 역할을 분담하여 주조하였으며, '五銖'라는 二字가 양각되었다. 東漢과 魏, 晉을 거쳐 隋代까지 주조 통용되었는데 唐 高祖 武德 4年(621)에 공식적으로 폐지되었지만 민간에서는 여전히 유통되었다. 중국에서 가장 많이 발행되었고 가장 오래 통용된 錢幣(전폐)였다.

其沮事之議, 不可勝聽. 敢私鑄鐵器煮鹽者, 釱左趾, 沒入
其器物. 郡不出鐵者, 置小鐵官, 使屬在所縣.」

　使僅,咸陽乘傳擧行天下鹽,鐵, 作官府, 除故鹽,鐵家富者
爲吏. 吏益多賈人矣.

〖국역〗

　大司農이 鹽鐵丞인 孔僅(공근)과 東郭咸陽(동곽함양)을 보내 건의
하였다.

　「山海와 天地의 産物(臧)은 응당 少府의 소속이지만, 폐하께서는
私心이 없으시니, 大司農에게 맡겨 賦稅를 거두게 해야 합니다. 바
라옵기는, 백성을 모집하여 그 비용을 자비로 충당케 하면서 관부의
장비를 빌려 소금을 제조하게 하되, 관에서는 소금가마(牢盆, 뇌분)
를 대여할 것입니다. 놀면서 백성을 이용하여 山海의 보화를 얻어
致富하려는 제후라면 빈민을 동원하여 이득을 올릴 것입니다. 그러
한 논의를 저지하기에[261] 허락을 받아낼 수가 없습니다. 불법으로
鐵器(철기)를 주조하거나 제염하는 자는 왼발에 차꼬를(刑具) 채우
고,[262] 그 器物(연장이나 도구)를 압수해야 합니다. 鐵이 산출되지
않는 郡에서는 小鐵官을 두고 군현에 소속케 해야 합니다.」[263]

---

261 염철관의 설치를 반대하는 논의. 여론.

262 원문 釱左趾,沒入其器物 – 釱는 차꼬 체. 刑具. 左趾(좌지)는 왼발. 器物
　　은 연장. 도구.

263 철 생산지의 鐵官은 그 직위가 縣令과 동급이며 생산지의 지방관이었
　　다. 이는 중앙정부의 大司農 소속이었다. 小鐵官은 그 군현의 소속으로
　　한다는 뜻.

(조정에서는) 공근과 동곽함양에게 각지를 돌며 제염, 제철을 담당하는 관청을 설치케 하였고, 예전에 제염 제철하던 자를 관리로 채용케 하였다. 이들 관리 중에는 상인이 더 많았다.

原文

商賈以幣之變, 多積貨逐利. 於是公卿言,

"郡國頗被災害, 貧民無産業者, 募徙廣饒之地. 陛下損膳省用, 出禁錢以振元元, 寬貸, 而民不齊出南畮, 商賈滋衆. 貧者畜積無有, 皆仰縣官. 異時算軺車,賈人之緡錢皆有差小, 請算如故. 諸賈人末作貰貸賣買, 居邑貯積諸物, 及商以取利者, 雖無市籍, 各以其物自佔, 率緡錢二千而算一. 諸作有租及鑄, 率緡錢四千算一. 非吏比者,三老,北邊騎士, 軺車一算, 商賈人軺車二算. 船五丈以上一算. 匿不自佔, 占不悉, 戍邊一歲, 沒入緡錢. 有能告者, 以其半畀之. 賈人有市籍, 及家屬, 皆無得名田, 以便農. 敢犯令, 沒入田貨."

〖국역〗

商賈(상고, 商人)는 전폐가 바뀌면서, 비축한 物貨가 많아 이득도 많았다. 이에 여러 公卿이 말했다.

"(지방의 여러) 郡國에서는 재해를 자주 당하여, 아무 재산이 없는 貧民들은 풍요로운 군현으로 옮겨 갔습니다. 폐하께서는 반찬을 줄여가며 절약하시고, 禁錢(금전, 황제 소유의 금전)을 출연하여 백성을 진휼하시며,[264] 싸게 貸付하지만 백성들은 농토로 돌아가지 않았고, 商賈(상고, 商人)는 더욱 많아졌습니다. 貧者는 축적한 것이 없기에 모두가 나라만 바라보고 있습니다(皆仰縣官). 예전에(異時) 상인의 수레와 상인의 소득에 대해서는 그 과세에 약간의 차등이 있었습니다만,[265] 예전처럼 과세할 것을 주청합니다.[266] 모든 末作(말작, 거래, 商行爲)의 賒貸(세대)와 賣買(매매),[267] 居邑에서 여러 물화를 비축하거나[268] 상거래로 이득을 얻는 자는 비록 市籍(시적, 商人의 호적)이 있더라도, 각각 자신이 신고한 物貨에 의거하여,[269] 일률적으로 緡錢(민전) 2천에 一算을 부과합니다.[270] 각종 수공업과 冶鐵(야철) 製鹽(제염)에 과세하여[271] 일률적으로 緡錢 4천에 一算을 부과합니다.

---

264 원문 出禁錢以振元元 – 出은 出捐(출연)하다. 禁錢은 황실용 少府의 재산. 振은 구제하다. 진휼하다. 賑貸(진대). 元元은 백성.

265 원문 算軺車,賈人之緡錢皆有差小 – 算(셈할 산)은 과세하다. 軺車(초거)는 말 1필이 끄는 작은 수레. 물자 운반용. 緡錢(민전)은 상인의 재산. 수익. 緡은 돈 꿰미 민. 1貫(1천전)을 1緡이라 했다.

266 算緡錢(산민전) – 상인, 수공업자, 고리대금업자, 선박소유자의 재산에 대한 과세. 武帝 元狩 4년(前 119)에 과세하여 무제 말년까지 시행되었다고 알려졌다.

267 賒貸賣買 – 賒는 주인의 입장에서 빌려주는 행위. 받는 사람은 睺(세낼 사). 貸는 대출. 고리대출을 의미. 賣買(매매)는 일반 상거래.

268 원문 貯積諸物 – 이는, 곧 買占賣惜(매점매석)이었다.

269 원문 各以其物自佔 – 自佔(자점, 볼 점)은 자신이 신고한 내용.

270 원문 率緡錢二千而算一 – 率(율)은 일률적으로, 緡錢二千은 2천전이 1緡錢(민전). 算一은 一算. 세율은 고정이 아니라 변동 세율인데, 120전이었다는 주석이 있다.

271 원문 諸作有租及鑄 – 手力으로 제조하여 파는 모는 물화를 의미.

관리가 아니지만 관리와 비슷한(非吏比者), (鄕의) 三老와 北邊의
騎士의 軺車(초거)에 一算을 課稅하고 商賈人의 초거는 二算을 과세
합니다. 五丈(5장) 이상의 배에 一算을 과세합니다. 재산을 숨겨(匿,
숨을 닉) 신고하지 않거나 전부를 신고하지 않으면,[272] 1년간 변방
에서 防戍(방수)하고 민전은 몰수합니다. 이를 신고하는 자에게는
(압수한 재산의) 절반을 보상해줍니다.[273] 賈人(고인)으로 市籍(시적)
을 가진 자와 그 家屬(가속)은 모두 토지를 소유할 수 없게 해야 농민
에게 유리합니다. 감히 명령을 어기면 토지와 물화를 몰수해야 합니
다.”

原文

　是時, 豪富皆爭匿財, 唯卜式數求入財以助縣官. 天子乃
超拜式爲中郞, 賜爵左庶長, 田十頃, 佈告天下, 以風百姓.
初, 式不願爲官, 上强拜之, 稍遷至齊相. 語自在其〈傳〉.
　孔僅使天下鑄作器, 三年中至大司農, 列於九卿. 而桑弘
羊爲大司農中丞, 管諸會計事, 稍稍置均輸以通貨物. 始令
吏得入穀補官, 郞至六百石.

---

272 원문 占不悉 - 占은 보고하다. 신고하다. 不悉(부실)은 전부가 아니다.
　　일부를 감추고 일부분만 신고하다. 悉은 다 실. 전부.
273 원문 以其半畀之 - 畀는 줄 비(與也). 수여하다. 신고포상금으로 주다.

이때 부호들은 경쟁하듯 재산을 숨겼지만, 오직 卜式(복식)만은[274] 여러 번 재산을 바쳐 나라를 돕겠다고 하였다. 이에 天子는 복식을 불러 中郎(중랑)을 제수하고 左庶長(좌서장)의 작위와[275] 토지 10頃(경)을 하사하고, 이를 천하에 널리 알려 백성을 風喩(풍유, 諷敎)하려 했다. 처음에 복식은 관리를 원하지 않았지만 황상이 억지로 제수했고 차츰 승진하여 齊國의 相이 되었다.[276] 이는 〈58권, 公孫弘卜式兒寬傳傳〉에 기록했다.

孔僅(공근)은 天下에 쇠로 각종 기물을 제작케 하였는데, 3년에 大司農에 승진하여 9卿의 반열에 올랐다. 그리고 桑弘羊(상홍양)은 大司農 中丞이 되어 회계 관련 여러 업무를 관장하였고, 점차 均輸官(균수관)을 늘려 貨物 유통을 관장하였다.[277] 공손홍은 관리가 곡식을 납입하며 관직을 제수케 하였는데 郎官의 경우 질록 6백석까지[278] 승진할 수 있었다.

---

274 卜式(복식) – 卜式(복식)은 河南縣 사람이다. 농사와 목축이 생업이었다. 《養豬羊法》이라는 저서가 있었는데 失傳되었다.

275 中郎, 左庶長 – 中郎(중랑)은 황제 侍衛. 左庶長(좌서장)은 漢 20等 爵 중 10등 작위. 관리의 작위에 속했다. 복식은 나중에 關內侯가 되었다.

276 나중에 어사대부까지 승진했지만 학식이 모자라다고 스스로 사임하였다.

277 均輸法 – 각 郡에 均輸鹽鐵官을 두고 중앙에 보낼 물건과 소요되는 물건을 구매하고, 이를 필요한 지방으로 운반하여 물가 안정과 국가 재정 충실을 도모하려는 법. 본래 武帝 말기 국가 재정 부족을 타개하려는 목적으로 입안, 시행되었다.

278 6百石이면 1만 호를 다스리는 縣令의 질록이었다.

自造白金,五銖錢後五歲, 而赦吏民之坐盜鑄金錢死者數十萬人. 其不發覺相殺者, 不可勝計. 赦自出者百餘萬人. 然不能半自出, 天下大氐無慮皆鑄金錢矣. 犯法者衆, 吏不能盡誅, 於是遣博士褚大,徐偃等分行郡國, 舉並兼之徒守, 相爲利者. 而御史大夫張湯方貴用事, 減宣,杜周等爲中丞, 義縱,尹齊,王溫舒等用慘急苛刻爲九卿, 直指夏蘭之屬始出. 而大農顏異誅矣.

初, 異爲濟南亭長, 以廉直稍遷至九卿. 上與湯旣造白鹿皮幣, 問異. 異曰, "今王侯朝賀以倉璧, 直數千, 而其皮薦反四十萬, 本末不相稱."

天子不說. 湯又與異有隙, 及人有告異以它議, 事下湯治. 異與客語, 客語初令下有不便者, 異不應, 微反脣. 湯奏當異九卿見令不便, 不入言而腹非, 論死. 自是後有腹非之法比, 而公卿大夫多謟諛取容.

天子旣下緡錢令而尊卜式, 百姓終莫分財佐縣官, 於是告緡錢縱矣.

[국역]

白金(백금)과 五銖錢(오수전) 발행 후 5년,[279] 관리나 백성으로 금

---

279 元狩 4년(前 119) 白金幣 발행, 元鼎 원년(前 116)이니 5년이 아니라 3년 뒤이다.

전을 盜鑄(도주)한 죄에 연좌된 십수만 명을 사면하였다. 죄가 발각되기 전에 피살된 자는 셀 수도 없었다.[280] 사면이 되자 자수한 자가 1백여 만이나 되었는데, 이는 실제의 절반 정도였다니, 아마도 세상 사람 거의 모두가 盜鑄에 관여했을 것이다.

이렇듯 범법자가 많았기에 관리가 (범법자를) 다 죽일 수도 없었으며, (나라에서는) 博士인 褚大(저대)와[281] 徐偃(서언) 등을[282] 각 郡國에 나눠 파견하여 타인의 재산을 침해한 者 또는 私利를 도모한 태수나 군국의 相을 고발케 하였다. 御史大夫인 張湯(장탕)은[283] 황제의 신임 속에 권력을 쥐었고(方貴用事), 減宣(감선)과[284] 杜周(두

280 원문 其不發覺相殺者 – 相殺은 피살의 의미.

281 褚大(저대) –《公羊春秋》를 전공한 胡母生의 제자. 蘭陵縣의 褚大(저대)는 나중에 梁國의 相이었다. 원수 6년에 내린 무제의 조서에 「지금 박사 褚大(저대) 등 6명을 천하에 파견하여 순행하면서 과부나 홀아비 또는 폐질자를 위문하고 스스로 구제할 수 있는 자에게 대여하는 일은 없는가를 조사할 것이다.」라고 하였다.

282 徐偃(서언) –《詩》를 전공한 魯의 申公의 제자인 徐偃(서언)은 膠西國(교서국)의 中尉를 역임했는데 모두 청렴한 사람들이었다. 88권,〈儒林傳〉에 이름이 보인다.

283 張湯(장탕, ? – 前 115) – 장탕은 무제의 뜻에 따라 白金錢(백금전)과 五銖錢(오수전)의 주조를 주청했고 천하의 鹽鐵(염철)을 전매하면서 부유한 상인이나 대상인을 억누르고 告緡令(고민령)을 시행하면서 부호와 세력가를 제거하였고 법령을 교묘하게 적용하여 죄에 얽어매면서 법 집행을 도왔다. 승상은 자리만 지켰고, 천자는 모든 국사를 장탕과 결정하였기에, '天下事皆決湯' 이란 말이 유행할 정도로 武帝의 신임을 받았다. 59권,〈張湯傳〉에 입전.《史記》에는〈酷吏列傳〉에 실렸다.

284 減宣(감선) – 人名. 咸宣(함선)으로 기록된 판본도 있다. 減(덜 감, 성 감)과 咸(성 함, 덜 감)은 음이 유사하여 혼동했을 것이다. 90권,〈酷吏傳〉에

주)는²⁸⁵ 御使中丞이 되었으며, 義縱(의종), 尹齊(윤제), 王溫舒(왕온서) 등은²⁸⁶ 참혹, 급박, 가혹한 처리나 판결로 九卿의 반열에 올랐고, 直指御使인²⁸⁷ 夏蘭(하란) 같은 무리도 등장하였다. 나중에 대사농 顔異(안이)는²⁸⁸ 주살되었다.

立傳.

285 杜周(두주, ?－前 94) － 武帝 때 유명한 혹리로 어사대부 역임. 杜周(두주)는 말수가 적고 둔중하며 행동이 굼떴으나 속마음은 뼈에 사무칠 정도로 아주 각박하였다. 減宣(감선)이 左內史가 되고 두주는 廷尉가 되었는데 그 방법은 대개 張湯(장탕)과 비슷했으며 윗사람 뜻을 잘 받들었다. 천자가 배척하려는 사람은 어떻게 해서든 죄에 빠트렸지만, 천자가 풀어주려는 사람은 오래 가둬두고 하문을 기다리면서 그 죄상을 적당히 감추어 주었다. 60권, 〈杜周傳〉에 입전.

286 義縱(의종), 尹齊(윤제), 王溫舒(왕온서) － 의종은 마치 새매가 공격하여 털을 뽑아내듯 임무를 수행하였다. 뒷날 마침 白金(銀)을 거둬들이며 五銖錢(오수전)을 시행할 때 백성들이 농간을 부렸는데, 京師 지역에서 특히 심했기에, 곧 의종을 右內史에 임명하고 王溫舒(왕온서)를 中尉(중위)에 임명하였다. 왕온서는 아주 악독하였는데 자신이 하는 일을 의종에게 먼저 말해 주지 않았고, 의종은 기세로 왕온서를 꺾으며 그의 공적을 없애려 하였다. 그들의 통치에 처형한 자가 아주 많았지만 결과는 잠시 안정될 뿐 불법행위는 더욱 극성하였다. 이들 혹리의 통치는 참살하거나 포박뿐이었다. 의종은 청렴했지만 나중에 무제에 의하여 조서의 시행을 막은 죄라 하여 기시형을 받았다. 그 1년 뒤에 장탕 역시 처형되었다. 3인 모두 90권, 〈酷吏傳〉에 立傳.

287 直旨御史 － 繡衣御史(수의어사). 황제의 특명을 받은 사자. 특명을 받아 '討奸猾 治大獄'의 임무를 수행하는 어사. 부절을 상징하는 杖節(장절)을 들고 군사 동원을 할 수 있었으며 군수(태수) 이하를 처형할 수 있었다.

288 顔異(안이, ?－前 117年) － 武帝 大司農 역임, 청렴 정직으로 유명했었다.

그전에 안이가 濟南의 亭長이었는데, 청렴과 정직으로 점차 승진하여 9경의 반열에 올랐다(大司農). 무제와 장탕이 '白鹿皮幣'를 제조하기로 결심하고 안이에게 물었다. 안이는 "지금 王侯가 입조 하례할 때 푸른 옥벽(蒼璧, 창벽. 蒼은 蒼)을 바치는데, 가격은 수천 전입니다. 그 백록피폐를 바치려면 40만 전이라니, 이는 本末이 맞지 않습니다."라고 말했다.

이에 天子는 기분이 좋지 않았다. 장탕은 그전부터 안이와 사이가 안 좋았다.

안이가 다른 의론을 주장한다고 고발하는 자가 있어, 무제는 사안을 장탕이 처리하게 하였다. 안이가 손님과 담소할 때, 객인이 얼마 전 하달된 詔令(조령)이 불편하다고 말했는데, 안이는 응답하지 않았지만 입술이 약간 움직였다. 장탕은 안이가 9경의 자리에서 조령을 불편하게 여기면서, 말은 안하지만 腹心(복심)으로 비방한다고 사형으로 판결하였다. 이후로 복심으로 비방한다는 판례 조항이 시행되자,[289] 공경대부들은 아부하며 영합하였다.[290]

天子는 緡錢令(민전령)을 시달하였고 卜式(복식)을 우대하였지만, 끝내 재물을 나눠 나라에 바치는 백성이 없었으며, 이후 (부호의 은익 재산을 고발하는) 告緡錢令(고민전령)을 내렸다.[291]

---

289 원문 腹非之法比 - 腹非는 복심으로 비방하다. 法比는 判例(판례).

290 원문 公卿大夫多諂諛取容 - 諂은 아첨할 첨. 諛는 아첨할 유. 取容(취용)은 영합하다. 비위를 맞추다. 남의 환심을 사다. 取悅(취열)과 同.

291 원문 於是告緡錢縱矣 - 縱矣의 縱(늘어질 종)은 放也. 명령을 내리다.

郡國鑄錢, 民多姦鑄, 錢多輕, 而公卿請令京師鑄官赤仄,
一當五, 賦官用非赤仄不得行. 白金稍賤, 民弗寶用, 縣官
以令禁之, 無益, 歲餘終廢不行.

是歲, 湯死而民不思.

其後二歲, 赤仄錢賤, 民巧法用之, 不便, 又廢. 於是悉禁
郡國毋鑄錢, 專令上林三官鑄. 錢旣多, 而令天下非三官錢
不得行, 諸郡國前所鑄錢皆廢銷之, 輸入其銅三官. 而民之
鑄錢益少, 計其費不能相當, 唯眞工大姦乃盜爲之.

국역

郡國에서도 鑄錢하자, 불법 주전하는 백성도 많아졌고 전폐는 더
욱 가벼워졌는데, 公卿은 京師의 鑄官이[292] 赤仄錢(적측전, 赤側錢)을
(제조 틀, 鎔范 용범) 1매에 5개를 주조하고,[293] 각종 부세나 官用에
적측폐가 아니면 통용할 수 없게 해야 한다고 주청하였다. 그러자
白金幣는 점차 가치가 떨어졌고 민간에서도 귀하게 통용되지 않았
으며, 나라에서 법령으로 금지해도 무익하여, 1년 남짓 지나면서 결
국 폐지되어 발행하지 않았다.

---

292 京師鑄官 – 上林苑의 鐘官(화폐주조 전문가).

293 赤仄幣(적측폐) – 전폐의 윤곽에 붉은색이 드러나는 전폐. 赤銅으로 윤
    곽을 두른 전폐, 仄(기울 측)은 側(곁 측)과 通. 당시 신기술이었다. 주전
    틀 하나에 적측폐 5매를 찍어낸다는 뜻으로 해석한다.

이 해에 張湯(장탕)이 죽었는데,[294] 백성은 그를 추념하지도 않았다.

그 2년 뒤(元鼎 4년, 前 113), 赤仄錢(적측전)은 가치가 떨어졌고(賤), 백성도 교묘히 기술을 익혀 주조하였기에 불편하여 또 폐지되었다.

이에 각 군국에서의 주전을 모두 금지하고 오직 上林苑의 三官만이 주전케 하였다.[295] 전폐가 많이 유통되면서 온 나라에 三官錢이

---

294 장탕이 죽었을 때(자살? 처형?) 그의 가산은 겨우 금전 5백에 불과하였는데, 그동안 녹봉이나 하사 받은 물건으로 남은 것이 없었다. 그의 형제나 여러 자식들이 장탕을 후장하려 했으나 그 모친이 말했다. "아들은 천자의 대신으로 악언을 덮어쓰고 죽었는데 어찌 후장하겠느냐!" 장탕은 牛車에 실려 나갔는데 棺(관)은 있었지만 槨(덧 널)은 없었다. 무제가 이 사실을 알고 말했다. "이런 모친이 아니라면, 이런 아들을 낳지 못했을 것이다." 무제는 장탕을 애석하게 여겨 다시 그 아들 張安世를 승진케 하였다. 아들 張安世(?–前 62)는 武帝 때 尙書令, 昭帝때 右將軍, 宣帝 때 大司馬衛將軍領尙書事를 역임. 관직생활이 청렴하기로 널리 알려졌다. 그 후손은 성제 때까지 번영했다.

295 원문 專令上林三官鑄 – 上林苑은 황실용 사냥터. 秦의 舊苑으로 황폐했던 것을 武帝가 중수했다. 今 陝西省 남부 西安市 周至縣과 戶縣의 접경에 자리했었다. 상림원 水衡都尉(수형도위)는 元鼎 2년(前 115)에 設官. 上林苑 관리와 황실의 재물 및 鑄錢 담당했는데, 銀印靑綬에 질록은 二千石이었다. 水는 池苑, 衡은 山林之官, 都는 諸官을 主管하다. 尉는 卒徒가 武士라는 뜻. 副職인 水衡丞은 상림원 관리. 질록 6백석. 上林令(상림원 내 禽獸 관리), 均輸, 御羞(어수, 食資材 담당), 禁圃(금포, 園藝 담당), 輯濯(집탁, 선박 관리), 六廐(養馬 담당), 鐘官(鑄錢 담당), 技巧(전폐의 鎔范(틀) 담당), 辯銅(鑄錢 原料) 등 9관서에 각각 令과 丞이 있었다. 또 衡官(稅收 담당), 水司空(上林 詔獄의 죄수 관리), 都水(저수지 관리, 漁稅 담당), 農倉(식량 공급 및 비축)의 부서에 長과 그 아래 丞을

아니면 통용할 수 없다고 명령했으며, 여러 군국에서 주전하던 기구는 모두 없앴고, 필요한 구리는 三官에서 수입하였다. 또 백성의 私錢은 더욱 적어졌고, 주전 비용이 화폐 가치와 서로 비슷하여,[296] 오직 뛰어난 기술을 가진 통 큰 위법자만이 몰래 주조하였다.[297]

原文

楊可告緡遍天下, 中家以上大氐皆遇告. 杜周治之, 獄少反者. 乃分遣御史, 廷尉正監分曹往, 卽治郡國緡錢, 得民財物以億計, 奴婢以千萬數. 田, 大縣數百頃, 小縣百餘頃, 宅亦如之. 於是商賈中家以上大氐破, 民媮甘食好衣, 不事畜臧之業, 而縣官以鹽鐵緡錢之故, 用少饒矣. 益廣關, 置左右輔.

[국역]

楊可(양가)에 의해 告緡令(고민령)이 천하에 널리 시행되었는데,[298] (商人 중) 中家 이상이 대개 고발을 당했다. (武帝 때 유명한

배치하였다. 이중 주전과 관련된 鐘官(鑄錢 담당), 技巧〔전폐의 鎔范(틀) 담당〕, 辯銅(鑄錢 原料)을 3관이라 한다는 주석이 있다.

296 원문 計其費不能相當 - 盜鑄(도주)하는 전폐의 가치가 鑄錢 비용에 미치지 못한다는 뜻. 盜鑄해도 이득이 없다.

297 원문 唯直工大姦乃盜爲之 - 直工은 기술이 아주 뛰어난 工人. 大姦은 크게 불법을 자행하는 자.

298 楊可(양가) - 告緡(고민) 업무를 담당했던 관리. 무제 때 시행한 告緡令(고

혹리로 뒷날 어사대부 역임한) 杜周(두주)가 고발된 자들을 治罪하였는데, 부결된 고발은 거의 없었다.[299] 그리고 御使府나 廷尉正과 廷尉監에도[300] 담당관을 나눠보냈으며, 신고된 郡國에 나가서(卽) 백성(상인)의 재물을 억 단위로 몰수하였으며,[301] 수천수만의 노비도 몰수하였다. 큰 현에서는 수백 頃(경)의 토지를, 작은 현에서도 1백여 경이나 몰수하였으며 주택 역시 그리하였다.

이에 商賈로 中家 이상은 대개가 파산하였으며, 백성들은 되는대로 좋은 음식에 좋은 옷을 입으려 할 뿐[302] 재물을 비축하지 않았고, 소금과 철의 전매, 그리고 고민령의 시행 때문에 그 財用이 넉넉하지 않았다. 이 무렵 關中 땅은 넓어졌고, 左輔, 右輔都尉를 설치하였다.[303]

민령)은 張湯(장탕), 桑弘羊(상홍양) 등이 추진한 抑商(억상) 정책의 하나이다. 元狩 4년(前 119)에 상인들의 재산에 과세하자, 상인들이 재산을 감추고 정직하게 신고하지 않았다. 이에 元鼎 3년(前 114)에, 무제는 고민령을 발동하여 상인의 숨긴 재산을 신고하면 발각된 재산의 절반을 신고자에게 포상했다.

299 원문 獄少反者 - 獄은 獄案. 고발된 사안. 反은 平反. 少反者는 고발된 안건은 거의 유죄로 판결되었다는 뜻.

300 御使府의 속관, 廷尉正監은 廷尉 아래 廷尉正(廷尉府의 次席, 질록 1천석) 廷尉監은 정위좌감과 정위우감. 각각 질록 1천석. 지위는 정위정의 아래.

301 원문 得民財物以億計 - 得은 몰수하다.

302 원문 民媮甘食好衣 - 媮는 훔칠 투. 굳이. 여기서는 되는대로. 굳이 절약하여 재물을 모으려 하지 않았다. 되는대로 甘食에 好衣하려 했다.

303 원문 廣關, 置左右輔. - 廣關은 關中 땅을 넓히다. 관중에 들어오는 함곡관은 弘農郡에서 동쪽 新安縣으로 이전하였다. 이는 關中 땅이 넓어

初, 大農斡鹽鐵官布多, 置水衡, 欲以主鹽鐵. 及楊可告
緡, 上林財物衆, 乃令水衡主上林. 上林旣充滿, 益廣.

是時粵欲與漢用船戰逐, 乃大修昆明池, 列館環之. 治樓
船, 高十餘丈, 旗織加其上, 甚壯. 於是天子感之, 乃作柏梁
臺, 高數十丈. 宮室之修, 繇此日麗.

乃分緡錢諸官, 而水衡,少府,太僕,大農各置農官, 往往卽
郡縣比沒入田田之. 其沒入奴婢, 分諸苑養狗,馬,禽獸, 及
與諸官. 官益雜置多, 徒奴婢衆, 而下河漕度四百萬石, 及
官自糴乃足.

所忠言, “世家子弟富人或鬪雞走狗馬, 弋獵博戲, 亂齊
民.” 乃徵諸犯令, 相引數千人, 名曰 ‘株送徒’. 入財者得補
郎, 郎選衰矣.

[국역]
그전에, 大司農이 鹽鐵과 官錢을 거의 다 관리했는데,[304] 水衡都
尉가 설치되고서는 (수형도위가) 염철 전매를 전담하려 했다.[305] 楊

진 것과 같다. 置左右輔는 元鼎 4년에, 左馮翊(좌풍익)과 右扶風(우부풍)
에 각각 左輔都尉와 右輔都尉를 신설했다.

304 원문 初, 大農斡鹽鐵官布多 − 初는 水衡都尉 설치 전, 斡은 관리할 알.
管과 通. 官布는 官錢.

305 水衡都尉(수형도위)는 元鼎 2년(前 115)에 設官. 천자의 私藏(사장, 개인
재산)을 관리.

可(양가)가 告緡令(고민령)을 주관하고, 上林苑의 재물도 많아지면서 수형도위가 상림원을 주관하였다. 상림원은 이제 재물이 넘쳐났고 면적은 더욱 넓어졌다.

이 무렵 粤人(월인, 越人)은 漢과 用船하여 싸우려 했는데,[306] 이에 昆明池(곤명지)를 크게 보수하였고, 곤명지 주변에는 건물을 둘러지었다. 높이 10여 丈(장)의 樓船(누선)을 만들고 거기에 여러 깃발을 꽂으니 매우 장엄하였다. 이에 天子는 감응하여, 곧 柏梁臺(백량대)를[307] 건축했는데 높이가 수십 장이었다. 궁궐의 增修(증수)는 이후로 날로 화려하였다.

이에 告緡令(고민령)으로 압수한 金錢을 여러 부서에 분배하였고, 水衡, 少府, 太僕(태복, 종묘 제사 담당), 大司農에 각각 農官을 설치하여 곳곳의 郡縣에 나가 沒入한 田地를 경작케 하였다.[308] 그 沒入한 노비는 여러 苑囿(원유)에 분배하여 사냥용 개(狗), 馬, 禽獸(금수)를 사육케 했으며 각 관서에도 (雜役夫로) 나눠주었다. 官府는 더욱 이것저것 많이 설치되었고, 刑徒(형도)나 노비도 많았으며, 황하 하류에서 조운을 통해 들어오는 곡식 4백만 석으로도 모자라[309] 관서 별

---

306 원문 是時粤人欲與漢用船戰逐 – 是時는 元鼎 5년(前 112), 夏四月에 南越王의 相인 呂嘉가 반역하였다. 呂嘉(여가)는 남월의 왕을 3代나 모셨다. 95권, 〈西南夷兩粵朝鮮傳〉 참고.

307 柏梁臺(백량대) – 武帝가 원정 원년(前 116년), 未央宮 서쪽에 지은 누각. 太初 원년(前 104)에 벼락에 의한 화재로 소실되었다.

308 원문 往往卽郡縣比沒入田田之. – 往往(왕왕)은 處處(처처), 곳곳에. 卽은 가다. 郡縣 比는 近時에. 沒入한 田을 田之하다. 田之는 농사짓다. 동사로 쓰였다.

309 원문 下河漕度四百萬石 – 漕度는 漕運(조운).

로 곡식을 사들여 자족하였다.[310]

所忠(소충)이[311] 건의하였다.

"世家의 子弟와 富人들이 혹 鬪雞(투계)나 狗馬(구마) 달리기 시합, 사냥(弋獵, 익렵, 주살 익), 博戲(박희, 주사위 도박)로 평민의 생활을 어지럽히고 있습니다.[312]

이에 모든 위법자를 징벌하라 명령하자 서로 연좌된 자가 수천 명이었는데 이들을 '株送徒(주송도)'라 불렀다.[313] 나라에 재물을 납입한 자는 郎官에[314] 보임되었는데 이로서 낭관의 선발은 쇠퇴하였다.

原文

是時山東被河災, 乃歲不登數年, 人或相食, 方二三千里. 天子憐之, 令饑民得流就食江,淮間, 欲留, 留處. 使者冠蓋相屬於道護之, 下巴,蜀粟以賑焉.

---

310 원문 及官自糴乃足 – 糴은 쌀 사들일 적.

311 所忠(소충) – 武帝의 近臣. 所가 성씨.

312 亂齊民 – 齊民은 平民百姓.

313 원문 名曰 '株送徒' – 株는 근본. 送은 연관되다. 徒는 刑徒.

314 郎官은 郎吏, 郎中令(光祿勳)의 속관으로 궁문 경비, 황제 호위를 담당했으니, 곧 황제의 호위병에 대한 총칭이다. 議郎, 中郎, 侍郎, 郎中 등 여러 직명이 있었다. 질록도 6백석에서 3백석까지 다양. 無 정원이라서 많을 때는 1천여 명이나 되었다. 선발 방법은 任子(고급 관리의 자제를 선발, 일종의 蔭敍), 訾選(자선, 재물로 관직을 얻음), 軍功, 孝廉(효렴) 또는 明經으로 천거 받은 자 등 등용 통로가 다양하였다. 일정 기간 근무하면 타직으로 옮겨갈 수 있어 벼슬길에 들어가는 계단(仕之通階)으로 인식되었다. 제후국에 근무하는 낭관은 家郎 또는 王國郎이라 불렀다.

明年, 天子始出巡郡國. 東度河, 河東守不意行至, 不辦,
自殺. 行西逾隴, 卒, 從官不得食, 隴西守自殺. 於是上北出
蕭關, 從數萬騎行獵新秦中, 以勒邊兵而歸. 新秦中或千里
無亭徼, 於是誅北地太守以下. 而令民得畜邊縣, 官假馬母,
三歲而歸, 及息什一, 以除告緡, 用充入新秦中.

〔國譯〕

이때, 山東 지역에 황하의 물이 범람하여(河災), 거기다가 몇 년
째 흉년이 들어 사방 2, 3천 리에 때로는 사람이 사람을 먹었다.[315]
天子는 이를 불쌍히 여겨 굶주린 백성을 長江과 淮水 지역으로 옮겨
보내고 (그곳에) 머물려 하면 살게 하라고 詔令(조령)을 내렸다. 중
앙에서 보낸 사자가 길에 이어지며 백성을 보호하며 巴郡(파군)과
蜀郡(촉군) 지역의 곡식을 내려 보내 진휼하였다.
明年에[316] 天子는 처음으로 각 군국을 巡狩(순수)하였다. 동쪽으로
황하를 건넜는데, 河東太守는 갑자기 어가가 당도하자, 준비를 하지
못하여 자살하였다.[317] 행차는 서쪽으로 隴山(농산)을 지났는데[318] 갑
작스런(卒) 행차라서 從官들이 먹지를 못하자, 隴西 태수는 자살하

---

315 〈武帝紀〉元鼎 2, 3년의 기록.

316 元鼎 4년 전 113년.

317 不辦(부판) – 辦은 여기서는 갖출 판. 분별할 변, 두루 편이 아니다.

318 隴山(농산) – 산맥 이름, 今 陝西省과 甘肅省의 경계에 해당. 隴西는 군
명. 치소는 狄道縣〔적도현, 今 甘肅省 남부 定西市 臨洮縣(임조현)〕. 농산을
넘은 것은 元鼎 5년이었다.

였다. 이어 천자는 북쪽으로 蕭關(소관)을[319] 지났고, 隨從(수종)하는 수만 기병이 新秦中(신진중) 지역에서 사냥을 했고, 변방의 군사를 시찰한 뒤에 귀경하였다. 新秦中 땅에는 간혹 천리에 걸쳐 亭(정)이나 徼(요, 보루)도 없는 곳이 있어, 이 때문에 北地 太守 이하 관리를 주살하였다.[320] 그리고 백성으로 하여금 변방의 縣에서 목축을 하게 하였는데, 나라에서 암말을 빌려 주어 3년 뒤에 돌려받았는데, 암말 10마리에 새끼 한 마리를 이자로 받았다.[321] 이자는 10분의 1이었으며, 고민령을 해제하여 그 이식으로 신진중 지역에 제공케 하였다.

原文

旣得寶鼎, 立后土, 泰一祠, 公卿白議封禪事, 而郡國皆豫治道, 修繕故宮, 及當馳道縣, 縣治宮儲, 設共具, 而望幸.

明年, 南粵反, 西羌侵邊. 天子爲山東不澹, 赦天下囚, 因南方樓船士二十餘萬人擊粵, 發三河以西騎擊羌, 又數萬人度河築令居. 初置張掖, 酒泉郡, 而上郡朔方, 西河, 河西開田官, 斥塞卒六十萬人戍田之. 中國繕道饋糧, 遠者三千, 近者千餘里, 皆仰給大農. 邊兵不足, 乃發武庫, 工官兵器以澹之. 車騎馬乏, 縣官錢少, 買馬難得, 乃著令, 令封君以下至

---

319 蕭關(소관) – 今 寧夏回族自治區 남부의 固原市 남쪽에 위치. 동 函谷關, 남 武關, 서 散關, 북 蕭關(소관)이 지켜주는 곳이 바로 關中이다.

320 北地 – 군명. 치소는 義渠縣(의거현), 今 甘肅省 동북부 慶陽市 관할 慶城縣.

321 원문은 三歲而歸, 及息什一. – 息은 利息(이식. 利子).

三百石吏以上差出牝馬天下亭, 亭有畜字馬, 歲課息.

〔국역〕

앞서 寶鼎(보정)을 얻었기에[322] 后土祠(후토사)와 泰一祠(태일사)를 건립하였는데, 公卿은 封禪(봉선)에 관한 일을 상주, 건의하였고(白), 각 군국에서는 미리 도로를 보수하고 옛 궁궐을 보수하였으며, 馳道 (치도)가[323] 지나는 縣(현)에서는 궁권의 여러 물품을 갖춰놓고 황제의 행차를 기다렸다.

그 明年(元鼎 5년, 前 112)에, 南粵(남월)이 반역했고, 西羌(서강)이[324] 변경을 침략했다. 天子는 山東 지역이 풍족하지 못하다 하여 (不澹은 不贍), 천하의 죄수를 사면하였고, 이어 남방의 樓船 士卒 (누선 사졸, 水卒) 20만 명을 동원하여 越 지역을 토벌하였고, 三河郡 지역의 서쪽에서 기병을 징발하여[325] 강족을 토벌했으며, 또 수만

---

322 元鼎 4년, 6월에 寶鼎을 汾陰(분음)의 后土祠 곁에서 찾아냈다.

323 馳道(치도) – 황제 전용도로. 甬道(용도)는 마차가 다니는 馳道(치도)의 양편으로 두껍고 높은 담을 만들어 외부에서 보이지 않게 만든 길. 진시황은 甘泉宮에서 驪山까지 용도를 만들었고 漢代에도 군량 수송을 위한 용도가 있었다. 甬은 길 용. 甬道는 通道와 通.

324 西羌 – 羌族(강족)에 대한 범칭. 중국 서쪽의 강족이라는 의미. 羊을 토템으로 숭배하는 '西戎牧羊人', 본래 지금의 陝西, 甘肅, 靑海省 일대에 거주했었다.

325 원문 發三河以西騎擊羌 – 三河는 河內郡(치소는 懷縣, 今 河南省 焦作市 관할의 武陟縣). 河東郡(치소는 安邑縣, 今 山西省 運城市 夏縣 서북). 河南郡(치소는 洛陽縣, 今 河南省 洛陽市)을 三河라 통칭. 三河의 서쪽으로는 隴西郡, 天水郡, 安定郡 등 서쪽 변방의 郡을 말한다.

명이 황하(상류)를 건너 令居城(영거성)을³²⁶ 구축하였다. 그리고 그
지역에 張掖(장액), 酒泉郡(주천군)을 처음으로 설치했으며,³²⁷ 上郡,
朔方, 西河郡과 河西 지역에 田官을 설치하고서 塞卒 60만 명을 확
충하여 防戍와 耕田을 겸하게 하였다. 中原 지역은 도로를 잘 정비
하여 군량을 운반하였는데³²⁸ 장거리는 3천 리, 근거리는 1천 리에
달했으며, 모두가 대사농의 공급에 의존하였다. 변방의 병력이 부족
하면 곧 武庫(무고)나³²⁹ 工官의³³⁰ 兵器를 공급하였다. 車騎兵이나
軍馬가 부족하거나 나라 재정이 모자라고 戰馬을 얻을 수 없을 때
는, 곧 법령을 발표하여, 제후 이하 질록 3백석 이상의 관리로부터
등급에 따라 말을 전국의 亭(정)에³³¹ 징발케 하였는데, 亭에 있는 암

---

326 令居城 – 今 甘肅省 永登縣 서북에 해당. 河西 4군으로 나아가는 요충지.

327 張掖(장액) – 군명. 치소는 觻得縣(역득현), 今 甘肅省 張掖市. 무제는 武
威郡과 酒泉郡(치소는 祿福縣, 今 甘肅省 酒泉市 肅州區)의 땅을 나눠
張掖郡(장액군)과 敦煌郡(돈황군)을 증설하고 백성을 이주시켜 채웠다.
武威, 酒泉, 張掖, 敦煌의 4군을 특별히 河西 4郡이라 칭한다.

328 원문 中國繕道饋糧 – 中國은 中原. 황하 중, 하류 지역. 繕道(선도)는 治
道. 饋糧(궤량)은 군량을 공급하다.

329 武庫(무고) – 長安의 未央宮과 長樂宮 사이에 설치한 兵器庫. 책임자 武
庫令. 武庫는 무기제조와 보관의 장소인데 동서 약 900m, 남북 약
300m로 7개의 건물이 있었다.

330 工官 – 장안, 지방 군현에 설치한 官署. 兵器, 戰車, 器物 등을 관리하고
제조했다.

331 亭은 기본 행정단위로 10里(거리 단위)마다 1정을 설치, 兵器도 보관하
고 말도 사육케 했다. 亭長을 두어 치안유지, 범인 수색, 소송대리 임무
를 부여했다. 亭의 누각은 출장 관리의 숙소(亭은 停留行旅 宿食之館)
로 쓰였다. 鄉이나 里와는 개념이 다르다. 前漢 말 哀帝 때, 전국에

말은 매년 교배하여 해마다 새끼를 낳게 하여 번식시켰다.[332]

原文

　齊相卜式上書, 願父子死南粵. 天子下詔褒揚, 賜爵關內
侯, 黃金四十斤, 田十頃. 佈告天下, 天下莫應. 列侯以百數,
皆莫求從軍. 至飮酎, 少府省金, 而列侯坐酎金失侯者百餘
人. 乃拜卜式爲御史大夫. 式旣在位, 見郡國多不便縣官作
鹽鐵, 器苦惡, 賈貴, 或强令民買之. 而船有算, 商者少, 物
貴, 乃因孔僅言船算事. 上不說.

〖국역〗

　齊國의 相인 卜式(복식)이 上書하여 父子가 南粵(남월)에 출전하여
죽어도 좋다며 자원하였다. 天子는, 조서로 이를 크게 표창케 하며
關內侯의 작위(19급)와 黃金 40斤, 농지 10頃을 하사하였다. 이런
사실을 천하에 포고하였지만, 세상에 호응하지 않았다. 列侯가 1백
여 명이 넘었지만 아무도 從軍하려는 자가 없었다. (8월에) 종묘에
서 飮酎(음주)할 때,[333] 少府에서 酎金(주금)을 검사했는데, 列侯로 酎

　　　29,635개소의 亭이 있었다.

332 원문 有畜字馬, 歲課息 - 字는 牸(암컷 자)와 同. 字馬는 암말. 課息은 나
　　라에서 이식으로 망아지를 징수했다.

333 飮酎(음주) - 정월 초하루에 술을 담가 8월까지 숙성시킨 술을 酎(진한
　　술 주)라 하는데, 이를 종묘에 바치며 제사하고 제후들이 모여 음주했
　　다. 제후는 이때 인구 1천 名에 황금 4兩을 국가에 바쳐야 하는데, 이를

金律을 어겨 제후 작위를 어긴 자가 1백여 명이나 되었다.[334]

　(무제는) 이에 卜式에게 御史大夫를 제수하였다(원정 6년, 前 111). 복식이 어사대부로 재직하며, 郡國에서는 나라의 염철 전매를 매우 불편하게 생각하고 있으며, 철기의 품질도 나쁘고,[335] 가격도 비싼데다가 백성에게 강매 한다고 생각하였다. 그러면서 배에도 과세하기에 상인이 줄어 물자가 비싸다고 생각하여, 孔僅(공근)이 船算을 통과할 때 의견을 말했다. 이에 무제는 좋아하지 않았다.

原文

　漢連出兵三歲, 誅羌, 滅兩粵, 番禺以西至蜀南者置初郡十七, 且以其故俗治, 無賦稅. 南陽,漢中以往, 各以地比給初郡吏卒奉食幣物, 傳車馬被具. 而初郡又時時小反, 殺吏, 漢發南方吏卒往誅之, 間歲萬餘人, 費皆仰大農. 大農以均輸調鹽鐵助賦, 故能澹之. 然兵所過縣, 縣以爲訾給毋乏而已, 不敢言輕賦法矣.

酎金(주금)이라 하였다. 이 주금의 무게가 부족하거나 품질이 불량할 경우에 酎金律(文帝 때 제정)에 의거 削縣(삭현) 또는 파면되었다. 당시 남월왕의 相인 呂嘉(여가)가 漢에 반기를 들었는데 목축으로 큰돈을 모았던 齊國 相인 卜式(복식, 58권, 〈公孫弘卜式兒寬傳〉에 입전)은 武帝에게 상서하여 從軍하다가 죽고 싶다며 종군을 자원하였다. 무제는 복식을 크게 포상하며 이를 천하에 알렸으나 제후 어느 누구도 지원자가 없었다. 이에 무제는 酎金(주금)을 문제 삼아서 제후들을 징계하였다.

334 이는 元鼎(원정) 5년(前 112)의 사건이었다.

335 원문 器苦惡 - 苦는 鹽(염지 고). 물렁하다. 단단하지 아니하다.

漢은 3년간 연속 출병하여 羌族(강족)을 무찌르고, 兩粵(양월)을[336] 멸망시킨 뒤, 番禺縣(반우현)에서[337] 서쪽으로 蜀郡 남쪽에 이르기까지 처음으로 17개 郡을 설치하였지만, 그 지역 옛 습속에 의거 다스리다 보니 과세할 수가 없었다. 南陽郡과 漢中郡에서부터 서남쪽으로는 각 지역에 따라 郡吏나 將卒의 봉록이나 食物, 錢財, 驛傳(역전)에 소요되는 傳車나 馬具까지 모든 것을 공급하였다. 또 郡을 처음 설치한 지역이라서 때때로 작은 반란이 일어나 관리를 죽였기에, 漢에서는 南方의 吏卒을 동원하여 정벌하였으며, 격년에(間歲) 1만여 명씩 동원하였는데 그 비용 또한 大司農에 기대하였다. 대사농은 均輸法이나 염철의 專賣 등으로 그런 비용을 조달하여 충당할 수 있었다. 그러나 그런 정벌을 위한 군사가 지나가는 군현에서는 그 군현을 통과할 때 물자를 모자라지 않게 공급할 뿐, 감히 자의적인 賦稅를 (平常 時에 적용하는 法을 근거로) 거부하겠다는 말을 하지 못했다.[338]

---

336 兩粵(양월) – 粵은 땅이름 월. 越과 同. 부족 이름에서 국가 이름, 또 그들의 거주지를 지칭. 越人들의 분포는 五嶺 이남, 今 福建省, 廣東省, 廣西省, 북부 越南에 이르기까지 널리 분포. 東粵〔동월 東越, 閩粵(민월)〕, 지금 福建省과 浙江省 남부 지역에 거주하던 越族의 갈래. 福建省 이남, 廣東, 廣西省 일대의 越人은 南粵이라 했다. 95권, 〈西南夷兩粵朝鮮傳〉참고.

337 番禺(반우) – 南越의 도읍. 漢의 현명. 番은 갈마들 번. 땅이름 반. 南海郡의 치소, 今 廣東省 廣州市 番禺區.

338 원문 輕賦法 –《史記 平準書》에는 '擅賦法(천부법).' 이 구절의 뜻은, 일반적으로 적용되는 常法을 근거로, 자의로 부과하는 경비 부담을 거부하겠다고 말하지 못하다.

其明年, 元封元年, 卜式貶爲太子太傅. 而桑弘羊爲治粟
都尉, 領大農, 盡代僅斡天下鹽鐵.

弘羊以諸官各自市相爭, 物以故騰躍, 而天下賦輸或不償
其僦費, 乃請置大農部丞數十人, 分部主郡國, 各往往置均
輸, 鹽鐵官, 令遠方各以其物如異時商賈所轉販者爲賦, 而
相灌輸. 置平準於京師, 都受天下委輸. 召工官治車諸器,
皆仰給大農. 大農諸官盡籠天下之貨物, 貴則賣之, 賤則買
之. 如此, 富商大賈亡所牟大利則反本, 而萬物不得騰躍.
故抑天下之物, 名曰'平準.'

天子以爲然而許之. 於是天子北至朔方, 東封泰山, 巡海
上, 旁北邊以歸. 所過賞賜, 用帛百餘萬匹, 錢金以巨萬計,
皆取足大農.

국역

그 明年은 武帝 元封 원년인데(前 110), 卜式(복식)은 太子太傅(태
자태부)로[339] 폄직되었다. 桑弘羊(상홍양)은 治粟都尉(치속도위)로 大
農令을 겸임하면서[340] 孔僅(공근)의 직책인 천하의 염철 관리도 대신

---

339 太子太傅 – 1인, 질록 眞二千石. 태자 교육과 訓導 담당. 少傅(소부)는
監護, 輔翼(보익), 敎導의 직분을 수행하며 태자궁의 여러 속관을 장악.
질록 2천석. 太子家令은 태자의 湯沐邑(탕목읍)을 관리하고 東宮 내의
刑獄, 음식, 창고, 재정 관리. 질록 1천석.

340 領大司農 – 領은 상위 직급자가 하위 업무를 겸임하는 것. 그 업무를 감

하였다.

상홍양은 각 관서에서 각자 거래를 하며 경쟁하기 때문에 물가가
비등하여(騰躍, 등약) 天下의 賦稅로도 轉運 비용을 감당하지 못한
다면서,[341] 곧 大農部丞(대농부승) 수십 명을 요청하여, 이들을 각 주
군에 나눠 보내 곳곳에 均輸官, 鹽鐵官이 되어, 遠方(邊方)에서 생산
되는 해당 물자가 다른 계절에 상인이 판매한 가격으로 課稅하여 운
수비용에 상응케 하겠다고[342] 주청하였다.

(상홍양은) 平準官(평준관)을 京師에도 설치하여 온 나라에서 수
송되는 물자를 관리하고, 또 工官을 소집하여 수레나 필요한 기기를
제작케 하면서 이런 비용도 大司農에서 지급해 주기를 요청하였다.
그리하여 大司農 여러 관직은 천하의 물화를 모두 농단하면서[343] 물
가가 비싸면 판매하고 싸면 매입케 한다. 이렇게 되면 富商이나 大
賈(대고)는 大利를 얻을만한 곳이 없어 농사로 돌아갈 것이며,[344] 만
물의 가격은 폭등할 수가 없다. 이렇듯 천하의 물가를 억누를 수 있
으니, 이를 '平準(평준)'이라고 말할 수 있다고 주청하였다.

天子는 옳다고 생각하여 재가하였다. 이어 天子는 北으로는 朔方
郡까지, 동쪽으로는 泰山에서 봉선하였고,[345] 동해 바닷가까지 순수

독하는 뜻이지 직책을 직접 수행하는 것은 아니다.

341 원문 天下賦輸或不償其僦費 – 償은 償還하다. 償은 갚을 상. 僦費(추비)
   는 運送費(운송비). 僦는 보낼 추. 빌리다.

342 원문 而相灌輸 – 灌輸(관수)는 輸送(수송).

343 원문 盡籠天下之貨物 – 籠은 대나무 그릇 농. 바구니. 壟斷(농단)하다.

344 원문 亡所牟大利則反本 – 亡는 없다. 音은 무. 牟는 소가 우는 소리 무.
   탐하다, 탐내다, 빼앗다. 反本은 근본(농업)으로 돌아가다.

했으며[346] 북방 변경을 따라 행차하여 환궁하였다. 황제가 지나는 곳에서 賞으로 하사하는 비단이 1백여만 필이나 되었고, 錢이나 황금도 巨萬이나 되었는데 모두 大司農이 공급하였다.

原文

弘羊又請令民得入粟補吏, 及罪以贖. 令民入粟甘泉各有差, 以復終身, 不復告緡. 它郡各輸急處. 而諸農各致粟, 山東漕益歲六百萬石. 一歲之中, 太倉,甘泉倉滿. 邊餘穀, 諸均輸帛五百萬匹. 民不益賦而天下用饒. 於是弘羊賜爵左庶長, 黃金者再百焉.

是歲小旱, 上令百官求雨. 卜式言曰, "縣官當食租衣稅而已, 今弘羊令吏坐市列, 販物求利. 亨弘羊, 天乃雨." 久之, 武帝疾病, 拜弘羊爲御史大夫.

〖국역〗

桑弘羊(상홍양)은 또 백성이 곡식을 납입하면 관리에 임명하고 곡식으로 속죄할 것을 주청하였다. 백성이 甘泉宮에 납입하는 곡식에

---

345 天漢 3년(前 98) 3월에, 泰山에 행차하여 제천하는 제단을 보수하고 明堂에 제사했으며 겸해서 郡國의 치적을 보고 받았다. 북쪽 지방을 거쳐 돌아오면서 常山에서 제사를 지내고 玄玉을 묻었다. 여름 4월, 천하 죄수를 사면했다. 지나온 군현에 대하여 田租를 면제했다.

346 巡海上 - 天漢 2年(前 99년), 무제는 東海郡〔치소 郯縣(담현), 今 山東省 남부의 臨沂市(임기시) 관할의 郯城縣〕에 행차하였다.

따라 종신토록 免役하거나 재산을 은익한다고 고발당하지 않았다. 또 다른 郡에서도 긴급한 수요에 따라 納粟(납속)케 하였다. 많은 농민이 곡식을 바치려 했기에 山東에서 장안으로 조운되는 곡식이 1년에 6백만 석이 넘었다. 그리하여 1년 안에 太倉과 甘泉宮의 창고가 가득 찼다. 변방에도 곡식이 여유로웠고 모든 균수관의 비단이 5백만 필이 넘었다. 백성에게 부세를 늘리지 않고도 천하의 용도가 넉넉하였다. 이에 상홍양에게 左庶長의 작위를 하사하였고, 하사한 황금은 2백 근이 넘었다.

이 해에 날이 약간 가물었는데, 무제는 백관에게 기우제를 올리게 하였다. 그러자 卜式(복식)이 상주하였다.

"관리는 조세로 衣食만 해결하면 되는데, 지금 상홍양은 관리로 하여금 시장 거리에 앉아 물건을 팔며 이익을 얻으려 합니다. 지금 상홍양을 烹殺(팽살)한다면 하늘이 바로 비를 내릴 것입니다."[347]

얼마 뒤 무제는 병석에 누웠고, 상홍양을 어사대부로 등용했다.

原文

昭帝卽位六年, 詔郡國擧賢良文學之士, 問以民所疾苦, 敎化之要. 皆對願罷鹽鐵, 酒榷均輸官, 毋與天下爭利, 視以儉節, 然後敎化可興. 弘羊難, 以爲此國家大業, 所以制四夷, 安邊足用之本, 不可廢也. 乃與丞相千秋共奏罷酒酤.

---

347 원문 亨弘羊, 天乃雨 – 亨은 팽살할 팽. 형통할 형. 드릴 향. 雨는 비를 내리다. 동사.

弘羊自以爲國興大利, 伐其功, 欲爲子弟得官, 怨望大將軍
霍光, 遂與上官桀等謀反, 誅滅.

〖국역〗

昭帝(재위 前 86 - 74)[348] 즉위 6년(始元 6년, 前 81), 조서로 각 군
국에 賢良文學之士를 천거하게 하면서 백성의 疾苦(질고)와 敎化의
大要를 물었다.[349] 거개가 염철과 술의 전매와[350] 균수관을 폐지하
여 (나라가) 백성과 이익을 다투지 말 것과 절검을 숭상한[351] 연후에
교화를 실천할 수 있다고 말했다.

桑弘羊은 그런 의논을 힐난하며,[352] 이는 국가의 大業이며 四夷를

---

348 무제는 後元 2년(前 87년), 2月, 乙丑日에 皇子 弗陵(불능, 昭帝)을 皇太
子로 책립하였다. (그리고 2일 뒤) 丁卯日에 무제는 五柞宮(오작궁)에서
붕어하였고 殯宮(빈궁)을 未央宮 前殿으로 옮겼다. 3월 甲申日, 茂陵(무
릉)에 장례했다. 茂陵(무릉)은 무제가 建元 2년부터 조성하였는데, 漢 제
왕의 능묘 중 최대 규모이다.

349 〈昭帝紀〉에는 始元 六年 「二月, 詔有司問郡國所擧賢良文學, 民所疾苦.
議罷鹽鐵,榷酤.」라 하였다. 이후 이와 관련한 논의를 기록 集成한 책이
《鹽鐵論》이다. 저자는 桓寬(환관, 汝南國의 相)인데, 대화체 서술. 총 10
권 60편이다. 前漢 후기의 정치, 경제, 사회, 사상과 당시 중앙과 지방의
형세를 파악할 수 있는 주요 문헌이다.

350 酒榷(주각) - 무제 天漢 3년(前 98) 처음으로 술을 전매했다(初榷酒酤).
술의 전매를 최초 건의한 사람도 상홍양이었다. 榷은 외나무다리 각.
도거리하다. 독점 판매하다. 酤는 술 살 고. 漢字에 酣(술 즐길 감), 酩(술
취할 명), 醒(술 깰 성), 이처럼 술의 종류와 마시는 동작마다 글자가 있으
니, 이는 중국에서 술의 역사가 오래라는 뜻이다.

351 원문 視以儉節 - 視는 示. 示範(시범). 儉節은 검소와 절약.

352 원문 弘羊難 - 難은 詰難(힐난). 詰은 물을 힐. 따지다.

제압하고 변경을 안정시키며 國用의 大本이라서 폐지할 수 없다고 말했다. (그러면서도 상홍양은) 丞相 田千秋(전천추)와 함께 술 전매를 폐지하자고 상주하였다.[353]

상홍양은 나라를 위해 大利를 취한 것이라고 자신의 공적을 자랑하였으며, 아들의 관직을 얻으려고 大將軍 霍光(곽광)을[354] 원망하였는데, 나중에 上官桀(상관걸)과 함께 모반하여 결국 멸족되었다(昭帝. 前 80년).[355]

原文

宣,元,成,哀,平五世, 無所變改. 元帝時嘗罷鹽,鐵官, 三年而復之. 貢禹言,「鑄錢採銅, 一歲十萬人不耕, 民坐盜鑄陷刑者多. 富人臧錢滿室, 猶無厭足. 民心動搖, 棄本逐末, 耕者不能半, 姦邪不可禁, 原起於錢. 疾其末者絕其本, 宜罷

---

353 〈昭帝紀〉에는 始元 6年 「가을 7월, 술 전매관을 폐지하였고 술을 판 백성은 율령에 의거 납세케 하였는데(以律占租), 술 1升(0.2리터)에 4전씩 팔았다(賣酒升四錢).」고 했다. 곧 술을 판 이득에 따라 稅를 납부하게 했으며 성실납세하지 않으면 처벌을 받았으며 술의 상한가를 정해 폭리를 취하게 하지 않았다. 《염철론》에 의하면, 鹽, 鐵, 酒의 전매제도가 완전 폐지된 것은 아니라는 주석이 있다.

354 霍光(곽광, ?-前 68) - 麒麟閣(기린각) 11功臣 중 첫째. 名將 霍去病의 異母弟. 昭帝 上官皇后의 外祖父. 宣帝 霍皇后의 친부. 大司馬, 大將軍 역임. 封 博陸侯. 諡號 宣成. 武帝, 昭帝, 宣帝를 섬김. 사후에 아들(霍禹)의 모반에 의해 멸족. 霍은 빠를 곽.

355 桑弘羊, 上官桀 父子, 昭帝의 누이인 鄂邑蓋主(악읍개주), 燕王 劉旦(유단)이 霍光을 죽이고 廢帝하며 燕王을 옹립코자 하였다.

採珠玉金銀,鑄錢之官, 毋復以爲幣, 除其販賣租銖之律, 租
稅祿賜皆以布帛及穀, 使百姓壹意農桑.」

議者以爲交易待錢, 布帛不可尺寸分裂. 禹議亦寢.

自孝武元狩五年三官初鑄五銖錢, 至平帝元始中, 成錢二
百八十億萬餘云.

〖국역〗

宣帝, 元帝, 成帝, 哀帝, 平帝의 五世에는 바뀐 제도가 없었다. 元
帝 재위 중 한때 鹽官과 鐵官을 폐지했었지만, 3년 만에 복구하였
다.[356] 이때 貢禹(공우)가[357] 상주하였다.

「鑄錢하거나 구리 채취(採銅)에 1년 10만 명이 농사를 짓지 않으
며, 몰래 주전하거나(盜鑄) 이에 연좌되어 형벌을 받는 백성이 많습
니다. 富人은 방안 가득 錢幣를 쌓아두고서도 만족을 모릅니다. 이
에 民心은 動搖(동요)하고 농사를 버리고 말리를 추구하기에(棄本逐
末), 耕者는 절반이 되지 않고, 姦邪(간사)한 범법자를 금할 수 없는
데 그 원인은 모두 錢(전)에 있습니다. 末利 때문에 본업을 단절하는
행위를 못하게 하려면 응당 珠玉이나 금은의 채취와 주전하는 관원
을 폐지하여 다시는 주전을 못하게 하며, 판매와 현물 대신 금전으
로 납부하는 제도를 폐지하고, 租稅와 질록, 하사품에 모두 포백이

---

356 원제 初元 5년(前 44)에 폐지했다가 永光 3년(前 41)에 복구하였다.

357 貢禹(공우, 前 124 - 44) - 字는 少翁. 琅邪郡(今 山東 諸城縣) 사람. 宣帝
時 諫大夫. 初元 5년(前 44) 어사대부가 되었다가 그 해에 죽었다. 72권,
〈王貢兩龔鮑傳〉에 입전. 공우의 상주문 〈奏宜仿古自節〉을 수록하였다

나 곡식으로 대체하여 백성이 오로지 한마음으로 농사에 전념케 해야 합니다.」

그러나 議者들은 교역에는 금전이 있어야 하며, 布帛은 尺寸으로 나눌 수 없다고 하였다. 공우의 논의는 일단 접어두었다.[358]

孝武 元狩 5년(前 118), (상림원의) 三官에서 처음 五銖錢을 주조한 이후,[359] 平帝 元始 연간까지(서기 1-5년), 모두 280억만 전이 주조되었다고 한다.

---

358 원문 禹議亦寢 - 寢(잠잘 침)은 폐기되지는 않고 일단 논의나 시행을 중단한다는 뜻. 기각이나 폐지와는 다른 뜻.

359 처음 五銖錢 주조는 孝武 元狩 5년(前 118)이나 (각 군국의 주조를 금지시키고) 상림원의 三官에서 오수전을 주조한 것은 元鼎(원정) 4년(전 113)이었다.

八. 王莽(왕망)의 경제정책

原文

王莽居攝, 變漢制, 以周錢有子母相權, 於是更造大錢, 逕寸二分, 重十二銖, 文曰, ‘大錢五十’. 又造契刀, 錯刀. 契刀, 其環如大錢, 身形如刀, 長二寸, 文曰 ‘契刀五百’. 錯刀, 以黃金錯其文, 曰 ‘一刀直五千’. 與五銖錢凡四品, 並行.

[국역]

王莽이 居攝(거섭)하며(서기 6-8년), 漢制를 改變(개변)하였는데, 周代의 錢에 子錢과 母錢이 함께 유통되었다 하여,[360] 다시 大錢을 주조하였는데, 그 직경은 1寸2分, 무게 12銖(수)에, 문자는 ‘大錢五十’이라 하였다.

또 契刀(계도)와 錯刀(착도)를 발행하였다. 契刀(계도)는[361] 그 둥근 부분은 大錢과 같았고 몸통은 칼(刀) 모양인데, 길이는 2寸이고 ‘契刀五百’이라는 문자가 있었다. 錯刀(착도)는,[362] 黃金을 글자에 입혔는데 ‘一刀直五千’이라[363] 하였다. 이에 五銖錢과 함께 (大錢, 契刀, 錯刀) 총 四品이 함께 유통되었다(並行).

---

360 원문 以周錢有子母相權 - 대단위의 母錢과 소단위의 子錢이 서로 兌換(태환)하며 함께 流通되다.

361 契刀(계도) - 契는 맺을 계, 문서 계.

362 錯刀(착도) - 錯은 金 올릴 착. 도금하다. 화폐 이름 착.

363 원문 一刀直五千 - 直는 당할 치. 값 치(値와 同). 곧을 직.

莽卽眞, 以爲書'劉'字有'金''刀', 乃罷錯刀,契刀及五
銖錢, 而更作金,銀,龜,貝,錢,布之品, 名曰'寶貨'.

小錢徑六分, 重一銖, 文曰'小錢直一'. 次七分, 三銖, 曰
'幺錢一十'. 次八分, 五銖, 曰'幼錢二十'. 次九分, 七銖曰
'中錢三十'. 次一寸, 九銖, 曰'壯錢四十'. 因前'大錢五
十', 是爲錢貨六品, 直各如其文.

黃金重一斤, 直錢萬. 朱提銀重八兩爲一流, 直一千五百
八十. 它銀一流直千. 是爲銀貨二品.

왕망이 정식 황제로 즉위하며, '劉'를 쓰면 '金'과 '刀' 畫(획)이
들었다 하여,[364] 곧 錯刀와 契刀 및 五銖錢을 폐기하고 새로이 金,
銀, 龜, 貝(패), 錢, 布의 화폐를 새로 주조하며 이들을 '寶貨(보화)'라
이름 붙였다.

小錢은 지름 6分, 무게 1銖(수)에,[365] 文字는 '小錢直一'이라[366] 하

---

364 전한 劉氏의 劉를 破字하면, 卯(묘), 金, リ(刀)이다.

365 전한 도량형으로 1尺 = 23.1cm. 1寸 = 2.31cm. 1分 = 0.231cm이다. 또
1斤 = 248g. 1兩 = 15.6g, 1兩 = 15.6g, 1銖 = 0.65g이었다.

366 小錢이 아니라 '小泉'이어야 한다는 주석이 있다. 왕망이 大, 小錢을 발
행하면서 문자는 '小泉'이라고 새겼다. 다음의 幺錢, 幼錢, 中錢, 壯錢,
大錢의 錢이 모두 泉이어야 한다. 이는 출토된 유물을 통해 확인할 수
있다. 본래 泉에는 '돈'이란 뜻이 있으니, 다른 말로 '貨泉'이다. 예전
에 泉과 錢은 同音이었다.

였다. 다음은 (지름) 七分에 (무게) 3銖인데, (문자는) '幺錢一十'이
다. 다음은 8分에 5銖이고 '幼錢二十'이다.[367] 다음은 9分에 7銖이
고 '中錢三十'이라 하였다. 다음 1寸에 9銖이고 '壯錢四十'이라 하
였다. 이는 앞서 발행한 '大錢五十'에 맞춘 것으로 錢貨 6종에 그
가치는 쓰인 문자와 같았다.[368]

黃金錢은 무게 1斤에 1만 전의 가치가 있었다. 朱提銀(주제은)은[369]
무게 8兩을 1流라 하였고, 그 가치는 1,580전이었다. 다른 은은 1流
에 1천전이었다. 은화는 2종(二品)이었다.

元龜岠冉長尺二寸, 直二千一百六十, 爲大貝十朋. 公龜
九寸, 直五百, 爲壯貝十朋. 侯龜七寸以上, 直三百, 爲壯貝
十朋. 子龜五寸以上, 直百, 爲小貝十朋. 是爲龜寶四品.

大貝四寸八分以上, 二枚爲一朋, 直二百一十六. 壯貝三
寸六分以上, 二枚爲一朋, 直五十. 幺貝二寸四分以上, 二
枚爲一朋, 直三十. 小貝寸二分以上, 二枚爲一朋, 直十. 不

---

367 '幺錢一十' '幼錢二十' – 幺는 작을 요. 작다. 자질구레하다. 幼는 어릴
유, 돈 이름 유.

368 이 가치 단위는 현대의 화폐 개념에 一步 가깝다고 볼 수 있다. 그 단위
가 1, 10, 20, 30, 40, 50의 6종이었으니, 五銖錢 하나의 화폐보다 훨씬
진보한 개념이었다.

369 朱提(주제)는 犍爲屬國의 縣名. 今 雲南省 동북의 昭通市에 해당한다.
여기서 산출되는 銀의 품질이 최고였다고 한다.

盈寸二分, 漏度不得爲朋, 率枚直錢三. 是爲貝貨五品.

大布,次布,弟布,壯布,中布,差布,厚布,幼布,幺布,小布. 小布長寸五分, 重十五銖, 文曰'小布一百'. 自小布以上, 各相長一分, 相重一銖, 文各爲其布名, 直各加一百. 上至大布, 長二寸四分, 重一兩, 而直千錢矣. 是爲布貨十品.

凡寶貨五物, 六名, 二十八品.

[국역]

元龜(원귀)의 등껍질(背甲) 언저리의 길이가(冉) 1尺2寸이 되어야 하는데,[370] 값은 2,160전이고, 이는 大貝(대패, 조개 패) 10朋(붕)과 같다.[371] 公龜(공귀) 등 언저리가 9寸이면 5백전이고 壯貝(장패) 10朋과 같다. 侯龜(후귀)는 7寸 이상에 3백전으로 幺貝(요패) 10朋이다. 子龜(자귀)는 5寸 이상이고, 값은 1백전으로 小貝 10朋이다. 이렇게 龜寶는 四品(4종)이 있다.

大貝(대패)는 4寸8分 이상인데, 2枚(매)를 1朋(붕)이라 하고, 값은 216전이다. 壯貝(장패)는 3寸6分 이상으로, 2枚가 1朋인데 값은 50전이다. 幺貝(요패)는 2寸4分 이상으로, 2매가 1붕인데 값은 30전이다. 小貝는 1촌2분 이상으로, 2매가 1붕인데 값은 10전이다. 1寸2分

---

370 원문 元龜岠冉長尺二寸 – 元龜(원귀)는 큰 거북. 元은 大也. 岠는 큰 산 거, 이를 거(至也) 距와 通. 冉은 나아갈 염, 거북의 등 언저리 염. 丹과 同.

371 大貝十朋 – 大貝(패) 2개를 1朋(붕)이라 하고 216전이므로 10朋(붕)은 2,160전.

이 안 되면, 불량품으로 朋이 되지 않으며,³⁷² 대개 1매에 3전이다. 이로써 貝貨는 5종이 된다.

大布, 次布, 弟布, 壯布, 中布, 差布(차포), 厚布(후포), 幼布(유포), 么布(요포), 小布가 있다.³⁷³ 小布 길이는 1寸5分, 무게 15銖이고 글자는 '小布 一百'이다. 小布로부터 위로, 각각 길이가 一分씩, 각각의 무게는 一銖씩 무거워지고 글자는 그 이름과 같으며, 가격은 각 1백전씩 높아진다. 맨 위의 大布은 길이가 2寸4分, 무게는 1兩이고 값은 1천전이다. 이로써 布貨는 10品이다.

보화는 모두 5가지 물품에, 6가지 이름으로, 총 28종이 있다.

原文

鑄作錢布皆用銅, 殽以連錫, 文質周郭放漢五銖錢云. 其金銀與它物雜, 色不純好. 龜不盈五寸, 貝不盈六分, 皆不得爲寶貨. 元龜爲蔡, 非四民所得居, 有者, 入大卜受直.

〔국역〕

錢布를 주조하는 데에는 전부 구리(銅)를 사용했고, 거기에 주석을 합금하였으며,³⁷⁴ 형상(文質)과 윤곽(周郭)은 漢의 五銖錢을 모방

---

372 漏度(누도)는 等外(등외). 불량품. 漏는 샐 루.

373 布錢은 옷감(布, 베 포)이 아니다. 농기구 모양의 금속화폐이다. 기본 모양은 鏟(대패 산, 깎다)이라서 鏟布(산포)라고 하며, 춘추시대에 출현하여 전국시대 말기까지 통용되었다. 布는 '鎛(종 박, 괭이)의 同聲 假借字로 고대에 통용되었다.

하였다. 거기에는 金, 銀에 다른 광물을 혼합하기에 그 색이 純一하지 않았다. 龜甲이 5寸이 되지 않거나, 貝貨가 6分이 안 되면 모두 寶貨가 아니었다. 元龜(원귀, 큰 거북)는 蔡(채, 큰 거북)인데, 四民이 소유할만한 물건이 아니었고, 가진 자는 大卜(太卜)에게 보내주고 그 값을 받았다.[375]

百姓憤亂, 其貨不行. 民私以五銖錢市買. 莽患之, 下詔,
「敢非井田, 挾五銖錢者爲惑衆, 投諸四裔以御魑魅.」
於是農商失業, 食貨俱廢, 民涕泣於市道. 坐賣買田宅奴
婢鑄錢抵罪者, 自公卿大夫至庶人, 不可稱數. 莽知民愁,
乃但行小錢直一, 與大錢五十, 二品並行, 龜貝, 布屬且寢.

[국역]

百姓이 憤亂(분란)에[376] 빠지면서 (왕망이 새로 정한) 화폐는 통용되지 않았다. 백성은 몰래 五銖錢으로 시장에서 거래하였다. 왕망은 이를 싫어하여 조서를 내렸다.

---

374 원문 殽以連錫 – 殽는 섞일 효. 連은 錫(주석 석)의 다른 이름, 또는 구리 종류의 금속이라는 주석이 있다.

375 원문 入大卜受直 – 入은 보내 주다. 大卜은 太卜, 太常의 屬官. 直는 値(값 치).

376 憤亂 – 憤는 心亂할 궤. 煩亂(번란)과 同. 煩亂 같은 말을 同義復詞(동의복사)라 한다.

「감히 井田의 법을 비난하거나 五銖錢을 갖고 다니며 대중을 현혹하는 자는 사방의 끝자락에 방출하여 외적을 막게 할 것이다.」[377]

이에 농민이나 상인들이 본업을 잃었고 식량과 물화가 모두 피폐해져서 백성들은 길거리에서 눈물을 흘렸다. 전택이나 노비를 매매한 죄에 연관된 자나, 鑄錢한 죄를 지은 자로 公卿, 大夫에서 庶人에 이르기까지 이루 다 셀 수가 없었다. 왕망은 백성의 걱정거리를 알아 1錢의 小錢과 50전의 大錢 두 종류만 유통케 하였고, 龜, 貝, 布錢 등의 유통을 일단 중지하였다.

原文

莽性躁擾, 不能無爲, 每有所興造, 必欲依古得經文. 國師公劉歆言周有泉府之官, 收不讎, 與欲得, 卽《易》所謂「理財正辭, 禁民爲非.」者也.

莽乃下詔曰,「夫《周禮》有賒貸,《樂語》有五均, 傳記各有斡焉. 今開賒貸, 張五均, 設諸斡者, 所以齊衆庶, 抑並兼也.」

遂於長安及五都立五均官, 更名長安東,西市令及洛陽,邯鄲,臨菑,宛,成都市長皆爲五均司市師. 東市稱京, 西市稱畿, 洛陽稱中, 餘四都各用東西南北爲稱, 皆置交易丞五人, 錢府丞一人. 工商能採金銀銅連錫, 登龜取貝者, 皆自占司

---

377 원문 投諸四裔以御魑魅 – 四裔(사예)는 四周의 邊境. 御는 막다. 당하다. 防禦(방어)하다. 魑魅(이매)는 도깨비. 외적.

市錢府, 順時氣而取之.

[국역]

왕망은 성질이 조급하고 충동적이어서 아무것도 안할 수 없어,[378] 늘 무엇인가를 만들어냈는데, 꼭 옛 經文에 의거하였다. 國師公인 劉歆(유흠)이[379] 周에는 泉府之官이 있어, 팔리지 않는 물건을 사서, 얻고자 하는 사람에게 준다면, 이는 《易》에서 말하는 「理財하고 正辭하여, 백성의 그른 일을 금하는 것이라.」고 하였다.[380]

그러자 왕망이 조서를 내렸다.

「《周禮》에 賒(세낼 사)와 貸(빌릴 대)란 말이 있고, 《樂語》에 '五均'이 있으며, 傳記에도 각각 해야 할 일이 있다고 하였다. 지금 세를 (貰) 내고 대여하는 일에 五均을 시행하며, 할 일을 설정하니, 이는 백성을 구제하고 겸병을 억제하려는 뜻이다.」

이에 장안과 5개 큰 도회지에 五均官을 설치하였는데, 長安에 있는 東市와 西市令, 그리고 洛陽과 (趙) 邯鄲(한단), (齊) 臨菑(임치), (南陽郡) 宛(완), (蜀郡) 成都의 市長을 모두 五均司市師로 명칭을 바

---

378 원문 不能無爲 – '無爲의 治를 할 수 없다.' 로 풀이한 주석이 있다. 왕망은 성질도 조급한데다가 아무것도 안 하고 가만히 있을 수 없는 그런 사람이었다. 굳이 '無爲의 治'를 언급하지 않아도 그런 사람은 우리 주변에서 쉽게 볼 수 있다.

379 劉歆(유흠, 前 50 – 서기 23) – 字는 子駿(자준). 학자로서 고대 전적을 정리 분류하는데 큰 업적을 남겼다. 왕망을 암살하려던 계획이 탄로나 자살하였다. 36권, 〈楚元王傳〉에 附傳.

380 원문 「理財正辭, 禁民爲非.」 – 《易 繫辭 下》의 구절. 재물과 관련한 義를 설명하였다.

꾸었다. (장안의) 東市는 京五均司市師, 西市는 畿五均司市師라 하고, 洛陽은 中五均司市師, 나머지 四都는 각각 東, 西, 南, 北五均司市師이라 불렀으며, 모든 시장에 交易丞(교역승) 5인과, 錢府丞(전부승) 1인을 두었다. 工匠과 商人으로 金, 銀, 銅, 連錫을 채굴하거나, 龜와 貝를 채취하려는 자는[381] 모두 司市錢府에 신고를 한 뒤, 계절과 기후에 맞춰 채취하게 했다.

原文

又以《周官》稅民, 凡田不耕爲不殖, 出三夫之稅, 城郭中宅不樹藝者爲不毛, 出三夫之布, 民浮游無事, 出夫布一匹. 其不能出布者, 冗作, 縣官衣食之. 諸取衆物鳥獸, 魚鼈, 百蟲於山林水澤及畜牧者, 嬪婦桑蠶織絍紡績補縫, 工匠醫巫卜祝及它方技, 商販賈人坐肆列里區謁舍, 皆各自占所爲於其所之縣官, 除其本, 計其利, 十一分之, 而以其一爲貢. 敢不自占, 自占不以實者, 盡沒入所採取, 而作縣官一歲.

[국역]

또《周官 / 周禮》의 〈地官〉에 의하면, 稅民하되 토지를 경작하지 않고 놀리는 자는 3인 몫을(人頭稅) 납세해야 하며, 성곽 내의 주택에 果木이나 채소를 심지 않고 불모지로 버려두는 자는 三家 몫의

---

381 원문 登龜取貝者 - 登은 進의 뜻. 龜는 신령한 동물이라서 捕捉(포착)이 라고 말하지 않았다.

布를 납부해야 하며, 놀면서 일하지 않는 백성은 1夫 몫의 布 1匹(필)을 납부해야 했다. 만약 布를 납부할 수 없거나(예 ; 廢疾者) (관청의) 잡역에 종사했다면,[382] 나라에서 의식을 지급했다.

山林이나 川澤에서 각종 물자를 채집하거나 鳥獸(조수), 魚鱉(어별)이나 百蟲(백충)을 사육하는 사람과, 桑蠶(상잠, 누에치기), 織紝(직임, 베 짜기), 紡績(방적, 실잣기), 補縫(보봉, 바느질)에 종사하는 嬪婦(빈부, 아낙네)와 工匠(공장, 匠人), 醫員(의원), 巫女(무녀), 卜祝(복축, 점쟁이) 및 다른 잡기로 먹고사는 사람, 또 시장이나 客舍에 줄지어 앉은 商販(상판), 賈人(고인) 등은 모두 자신이 신고한 곳의 縣官에게 본전을 제외한 이득을 계산하여 10분의 1을 歲貢(세공)으로 납부하여야 했다. 감히 스스로 신고하지 않거나 신고하더라도 사실이 아니라면 채취한 것을 모두 몰수하고 1년 간 나라의 노역에 종사해야 했다.

原文

諸司市常以四時中月實定所掌, 爲物上中下之賈, 各自用爲其市平, 毋拘它所. 衆民賣買五穀, 布帛, 絲綿之物, 周於民用而不離者, 均官有以考檢厥實, 用其本賈取之, 毋令折錢. 萬物卬貴, 過平一錢, 則以平賈賣與民. 其賈氏賤減平者, 聽民自相與市, 以防貴庾者. 民欲祭祀喪紀而無用者, 錢府以所入工商之貢但賒之, 祭祀無過旬日, 喪紀毋過三月. 民或乏絶, 欲貸以治産業者, 均授之, 除其費, 計所得受

---

382 冗作은 雜役(잡역). 冗은 쓸데없을 용.

息, 毋過歲什一.

〖국역〗

모든 司市(五均司市師)는 항상 4계절의 中月(2, 5, 8, 11월)에 관할하는 시장에서 거래되는 물화의 상중하 품질에 따른 가격을 평가하고, 평균 가격을 산정하되 다른 지방의 가격에 구애받지 않았다. 거래하는 사람이 많은 五穀이나 布帛(포백), 絲綿(綿絲, 면사)와 같은 물건이나 백성이 널리 사용하지만 판매하지 않는 물화 등은 均官이(五均司市師) 그 실질 가격을 검증하여 적정가격으로 사들이되, 그 가격을 깎을 수 없다. 萬物이 騰貴(등귀, 卬貴)하여 소정의 市價보다 1錢이상 높아도 (산정된) 평균 가격으로 백성에게 팔아야 했다. 그 가격이 떨어져 평균 가격보다 낮으면, 백성이 시장에서 들었다는 가격으로 판매하여 매점매석을 막아야 했다.[383]

백성이 제사나 喪葬禮를 치러야 하는데, 비용이 없다면 (시장의) 錢府丞(전부승)이 상공인으로 받아둔 貢價(공가) 중에서 일단(但) 대여하되(賒之), 제사는 10일을(旬日), 상례는 3개월을 넘겨 대출할 수는 없었다.[384] 백성이 혹 밑천이 없어,[385] 돈을 꾸어 사업을 하려 한다면 균등히 대여하되, 비용을 제외한 소득에서 이자를 받되 1년에 (대출 금액의) 10분의 1을 초과할 수 없다.

---

383 원문 以防貴庾者 – 防은 방지하다. 豫防(예방)하다. 貴庾(귀유)는 물화를 쌓아두고 高價를 기다리다. 곧 매점매석에 의한 판매. 庾는 곳집 유. 창고.

384 제사의 경우 10일, 상, 장례의 경우 3달은 무이자로 대여한다는 뜻.

385 원문 民或乏絶 – 乏絶(핍절)은 缺乏(결핍). 밑천이 없다.

義和魯匡言,

「名山大澤, 鹽鐵錢布帛, 五均賒貸, 斡在縣官, 唯酒酤獨未斡. 酒者, 天之美祿, 帝王所以頤養天下, 享祀祈福, 扶衰養疾. 百禮之會, 非酒不行. 故《詩》曰, ‘無酒酤我’, 而《論語》曰 ‘酤酒不食’, 二者非相反也. 夫《詩》據承平之世, 酒酤在官, 和旨便人, 可以相御也.《論語》孔子當周衰亂, 酒酤在民, 薄惡不誠, 是以疑而弗食. 今絕天下之酒, 則無以行禮相養, 放而亡限, 則費財傷民. 請法古, 令官作酒, 以二千五百石爲一均, 率開一盧以賣, 讎五十釀爲準. 一釀用粗米二斛, 麴一斛, 得成酒六斛六斗. 各以其市月朔米麴三斛, 並計其賈而參分之, 以其一爲酒一斛之平. 除米麴本賈, 計其利而什分之, 以其七入官, 其三及糟酨灰炭給工器,薪樵之費.」

[국역]

義和(희화)인 魯匡(노광)이[386] 건의하였다.

「名山과 大澤, 그리고 鹽鐵(염철), 錢幣(전폐), 布帛(포백) 또 五均과 賒貸(사대)의 업무는 나라에서 주관하지만(斡在縣官), 오직 술의 판

---

386 원문 義和魯匡 – 義和(희화)는 왕망 新朝의 관직. 太史令에 해당. 유흠이 한때 담당했었다. 新朝의 六卿 중 義和는 大司農의 개칭이었다. 魯匡(노광)은 희화였다가 五原郡의 卒正(太守)으로 좌천되었다.

매(酒酤)만은 나라에서 관여하지 않고 있습니다. 酒는 하늘이 내린 美祿(미록 / 아름다운 선물)으로 帝王은 이로써 천하 백성을 보양하고,[387] 제사를 지내며 복을 빌고, 쇠약한 몸과 질병을 고칠 수도 있습니다. 그리고 모든 모임에 술이 없을 수 없습니다. 그래서《詩 小雅 伐木》에서는 '술이 없으니 사와야 한다.'고 하였으며,《論語 鄕黨》에서 (공자는) '사온 술은 마시지 않는다(酤酒不食).'고 하였으나, 이 둘은 서로 상반된 뜻이 아닙니다.《詩經》에서는 承平한 세상이라서 관청에서 술을 사다 마시며 온화한 마음으로 즐기며 서로에게 권유합니다.[388] 그러나《論語》에서 孔子는 周의 쇠퇴 혼란한 시기에 백성이 술을 제조 판매하여 술맛도 나쁘고 성의가 없기에 마음이 내키지 않아 아니 마신 것입니다. 지금 천하에 술을 없앤다면, 서로 예를 행할 수도 없거니와 방자하여 그 끝이 없으니, 곧 재물을 낭비하고 백성을 다치게 할 것입니다. 古事를 본받아 관에서 술을 제조하기를 주청 하옵나니, 2,500石을 一均이라 하고, 一盧(1노, 술 판매대)를 차려서 술을 판매하되 50釀(양, 술 빚을 양)을 準(준)으로 삼습니다. 一釀(1양)에 粗米(조미) 2斛(곡)과 누룩(麴, 누룩 국) 1斛(곡)으로 잘 익은 술 6斛6斗를 얻을 수 있습니다. 각각의 시장마다 매월 초하루에 쌀과 누룩 3斛으로 술을 양조하여, 그 가격을 계산하여 3으로 나누어 그것이 술 1곡의 평균 가격이 됩니다. 쌀과 누룩의 본래 가격을 제외하고 그 이득을 계산한 뒤에 그를 10으로 나누어 그중 7을

---

387 원문 頤養天下 – 頤養(이양)은 봉양하다. 심신을 수양하다. 頤는 틀 턱 이. 기르다.

388 원문 可以相御也 – 相御는 술을 권유하다. 御는 進也.

나라에 보내고 나머지 3을 糟䤖(조대),[389] 灰炭(재, 나무를 태운 재)의 처리비와 工器, 薪樵(신초, 땔감)의 비용으로 처리해야 합니다.」

義和置命士督五均,六斡, 郡有數人, 皆用富賈. 洛陽薛子仲,張長叔,臨菑姓偉等, 乘傳求利, 交錯天下. 因與郡縣通姦, 多張空簿, 府臧不實, 百姓愈病. 莽知民苦之, 復下詔曰,

「夫鹽, 食餚之將, 酒, 百藥之長, 嘉會之好. 鐵, 田農之本, 名山大澤, 饒衍之臧. 五均賖貸, 百姓所取平, 卬以給澹. 鐵布銅冶, 通行有無, 備民用也. 此六者, 非編戶齊民所能家作, 必卬於市, 雖貴數倍, 不得不買. 豪民富賈, 卽要貧弱, 先聖知其然也, 故斡之. 每一斡爲設科條防禁, 犯者罪至死.」

姦吏猾民並侵, 衆庶各不安生.

〔국역〕

義和(희화, 大司農)는 命士(명사)를 배치하여[390] 五均과 六斡(6알)을[391]

---

389 糟䤖(조대) – 糟는 술지게미, 술을 거르고 남은 찌꺼기. 䤖는 식초 대. 술을 발효시키면 식초가 된다. 그래서 글자에 술을 뜻하는 酉가 들어갔다. 糟䤖는 술통(酒槽)이라는 주석에 따른다.

390 命士 – 왕망이 이름을 바꾼 질록 5百石 관리의 호칭.

391 六斡(6알) – 염, 철, 술의 전매, 그리고 주전과 그 유통, 山澤 산물에 대한

감독케 하였는데, 郡에 근무할 이들을 모두 부유 상인으로 채용하였다.

洛陽의 薛子仲(설자중)과 張長叔(장장숙), 臨菑(임치)의 姓偉(성위, 姓이 성씨) 등은 역참의 수레를 타고 왕래하며(乘傳) 이득을 따라 천하를 누볐다.[392] 그러면서 각 군현의 부랑자와 내통하고(通姦) 거짓 장부를 많이 조작하여[393] 나라의 창고는 비었고 백성은 더욱 힘들었다. 왕망은 백성의 고통을 알고 다시 조서를 내렸다.

「소금(鹽)은 식료의 으뜸이고,[394] 술은 百藥의 최고이며, 모든 모임의 美物이다. 鐵(철)은 농사(田農)의 근본이며, 名山과 大澤은 풍요의 寶庫이다.[395] 五均과 賒貸(사대, 금융 거래)는 공평한 거래이니, 백성은 넉넉한 생활을 바랄 수 있다. 쇠와 구리를 녹인 전폐는 그 통행 유무에 따라 백성의 소비가 달라진다. 그러니 이 여섯 가지는 모든 戸口에서 해결할 수 있는 것이 아니고 꼭 시장에 의지하기에 몇 배 값이 뛰더라도 구매하지 않을 수 없다. 부유한 백성이나 상인은 빈약한 백성을 (그렇게 견디도록) 강요했고 先聖도 그런 줄로 알고 있었기에, 이번에 나라에서 주관하려는 것이다. 각각 모든 분야에 조목을 정하여 예방할 것이고 위법자의 죄는 죽음에 이를 것이다.」

간악한 관리나 협잡꾼의 침탈에 모든 백성의 생활은 불안했다.

税收와 五均賒貸에 관한 업무. 斡은 관리할 알.

392 원문 交錯天下 — 交錯(교착)은 交叉(교차). 膠着(교착)이 아님.

393 원문 多張空簿 — 張은 設. 空簿(공부)는 假賬(가장, 거짓 장부).

394 원문 食餚之將 — 食은 主食. 식사. 餚는 반찬 효. 안주. 將은 大의 뜻.

395 원문 饒衍之臧 — 饒는 넉넉할 요. 衍은 넘칠 연. 臧(착할 장)은 藏(감출 장). 창고.

　後五歲, 天鳳元年, 復申下金銀龜貝之貨, 頗增減其賈直.
而罷大小錢, 改作貨布, 長二寸五分, 廣一寸, 首長八分有
奇, 廣八分, 其圜好徑二分半. 足枝長八分, 間廣二分, 其文
右曰'貨', 左曰'布', 重二十五銖, 直貨泉二十五. 貨泉徑一
寸, 重五銖, 文右曰'貨', 左曰'泉', 枚直一, 與貨布二品並
行. 又以大錢行久, 罷之, 恐民挾不止, 乃令民且獨行大錢,
與新貨泉俱枚直一, 並行盡六年, 毋得復挾大錢矣. 每壹易
錢, 民用破業, 而大陷刑. 莽以私鑄錢死, 及非沮寶貨投四
裔, 犯法者多, 不可勝行. 乃更輕其法, 私鑄作泉布者, 與妻
子沒入爲官奴婢. 吏及比伍, 知而不舉告, 與同罪. 非沮寶
貨, 民罰作一歲, 吏免官. 犯者愈衆, 及五人相坐皆沒入, 郡
國檻車鐵鎖, 傳送長安鐘官, 愁苦死者什六七.

[국역]

　그 5년 뒤, 天鳳 원년(서기 18), 金, 銀과 龜, 貝의 화폐를 다시 발
행하였는데 그 가치의 증감이 있었다. 大, 小錢을 폐지하고 貨布(화
포)를 발행하여, (貨布의) 길이는 2寸5分, 넓이는 1寸, 머리 부분 길
이는 8分 남짓이었고,[396] (머리 부분) 넓이는 8分인데, 그 둥근 구멍
의(圜好) 직경은 2分半이었다. (貨布의) 양쪽 갈래 다리(足枝) 길이

---

396 원문 首長8分有奇 – 首長은 머리(윗) 부분의 길이. 有奇는 약간 남았다.
　　남짓.

8分, 다리 사이의 넓이는 2分이고, 右枝의 글자는 '貨', 左에는 '布'라고 새겼는데, 총 무게는 25수이고 가치는 貨泉(화천)의 25배였다.[397]

貨泉(화천)의 지름(徑, 경)은 1寸에 무게는 5銖, 글자는 우측에 '貨', 좌측에 '泉'이라 하였고, 1매의 가치는 1전으로 貨布와 貨泉 2가지가 함께 유통되었다. 또 大錢의 발행이 오래 되었다 하여 폐지했는데 백성이 보관하면서 사용을 중지하지 않을까 걱정하여 백성이 大錢만을 사용할 경우, 새로운 貨泉 1매의 가치와 같다고 명령하여, (大錢과 貨泉이) 함께 통용하기 6년이 지나서야 大錢을 사용하지 못하게 하였다. (大錢과 貨泉이) 1대 1로 교환되면서[398] 백성의 살림은 파산하거나 대다수가 형벌을 받았다. 왕망은 몰래 주전한 백성을 사형에 처했고, 신 화폐(寶貨)를 비난하는 사람을 변방에 보냈지만 범법자가 많아 전부 시행할 수도 없었다.[399] 이에 그 법을 완화하여 泉布를 몰래 주조한 자는 그 처자와 함께 관노비로 몰입하였다. 관리나 그 이웃 사람이[400] 알고서도 고발하지 않으면 같은 죄로 벌했다. 寶貨를 비방 저해하면 백성은 1년간 노역형을 받았고 관리는 면직하였다. 위법자는 더욱 늘었고 5인이 함께 연좌되어 모두 관노비로 몰수되었으며, 군국에서 檻車(함거)나 철쇄로 채워 長安의 鐘官에 호송되는 중에 걱정과 고통으로 죽는 사람이 10에 6, 7이었다.

---

397 원문 直貨泉二十五 – 直(치)는 値(값 치). 貨泉(화천)은 다른 화폐의 이름.

398 원문 每壹易錢 – 每壹은 각각 하나로 곧 1:1. 易은 바꿀 역. 교환하다.

399 원문 及非沮寶貨投四裔 – 非沮(비저)는 비난, 沮害(저해)하다. 四裔(사예)는 사방의 끝. 변방.

400 比伍(비오) – 比는 이웃, 5戶를 1伍라 하였다. 隣保(인보) 조직.

作貨布後六年, 匈奴侵寇甚, 莽大募天下囚徒人奴, 名曰
豬突豨勇, 壹切稅吏民, 訾三十而取一. 又令公卿以下至郡
縣黃綬吏, 皆保養軍馬, 吏盡復以與民. 民搖手觸禁, 不得
耕桑, 繇役煩劇, 而枯旱蝗蟲相因. 又用制作未定, 上自公
侯, 下至小吏, 皆不得奉祿, 而私賦斂, 貨賂上流, 獄訟不決.
吏用苛暴立威, 旁緣莽禁, 侵刻小民. 富者不得自保, 貧者
無以自存, 起爲盜賊, 依阻山澤, 吏不能禽而覆蔽之, 浸淫日
廣, 於是青,徐,荊楚之地往往萬數. 戰鬪死亡, 緣邊四夷所
繫虜, 陷罪, 饑疫, 人相食, 及莽未誅, 而天下戶口減半矣.

自發豬突豨勇後四年, 而漢兵誅莽. 後二年, 世祖受命,
蕩滌煩苛, 復五銖錢, 與天下更始.

[국역]

貨布가 제작 통용 6년 뒤,[401] 匈奴(흉노)의 침략과 노략질이 극심
해지자, 왕망은 천하의 죄수와 민간 노비를 크게 징발하여 豬突豨勇
(저돌희용)이라[402] 불렀고, 관리나 백성에 대한 모든 세액은 자산 30
분의 1로 정하였다. 또 公卿 이하 군현의 황색 인수를 찬 관리까지
모두 軍馬를 사육케 하였는데, 관리들은 군마를 백성에게 떠넘겨 사
육케 하였다. 백성은 손발을 놀리면 법에 저촉되었기에 농사나 길쌈

---

401 王莽 地皇 원년. 서기 20년.

402 원문 豬突豨勇 – 豬는 돼지 저. 突은 갑자기 돌. 돌격하다. 豨는 멧돼지 희.

을 할 수도 없었으며, 徭役(요역)도 아주 많은데다가 가뭄(枯旱, 고한)과 蝗蟲(황충)의 폐해도 뒤따랐다. 또 나라의 법제도 미비하여 상위의 公侯로부터 아래의 小吏까지 모두가 (나라로부터) 봉록을 받지 못하자, 은밀히 부세를 징수하여 뇌물이 위로 바쳐졌고, 소송도 판결되지 못했다. 관리들은 가혹한 폭정으로 권위를 세웠고, 왕망의 禁法을 근거로 小民을 각박하게 侵奪(침탈)하였다.

富者도 자신을 지킬 수 없었고 貧者는 생존할 길이 없어 봉기하여 도적이 되었으며, 山澤에 숨어 저항하자 관리들은 사로잡거나 진압할 수도 없었으며, 여러 가지 침탈은 날로 늘어나, 결국 靑州, 徐州, 荊楚(荊州) 일대 곳곳에 수만 병이 봉기하였다. 전투에서 사망하고, 변경에서 四夷들에게 잡혀갔으며, 또 형벌에, 기근과 전염병(饑疫, 기역)으로 사람이 사람을 먹으니, 왕망이 주살되기도 전에 천하의 戶口는 절반으로 줄었다.

豬突豨勇軍(저돌희용군)을 징발한 지 4년, 漢兵은 왕망을 주살하였다(서기 23년). 그 2년 뒤(서기 25년), 世祖(光武帝, 劉秀, 재위 서기 25 - 57)는 천명을 받았고, 번잡 가혹한 모든 것을 다 씻어버리고, 다시 五銖錢을 발행했으며,[403] 온 세상은 새로 시작되었다.

---

403 그전, 王莽(왕망)의 난 이후, 왕망 때 발행한 貨泉이나 布錢, 황금과 곡식을 혼용했었다.(貨幣雜用布帛金粟). 建武 16년(서기 40)에, 다시 五銖錢(오수전)을 발행하였다.

九. 結語

　贊曰,《易》稱 '裒多益寡, 稱物平施',《書》云 '茂遷有無', 周有泉府之官, 而《孟子》亦非 '狗彘食人之食不知斂, 野有餓莩而弗知發'. 故管氏之輕重, 李悝之平糴, 弘羊均輸, 壽昌常平, 亦有從徠. 顧古爲之有數, 吏良而令行, 故民賴其利, 萬國作乂. 及孝武時, 國用饒給, 而民不益賦, 其次也. 至於王莽, 制度失中, 姦軌弄權, 官民俱竭, 亡次矣.

〖국역〗

　(班固의) 論贊 :《易》에서는 '많은 데에서 덜어내 적은 곳에 보태어 공평하게 베푼다.' 하였고,[404]《書》에서는 '有無를 교역하다.' 라고 말했으며,[405] 周에서도 泉府之官이 있었고,《孟子》에서도 '개나 돼지가 사람이 먹을 곡식을 먹어도 막을 줄을 모르고, 들에 굶어죽은 시체가 널렸어도 진휼할 줄을 모르는' 상황을 증오하였다.[406] 이

---

404 원문 裒多益寡, 稱物平施 -《易 謙卦》의 象辭. 裒는 모을 부. 取하다. 덜어내다. 益은 보태주다. 寡는 적을 과. 稱物은 물자가 균형을 이루다.

405 원문 茂遷有無 -《書經 虞書 益稷》. 茂遷은 交易.

406 원문 狗彘食人之食不知斂, 野有餓莩而弗知發 -《孟子 梁惠王 上》의 구절. 狗彘(구체)는 개와 돼지. 斂은 거둘 렴, 여기서는 못하게 막다. 餓莩 (아표)는 굶어죽은 시신. 莩는 굶주려서 죽을 표. 發은 창고를 열어 진휼하다.

처럼 管仲(관중)의 輕重(物價)에 관한 주장이나, 李悝(이회)의 平糴
(평적), 桑弘羊(상홍양)의 均輸(균수), 耿壽昌(경수창)의 常平(상평)에 관
한 주장이 모두 그 유래가(근본이) 있다. 생각해보면(顧), 고대의 이
런 주장은 모두 방책이 있고[407] 선량한 관리가 실행했기에 백성은
그 덕을 보았고, 다른 나라에서도 본받았다.[408]

孝武帝 때, 국가 재용이 넉넉했기에 백성의 부세를 늘리지 않았
지만, 이는 다른 이야기이다. 王莽(왕망)에 이르러 제도가 그 中正을
상실했고 간악한 자들이 권력을 휘둘러 관리나 백성이 모두 탈진하
였으니, 이는 더 언급할 필요도 없다.[409]

---

407 원문 顧古爲之有數 - 顧는 돌아볼 고. 부사로 쓰이면 도리어, 거꾸로,
　　생각건대, 그러므로 등 다양한 뜻이 있다. 爲之는 그런 정책을 실행하
　　다. 有數는 節度, 法數가 있다.

408 원문 萬國作乂 - 作乂(작예)는 따라 다스리다. 乂는 다스릴 예.

409 원문 亡次矣 - 정책의 좋고 나쁨, 그런 결과를 언급할 필요도 없다는 뜻.

저자 약력

陶硯 진기환 陳起煥

서울 대동세무고등학교 교장을 역임하였다.

주요 저서로는《正史 三國志》全 6권 (2019년),《완역 後漢書》全 10권 (2018-2019년),《완역 漢書》全 10권 (2016-2017년),《十八史略》5권 중 3권 (2013-2014년),《史記人物評》(1994년),《史記講讀》(1992년)

《唐詩大觀》全 7권 (2020년),《三國演義》원문 읽기 (2020년),《新譯 王維》(2016년),《唐詩絶句》(2015년),《唐詩逸話》(2015년),《唐詩三百首 (上·中·下)》(2014년. 공역),《金甁梅 評說》(2012년),《上洞八仙傳》(2012년),《三國志 人物 評論》(2010년),《水滸傳 評說》(2010년),《中國人의 俗談》(2008년),《儒林外史》(抄譯) 1권 (2008년),《三國志 故事名言 三百選》1권 (2001년),《三國志 故事成語 辭典》1권 (2001년),《東遊記》(2000년),《聊齋誌異 (요재지이)》(1994년),《神人》(1994년),《儒林外史》(1990년)

《孔子聖蹟圖》(2020년),《論語名言三百選》(2018년),《論述로 읽는 論語》(2012년),《중국의 神仙 이야기》(2011년),《아들을 아들로 키우기 / 가정교육론》(2011년),《三國志의 지혜》(2009년),《三國志에서 배우는 인생의 지혜》(1999년),《中國人의 土俗神과 그 神話》(1996년)

E-mail : jin47dd@hanmail.net

原文 註釋 國譯

漢書(十二) {律曆志·禮樂志·刑法志·食貨志}
한   서

초판 인쇄 2021년 4월 12일
초판 발행 2021년 4월 20일

역   주 | 진기환
발행자 | 김동구
디자인 | 이명숙·양철민
발행처 | 명문당(1923. 10. 1 창립)
주   소 | 서울시 종로구 윤보선길 61(안국동)
          우체국 010579-01-000682
전   화 | 02)733-3039, 734-4798(영), 733-4748(편)
팩   스 | 02)734-9209
Homepage | www.myungmundang.net
E-mail | mmdbook1@hanmail.net
등   록 | 1977. 11. 19. 제1~148호

ISBN 979-11-90155-77-9 (04910)
ISBN 979-11-85704-78-4 (세트)
30,000원